TECHNIQUES de jardinage

Conception graphique : Josée Amyotte
Infographie : Josée Amyotte et Johanne Lemay
Photos : Albert Mondor
Révision et correction : Céline Bouchard
Traitement des images : Mélanie Sabourin

Données de catalogage avant publication (Canada)

Mondor, Albert
 Techniques de jardinage

 1. Jardinage. 2. Jardinage – Québec (Province).
 3. Jardinage – Ouvrages illustrés I. Titre.

SB450.97.M66 2003   635.9   C2003-940516-8

Pour en savoir davantage sur nos publications,
visitez notre site : **www.edhomme.com**
Autres sites à visiter : www.edjour.com • www.edtypo.com
www.edvlb.com • www.edhexagone.com • www.edutilis.com

Gouvernement du Québec – Programme de crédit d'impôt pour l'édition de livres – Gestion SODEC.

L'Éditeur bénéficie du soutien de la Société de développement des entreprises culturelles du Québec pour son programme d'édition.

Nous reconnaissons l'aide financière du gouvernement du Canada par l'entremise du Programme d'aide au développement de l'industrie de l'édition (PADIÉ) pour nos activités d'édition.

© 2003, Les Éditions de l'Homme,
une division du groupe Sogides

Tous droits réservés

Dépôt légal : 2e trimestre 2003
Bibliothèque nationale du Québec

ISBN 2-7619-1803-7

Mars 2003

DISTRIBUTEURS EXCLUSIFS :

• Pour le Canada
 et les États-Unis :
 MESSAGERIES ADP*
 955, rue Amherst
 Montréal, Québec
 H2L 3K4
 Tél. : (514) 523-1182
 Télécopieur : (514) 939-0406
 * Filiale de Sogides ltée

• Pour la France et les autres pays :
 VIVENDI UNIVERSAL PUBLISHING SERVICES
 Immeuble Paryseine, 3, Allée de la Seine
 94854 Ivry Cedex
 Tél. : 01 49 59 11 89/91
 Télécopieur : 01 49 59 11 96
 Commandes : Tél. : 02 38 32 71 00
 Télécopieur : 02 38 32 71 28

• Pour la Suisse :
 VIVENDI UNIVERSAL PUBLISHING SERVICES SUISSE
 Case postale 69 - 1701 Fribourg - Suisse
 Tél. : (41-26) 460-80-60
 Télécopieur : (41-26) 460-80-68
 Internet : www.havas.ch
 Email : office@havas.ch
 DISTRIBUTION : OLF SA
 Z.I. 3, Corminbœuf
 Case postale 1061
 CH-1701 FRIBOURG
 Commandes : Tél. : (41-26) 467-53-33
 Télécopieur : (41-26) 467-54-66
 Email : commande@ofl.ch

• Pour la Belgique et le Luxembourg :
 VIVENDI UNIVERSAL PUBLISHING SERVICES BENELUX
 Boulevard de l'Europe 117
 B-1301 Wavre
 Tél. : (010) 42-03-20
 Télécopieur : (010) 41-20-24
 http://www.vups.be
 Email : info@vups.be

Albert Mondor

TECHNIQUES de jardinage

Remerciements

Je remercie d'abord mon amour, Michèle, pour son soutien et le tourbillon d'idées qu'elle m'a procuré tout au long de l'écriture de ce livre.

Merci à Claire, Jean-François et Jean-Pierre Devoyault, de la pépinière Au jardin de Jean-Pierre, pour leur aide et leurs précieux conseils.

Merci à Pierre Lespérance, à Pierre Bourdon et à Jacques Laurin, ainsi qu'à leur formidable équipe des Éditions de l'Homme. C'est un plaisir et un privilège de créer des livres avec vous tous.

Merci à Josée Amyotte, qui a fait la conception graphique de ce livre. Je suis sans cesse impressionné par l'originalité et la qualité exceptionnelle de son travail.

Ma plus grande reconnaissance à Gilberte Drouin pour son dévouement et ses judicieux conseils en écriture.

Un remerciement particulier à mon ami Raynald Gagné. Grâce à sa confiance, son dévouement et la justesse de ses conseils, ma carrière a enfin pris son envol.

Tout mon amour à Solange, Gilberte et Serge, qui m'ont permis d'être ce que je suis aujourd'hui, un homme passionné et heureux.

INTRODUCTION

Jardiner pour améliorer le sort de notre planète

Combien de fois ai-je juré que plus jamais on me reprendrait à m'accroupir pour enlever les mauvaises herbes dans mes plates-bandes ? Lorsque le temps est gris et que j'ai mal au dos, il m'arrive souvent de penser que c'est un fichu métier que celui de jardinier. Mais qu'à cela ne tienne, le lendemain je reprends ma pelle avec le sourire, heureux d'humer l'odeur de la terre fraîche. Et chaque printemps, je plante d'autres végétaux, encore plus, toujours plus, alors que je m'étais bien promis de réduire la taille de mon jardin. Et chaque printemps, je m'émerveille devant les premiers crocus émergeant du sol à peine dégelé. Et chaque printemps, je suis ébloui par la grande beauté de la nature.

Mais pourquoi donc jardinons-nous ? Peut-être avons-nous un besoin instinctif d'établir notre territoire et d'assurer le bien-être de notre famille en créant un univers sécurisant autour de nous. Peut-être avons-nous simplement besoin de nous entourer de cette beauté qui apaise l'âme. Chose certaine, au jardin, les mains dans la terre, nous échappons aux préoccupations liées à un rythme de vie de plus en plus effréné, nous retrouvons la paix et le calme. Peu importe la motivation de chacun, le jardinage est une expérience enrichissante et gratifiante qui rapproche les humains et les rend meilleurs.

Toute personne qui crée un jardin contribue aussi à l'amélioration d'un quartier, d'une région, d'un pays et même de la planète tout entière. J'ai donc accordé une attention particulière au choix des techniques de jardinage présentées dans cet ouvrage. Depuis près de 20 ans maintenant, j'ai pu mettre à l'essai une foule de méthodes et je suggère ici celles qui me paraissent les plus respectueuses de l'environnement. Je suis persuadé qu'après avoir parcouru ce livre, vous serez comme moi convaincu de la nécessité de traiter le jardin comme un écosystème. Chaque action posée dans un aménagement paysager a un impact sur toutes ses composantes. C'est ainsi que l'effet des gestes que posent quotidiennement tous les jardiniers peut se mesurer à l'échelle du globe. Notre bonne vieille terre se porte présentement plutôt mal, mais en adoptant des comportements responsables, nous avons le pouvoir de changer la situation. Nous avons tous un rôle important à jouer dans l'amélioration du sort de notre planète.

Nous cherchons tous des conseils pour évoluer en évitant les erreurs mais, même si je propose ici les techniques les plus simples et les plus efficaces, je suis convaincu que la réussite d'un jardin reste essentiellement le fruit de l'expérimentation. Ce livre ne pourra donc pas remplacer l'expérience, mais je suis certain qu'il vous aidera à bien saisir les principes qui régissent la culture écologique des végétaux ornementaux. J'espère que cet ouvrage vous inspirera et vous permettra de réaliser une foule de projets en harmonie avec la nature.

> Tout jardinier a la possibilité de contribuer à l'amélioration de l'environnement

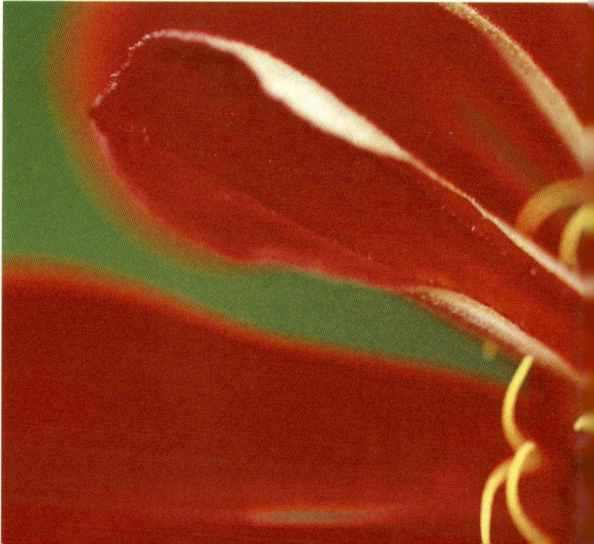

Jardiner en respectant l'environnement

Voici quelques idées pour jardiner tout en contribuant à épargner les ressources, à réduire la pollution et à prendre soin de votre santé.

1. Utilisez le moins de pesticides et d'engrais possible. Privilégiez les produits d'origine naturelle biodégradables qui ont un impact minime sur l'environnement.
2. Faites du compostage domestique ou participez à un programme de compostage municipal.
3. Achetez des végétaux qui ont été cultivés de façon responsable. Choisissez des semences et des plants produits selon des méthodes écologiques. Évitez absolument les plantes récoltées directement dans la nature.
4. Achetez des végétaux produits dans votre région, le plus près possible de l'endroit où vous habitez.
5. Achetez des végétaux rustiques qui ne demandent aucune protection pour survivre aux conditions hivernales de votre région.
6. Favorisez l'achat de produits en vrac ou peu emballés.
7. Recyclez les contenants en plastique dans lesquels sont vendus les végétaux – plusieurs pépiniéristes se feront un plaisir de vous en débarrasser. Privilégiez les plantes présentées en pots de carton ou de bois.
8. Utilisez des outils électriques. Les tondeuses et les débroussailleuses à essence figurent en effet parmi les machines les plus polluantes.
9. Invitez votre pépiniériste à vendre les produits les plus respectueux de l'environnement.

Principes

L'importance capitale des plantes	15
Le sol, fondement de tout jardin	21
La fertilité du sol	31
Le pH, mesure de l'acidité du sol	37
Le compost, nourriture du sol	45
La fabrication du compost domestique	55
La fertilisation, un supplément pour les végétaux	59
L'eau, un élément vital	67
Les outils pour jardiner efficacement	75
À chacun sa place	83
Un choix judicieux	91
Une plantation parfaite	97
La lutte aux herbes indésirables	107
Les envahisseurs	115

L'importance capitale des plantes

DEPUIS PLUSIEURS DÉCENNIES, NOUS EFFECTUONS UNE COUPE ABSOLUMENT IRRATIONNELLE DES ARBRES. L'EXPLOITATION FORESTIÈRE, LE DÉVELOPPEMENT DES VILLES ET LA CRÉATION DE NOUVELLES TERRES AGRICOLES ENTRAÎNENT LA DESTRUCTION DE MILLIONS D'HECTARES DE FORÊT CHAQUE ANNÉE.

La production effrénée de biens de consommation et de denrées alimentaires, ainsi que la demande constante de papier et de bois de chauffage sont les principales causes de l'importante diminution du nombre d'arbres et d'espaces verts sur le globe. Cette situation a évidemment un effet catastrophique sur l'écosystème planétaire. La disparition de milliards de végétaux de la surface de la Terre est un problème effroyable dont nous commençons à peine à saisir la véritable ampleur. Au-delà de leur importance économique, sociale et esthétique, les plantes jouent un rôle capital ; elles sont absolument essentielles à l'équilibre et à la santé de notre planète.

Les poumons de la planète

Les forêts sont très souvent qualifiées de « poumons de la planète ». Tout comme les océans, les forêts assurent le renouvellement de l'oxygène sur la Terre. Comme de formidables usines, et par l'étonnant processus de la photosynthèse, les plantes captent le gaz carbonique contenu dans l'atmosphère et rejettent de l'oxygène, élément essentiel à toute vie animale.

Chaque jour, un arbre puise dans le sol plusieurs litres d'eau ainsi que des éléments nutritifs, et absorbe le gaz carbonique (CO_2) contenu dans l'atmosphère. Grâce à l'énergie du soleil, il peut transformer l'eau et le gaz carbonique qu'il emmagasine en hydrates de carbone, ce qui lui permet de former des tiges, des feuilles et des fruits. Et ce n'est pas tout. Ce processus de la photosynthèse provoque également une libération d'oxygène (O_2). Un gros arbre mature peut produire près de 2 m³ d'oxygène par jour. En comparaison, un jeune homme dans la vingtaine qui fait de la natation pendant une dizaine de

Une magnifique prairie où règnent les fleurs bleues de la vipérine (*Echium vulgare*).

Les forêts jouent un rôle capital dans le renouvellement de l'oxygène.

minutes consomme environ 20 litres d'oxygène, soit 1 % de la quantité produite par un arbre dans une journée. On évalue qu'un arbre mature produit environ deux fois plus d'oxygène qu'un humain adulte actif n'en consomme en 24 heures.

Les plantes diminuent donc la concentration de gaz carbonique dans l'atmosphère. Ce gaz, un des principaux responsables du réchauffement de la planète dont on parle tant, est essentiellement produit par la combustion du bois de chauffage, du charbon et des carburants fossiles (houille, gaz naturel et pétrole), ainsi que par la respiration de tous les êtres vivants. Il semble que la totalité des forêts du globe contiennent près de 2000 milliards de tonnes de carbone, soit une quantité 400 fois supérieure à celle qui est libérée chaque année par l'emploi des combustibles. Depuis le début du XIXe siècle cependant, les quantités de gaz carbonique et des autres gaz contribuant à l'effet de serre ne cessent d'augmenter dans l'atmosphère. La déforestation incessante accélère ce phénomène qui mène inexorablement à l'augmentation de la température sur la Terre. L'exploitation des forêts sans reboisement ampute notre planète d'une partie importante de son mécanisme de captation du gaz carbonique.

La dépollution de l'atmosphère

Plusieurs plantes sont particulièrement efficaces pour éliminer les poussières que contient l'atmosphère. Les arbres et les arbustes, en particulier, sont de véritables filtres à air. À l'aide de leurs feuilles, de leurs branches et de leur écorce, ils captent les particules en suspension dans l'air. La pluie qui tombe sur ces végétaux ramène ensuite les poussières au sol.

Les plantes peuvent également absorber et neutraliser certaines substances chimiques polluantes comme le plomb, par exemple, qui a peu d'effet sur leur métabolisme. Les oxydes de soufre contenus entre autres dans les pluies acides sont aussi captés par la majorité des plantes. À trop fortes doses cependant, ces composés soufrés causent une série de problèmes physiologiques aux végétaux. Quelques autres polluants atmosphériques tels que l'ozone et le chlore ne peuvent être absorbés par les plantes, même en quantités minimes, sans que cela affecte leur santé.

LA STABILISATION DU SOL

Par leurs racines, les plantes maintiennent aussi le sol en place. En région montagneuse, là où l'érosion par l'eau est un phénomène très actif, ce rôle est d'autant plus important. En plus d'assurer la stabilité du sol, les végétaux permettent aussi de maintenir la qualité de l'eau des ruisseaux et des rivières, et de régulariser leur débit. Lorsque les forêts qui bordent un cours d'eau sont détruites, celui-ci déborde inévitablement et charrie de grandes quantités de terre, les arbres n'étant plus là pour stabiliser le sol des rives. Les plantes atténuent également les effets ravageurs du vent et de la pluie. La coupe d'arbres dans les régions semi-arides est la cause première de la désertification qui menace présentement plus du tiers de la superficie terrestre.

LA PRÉSERVATION DE LA DIVERSITÉ

Les forêts constituent un habitat et une source de nourriture pour une quantité

Les plantes à la rescousse

De nombreuses substances chimiques circulent librement dans l'air de nos résidences et des bureaux où nous travaillons. Certaines d'entre elles sont particulièrement nocives pour l'être humain. Par exemple, le formaldéhyde est un gaz omniprésent dans nos environnements intérieurs. Il émane principalement des panneaux de particules et des colles qui servent à fixer les comptoirs et les tapis. En plus de causer l'irritation des yeux, du nez et de la gorge, et de provoquer des réactions allergiques, le formaldéhyde est possiblement cancérigène.

Il y a quelques années, une étude de la NASA effectuée par le Dr Bill C. Wolverton a démontré que la plupart des plantes d'intérieur avaient la capacité de dépolluer l'air des substances chimiques qu'il contient. Lors de ses expérimentations, il a disposé dans des chambres hermétiques diverses espèces végétales habituellement cultivées à l'intérieur. Il a par la suite injecté des substances polluantes fréquemment détectées dans les résidences et dans les édifices à bureaux à des niveaux de concentration comparables. Après 24 heures sous un éclairage constant, plusieurs plantes avaient accompli un travail spectaculaire. Les résultats de cette étude sont saisissants. Le lierre commun (*Hedera helix*) est une des plantes les plus performantes ; elle élimine 90 % du benzène contenu dans l'air durant une période de 24 heures. Le pothos (*Raphidophora aurea*) et les lis de la paix (*Spathiphyllum*) sont également très efficaces pour diminuer les concentrations de ce polluant. Toujours selon cette étude, l'aloès (*Aloe vera*) élimine 90 % du formaldéhyde de l'atmosphère d'une maison et les philodendrons (*Philodendron*), environ 85 %. Finalement, les *Aglaonema* réussissent à éliminer 92 % du toluène contenu dans l'air ambiant en 24 heures.

■ Des plantes aux abords des routes

Depuis quelques années, des murs végétalisés sont utilisés en Europe aux abords des routes pour diminuer le bruit et réduire la pollution de l'air et du sol. Récemment, un groupe de chercheurs du Jardin botanique de Montréal a fait l'essai d'un mur de terre entourée de deux palissades formées de *Salix viminalis*. Les qualités exceptionnelles de ce saule ont permis d'obtenir des résultats étonnants. En plus d'avoir une croissance phénoménale – après avoir été coupé au ras du sol, il peut atteindre plus de 2 m en quelques mois –, cet arbuste capte de grandes quantités du gaz carbonique produit par les voitures et peut accumuler les métaux lourds présents dans le sol. Grâce à son feuillage dense, il forme également un écran efficace contre le bruit. Esthétiques et écologiques, les murs végétalisés constituent une bonne alternative aux murs de béton antibruit.

impressionnante de mammifères, de reptiles, d'oiseaux, d'insectes et de micro-organismes. Chaque forêt est donc un milieu particulièrement favorable à la diversification et à l'évolution de la vie. Par le passé, des extinctions massives d'espèces végétales et animales sont survenues, mais grâce à sa grande diversité, la vie a toujours triomphé. En détruisant nos forêts comme nous le faisons, nous réduisons cette diversité génétique du globe à un rythme effarant. Certains scientifiques estiment que nous faisons ainsi disparaître chaque année 1 % de toutes les espèces animales et végétales de la planète.

LA RÉGULATION DU CLIMAT

Les espaces boisés ont une grande influence sur le climat. Durant l'été, les arbres procurent une ombre et une fraîcheur bienfaisantes en empêchant les rayons du soleil de toucher le sol. Pendant une chaude journée estivale, on peut observer un écart de 4 à 6 °C entre la température d'un parc boisé et celle d'un centre-ville où on ne trouve que béton et asphalte. D'autre part, à cause des énormes quantités d'eau qu'ils pompent et qu'ils laissent évaporer dans l'atmosphère, les arbres favorisent l'augmentation de l'humidité ambiante, ce qui a également un effet sur la température. Comme ils constituent d'excellents brise-vent, les espaces boisés limitent les écarts de température entre le jour et la nuit, et diminuent les effets du gel et du dégel. Les forêts ralentissent les vents, ce qui cause une diminution de la vitesse des masses d'air favorisant généralement les pluies.

Par temps chaud, les espaces plantés d'arbres procurent une ombre et une fraîcheur bienfaisantes.

Le sol, fondement de tout jardin

LE SOL EST LA PARTIE DE LA COUCHE SUPERFICIELLE DE L'ÉCORCE TERRESTRE QUI, GRÂCE À SA STRUCTURE MEUBLE ET SA COMPOSITION PHYSICOCHIMIQUE, PERMET LA CROISSANCE ET LE DÉVELOPPEMENT DES VÉGÉTAUX. LA RÉUSSITE D'UN JARDIN ORNEMENTAL OU D'UN POTAGER DÉPEND AVANT TOUT DE LA QUALITÉ DE LA TERRE UTILISÉE.

Comme il est en fait le garde-manger des plantes, le sol doit être en santé afin de retenir adéquatement l'air, l'eau et les éléments nutritifs dont elles ont besoin pour bien croître. Le sol est un milieu vivant où règne un équilibre fragile ; c'est pourquoi la compréhension de son fonctionnement est essentielle au jardinier qui doit intervenir de façon adéquate en vue de préserver sa santé et sa richesse.

LES CONSTITUANTS PHYSIQUES DU SOL

Un sol convenant à la croissance de la plupart des végétaux ornementaux est habituellement composé de 50 % de solides et de 50 % de pores. Le volume de solides est lui même constitué de particules minérales et de particules organiques, ces dernières étant présentes en quantité plus restreinte qui varie généralement de 2 à 12 %. Les particules minérales, qui proviennent de la désagrégation de la roche, sont les cailloux, les graviers, les sables, les limons et les argiles. Les particules organiques, ou ce qu'on appelle la matière organique, proviennent de la décomposition de débris végétaux et animaux par les micro-organismes qui vivent dans le sol. Un des principaux produits de cette décomposition est l'humus.

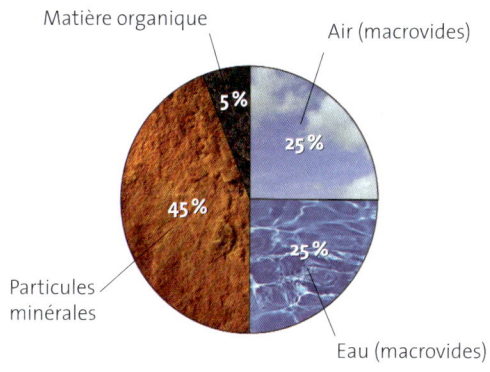

CONSTITUTION DU SOL

Les végétaux plantés dans des sols sains sont toujours les plus vigoureux.

TABLEAU I

LES CLASSES TEXTURALES

GROUPES	CLASSES TEXTURALES	POURCENTAGE DES PARTICULES			TYPE DE TERRE
		SABLE	LIMON	ARGILE	
SOLS SABLEUX	Sable	85 et +	10 à 15	0 à 10	Légère
	Sable loameux	70 à 90	0 à 30	0 à 15	Légère
SOLS LOAMEUX	Loam sableux	50 à 85	0 à 50	0 à 20	Légère
	Loam sablo-argileux	45 à 80	0 à 28	20 à 35	Franche
	Loam	23 à 52	28 à 50	7 à 27	Franche
	Limon	0 à 20	80 à 100	0 à 12	Franche
	Loam limoneux	0 à 50	50 à 88	0 à 27	Franche
	Loam limono-argileux	0 à 20	40 à 73	27 à 40	Franche
	Loam argileux	20 à 45	15 à 52	27 à 40	Lourde
SOLS ARGILEUX	Argile sableuse	45 à 65	0 à 20	35 à 55	Lourde
	Argile limoneuse	0 à 20	40 à 60	40 à 60	Lourde
	Argile	0 à 45	0 à 40	40 et +	Lourde

La texture de votre sol

Plutôt que d'en faire faire l'analyse granulométrique en laboratoire, il est possible de distinguer les diverses classes texturales des sols à l'œil et au toucher. Avec un peu d'expérience, par simple manipulation de la terre de votre jardin, vous pourrez déterminer son contenu approximatif en sable, en limon et en argile. Pour préciser la texture de votre sol, vous devez d'abord examiner les caractéristiques individuelles de chacune des particules minérales qui le composent. Par exemple, une terre qui contient un fort pourcentage d'argile est collante et très plastique lorsqu'elle est mouillée. Elle peut être moulée facilement et garde généralement sa forme. Sèche, cette terre se transforme en mottes dures qui se brisent difficilement. Un sol composé d'une forte proportion de sable n'est quant à lui ni collant ni plastique lorsqu'il est humide ; il peut difficilement être moulé. S'il est sec, ce sol est rude et abrasif à cause des nombreuses particules de sable qui glissent entre les doigts. Le tableau II vous aidera à déterminer les proportions de sable, de limon et d'argile que contient la terre de votre jardin et à la ranger dans la classe texturale appropriée.

Sol sableux

Les pores sont quant à eux occupés par l'air et par l'eau, idéalement en parties égales. Évidemment, plus le taux d'humidité est élevé dans un sol, plus l'espace pris par l'air est réduit. L'eau remplit les plus petits vides du sol, appelés micropores. Elle dissout les éléments nutritifs et les transporte jusqu'aux racines des plantes. L'air occupe les plus gros vides, nommés macropores. Il est composé des gaz de l'atmosphère ainsi que des gaz issus de la décomposition de la matière organique.

LA TEXTURE

Vous avez certainement entendu parler de terre jaune, de terre sableuse, de terre franche,

Tableau II
Les caractéristiques des textures des divers sols

Classe texturale	Aspect visuel	Sec	Humide
Sable Sable loameux	• Composé de grains de sable visibles à l'œil • Couleur pâle tirant sur le beige ou le jaune	• Rugueux au toucher • Composé de particules qui ne s'agglomèrent pas	• Compressé, il forme une motte qui se détruit dès qu'on la touche
Loam sableux Loam sablo-argileux	• Composé de grains de sable visibles à l'œil • Plus compact que le sol sableux • Brun pâle	• Rugueux au toucher • Compressé, il forme une motte qui se détruit facilement	• Compressé, il forme une motte qui doit être maniée avec précaution pour éviter de la briser
Loam Limon	• Composé de quelques grains de sable visibles à l'œil • Brun moyen	• Rugosité moins prononcée, mais grains de sable discernables au toucher • Compressé, il forme une motte qui doit être maniée avec précaution pour éviter de la briser	• Compressé, il forme une motte qui peut être maniée facilement
Loam limoneux Loam limono-argileux	• Composé de petits agrégats qui se brisent facilement • Brun moyen	• Doux et farineux au toucher • Présence de quelques grains de sable • Compressé, il forme une motte qui peut être maniée quelque peu	• Onctueux au toucher • Compressé, il forme une motte qui peut être maniée facilement
Loam argileux Argile sableuse	• Composé de petits agrégats durs • Brun grisâtre	• Composé de particules qui s'agglomèrent en une masse dure	• Compressé, il forme une motte qui peut être maniée sans aucune précaution
Argile limoneuse Argile	• Composé d'une multitude de petits agrégats difficiles à pulvériser • Gris foncé	• Composé de particules qui s'agglomèrent en une masse très dure • Se fendille en séchant	• Compressé, il forme une motte plastique et collante • Peut être roulé en un long ruban flexible

En manipulant la terre de votre jardin, vous pouvez déterminer son contenu approximatif en sable, en limon et en argile.

Sol loameux

Sol argileux

de terre argileuse ou de terre forte. Toutes ces expressions réfèrent à la texture du sol. Celle-ci permet de différencier les sols en révélant leur constitution physique. C'est donc une façon d'exprimer la proportion de sable, de limon et d'argile que contient une terre. Puisqu'elle n'implique que les particules minérales qui ont un diamètre inférieur à 2 mm, la texture ne tient pas compte de la quantité de cailloux, de graviers et de matière organique.

Les classes texturales

Une nomenclature texturale a été créée dans le but de déterminer la composition des sols et de pouvoir ainsi les différencier. Les sols sont répartis en 12 classes texturales directement liées aux combinaisons possibles entre les particules minérales que sont le sable, le limon et l'argile. Les classes texturales sont représentées dans le tableau I.

Le groupe des sols sableux inclut toutes les terres composées de 70 % et plus de sable et de moins de 15 % d'argile. Ce sont des sols légers, faciles à travailler et qui se drainent aisément. Ils sont cependant peu fertiles en raison de leur faible capacité à retenir l'eau, les éléments nutritifs et la matière organique.

Les sols loameux forment un groupe complexe qui comprend sept classes texturales distinctes. Un loam idéal est un mélange homogène constitué d'environ un tiers de sable, un tiers de limon et un tiers d'argile. Mais au sein de ce groupe, plusieurs autres combinaisons des particules minérales sont possibles. Par exemple, un sol loameux où l'argile domine est nommé loam argileux. Comme elles conviennent à une très vaste gamme de végétaux, les terres loameuses sont très souvent utilisées en horticulture.

Le groupe des sols argileux est pour sa part composé de terres qui contiennent au moins 35 % d'argile. Ce sont des sols lourds, souvent difficiles à travailler et qui retiennent particulièrement bien l'eau, les éléments nutritifs ainsi que la matière organique. Si elles sont mal structurées, les terres argileuses sont très compactes et se drainent difficilement.

La structure

La structure réfère à la façon dont sont disposés les divers constituants physiques d'un sol. La structure n'est pas basée uniquement sur les particules minérales que sont les sables, les limons et les argiles, puisqu'elle implique également l'humus. Un sol bien structuré s'identifie habituellement par la présence de nombreux agrégats. Ces derniers, qui ne font que quelques millimètres

L'argile

Le sable et le limon sont des constituants minéraux du sol qui proviennent directement de la désagrégation des roches et des cailloux. Les grains de sable font de 0,05 mm à 2 mm de diamètre, tandis que les limons ont un diamètre qui varie entre 0,002 mm et 0,05 mm. Plus petites, les particules d'argile possèdent un diamètre inférieur à 0,002 mm, et parfois à peine 0,01 micromètre. Celles-ci sont issues de l'altération chimique de certains éléments composés de silicium tels que le feldspath, le mica et le pyroxène, qui proviennent eux-mêmes de la désagrégation de roches comme le granit ou le schiste.

Les particules d'argile n'ont pas une forme sphérique. Vues au microscope, ce sont plutôt de fins cristaux qui ont l'apparence de tétraèdres ou d'octaèdres. Ces cristaux sont disposés en feuillets empilés les uns sur les autres. Grâce à cette structure feuilletée, la surface de fixation d'eau et d'éléments minéraux de l'argile est incroyablement grande. Un seul gramme d'argile pure peut avoir une surface totale de près de 900 m². Il ne faut donc que 5 g d'argile pour avoir la superficie totale d'un terrain de football !

L'argile possède des qualités exceptionnelles. En plus d'avoir la capacité d'emmagasiner de grandes quantités d'eau et d'éléments minéraux, elle peut être dispersée ou floculée. Dans le sol, les particules d'argile se repoussent sans cesse à cause de leurs charges négatives et cherchent à former avec l'eau un mélange homogène. L'ajout d'un élément minéral comme le calcium, qui a une charge positive, provoque la neutralisation des charges négatives des particules d'argile, les empêchant alors de se repousser et de se disperser. Ainsi floculée, l'argile ne se mélange pas avec l'eau et permet au sol de conserver sa forme et une certaine stabilité.

---

de diamètre, sont en fait de petites mottes formées par les particules minérales et organiques fortement liées entre elles. Ces agrégats, qui constituent la charpente du sol, assurent une bonne aération et une rétention d'eau adéquate.

Toutes les terres ne sont cependant pas nécessairement bien structurées et certaines sont particulièrement défavorables à la culture des végétaux. C'est le cas des sols à structure particulaire où les constituants sableux sont entassés sans aucune liaison. Lorsqu'ils sont composés de sables grossiers, ces sols retiennent difficilement l'eau et les éléments nutritifs. Si les sables qui les composent sont très fins, ils se tassent et forment une croûte imperméable à la pluie. Les terres faites de sables et de limons noyés dans une masse d'argile dispersée sont également peu propices à la croissance des plantes. Ces sols à structure compacte sont imperméables à l'air et à l'eau, ils sont asphyxiants. Ils opposent aussi une grande résistance à la pénétration des racines et sont particulièrement difficiles à travailler.

Le complexe argilo-humique

Bien que l'argile et l'humus possèdent tous deux des charges électriques négatives, ils peuvent tout de même être liés. Leur association, qui est à la base de la formation des agrégats dans le sol, porte le nom de complexe argilo-humique. La liaison entre l'argile et l'humus est généralement possible grâce au calcium. Cet élément minéral possède en effet deux charges positives qui se fixent aux charges négatives de l'argile et de l'humus. Le calcium forme ainsi un pont entre ces deux constituants, les empêchant de se repousser. Le pont calcique est un lien particulièrement énergique

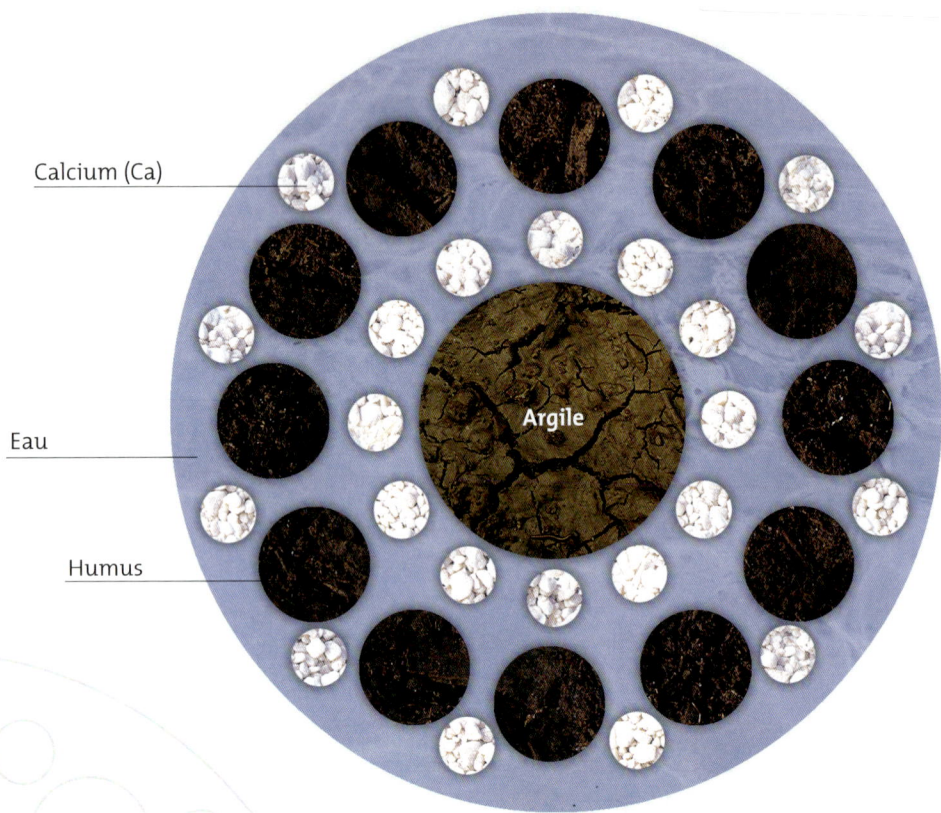

LE COMPLEXE ARGILO-HUMIQUE

qui contribue grandement à la stabilité de la structure du sol. Puisqu'il a des charges électriques positives, le fer peut également se lier à l'argile et à l'humus. Cette liaison est toutefois moins stable que celle qui est assurée par le calcium. Il arrive aussi parfois que l'humus s'attache directement sur l'argile, car l'aluminium contenu dans les feuillets d'argile possède des charges positives sur lesquelles l'humus peut se fixer.

La formation du complexe argilo-humique est essentielle à l'obtention de sols bien structurés. Dans cette association, l'humus forme une enveloppe protectrice autour de l'argile. En protégeant l'argile contre la dispersion, lors des fortes pluies, l'humus stabilise la structure du sol. Pour sa part, l'argile diminue de façon importante la

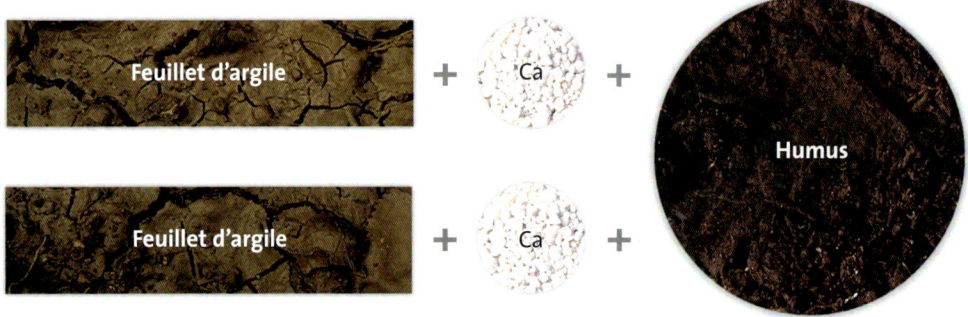

LA LIAISON ENTRE L'ARGILE ET L'HUMUS PAR L'INTERMÉDIAIRE DU CALCIUM

minéralisation de l'humus. Fortement lié à l'argile, l'humus se dégrade moins rapidement. Le complexe argilo-humique, constitué d'argile et d'humus liés par le calcium, est en fait un ciment, une pâte qui tient le sable et le limon en place dans le sol. Lorsque tous ces constituants physiques sont ainsi liés, ils forment des agrégats qui donnent aux sols une structure adéquate.

La structure grumeleuse

Un sol adéquatement structuré est composé d'une multitude d'agrégats aux bords arrondis qui atteignent quelques millimètres de diamètre. Chaque agrégat, ou grumeau, est formé d'un ensemble de grains de sable et de limon liés par le complexe argilo-humique. Entre les agrégats se forment plusieurs espaces vides où circulent librement l'air et l'eau. Un sol riche en agrégats est habituellement très meuble et possède une structure dite grumeleuse. Idéale pour la culture de la plupart des végétaux, la structure grumeleuse possède de nombreux avantages. Elle laisse s'écouler l'excès d'eau, mais en retient une quantité suffisante dans de petits pores dans les agrégats. Elle assure l'aération essentielle à la vie des racines et des micro-organismes du sol. Par ailleurs, les sols dont la structure est grumeleuse sont très friables, ils favorisent donc la germination des semences et, par la suite, la pénétration des racines.

■ L'humus

De nombreux déchets végétaux et animaux se retrouvent sur le sol. Ces débris organiques constitués de tiges, de feuilles et de racines de végétaux morts, ainsi que d'excréments et de cadavres d'animaux sont décomposés par certains insectes, par les vers de terre, par les champignons et les bactéries du sol jusqu'à ce qu'ils se métamorphosent en un riche terreau noirâtre appelé humus.

L'humus possède une structure très complexe composée principalement d'éléments issus de la dégradation de la lignine – le constituant principal du bois –, de la cellulose – le constituant de la membrane des cellules végétales – et des sucres. L'humus est également formé de matières azotées comme les protéines et les acides aminés, ainsi que de plusieurs éléments minéraux.

L'humus capte 4 à 5 fois plus d'éléments minéraux que l'argile et il peut retenir jusqu'à 15 fois son propre poids en eau ! Une fois desséché, l'humus s'humecte cependant plus lentement que l'argile. En revanche, ce phénomène procure au sol une meilleure résistance aux méfaits des fortes pluies. À l'instar de l'argile, l'humus peut également être dispersé ou floculé. L'ajout d'éléments minéraux dont les charges sont positives, comme le magnésium et le calcium, provoque la neutralisation des charges négatives des particules d'humus, les empêchant de se repousser et de se disperser. Comme l'argile, l'humus floculé stabilise la structure du sol.

Bien qu'il soit très stable, l'humus n'est pas fixé dans le sol éternellement. Avec le temps, il se minéralise, c'est-à-dire qu'il se dégrade en libérant graduellement les éléments minéraux qui le composent, principalement l'azote. La minéralisation est un processus lent et continu au cours duquel environ 2 % de l'humus est dégradé chaque année, soit entre 1 et 1,3 kg par 10 m². Ce phénomène démontre l'importance de renouveler annuellement les ajouts de matière organique dans le sol pour remplacer l'humus perdu. À ce titre, le compost est une importante source d'humus.

Un sol vivant

Les habitants du sol, qu'ils soient animaux ou végétaux, sont très nombreux et variés. La faune du sol est composée de petits mammifères comme les taupes et les marmottes, de vers de terre, d'insectes, de mollusques et d'animaux microscopiques tels que les nématodes et les protozoaires. La flore qui vit dans le sol compte pour sa part des algues, des champignons et des bactéries. Dans une terre saine, près d'un million d'espèces animales et végétales interagissent en permanence. La présence de ces organismes est absolument essentielle à l'équilibre du sol.

Cette faune et cette flore jouent un rôle de première importance dans la structuration du sol et dans la nutrition des végétaux. Ils décomposent les débris organiques qui se trouvent dans le sol et contribuent à les transformer en humus, favorisant ainsi la constitution d'agrégats. Ils solubilisent par ailleurs les éléments nutritifs du sol et les rendent assimilables par les végétaux. L'activité des micro-organismes est tout particulièrement intense dans une mince zone qui entoure les racines des plantes. Cet espace, nommé rhizosphère, est l'endroit où a lieu une grande partie des échanges entre le sol et les végétaux.

Les sols bien structurés et riches en agrégats sont idéaux pour la culture de la plupart des plantes ornementales.

La stabilisation de la structure du sol

Obtenir une structure de sol saine et la maintenir dans cet état le plus longtemps possible constitue un défi pour tous les jardiniers. Il faut lutter contre plusieurs agents qui contribuent à dégrader la structure des sols un peu plus chaque année. Les principales causes de la diminution de la stabilité structurale des sols sont la minéralisation de l'humus, l'érosion hydrique et éolienne ainsi que le compactage par un travail du sol inadéquat.

Un sol dont la structure est stable résiste plus longtemps à la dégradation. Vous pouvez intervenir de plusieurs façons afin d'améliorer et de maintenir la qualité structurale de votre sol. Voici quatre façons d'y parvenir.

L'humus minéralisé à remplacer régulièrement
La minéralisation provoque la dégradation d'environ 2 % de l'humus du sol chaque année. Pour renouveler l'humus perdu, vous devez faire des ajouts réguliers de matière organique dans le sol (voir Le compost, nourriture du sol p. 45).

Favoriser la formation du complexe argilo-humique
Pour permettre la liaison de l'argile et de l'humus, pour former un complexe argilo-humique fort, une certaine quantité de calcium est nécessaire dans le sol. Des apports d'amendements à forte teneur en calcium doivent donc être réalisés au besoin (voir le tableau VI, p. 41).

Favoriser l'élimination rapide de l'eau et protéger le sol contre les fortes pluies
L'eau est un des plus importants agents de dégradation de la structure des sols. Afin d'éviter que les particules d'argile et d'humus soient dispersées par un excès d'eau, vous devez vous assurer que l'irrigation et le drainage de votre sol sont adéquats. Il est aussi important de protéger le sol contre l'effet néfaste du choc des gouttes de pluie en utilisant des paillis organiques (voir Les paillis organiques, p. 110).

Travailler le sol de façon judicieuse
Plusieurs types de sols, surtout ceux qui sont riches en argile, se compactent facilement s'ils sont travaillés ou piétinés lorsqu'ils sont gorgés d'eau. Bien qu'il soit préférable de bouleverser un sol le moins possible, si vous devez tout de même le travailler, il est essentiel de le faire par temps sec et avec l'outillage approprié (voir Les outils pour jardiner efficacement, p. 75).

Verveine de Buenos Aires
(*Verbena bonariensis*).

La fertilité du sol

La santé des plantes dépend avant tout de la qualité structurale du sol et de la richesse de la faune et de la flore qu'il héberge. Ce sont principalement le complexe argilo-humique et les micro-organismes du sol qui mettent les éléments nutritifs à la disposition des plantes.

Ces éléments nutritifs, issus de l'air ou des particules minérales et organiques qui composent le sol, sont essentiels à leur croissance et à leur développement.

Outre le carbone, l'oxygène et l'hydrogène, qui sont les principaux constituants des plantes, plusieurs autres éléments nutritifs sont essentiels à leur croissance et à leur développement. L'azote, le phosphore et le potassium, aussi appelés les éléments majeurs primaires, sont assimilés en quantités importantes par les végétaux. Le calcium, le magnésium et le soufre sont quant à eux des éléments majeurs secondaires. Les autres éléments nutritifs, aussi essentiels aux plantes mais en infimes quantités, sont des éléments mineurs couramment appelés les oligoéléments. Ce sont le bore, le chlore, le cuivre, le fer, le manganèse, le molybdène et le zinc. D'autres oligoéléments tels que le chrome, le cobalt, l'iode, le sélénium, le silicium et le sodium sont également nécessaires à certains végétaux.

Les ions

Pour qu'ils puissent être absorbés par les racines des plantes, tous les éléments nutritifs doivent être dissous dans l'eau sous forme de très fines particules nommées ions et chargées négativement ou positivement. Les éléments dont la charge électrique est positive sont des cations, tandis que les ions chargés négativement sont des anions. En fait, tous les éléments nutritifs dissous dans l'eau ne sont pas nécessairement assimilés par les végétaux. Plusieurs ions sont en effet lessivés lorsque l'eau en excès dans le sol percole vers la nappe phréatique. Ce lessivage des éléments nutritifs peut cependant être limité par la présence d'un important complexe argilo-humique.

Doux mariage entre le canna 'Striata' (*Canna* 'Striata') et la pérovskie (*Perovskia atriplicifolia*).

Le pH, mesure de l'acidité du sol

LE PH, OU POTENTIEL HYDROGÈNE, INDIQUE LE TAUX D'ACIDITÉ D'UN SOL. IL MESURE LA CONCENTRATION D'IONS HYDROGÈNE (H^+) ET D'IONS HYDROXYDE (OH^-) DANS UN SOL SELON UNE ÉCHELLE GRADUÉE DE 1 À 14.

Si le pH est inférieur à 7, le sol est acide puisque les ions hydrogène (H^+) y dominent. Si le pH est supérieur à 7, le sol est alcalin, car les ions hydroxyde (OH^-) sont plus nombreux. Une terre est neutre lorsque son pH est à 7 ; il y a alors un équilibre entre les ions H^+ et les ions OH^-. L'échelle du pH est exponentielle ; cela signifie qu'à un pH de 6, le sol est 10 fois plus acide qu'à un pH de 7, tandis qu'à un pH de 5, il est 100 fois plus acide qu'à un pH de 7. La culture de la plupart des plantes ornementales se fait dans un sol neutre.

Le pouvoir tampon

Le pouvoir tampon est l'aptitude que possèdent certains sols à s'opposer aux variations de pH. Dans le sol, un équilibre s'établit habituellement entre la quantité d'ions H^+ libres et le nombre d'ions H^+ fixés au complexe argilo-humique. Si les ions H^+ en suspension dans l'eau du sol deviennent plus nombreux, l'acidité s'élève alors rapidement. Certains ions H^+ sont aussitôt captés par le complexe argilo-humique afin de recréer un équilibre, ce qui fait automatiquement augmenter le pH

TABLEAU VI

L'ÉCHELLE DU PH

pH

1	2	3	4	5	6	7	8	9	10	11	12	13	14
		ACIDE				NEUTRE				ALCALIN			

Une jolie scène composée de plantes acidophiles dont l'azalée 'Rosy Lights' (*Rhododendron* 'Rosy Lights') et le bergénia à feuilles cordiformes (*Bergenia cordifolia*).

L'analyse du pH

Avant d'y cultiver quoi que ce soit, vous devez faire l'analyse du pH de la terre de votre jardin. Vous pouvez déterminer le taux d'acidité de votre sol avec un pH-mètre de poche, mais cette mesure est plutôt approximative. Pour connaître avec exactitude le pH de votre sol, il est préférable d'en confier l'analyse à un laboratoire spécialisé par l'entremise d'une jardinerie.

La mesure du pH effectuée en laboratoire détermine la concentration d'ions H^+ dans l'eau du sol. Le pH de la solution du sol, aussi appelé pH eau, réfère à l'acidité active d'un sol. La quantité d'ions H^+ fixés sur le complexe argilo-humique, qui représente l'acidité potentielle d'un sol, ne peut cependant pas être déterminée lors de cette analyse. Pour la mesurer, il faut effectuer une analyse du pH tampon. Mais puisqu'il existe habituellement un équilibre entre le nombre d'ions en suspension dans la solution du sol et ceux fixés au complexe argilo-humique, le pH de la solution du sol demeure donc une référence fort acceptable.

Le printemps – au moment où le sol est complètement dégelé et suffisamment drainé – s'avère être une bonne période pour prélever un échantillon de sol dans votre jardin et en faire faire l'analyse. Voici les étapes du prélèvement d'un échantillon de sol.

1. À l'aide d'une pelle, creusez un trou d'une profondeur de 15 cm.
2. Au fond du trou, prélevez une tranche de sol de 3 cm d'épaisseur et déposez-la dans un contenant propre. Remblayez ensuite le trou.
3. Chaque échantillon doit être composé de prélèvements faits à plusieurs endroits représentant bien la parcelle à analyser. Faites environ quatre prélèvements par 10 m^2 pour chacun des échantillons.
4. Mélangez les prélèvements pour obtenir un échantillon homogène. Enlevez les cailloux, les racines et autres débris.
5. Déposez 250 ml (1 tasse) de ce mélange dans un sac neuf en prenant soin d'y inscrire votre nom, votre adresse et l'endroit d'où provient l'échantillon (potager, pelouse ou plate-bande).

Assurez-vous d'utiliser des outils et des contenants propres pour éviter toute contamination de votre échantillon de terre. Ne touchez pas le sol à mains nues. Mettez des gants exempts de saleté pour le manipuler.

de la solution du sol. Les ions H^+ se fixent sur le complexe argilo-humique en échange d'éléments déjà retenus par les particules d'argile et d'humus comme, par exemple, le calcium. Ainsi, plus le complexe argilo-humique d'un sol est important, plus il faudra d'ions H^+ pour en faire varier le pH. Les sols riches en argile et en humus bien liés par le calcium ont donc un excellent pouvoir tampon.

LES CAUSES DE L'ACIDIFICATION DES SOLS

Sous un climat tempéré et humide comme celui de l'est du Canada, les sols ont tendance à s'acidifier. Quelques régions sises sur des roches calcaires riches en carbonate de calcium ($CaCO_3$), comme les basses terres du Saint-Laurent, sont cependant formées de sols alcalins. Plusieurs terres situées sur les îles de Montréal et de Laval ont un pH qui se situe parfois près de 8.

La formation d'acide carbonique par les micro-organismes responsables de la décomposition de la matière organique est une cause importante de l'acidification des sols. Les radicelles des plantes contribuent également à diminuer le pH des sols puisqu'elles libèrent des ions H^+ en échange des éléments nutritifs qu'elles absorbent. Enfin, les pluies acides et l'épandage de certains engrais de synthèse ou d'origine naturelle comme le nitrate d'ammonium et le purin de porc ont un effet acidifiant sur le sol.

Tableau V
La disponibilité des éléments nutritifs en fonction du pH du sol

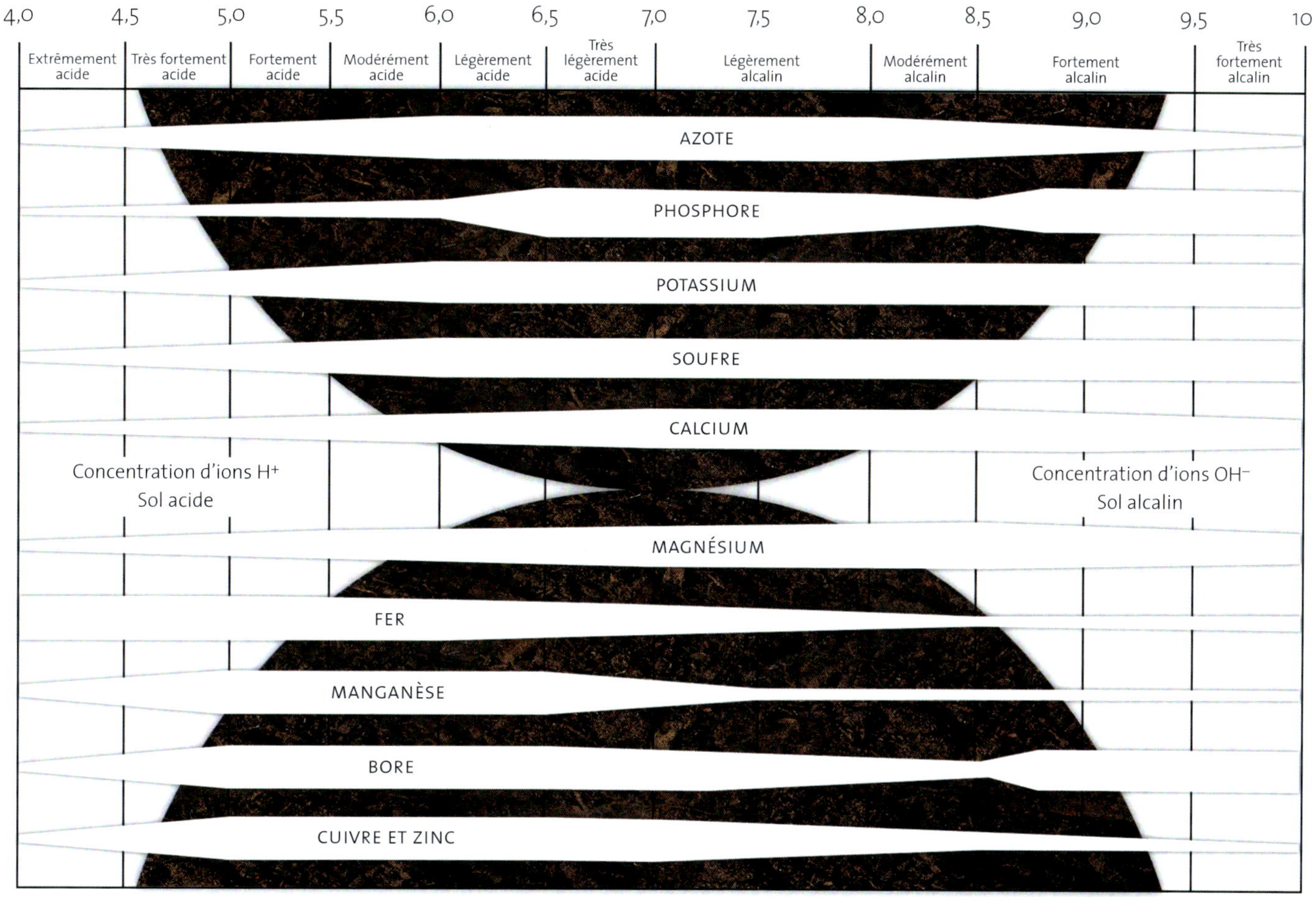

4,0	4,5	5,0	5,5	6,0	6,5	7,0	7,5	8,0	8,5	9,0	9,5	10
Extrêmement acide	Très fortement acide	Fortement acide	Modérément acide	Légèrement acide	Très légèrement acide	Légèrement alcalin		Modérément alcalin		Fortement alcalin		Très fortement alcalin

AZOTE

PHOSPHORE

POTASSIUM

SOUFRE

CALCIUM

Concentration d'ions H+ — Sol acide   Concentration d'ions OH− — Sol alcalin

MAGNÉSIUM

FER

MANGANÈSE

BORE

CUIVRE ET ZINC

Les effets de l'acidité

La culture dans une terre fortement acide – dont le pH se situe à 5 – est problématique, voire carrément impossible, dans certains cas.

Un sol acide a tendance à se décalcifier. Le calcium fixé sur le complexe argilo-humique est remplacé par des ions H+ et il est par la suite rapidement lessivé. Cette déperdition de calcium empêche la cohésion entre les particules d'argile et d'humus, ce qui a pour effet d'amoindrir la stabilité structurale du sol.

LE PH, MESURE DE L'ACIDITÉ DU SOL 39

De la finesse

Achetez une chaux finement moulue. Comme dans le cas de la plupart des engrais naturels, la chaux réduite en très fines particules, sous forme de farine, possède une action plus rapide et plus efficace. Par temps venteux cependant, une partie de la chaux fraîchement épandue sur le sol peut être perdue. Pour éviter ce problème, plutôt que d'acheter une chaux granulaire qui mettra beaucoup de temps à agir dans le sol, optez pour une chaux finement broyée mais vendue sous forme de granules fabriquées à l'aide d'un agent liant comme celle que propose la maison Fafard.

Chaux broyée regranulée

Lorsqu'un sol possède un pH inférieur à 6, plusieurs éléments nutritifs tels que l'azote et le phosphore deviennent difficilement assimilables par les végétaux, tandis que certains oligoéléments sont plus disponibles. Assimilés en grande quantité, la plupart des éléments mineurs peuvent être toxiques pour les plantes. Le tableau V démontre bien le rapport entre le pH du sol et la disponibilité des éléments nutritifs.

L'activité biologique est réduite lorsque l'acidité d'un sol est élevée. Les organismes vivant dans le sol, principalement les bactéries et certains champignons, sont particulièrement sensibles aux variations du pH. Lorsque le pH se situe sous 5,5, la décomposition de la matière organique, la formation de l'humus ainsi que la fixation de l'azote sont grandement ralenties.

La modification du pH

Si le pH de votre sol se situe entre 6 et 7,5, il n'y a pas lieu de vous inquiéter, puisque la majorité des plantes ornementales poussent bien dans une terre neutre ou légèrement acide. Le pH optimal d'un sol est étroitement lié à sa texture. Le pH idéal des terres sableuses se situe entre 6,2 et 6,5, tandis que celui des sols argileux est compris entre 6,8 et 7,4. Si les résultats d'une analyse révèlent que votre sol est fortement acide, deux solutions s'offrent à vous. Vous pouvez d'abord y planter des végétaux acidophiles comme les bruyères (*Erica*) et les rhododendrons (*Rhododendron*). Si vous désirez cultiver une plus grande variété de plantes, vous devrez hausser le pH de votre terre en y ajoutant de la chaux. On trouve deux types de chaux sur le marché : la chaux agricole, ou calcique, et la chaux dolomitique. La chaux calcique, obtenue par le broyage de la pierre calcaire, contient de grandes quantités de calcium et un peu de magnésium, tandis que la chaux dolomitique renferme davantage de magnésium. En plus d'être assimilé par les plantes, le calcium contenu dans la chaux déloge les ions H+ du complexe argilo-humique, contribuant ainsi à éliminer l'acidité et à améliorer la structure des sols.

Vous devez épandre la chaux au printemps ou à l'automne, lorsque le sol est relativement sec, quelques semaines avant d'apporter des amendements organiques comme le compost. Si votre terrain est en pente, vous pouvez mettre la moitié de la chaux à l'automne et l'autre moitié au printemps suivant, pour éviter qu'elle ne soit complètement lessivée par les pluies et la fonte des neiges. Je vous recommande de bien incorporer la chaux au sol pour obtenir des résultats plus rapides.

Pour faire varier le pH d'une terre riche en argile et dont le pouvoir tampon est élevé, il faut davantage de chaux que dans le cas d'un sol sableux. Cela dit, pour éviter de perturber l'activité biologique, il est préférable de ne pas faire varier le taux d'acidité de plus d'une unité par année. Si le pH de votre sol est très bas, faites des ajouts de chaux échelonnés sur quelques années pour obtenir le taux d'acidité adéquat. Une fois le pH souhaité atteint, si une analyse révèle qu'il a tendance à redescendre, vous pouvez effectuer un chaulage d'entretien tous les trois ou quatre ans afin de maintenir le taux d'acidité à un niveau constant. Vous trouverez dans le tableau VI les quantités de chaux à apporter au sol.

Si vous devez abaisser le pH du sol, vous pouvez utiliser du soufre en poudre. Pour diminuer le pH d'une unité, soit pour passer d'un pH de 8 à un pH de 7, par exemple, vous devez épandre 400 g de soufre par 10 m^2 dans un sol sableux et jusqu'à 800 g par 10 m^2 dans une terre argileuse. La tourbe de sphaigne permet également d'acidifier les sols, mais son action est plus lente. Une quantité de 2,5 kg de tourbe de sphaigne par 10 m^2 abaisse le taux d'acidité d'une unité. Il est cependant extrêmement difficile de baisser le pH des sols argileux sis sur des roches calcaires, comme c'est le cas de la plupart des terres situées sur les îles de Montréal et de Laval. Plutôt que d'aller à l'encontre de la nature, il est préférable de maintenir de tels sols à leur pH original, qui est situé près de la neutralité.

Hortensia paniculé 'Burgundy Lace' (*Hydrangea paniculata* 'Burgundy Lace').

Tableau VI
Les quantités de chaux calcique ou dolomitique à apporter au sol

Type de sol	Dose corrective	Dose d'entretien
Sol sableux	2,5 kg aux 10 m^2	0,6 kg aux 10 m^2
Sol loameux	4 kg aux 10 m^2	1 kg aux 10 m^2
Sol argileux	5 kg aux 10 m^2	1,2 kg aux 10 m^2

Note : La dose corrective est calculée en fonction de l'augmentation du pH d'une seule unité, pour passer par exemple d'un pH de 5 à un pH de 6.

Les plantes acidophiles

Vous pouvez tirer parti de votre sol même s'il est fortement acide en y plantant des végétaux acidophiles. Le tableau ci-dessous donne une liste de plantes qui exigent ou qui tolèrent un sol dont le pH est inférieur à 6.

Tableau VII
Des plantes qui exigent ou qui tolèrent un sol acide

Annuelles	pH le plus bas toléré
Begonia	5,0
Caladium	5,0
Fuchsia	5,5
Impatiens	5,0
Nicotiana	5,0
Tagetes	5,5
Tropaeolum	5,5
Viola	5,5

Vivaces	pH le plus bas toléré
Aconitum	5,0
Actaea	5,0
Anemone	5,5
Aruncus	5,0
Asarum	5,0
Astilbe	5,5
Chelone	5,0
Convallaria majalis	4,5
Cornus canadensis	4,5
Dicentra	5,5
Epimedium	5,0
Gentiana	5,0
Heuchera	5,0
Hosta	5,5
Iris ensata	5,5
Iris sibirica	5,5
Iris versicolor	5,5
Lilium martagon	5,0
Lilium speciosum	5,0
Lupinus	5,0
Pachysandra	5,0
Polygonatum	4,5
Primula japonica et autres espèces candélabres	5,0
Rodgersia	5,5
Tiarella	5,0
Trollius	5,5

Arbres et arbustes	pH le plus bas toléré
Abies	5,0
Andromeda	4,5
Betula	4,5
Calluna	4,5
Erica	4,5
Fagus grandifolia	5,0
Gaultheria	4,5
Hydrangea macrophylla	4,5
Hydrangea paniculata	4,5
Kalmia	4,5
Larix	5,0
Picea glauca	5,0
Picea mariana	4,0
Pinus	5,0
Quercus	5,0
Rhododendron	4,5
Tsuga	5,0
Vaccinium	4,5
Viburnum	5,0

Hosta 'Lakeside Looking Glass' (*Hosta* 'Lakeside Looking Glass').

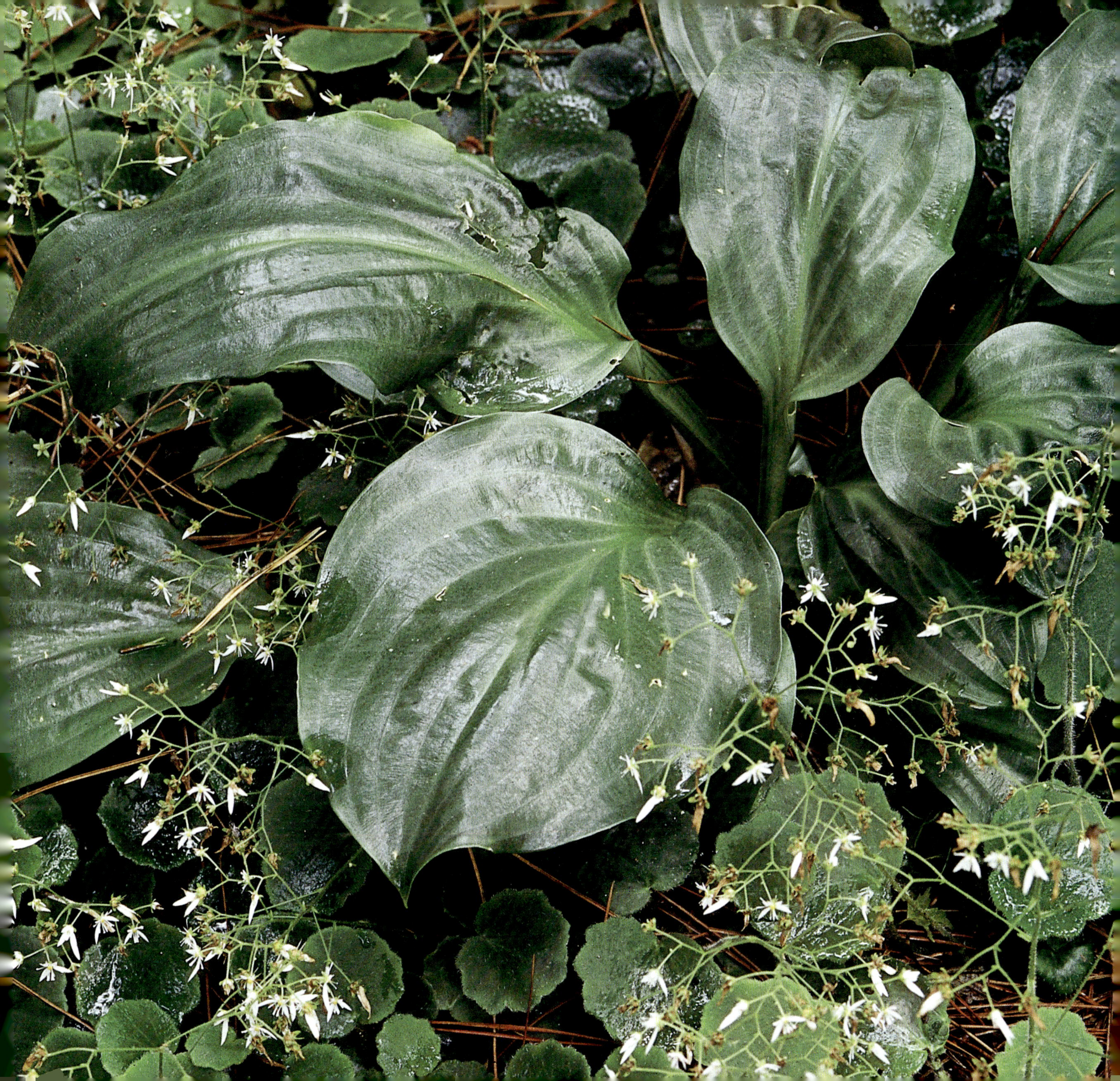

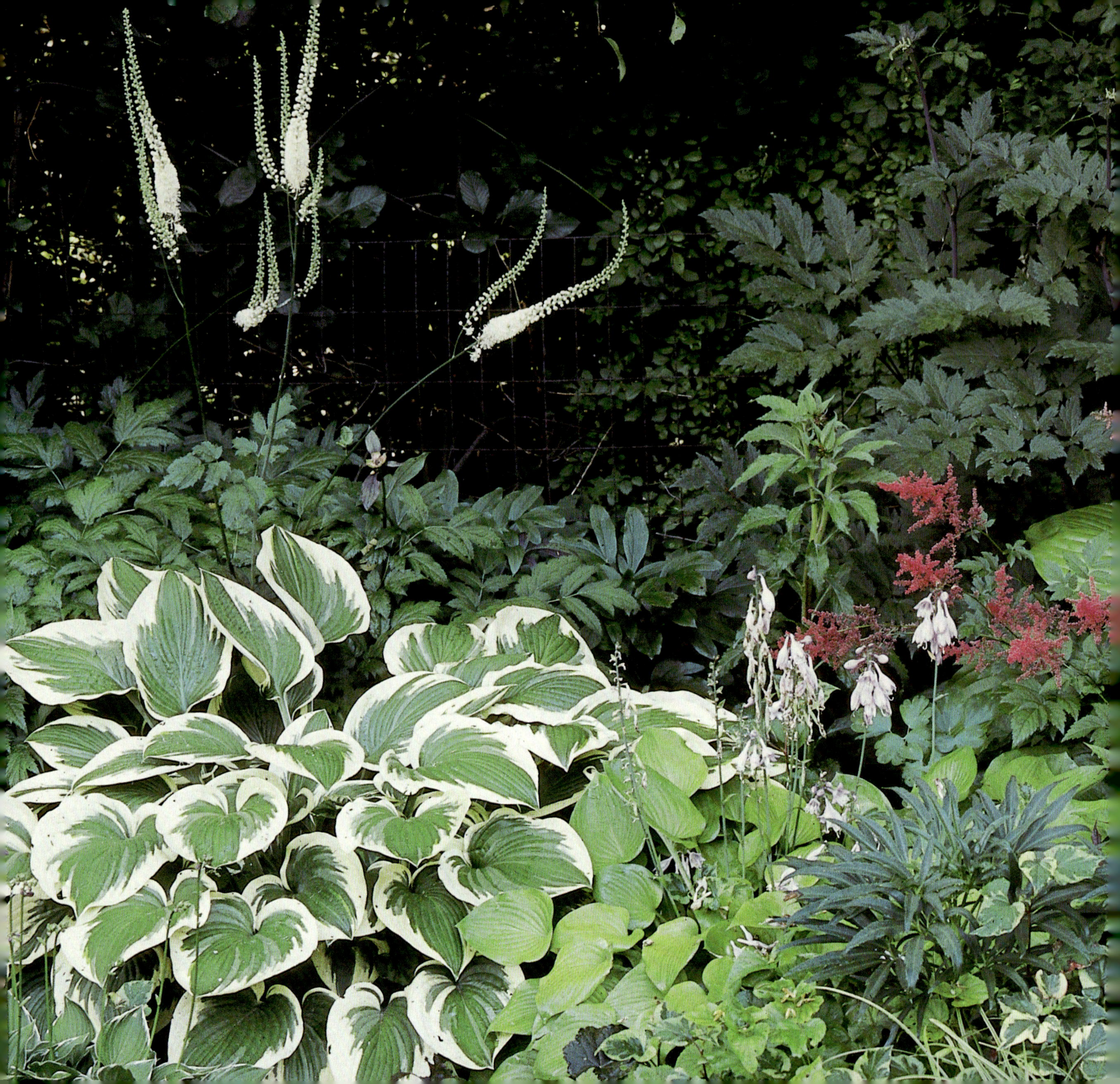

Le compost, nourriture du sol

La réussite d'un jardin dépend avant tout de la santé et de la qualité de la terre qui le supporte. Pour qu'il puisse retenir adéquatement l'air, l'eau et les éléments nutritifs dont les plantes ont besoin, un sol doit être bien structuré par la présence d'un complexe argilo-humique fort.

Comme l'humus se dégrade un peu plus tous les ans, la structure de tous les sols doit être stabilisée par un apport régulier de matière organique qui remplacera celle qui se perd par la minéralisation. Bien qu'il existe d'autres amendements organiques tels que les fumiers, la terre noire et la tourbe de sphaigne, le compost est sans contredit le produit le plus efficace pour remplacer dans un sol l'humus dégradé et améliorer ou maintenir ainsi sa santé et sa stabilité structurale.

Des qualités exceptionnelles

Le compost est un mélange friable et homogène qui a l'aspect d'un terreau de couleur noire ou brun très foncé. Il est principalement constitué d'humus provenant de la décomposition de diverses matières organiques par les micro-organismes. Les composts domestiques peuvent être fabriqués à partir de divers débris organiques comme le gazon, les déchets végétaux de jardin et de cuisine et les feuilles mortes. Les composts commerciaux sont faits de fumiers, de divers débris végétaux, y compris la tourbe de sphaigne, ainsi que de certains résidus forestiers, agroalimentaires et marins.

Véritable or noir des jardiniers, le compost a des effets formidables sur le sol et les végétaux. Parce qu'il est riche en humus, le compost ajouté au calcium favorise la formation d'agrégats dans les divers types de sols, améliorant grandement leur stabilité structurale. L'humus allège, ameublit et aère les terres argileuses souvent lourdes et compactes. De cette façon, il régularise la rétention d'eau de ces sols. Dans les terres sableuses, l'humus augmente la rétention d'eau et

Le compost est essentiel à l'obtention de plantes saines et vigoureuses.

Compost

d'éléments nutritifs, ce qui a pour effet de ralentir l'érosion et le lessivage. De plus, l'humus contenu dans le compost améliore le pouvoir tampon de la plupart des sols, ce qui leur permet de s'opposer aux variations du pH.

En plus d'être un amendement, le compost est aussi un engrais. La plupart des composts commerciaux contiennent en effet des quantités substantielles d'éléments nutritifs majeurs et d'oligoéléments essentiels à la croissance et au développement des plantes. En fait, utilisé adéquatement, le compost subvient aux besoins de la plupart des plantes ornementales. Il libère progressivement les éléments qu'il contient, ce qui permet un apport nutritif relativement constant aux végétaux et ce qui évite le lessivage et, par conséquent, la pollution. Par ailleurs, les plantes absorbent d'abord les éléments nutritifs comme le phosphore et le potassium provenant de l'humus avant de puiser ceux des fertilisants.

Un ajout régulier de compost permet de nourrir et de garder en santé la faune et la flore du sol, ce qui a pour effet de réduire la fréquence et la sévérité des attaques des insectes nuisibles et des maladies. Enfin, l'humus contenu dans le compost peut capter et neutraliser certaines substances toxiques comme les métaux lourds et les pesticides.

Un épandage régulier

Tous les végétaux, y compris les arbres, doivent recevoir du compost lors de leur plantation. Par la suite, assurez-vous d'en épandre tous les ans dans les plates-bandes de vivaces et d'annuelles, ainsi qu'au pied des arbustes. L'apport de compost à la base des végétaux se fait idéalement au printemps, à la fin du

Il est bon de varier le type de compost que vous épandez à la base de vos végétaux chaque année.

mois d'avril et en mai, lors du nettoyage des plates-bandes. Vous pouvez également en épandre à l'automne, une fois les feuilles des plantes tombées. Évitez toutefois d'effectuer un ajout de compost entre la fin du mois de juillet et le début de la chute des feuilles, à l'automne, cela empêcherait certains végétaux de bien endurcir leurs jeunes tiges en prévision de l'hiver. Il est bon de faire pénétrer légèrement le compost dans le sol. Vous pouvez effectuer cette opération à l'aide d'un sarcloir en faisant bien attention de ne pas endommager les racines des végétaux. Dans le cas de certaines plantes aux racines superficielles et fragiles comme les clématites (*Clematis*) et les rhododendrons (*Rhododendron*), il est préférable de laisser le compost à la surface du sol.

Un ajout trop important de compost peut avoir un impact négatif sur le sol et les végétaux, c'est pourquoi il est important de respecter les exigences de chaque plante. De façon générale, les plantes qui poussent à l'ombre comme les astilbes (*Astilbe*), les épimèdes (*Epimedium*) et la plupart des primevères (*Primula*) sont exigeantes et nécessitent un sol riche. Certains végétaux qui préfèrent le plein soleil, comme les clématites (*Clematis*), les pieds-d'alouette (*Delphinium*), les pivoines (*Paeonia*) et les rosiers (*Rosa*), ont des besoins semblables. Toutes ces plantes nécessitent un apport annuel de compost d'une épaisseur de 2,5 cm environ sur un diamètre qui équivaut à celui de leur couronne de feuilles. D'autres plantes, comme les ancolies (*Aquilegia*), les iris des jardins (*Iris*), les lis (*Lilium*) et les sauges (*Salvia*), préfèrent pousser dans une bonne terre à jardin brune – un loam – sans apports massifs de compost. Vous pouvez leur fournir 1 cm d'épaisseur de compost chaque année. Enfin, les végétaux adaptés aux sols sableux et pauvres tels que les panicauts (*Eryngium*) et la lavande (*Lavandula angustifolia*) ne doivent pas recevoir plus de 0,5 cm d'épaisseur de compost

Les orpins (*Sedum*) poussent bien dans les sols sableux et rocailleux. Ces plantes ne nécessitent que très peu de compost.

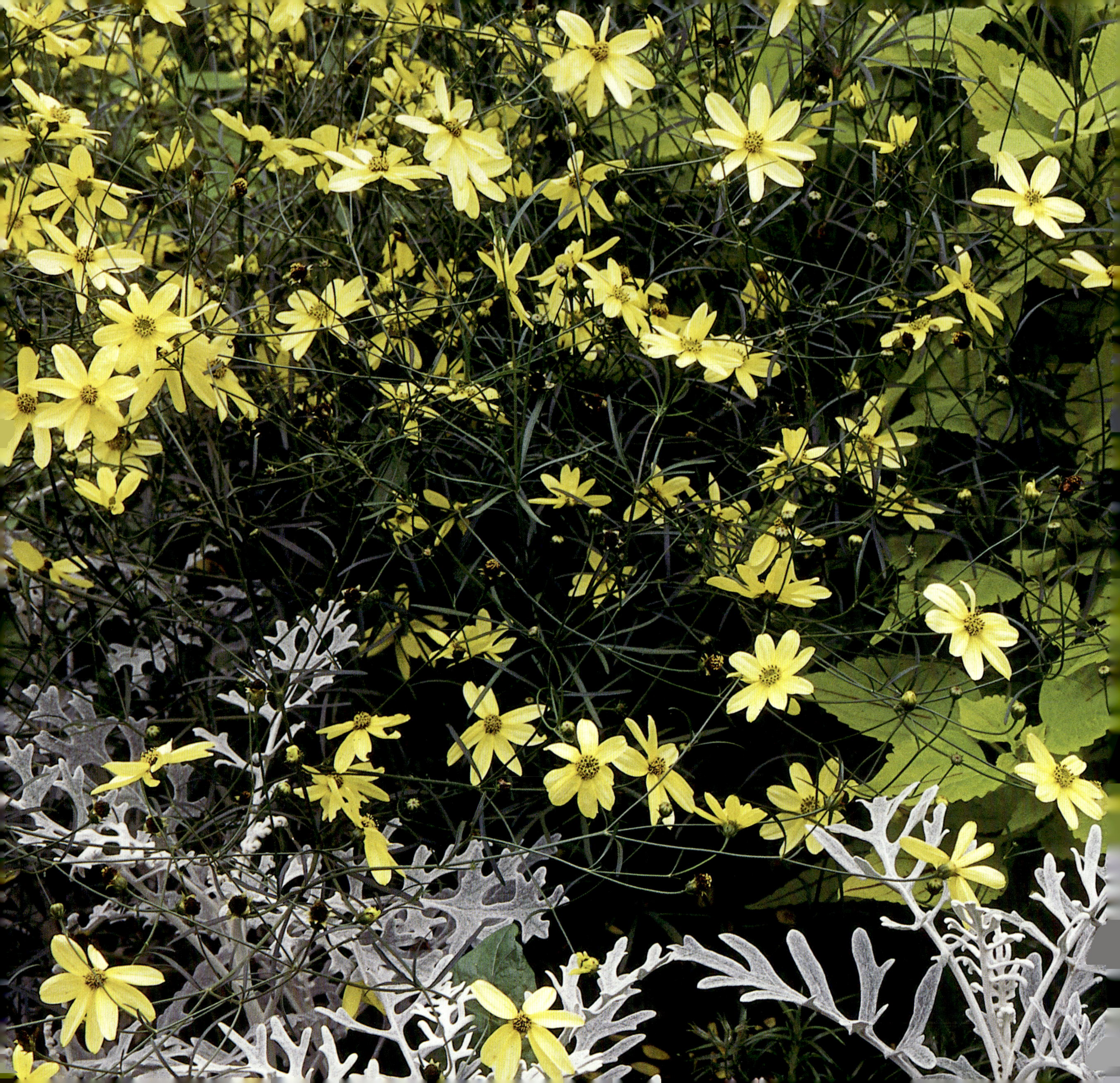

Lequel choisir ?

Devant la grande variété de composts offerts sur le marché, il vous est probablement déjà arrivé de ne plus savoir quoi acheter. Pour la préparation d'une nouvelle plate-bande et pour la plantation de la plupart des végétaux, je recommande d'utiliser un compost fabriqué principalement à partir de débris végétaux ligneux comme les écorces, les rameaux et les feuilles mortes. Ce type de compost est particulièrement efficace pour améliorer et stabiliser la structure des sols. Quelques compagnies offrent des composts de qualité faits de résidus végétaux, notamment le compost Biofor, de la maison Fafard, le compost végétal de marque Compox, fabriqué par Les Composts du Québec, et le compost bio-correcteur Humix, d'Aquaterre.

Dans un sol bien structuré, les années suivant la plantation, je suggère de varier le type de compost que vous épandez à la base des végétaux. Vous pouvez utiliser un compost contenant des carapaces de crevettes, de crabes ou de homards. Comme ce produit est aussi souvent composé de fumier et de tourbe de sphaigne décomposés, il a une moins grande influence sur la structure du sol mais il représente une source importante de calcium et de magnésium.

Il existe également des composts constitués d'algues qui contiennent plusieurs oligoéléments et une grande quantité de potassium. J'utilise régulièrement ce genre d'amendement lorsque je désire obtenir un surcroît de performance de la part des végétaux cultivés pour leurs fleurs ou leurs fruits. Vous pouvez aussi fournir à l'occasion des fumiers compostés à certaines de vos plantes les plus exigeantes. Comme les composts faits de crustacés et d'algues, les composts faits de fumiers de mouton, de vache ou de poulet n'ont pas une influence marquée sur la stabilité des sols. Ils libèrent cependant leurs éléments nutritifs plus rapidement et en plus grande quantité que les composts fabriqués à partir de résidus végétaux ligneux.

Coréopsis verticillé 'Moonbeam' (*Coreopsis verticillata* 'Moonbeam').

Tableau VIII
Les plantes exigeantes qui requièrent un sol riche et un apport annuel de compost de 2,5 cm d'épaisseur

Vivaces	
Aconitum	P. paniculata
Actaea	Polygonatum
Arisaema	Primula
Aruncus	Pulmonaria
Asarum	Rheum*
Astilbe	Rodgersia*
Chelone	Thalictrum
Cimicifuga (syn. Actaea)	Tiarella
Darmera*	Tricyrtis
Delphinium	Trollius
Dicentra	Viola
Digitalis	
Epimedium	**Arbustes**
Filipendula	Buxus
Heuchera	Clematis
x Heucherella	Daphne
Hosta	Hydrangea
Iris ensata	Ilex x meserveae
I. sibirica	I. verticillata
I. versicolor	Kalmia
Ligularia*	Magnolia
Lobelia	Rhododendron
Meconopsis	Rosa
Pachysandra	Viburnum
Paeonia	
Petasites*	**Conifères**
Phlox divaricata	Tsuga

Note : Les plantes accompagnées d'un astérisque peuvent recevoir jusqu'à 3,5 cm d'épaisseur de compost annuellement.

Hosta de montagne 'Aureomarginata' (*Hosta montana* 'Aureomarginata') et astilbe 'Rotlicht' (*Astilbe* x *arendsii* 'Rotlicht', syn. 'Red Light').

chaque année, sans quoi ils auront tendance à former de longues tiges molles qui tomberont et se casseront facilement. Les tableaux VIII, IX et X indiquent les quantités de compost à fournir aux principaux végétaux ornementaux.

Le fumier frais

Contrairement au compost, le fumier frais est constitué de matières organiques qui ne sont pas encore complètement décomposées. Incorporés dans le sol, tous les fumiers non compostés provoquent une augmentation de température suffisamment importante pour empêcher la pousse des jeunes radicelles et pour endommager ou même tuer les racines plus vieilles. Par ailleurs, les micro-organismes qui décomposent le fumier dans le sol monopolisent souvent l'azote au détriment des végétaux. Il est donc absolument essentiel de ne jamais mettre de fumier non composté dans vos boîtes à fleurs ou directement dans la fosse de plantation de tous les végétaux. En revanche, les fumiers frais peuvent être épandus sur le sol, au pied des plantes, sans risquer de brûler les racines. Comme dans le cas du compost, le fumier frais doit être épandu à l'automne, après la chute des feuilles, ou au printemps.

La plupart des fumiers frais empaquetés vendus sur le marché horticole constituent une bonne source d'azote et de potassium, mais ils sont généralement plutôt pauvres en phosphore. Ils libèrent les éléments nutritifs qu'ils contiennent sur une courte période et sont beaucoup moins efficaces que les composts pour améliorer la stabilité structurale des sols.

La tourbe de sphaigne

C'est à tort que nous disons mousse de tourbe pour traduire l'expression anglaise *peat moss*. Pour désigner ce produit, il est préférable d'utiliser l'expression tourbe de mousse de sphaigne ou simplement tourbe de sphaigne. Celle-ci se forme particulièrement bien sous des climats froids et humides, dans des endroits où l'eau circule mal. Dans ces milieux humides appelés tourbières, le taux d'acidité élevé et le manque d'oxygène ralentissent l'activité des micro-organismes

Tourbe de sphaigne

Tableau IX

Les plantes peu exigeantes qui poussent bien en sol pauvre et qui nécessitent au plus 0,5 cm d'épaisseur de compost chaque année

Vivaces	
Achillea	*Opuntia humifusa*
Alchemilla erythropoda	*Phlox subulata*
Anthemis	*Saponaria ocymoides*
Arabis	*Scabiosa*
Armeria	*Sedum*
Artemisia	*Sempervivum*
Asclepias tuberosa	*Stachys byzantina*
Aubrieta	*Thymus*
Campanula carpatica	*Verbascum*
C. cochleariifolia	*Yucca*
C. portenschlagiana	

Arbustes	
C. poscharskyana	*Amorpha*
Centaurea	*Arctostaphylos*
Centranthus ruber	*Caragana*
Cerastium tomentosum	*Cotinus*
Coreopsis	*Cotoneaster dammeri*
Dianthus deltoides	*Genista*
D. gratianopolitanus	*Hippophae*
Eryngium	*Shepherdia*
Euphorbia cyparissias	*Tamarix*
E. myrsinites	

Conifères	
E. polychroma	*Juniperus horizontalis*
Geranium cinereum	*Microbiota decussata*
G. dalmaticum	*Picea*
Lavandula	*Pinus*
Nepeta	

Tableau X
Les plantes qui préfèrent un sol loameux et qui nécessitent un apport annuel de compost de 1 cm d'épaisseur

Vivaces	
Ajuga	Papaver
Alchemilla mollis	Penstemon digitalis
Anemone	Persicaria
Aquilegia	Physostegia virginiana
Aster	Platycodon
Astrantia	Polemonium caeruleum
Bergenia	Rudbeckia
Brunnera	Salvia
Campanula lactiflora	Sanguisorba
C. latifolia	Veronica
C. persicifolia	
C. punctata	**Arbustes**
Chrysanthemum x morifolium	Amelanchier
	Aronia
Convallaria majalis	Cornus
Echinacea	Cotoneaster acutifolius
Echinops	Diervilla
Eupatorium	Euonymus
Euphorbia amygdaloides	Forsythia
E. griffithii	Lonicera
Geranium	Philadelphus
Helenium	Physocarpus
Heliopsis	Potentilla
Hemerocallis	Prunus
Iris	Ribes
Lamiastrum	Salix
Lamium	Sambucus
Leucanthemum	Sorbaria
Liatris	Spiraea
Lilium	Syringa
Lychnis	Weigela
Lysimachia	
Lythrum	**Conifères**
Malva	Chamaecyparis
Monarda	Taxus
	Thuya

responsables de la décomposition des débris de mousse de sphaigne, favorisant ainsi la création d'un dépôt appelé tourbe.

La tourbe de sphaigne empaquetée et vendue sur le marché est donc prélevée dans la nature, dans ces milieux très fragiles que sont les tourbières. Heureusement, de nouvelles techniques permettent aujourd'hui de renaturaliser et de redonner vie à ces lieux uniques une fois leur exploitation terminée.

La tourbe de sphaigne est un amendement qui possède certains avantages ; elle améliore la porosité des sols argileux et augmente la capacité de rétention d'eau et d'éléments nutritifs des sols sableux. Cet amendement étant cependant très résistant à la décomposition, je recommande de limiter son utilisation. À moins qu'elle ne soit profondément enfouie dans le sol – ce qui est pratiquement impossible à réaliser lorsqu'une plate-bande est déjà occupée par des végétaux – la tourbe de sphaigne s'accumule près de la surface et forme une croûte. Ainsi exposée au soleil et au vent, cette croûte s'assèche rapidement et devient alors particulièrement difficile à humecter. Un épandage régulier de tourbe de sphaigne dans une plantation cause donc la formation d'une croûte imperméable qui fait ruisseler l'eau de pluie et des arrosages, ce qui l'empêche de pénétrer dans le sol et d'atteindre les racines des plantes. D'autres facteurs tels que le fait qu'elle renferme peu d'éléments nutritifs et de micro-organismes, ainsi que son pH très bas (habituellement situé entre 3,5 et 5), font de la tourbe de sphaigne un amendement beaucoup moins intéressant que la plupart des composts.

Personnellement, j'utilise tout de même la tourbe de sphaigne dans certains cas. J'en use lors de la fabrication de terreaux pour la plantation d'annuelles en contenants. Je mélange aussi de la tourbe de sphaigne à de la terre sableuse ainsi qu'à du compost pour la plantation de toutes les plantes acidophiles comme les rhododendrons (*Rhododendron*), par exemple. Enfin, lors de la préparation de plates-bandes aux dimensions imposantes et dont le sol est très argileux, je l'utilise en combinaison avec du compost fabriqué principalement à partir de débris végétaux ligneux comme le compost Biofor, et cela parce que la tourbe de spaigne est un produit économique. J'épands une épaisseur de 1 cm de tourbe de sphaigne et environ la même épaisseur de compost à la surface du sol, ce qui correspond approximativement à un ballot de tourbe de sphaigne de 1 m^3 environ (3,8 pi^3) et 6 sacs de compost de 38 litres par 10 m^2 de plate-bande. J'enfouis ensuite la tourbe de sphaigne et le compost dans le sol à l'aide d'un rotoculteur ou d'une pelle sur une profondeur d'environ 20 cm. Les années suivantes, l'utilisation de

Les iris des jardins (*Iris*) préfèrent les sols loameux et nécessitent un apport annuel de compost de 1 cm d'épaisseur.

tourbe de sphaigne n'est plus souhaitable, mais l'ajout annuel de compost est grandement recommandé.

Les amendements

Les amendements sont des substances qui peuvent être incorporées dans les sols afin d'améliorer leurs propriétés physiques, chimiques et biologiques. Il existe deux types d'amendements : ceux qui sont d'origine calcaire, comme la chaux (voir Le pH, mesure de l'acidité du sol, p. 37), et ceux qui sont d'origine organique, dont le compost, les fumiers et la tourbe de sphaigne. Les amendements organiques doivent être constitués d'au moins 50 % de matières organiques, c'est-à-dire de débris d'organismes vivants décomposés ou en voie de décomposition.

La terre noire

La plupart des terres noires empaquetées vendues dans les jardineries et les pépinières de l'est du Canada proviennent de tourbières. Cette terre noire est constituée de tourbe de sphaigne fortement décomposée aussi appelée tourbe noire. Bien qu'elle possède une bonne capacité de rétention d'eau et d'éléments nutritifs, cette terre ne constitue pas un amendement d'aussi bonne qualité que la plupart des composts vendus sur le marché horticole. La terre noire provenant des tourbières est pauvre en micro-organismes ainsi qu'en certains éléments nutritifs, elle possède un pH acide semblable à celui de la tourbe de sphaigne et contient habituellement moins de 30 % de matière organique. Cet amendement possède une structure très fine beaucoup moins grumeleuse et stable que celle des composts. En fait, plus une terre noire est âgée, comme c'est le cas de celles qui proviennent des tourbières, moins elle contient d'humus stable (voir l'encadré intitulé L'humus, p. 27).

Vous pouvez également trouver dans certaines jardineries ou pépinières des terres noires de surface aussi appelées terres organiques, qui sont souvent commercialisées sous l'appellation anglaise *top soil*. Ces terres noires, qui ne proviennent pas de tourbières mais qui sont prélevées à la surface de certains champs, sont généralement vendues en vrac. Les terres noires de surface, qui contiennent habituellement davantage d'humus stable que la plupart des terres noires provenant des tourbières, possèdent un taux de matière organique qui peut parfois atteindre un peu plus de 50 %. Bien que la plupart des terres noires de surface constituent de meilleurs amendements que les terres noires provenant de tourbières, elles ne peuvent remplacer la majorité des composts, qui sont sans contredit des amendements de qualité supérieure. Lorsqu'elle est ajoutée au sol existant d'un jardin, une terre noire de surface contribue généralement beaucoup moins qu'un compost à la formation d'un complexe argilo-humique fort.

Qu'elles proviennent de tourbières ou de la surface des champs, les terres noires vendues sur le marché sont rarement mélangées à du compost ou à de la terre sableuse ; elles sont plus souvent additionnées de sable. Et il arrive que le sable remonte à la surface du sol quelques semaines après l'utilisation d'une telle terre noire dans une plate-bande.

Terre noire

LE COMPOST, NOURRITURE DU SOL 53

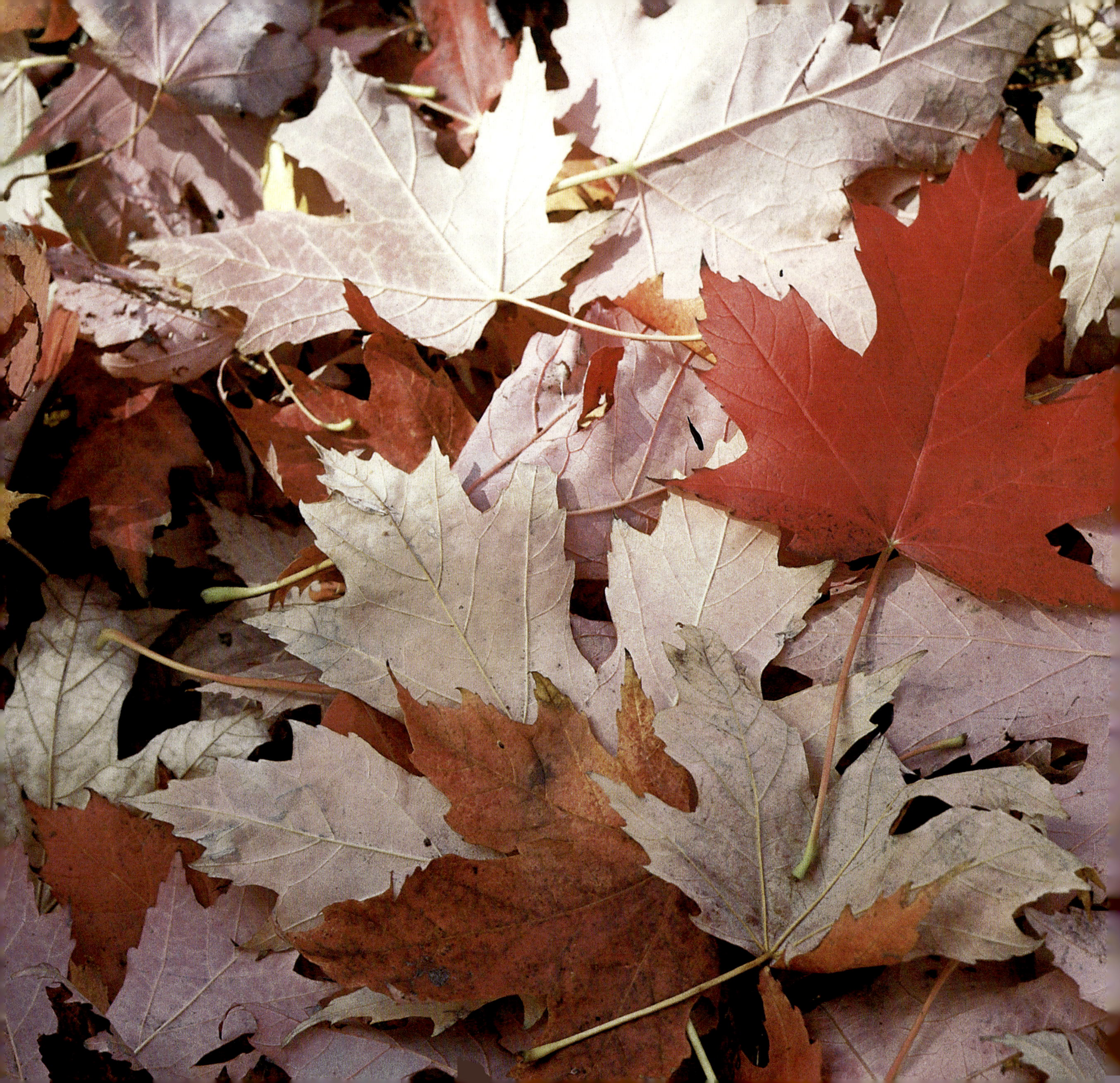

La fabrication du compost domestique

Bien que les composts commerciaux soient habituellement de bonne qualité, il est très avantageux de faire son propre compost, car cela permet de recycler une foule de déchets organiques tout en produisant, à peu de frais, un terreau aux propriétés exceptionnelles.

Plusieurs matières organiques faciles à trouver comme les déchets de cuisine, les résidus de jardin, les rognures de gazon et les feuilles mortes peuvent entrer dans la composition de cet amendement.

Pour obtenir un compost de bonne qualité, assurez-vous d'abord que toutes les matières organiques qui servent à sa fabrication contiennent le moins de pesticides possible. Les jeunes herbes indésirables peuvent être utilisées, mais évitez celles qui portent des graines et celles qui sont particulièrement envahissantes, comme le chiendent (*Agropyron repens*) et l'herbe aux goutteux (*Aegopodium podagraria*). Toutes les plantes malades ou infestées d'insectes doivent systématiquement être jetées aux ordures. N'utilisez jamais les restes de viandes, les boues d'épuration et les excréments humains, de chiens et de chats, car ils peuvent contenir des pathogènes.

L'azote et le carbone

Certaines matières organiques sont plus riches en azote, alors que d'autres contiennent plus de carbone. Pour fabriquer un compost de bonne qualité, vous devez y mettre deux fois plus de matières carbonées que de matières azotées. Si vous utilisez trop de matériaux azotés, comme du gazon, une partie de l'azote s'échappera du tas de compost sous forme d'ammoniac, un gaz dont l'odeur est particulièrement nauséabonde. Si, au contraire, les matériaux employés sont trop riches en carbone et qu'ils ne sont pas assez déchiquetés, la température du compost n'augmentera pas suffisamment et la décomposition sera ralentie. Il est donc important de vous assurer du bon équilibre des quantités d'azote et de carbone dans le compost.

Les feuilles mortes constituent une matière de choix pour la fabrication du compost.

Les contenants à compost

Une foule de modèles de contenants à compost en plastique sont vendus sur le marché horticole, mais la majorité de ces contenants sont trop petits pour permettre un dégagement de chaleur suffisamment intense pour détruire toutes les semences d'herbes indésirables et les organismes pathogènes qui se trouvent dans les matériaux qui forment le compost. Si, par manque d'espace, vous êtes forcé d'utiliser un de ces petits contenants, choisissez un modèle bien ajouré pour bien laisser pénétrer l'air. Vous pouvez également vous procurer un contenant qui pivote sur lui-même, ce qui facilite le retournement du compost et en accélère la décomposition.

Une boîte à compost idéale doit être composée de deux compartiments qui font chacun au minimum 1,50 m³.

TABLEAU XI
LES MATÉRIAUX UTILISÉS POUR LA FABRICATION DU COMPOST

MATÉRIAUX	RICHE EN AZOTE	RICHE EN CARBONE	COMMENTAIRES
Rognures de gazon	X		Ne pas utiliser le gazon traité aux pesticides.
Herbes indésirables	X		Ne pas utiliser les herbes qui portent des graines.
Fumier frais	X		
Déchets de cuisine	X		Ne pas utiliser la viande.
Résidus de jardin		X	Doivent être déchiquetés.
Aiguilles de pin		X	Se décomposent lentement.
Feuilles d'arbres		X	Doivent être déchiquetées.
Paille		X	Attention aux graines.
Sciure de bois		X	
Terre ou vieux compost			Servent d'activateurs.

En tas ou dans une boîte ?

Il est préférable de fabriquer votre compost directement sur la terre nue, sans contenant, ce qui rend la tâche beaucoup plus facile lorsque vient le temps de le retourner. Le tas doit être installé dans un endroit bien abrité des vents et protégé des rayons du soleil de l'après-midi. Il doit mesurer 1,5 m de hauteur sur 2 m de largeur et sur une longueur minimale de 1,5 m. Celle-ci peut toutefois s'allonger presque à l'infini. Si vous habitez en milieu urbain, vous préférez probablement fabriquer votre compost dans un contenant. Le contenant idéal est une boîte de bois non traité ajourée et à deux compartiments, permettant ainsi de faire deux tas en alternance. Chaque compartiment doit mesurer au minimum 1,5 m³ afin de permettre une élévation de température suffisante au centre du tas.

Une telle boîte peut aussi être recouverte d'un couvercle percé de plusieurs trous, de façon à assurer une bonne aération.

La fabrication

Le tas de compost peut être fabriqué au fur et à mesure que les matières organiques sont disponibles. Je vous recommande cependant de le monter en une seule étape, au début de la saison, avec des matériaux qui ont été accumulés précédemment. De cette façon, il y a un plus grand dégagement de chaleur au sein du tas, ce qui assure une meilleure élimination des semences d'herbes indésirables et des organismes pathogènes.

Les matériaux organiques doivent être placés en couches superposées. Chaque couche de matières riches en carbone doit avoir une épaisseur de 5 cm et doit alterner avec une couche de 2 à 3 cm de matières riches en azote. Les matériaux carbonés grossiers tels que les feuilles mortes et les résidus de jardin doivent préférablement être déchiquetés pour accélérer leur décomposition. À défaut de pouvoir les broyer, placez-les en couches plus minces. Il est également important d'ajouter une fine couche de terre ou de vieux compost à tous les 30 cm afin d'apporter les micro-organismes essentiels à la décomposition des matériaux.

Si les matières qui composent le compost sont trop sèches, arrosez-les légèrement. Elles doivent idéalement avoir un taux d'humidité qui avoisine 50 %. Un bon moyen de savoir si votre tas de compost est suffisamment humide consiste à prendre une poignée du mélange de matériaux et à la serrer fortement ; si quelques gouttes d'eau s'échappent, cela indique un taux d'humidité adéquat. Si un filet d'eau s'en écoule, cela signifie que les matériaux sont trop humides et qu'il n'y a pas assez d'air. Dans ce cas, étendez les matières trop humides sur le sol dans un endroit mi-ombragé et laissez-les sécher une journée ou deux.

Une fois le tas monté, vous devez le recouvrir d'une couche de paille ou d'une toile perméable, ou encore refermer le couvercle de la boîte pour protéger le compost des rayons ardents du soleil et maintenir une humidité relativement constante.

Le retournement du compost

Peu de temps après la fabrication du compost, la température s'élève rapidement au centre du tas pour atteindre près de 60 °C. Au bout d'environ 10 à 15 jours, la température redescend et environ un mois et demi après la formation du tas, une fois la température complètement stabilisée, vous devez retourner votre compost. À l'aide d'une fourche, il faut prendre les matériaux qui sont à l'extérieur du tas et les placer au centre, après les avoir humidifiés si nécessaire. La température s'élève encore durant une période d'une dizaine de jours et, quatre à six semaines plus tard, elle se stabilise de nouveau et les premiers vers de terre font leur apparition. À ce stade, bien qu'il n'ait pas encore atteint la maturité, le compost peut être utilisé en surface, à la base des végétaux voraces. Mais pour obtenir un compost mûr riche en humus stable qui pourra être utilisé sans restriction dans le jardin, vous devez le retourner une seconde fois. Après une période d'environ deux mois, les vers de terre disparaissent et le compost prend l'allure d'un terreau léger, friable, brun foncé (presque noir) et qui possède une bonne odeur d'humus forestier.

Des problèmes avec votre tas de compost ?

Si vous êtes peu expérimenté dans la fabrication d'un compost, il est possible que vous éprouviez certaines difficultés lors de vos premiers essais. Si une forte odeur se dégage de votre tas de compost, il est probable que vous y ayez intégré trop de matériaux riches en azote par rapport à la quantité de matières carbonées. Je vous suggère alors de vérifier la température du centre du tas à l'aide d'un thermomètre à longue tige conçu à cette fin. Si elle s'élève au-dessus de 65 °C, vous devez arroser votre compost afin d'éviter que les divers matériaux qui le composent soient littéralement brûlés. Quelques heures plus tard, retournez-le et incorporez-y une certaine quantité de matériaux riches en carbone. Si, à l'inverse, votre tas ne semble pas chauffer suffisamment, c'est qu'il contient trop de matières carbonées ou que son taux d'humidité est très bas. Pour favoriser l'élévation de la température et ainsi accélérer la décomposition, vous devez retourner le tas et y ajouter des matières azotées. Dans le cas d'un faible taux d'humidité, vous n'avez pas à retourner votre compost, formez simplement une cuvette sur le dessus du tas et versez-y quelques litres d'eau.

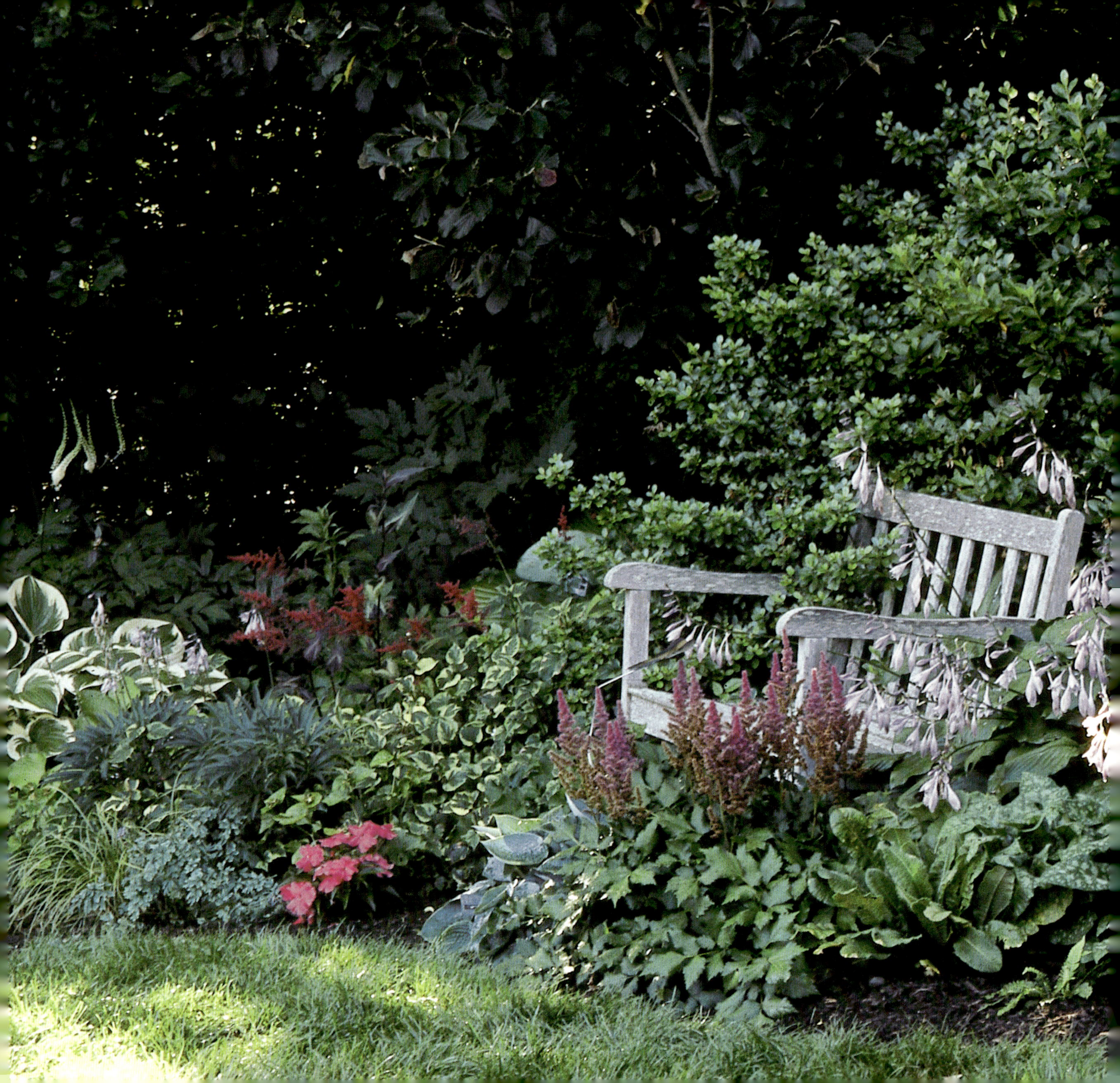

La fertilisation, un supplément pour les végétaux

LES FERTILISANTS, AUSSI APPELÉS ENGRAIS, NE SONT PAS ABSOLUMENT ESSENTIELS À LA SANTÉ ET À LA VIGUEUR DE LA MAJORITÉ DES PLANTES ORNEMENTALES. DE FAÇON GÉNÉRALE, LES BESOINS EN ÉLÉMENTS NUTRITIFS DE LA PLUPART DES VÉGÉTAUX ORNEMENTAUX SONT SATISFAITS PAR UN SIMPLE APPORT ANNUEL DE COMPOST.

Toutefois, les plantes cultivées en contenants, celles qui poussent à la base d'arbres au système racinaire dense ou qui sont particulièrement voraces comme certains rosiers, peuvent exiger une fertilisation régulière.

LA PLANTATION

Lors de la plantation, en plus de recevoir du compost, les végétaux doivent bénéficier d'une source de phosphore, un élément nutritif essentiel à la formation de leur système racinaire. Ainsi, chaque fois que vous mettez une nouvelle plante en terre, assurez-vous d'ajouter à son terreau de plantation des os moulus, un engrais d'origine naturelle riche en phosphore. Parce que le phosphore est un élément peu mobile, mélangez-le bien au terreau de plantation. Les os moulus sont constitués d'ossements d'animaux finement broyés. Cet engrais naturel contient habituellement de 11 à 14 % de phosphore assimilable, jusqu'à 24 % de calcium et un peu d'azote, environ 2 %. Le phosphore contenu dans les os moulus est relâché graduellement durant une période de deux à trois ans. À la plantation, toutes les vivaces et les annuelles nécessitent environ 30 ml (une poignée) d'os moulus. La dose peut augmenter à 60 ml (deux poignées) dans le cas de plantes dont la motte a un diamètre supérieur à 15 cm. Vous devez donner 125 ml (½ tasse) d'os moulus aux arbustes et aux arbres de petit calibre. Les arbres plus gros peuvent recevoir jusqu'à 500 ml (2 tasses) de cet engrais. Vous pouvez incorporer jusqu'à 2 kg d'os moulus par m3 de terreau de plantation.

Un apport annuel de compost subvient aux besoins en éléments nutritifs de la plupart des végétaux ornementaux. Dans ces conditions, la fertilisation n'est pas essentielle à l'obtention de belles plantations.

Vous pouvez également trouver sur le marché du phosphate de roche. Cet engrais provient de dépôts de squelettes d'animaux terrestres ou marins minéralisés. Ce produit, parfois commercialisé sous l'appellation d'os fossiles, contient de grandes quantités de phosphore, jusqu'à 32 % dans certains cas, environ 45 % de calcium et quelques oligoéléments comme le fer et le manganèse. Le phosphore contenu dans ce fertilisant se solubilise cependant très lentement, et ce n'est qu'à partir de la deuxième année après l'application qu'il commence à être disponible en quantité suffisante pour les plantes. Par ailleurs, seulement 3 à 8 % de tout le phosphore contenu dans le phosphate de roche est assimilable, ce qui en fait un fertilisant au rendement moins élevé que les os moulus. Cet engrais possède malgré tout la qualité de dégager une odeur qui attire moins certains animaux que celle des os moulus. Vous devez incorporer environ 2,5 kg de phosphate de roche par m^3 de terreau de plantation.

Un feuillage vert

Bien que le compost subvienne habituellement aux besoins en azote de la plupart des plantes, il m'arrive parfois de fournir un engrais azoté aux végétaux cultivés pour leur feuillage, comme les hostas (*Hosta*) et les rodgersies (*Rodgersia*), et qui sont plantés au pied d'arbres voraces. J'épands également un fertilisant riche en azote à la base des conifères dont le feuillage a été endommagé par les vents hivernaux et les sels de déglaçage.

La farine de plume est un engrais azoté d'origine naturelle au coût relativement abordable que j'utilise assez fréquemment. Composé de plumes broyées, ce produit contient entre 10 et 13 % d'azote. L'azote contenu dans ce fertilisant est dégagé graduellement durant

Os moulus    Phosphate de roche    Farine de plume

Farine de sang    Farine de crabe    Farine de crevette

une période d'un peu plus de 140 jours. Comme tous les engrais azotés naturels à dégagement lent, la farine de plume doit être utilisée en avril, lors du nettoyage des plates-bandes, ou au plus tard au début de mai. Vous devez en épandre 30 ml (une poignée) à la base des vivaces et des annuelles cultivées pour leur feuillage. Les arbustes conifères peuvent recevoir environ 60 ml (deux poignées) de cet engrais. Vous pouvez épandre jusqu'à 1 kg de farine de plume par 10 m² de plate-bande.

Comme il n'est pas aisé de trouver de la farine de plume dans certaines régions, vous pouvez la remplacer par d'autres fertilisants azotés naturels comme la farine de sang, la farine de crabe ou la farine de crevette. La farine de sang, généralement plus coûteuse que la farine de plume, contient entre 10 et 12 % d'azote. Ce produit dégage une odeur qui attire les chiens et les chats mais qui repousse, du moins temporairement, les écureuils et les cerfs de Virginie. Évitez que la farine de sang n'entre en contact avec le feuillage des végétaux et n'épandez jamais plus de 1 kg de cet engrais par 10 m² de plate-bande. Les farines de crabe et de crevette contiennent quant à elles entre 4 et 7 % d'azote. En plus de receler de petites quantités de potassium et de certains oligo-éléments, ces deux produits sont aussi constitués de 3 à 5 % de phosphore et de 10 à 16 % de calcium. Vous devez épandre environ 60 ml (deux poignées) de farine de crabe ou de farine de crevette à la base des vivaces et des annuelles cultivées pour leur feuillage. Les arbustes conifères peuvent en recevoir jusqu'à 125 ml (½ tasse). Vous pouvez épandre 2 kg de farine de crabe ou de crevette par 10 m² de plate-bande.

Une floraison abondante

Afin de stimuler la floraison des rosiers (*Rosa*) ainsi que de certaines plantes vivaces et annuelles exigeantes comme les cannas (*Canna*), les grands cultivars de dahlias (*Dahlia*), les grands hybrides de pieds-d'alouette (*Delphinium*) et plusieurs variétés cultivées de pétunias (*Petunia*), vous pouvez fertiliser leur terreau de plantation avec un engrais naturel à dégagement lent comme

Bien interpréter les formules des engrais

La composition des fertilisants est toujours indiquée sur l'emballage. Par exemple, un engrais dont la formule est 18-24-16 est constitué de 18 % d'azote (N), de 24 % de phosphore (identifié par la lettre P, mais sous forme de P_2O_5), de 16 % de potassium (identifié par la lettre K, mais sous forme de K_2O) et de 42 % d'autres éléments tels que le carbone, l'hydrogène et l'oxygène. De façon générale, les engrais riches en azote, ceux dont le premier chiffre est le plus élevé, sont utilisés pour fertiliser le gazon et les plantes cultivées pour leur feuillage. Les fertilisants riches en phosphore, ceux dont le deuxième chiffre est le plus élevé, améliorent l'enracinement des jeunes végétaux. Cet élément nutritif a également une certaine influence sur la floraison des plantes ornementales. Enfin, les engrais riches en potassium, ceux dont le troisième chiffre est le plus élevé, sont employés pour accroître la floraison et la fructification des végétaux. Le potassium augmente aussi la résistance des plantes au froid et à la sécheresse.

Les algues liquides peuvent être vaporisées directement sur le feuillage des plantes.

grais lors de chaque arrosage. Mais plutôt que la pleine dose, apportez seulement le tiers de la quantité de fertilisant recommandée par le fabricant, ce qui correspond généralement à 1 ml par litre d'eau. Pour la plupart des régions de l'est du Canada, il n'y a aucun inconvénient à utiliser cette technique. Mais dans certains endroits où l'été est particulièrement chaud, comme c'est le cas dans la grande région de Montréal, je suggère de diminuer les apports d'engrais durant un certain temps pour éviter d'endommager les racines lorsque le terreau s'assèche trop rapidement. En juillet et au début d'août, lors d'une canicule, ne fertilisez vos plantes qu'à tous les deux arrosages, en prenant soin de diminuer la dose d'engrais à environ 0,5 ml par litre d'eau.

Vous pouvez également fertiliser vos végétaux en pots avec succès en utilisant des engrais entièrement naturels. D'abord, utilisez un terreau constitué de compost et ajoutez-y un fertilisant d'origine naturelle à dégagement lent dont la formulation se rapproche de 4-4-8. Vous pouvez fournir environ 15 ml (1 c. à soupe) d'engrais par plant. La dose peut augmenter à 30 ml (une poignée) dans le cas de plantes dont la motte a un diamètre supérieur à 15 cm. Il est aussi possible d'ajouter cet engrais au terreau de plantation à raison de 1 kg par m3. Environ trois ou quatre semaines après la plantation, commencez à vaporiser des algues liquides mélangées à de l'eau sur le feuillage de vos plantes à fleurs, à raison de 5 ml (1 c. à thé) par litre d'eau. Aspergez vos végétaux en contenants une fois tous les 10 ou 15 jours – chaque semaine dans le cas de plantes très voraces comme les brugmansias (*Brugmansia*) et certains pétunias (*Petunia*) – tôt le matin ou par temps couvert. Si vous ne pouvez vaporiser le feuillage de vos plantes, il est aussi possible de mélanger les algues liquides à l'eau d'arrosage.

Les végétaux cultivés en contenants exigent une fertilisation soutenue.

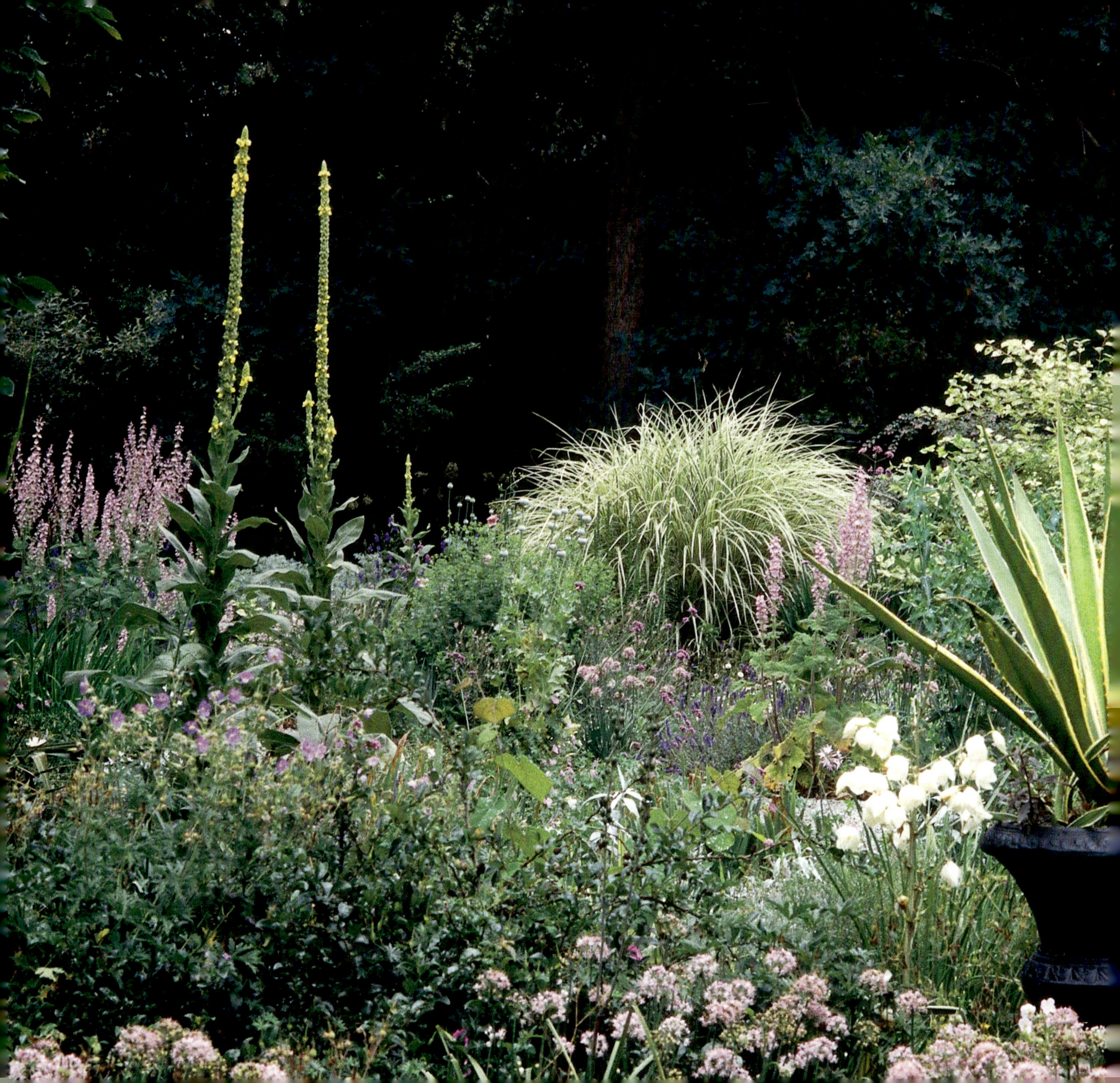

L'eau, un élément vital

L'EAU EST LE FONDEMENT DE LA VIE SUR TERRE. EN PLUS D'ÊTRE UN DES PRINCIPAUX CONSTITUANTS DES PLANTES – CERTAINES EN SONT COMPOSÉES À PLUS DE 90 % –, L'EAU TRANSPORTE LES ÉLÉMENTS NUTRITIFS DU SOL JUSQU'À CES DERNIÈRES.

Il s'agit donc d'un élément absolument essentiel à la croissance et au développement des végétaux. La pluie seule ne peut cependant subvenir aux besoins de la plupart des végétaux ornementaux, d'autant moins que certains étés elle n'est pas au rendez-vous pendant de longues semaines. D'où l'importance de fournir l'eau nécessaire à votre jardin en effectuant des arrosages réguliers. Mais pour éviter les excès et les manques d'eau qui tuent davantage de plantes que tout autre facteur, il est souhaitable que chaque jardinier développe une technique d'arrosage précise et efficace.

Une rétention maximale

À la suite d'une pluie ou d'un arrosage, une assez faible proportion de l'eau qui pénètre dans le sol est absorbée par les plantes. Une quantité significative du précieux liquide circule en effet librement entre les agrégats du sol et est perdue par percolation sous l'effet de la gravité. Ce phénomène est évidemment plus accentué dans les sols sableux. À l'inverse, l'eau qui tombe sur une terre compacte ruisselle en surface, sans y pénétrer, et se retrouve inévitablement dans les fossés et les cours d'eau. Les sols argileux mal structurés sont particulièrement imperméables à la pluie. D'autres pertes peuvent également survenir par temps chaud et sec, l'eau remontant alors vers la surface du sol et s'évaporant.

La première chose à faire pour limiter les pertes d'eau dans votre jardin est d'amender régulièrement le sol avec du compost afin qu'il acquière une structure grumeleuse. Les sols bien structurés qui ont un complexe argilo-humique fort ont une capacité de rétention d'eau supérieure à la plupart des autres terres. Les sols bien structurés ont également moins tendance à s'affaisser sous l'impact des gouttes

L'utilisation de végétaux peu exigeants en eau est une solution astucieuse, dans le contexte des étés particulièrement secs que nous connaissons depuis quelques années.

De l'eau au moment opportun

L'arrosage est une des tâches les plus complexes à effectuer au jardin. D'abord, sachez que le meilleur moment pour arroser est le matin, au lever du soleil. En arrosant le soir, l'eau recueillie sur le feuillage de certaines plantes sensibles favorise la prolifération de maladies fongiques durant la nuit. En arrosant le matin, l'eau est disponible au moment où les plantes en ont le plus besoin, c'est-à-dire au milieu de la journée, lorsqu'elles font beaucoup de photosynthèse. Assurez-vous cependant de toujours respecter la réglementation de votre municipalité concernant les périodes d'arrosage permises.

de pluie, ce qui les empêche de devenir imperméables. Vous pouvez aussi effectuer le binage de votre sol afin de diminuer l'évaporation de l'eau. En travaillant la surface de la terre à l'aide d'une binette ou d'un sarcloir, vous empêchez l'eau de sortir du sol et de s'évaporer. À ce sujet, tout horticulteur expérimenté vous répétera ceci : un binage vaut deux arrosages. Enfin, l'installation d'un paillis organique à la surface du sol des plantations est une autre excellente technique pour diminuer les pertes d'eau par évaporation.

LA DOSE ADÉQUATE

Durant les chauds mois de juillet et d'août, certains arbustes comme les rosiers (*Rosa*), et la plupart des vivaces et des annuelles exposées au plein soleil nécessitent de 2,5 à 3,5 cm d'eau par semaine. Au printemps et à l'automne, les pluies étant plus abondantes, vous devez diminuer les arrosages. D'autre part, la majorité des plantes bien adaptées aux sols secs et sableux, comme les orpins (*Sedum*), les armoises (*Artemisia*) et la lavande (*Lavandula angustifolia*), doivent être arrosées moins souvent et tolèrent même une sécheresse passagère (voir le tableau XIV, p. 86). Si vous possédez des plantations situées à l'ombre d'arbres matures, vous devez fournir aux végétaux qui s'y trouvent un minimum de 3,5 cm d'eau par semaine, et souvent davantage. Vous devez fournir de grandes quantités d'eau aux plantes d'ombre, puisque le feuillage épais des arbres sous lesquels elles sont placées provoque la sécheresse en empêchant la pluie de se rendre au sol. De plus, les racines des plantes d'ombre doivent entrer en compétition avec l'imposant et vorace système racinaire des arbres afin de s'approprier l'eau du sol.

Pour que les plantes ornementales forment des racines profondes et ramifiées, il est préférable de les arroser une seule fois par semaine, ou deux, tout au plus, lorsqu'il y a canicule. En les arrosant un peu tous les jours, ce qui est tout à fait déconseillé, elles produiraient des racines superficielles et seraient ainsi moins résistantes à la sécheresse et à toute autre situation stressante. Pour vous assurer de donner la dose adéquate d'eau à tous vos végétaux, placez sous le jet de l'asperseur un contenant vide que vous aurez préalablement gradué avec une règle et un marqueur à encre indélébile (photos 1 et 2). Lorsque l'eau atteint la marque de 2,5 ou de 3,5 cm, cessez d'arroser. Si les plantes de votre jardin sont très touffues et que leurs couronnes de feuilles se touchent, l'eau d'arrosage atteint plus difficilement le sol. Aussi, pour que la terre soit imbibée d'une dose de 3,5 cm d'eau, vous devez arroser plus longtemps, parfois pendant près de deux heures. L'utilisation d'un tuyau poreux peut s'avérer une bonne solution dans ce cas.

Les arbres et arbustes

La plupart des arbres feuillus et des conifères matures n'ont pas besoin d'être arrosés, même lorsqu'il ne pleut pas pendant plus d'un mois, ils s'en tirent généralement assez bien. Je vous recommande cependant d'arroser abondamment les arbustes conifères ainsi que la majorité des arbustes à feuilles caduques ou persistantes au début de l'automne, surtout si les précipitations sont faibles, afin qu'ils puissent se préparer adéquatement à la venue de l'hiver. Vous devez effectuer deux ou trois arrosages raisonnables – environ 10 litres d'eau par arbuste par arrosage – avant les premiers gels importants de la fin d'octobre ou du début de novembre, selon les régions. De la fin d'août jusqu'au début d'octobre, il est important de ne pas trop arroser les arbustes, surtout les conifères à écailles comme les thuyas (*Thuya*), car cela pourrait les amener à produire de nouvelles pousses tendres qui n'auraient pas le temps de bien s'endurcir avant l'hiver. Le printemps est une autre période où les arbustes conifères ainsi que les arbustes à feuilles caduques et à feuilles persistantes ont un besoin accru en eau. Lorsque le début de la saison est particulièrement sec, il est essentiel d'arroser ces plantes pour que leur croissance et leur développement ne soient pas compromis. Comme à l'automne, quelques bons arrosages effectués à partir du dégel du sol et jusqu'à la fin de mai aident assurément les arbustes à passer un meilleur été.

Les plantes en pots

En raison de la forte évaporation d'eau, les végétaux en contenants placés au plein soleil doivent recevoir de l'eau pratiquement tous les matins durant les mois de juillet et d'août. Au printemps ainsi qu'au début de l'automne, la plupart des plantes en pots ne doivent être arrosées que deux ou trois fois par semaine. Mais la meilleure façon de savoir si le terreau doit être arrosé est à mon avis d'y plonger le doigt jusqu'à la première phalange. Si vous sentez que la terre est humide ou même fraîche au bout du doigt, il est préférable d'attendre un ou deux jours avant d'arroser. Si le terreau vous semble sec, arrosez immédiatement.

La quantité d'eau à apporter est fonction de la dimension du pot. Un petit contenant exige une quantité d'eau moindre mais des arrosages plus fréquents. De façon générale, un pot d'un diamètre de 25 cm nécessite

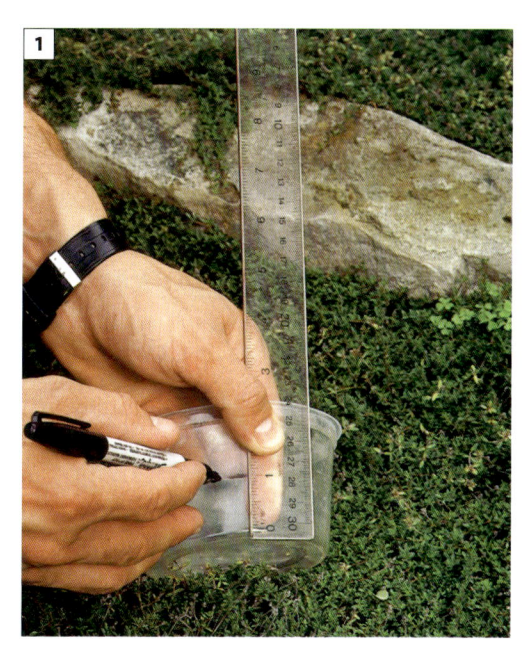

Un arrosage de précision

La meilleure façon d'arroser les plantes en contenants est de le faire à la main, idéalement avec un arrosoir. Si vous utilisez un tuyau d'arrosage, je vous conseille d'y fixer une lance. Une lance d'arrosage d'une longueur d'environ 60 cm permet d'atteindre facilement les paniers suspendus hors de portée. Bien que cela soit parfois assez long, en arrosant chaque pot individuellement, vous donnez la dose d'eau adéquate à chaque plante et humidifiez le terreau sans toucher les feuilles, ce qui évite la prolifération de maladies fongiques.

2 litres d'eau par arrosage, un pot de 40 cm en demande environ 3, alors qu'il faut fournir jusqu'à 5 litres d'eau à des végétaux plantés dans un contenant de 50 cm de diamètre. Dans tous les cas, cessez d'arroser lorsque l'eau s'échappe par les trous de drainage du pot.

Hémérocalle 'Lime Crepe' (*Hemerocallis* 'Lime Crepe').

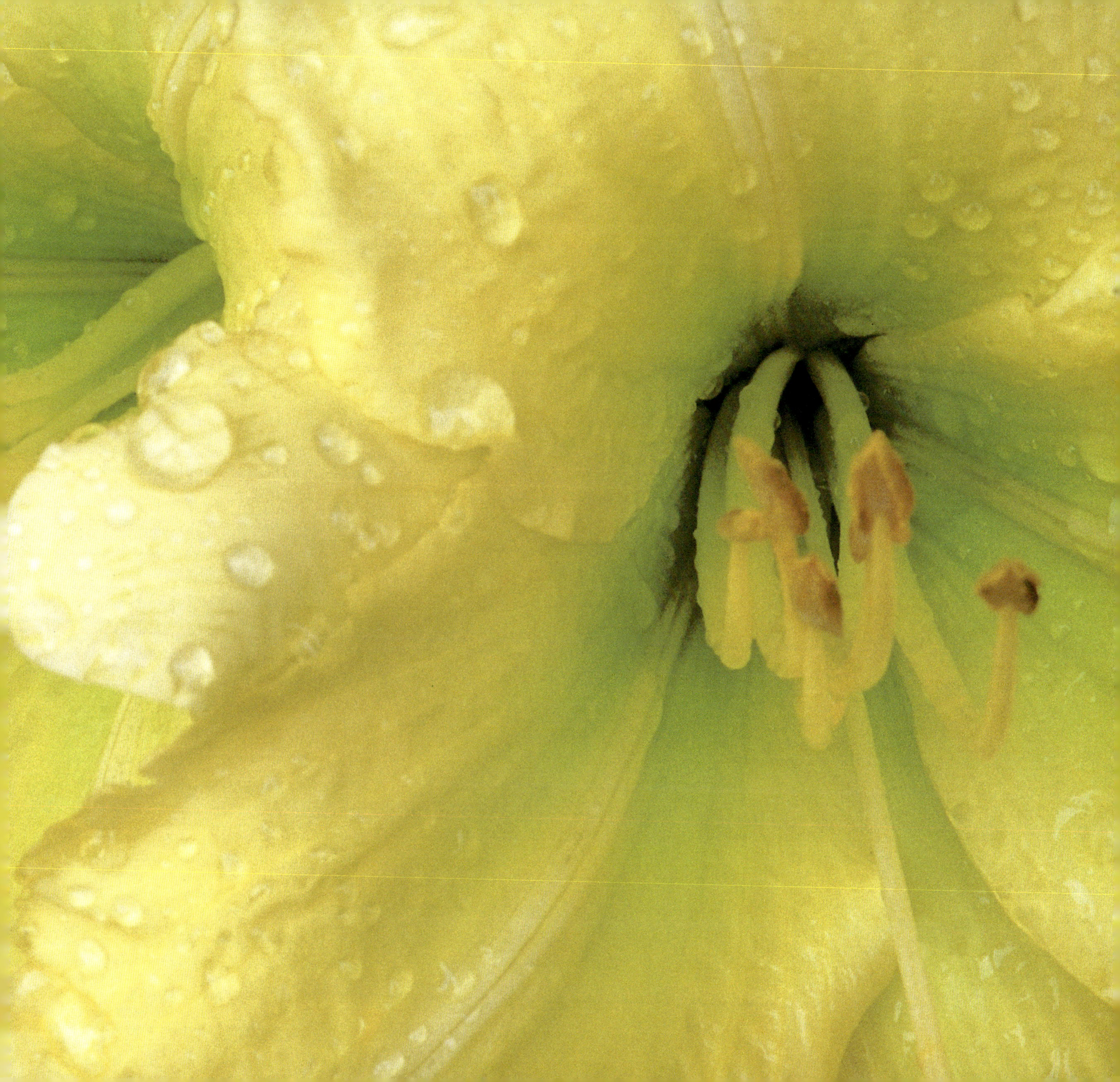

L'installation d'un système d'irrigation

Selon moi, l'installation d'un système d'arrosage dans un jardin privé est rarement nécessaire. En fait, la pose d'un tel système est généralement coûteuse et son utilisation, souvent inadéquate, peut mener à un important gaspillage d'eau. En revanche, si votre terrain est très grand ou si vous possédez un nombre considérable de végétaux cultivés en contenants, un système d'arrosage devient pratiquement indispensable. Surtout, ne manquez pas d'y intégrer une minuterie afin de programmer avec précision le moment et la durée des arrosages pour éviter le gaspillage.

Rien ne vaut un système d'irrigation goutte-à-goutte pour effectuer l'arrosage d'une grande quantité de plantes en pots. Ce système, constitué de goutteurs qui font à peine quelques centimètres de longueur, permet d'arroser aisément les plantes situées hors de portée comme dans les paniers suspendus ou les boîtes à fleurs placées à l'étage d'une résidence. Ces goutteurs, qui peuvent fournir de 2 à 9 litres d'eau à l'heure, sont raccordés à un tuyau de faible diamètre facile à dissimuler. Comme la plupart des systèmes goutte-à-goutte fonctionnent sur un débit d'eau très réduit, il est important qu'une centrale de réduction de pression soit fixée directement à la sortie d'eau de votre résidence. N'ouvrez pas le robinet à son maximum, de façon à diminuer la pression de l'eau avant même son arrivée à la centrale de réduction. N'oubliez pas de joindre un filtre et un dispositif antirefoulement à votre centrale de réduction de pression. Vous pouvez acheter un kit d'installation qui comprend habituellement tout le nécessaire à l'irrigation d'une petite quantité de contenants. Si vous désirez un système plus élaboré, vous devrez acheter certaines pièces séparément.

Pour l'arrosage de vos plates-bandes, optez pour un système d'irrigation à microasperseurs. Ces derniers, habituellement disposés au bout de petits tuyaux verticaux qui s'élèvent à quelques centimètres seulement au-dessus du sol, projettent l'eau en fines gouttelettes. Ils aspergent l'eau directement sur la surface du sol sans toucher au feuillage des plantes, ce qui empêche la propagation de maladies fongiques. L'installation d'un tel système est cependant particulièrement coûteuse, puisqu'elle doit préférablement être effectuée par un entrepreneur spécialisé.

Pour économiser, vous pouvez aussi choisir d'installer vous-même un tuyau poreux pour effectuer l'arrosage d'une plantation. Ce tuyau, habituellement fabriqué à partir de matériaux recyclés, est criblé de minuscules trous qui laissent passer l'eau. Son installation est fort simple. Il n'y a qu'à le raccorder à un tuyau d'arrosage qui va du robinet à la plate-bande et à l'installer à la surface du sol de façon qu'il serpente entre les végétaux qui composent la plantation. N'oubliez pas que ce tuyau irrigue la terre sur une largeur d'environ 60 cm (30 cm de chaque côté). Après l'avoir disposé au sol, il ne vous reste qu'à l'enfouir légèrement dans la terre ou à le camoufler avec une couche de paillis organique. Pour donner 2,5 cm d'eau, il faut habituellement laisser le tuyau couler pendant un peu plus d'une heure, mais pour donner la quantité d'eau parfaitement adéquate, lors de votre premier arrosage vérifiez l'humidité tous les quarts d'heure en plongeant un doigt dans le sol. Lorsque la terre située à une distance de 30 cm du tuyau est humide jusqu'à une profondeur de 10 cm, fermez le robinet et notez le temps qui a été nécessaire à cet arrosage. Si la pression est trop forte, fixez un réducteur de pression au robinet pour éviter d'endommager le tuyau.

a. L'installation d'un système goutte-à-goutte est relativement aisée.

b. Microasperseur.

c. Goutteur.

d. Tuyau poreux.

L'EAU, UN ÉLÉMENT VITAL 73

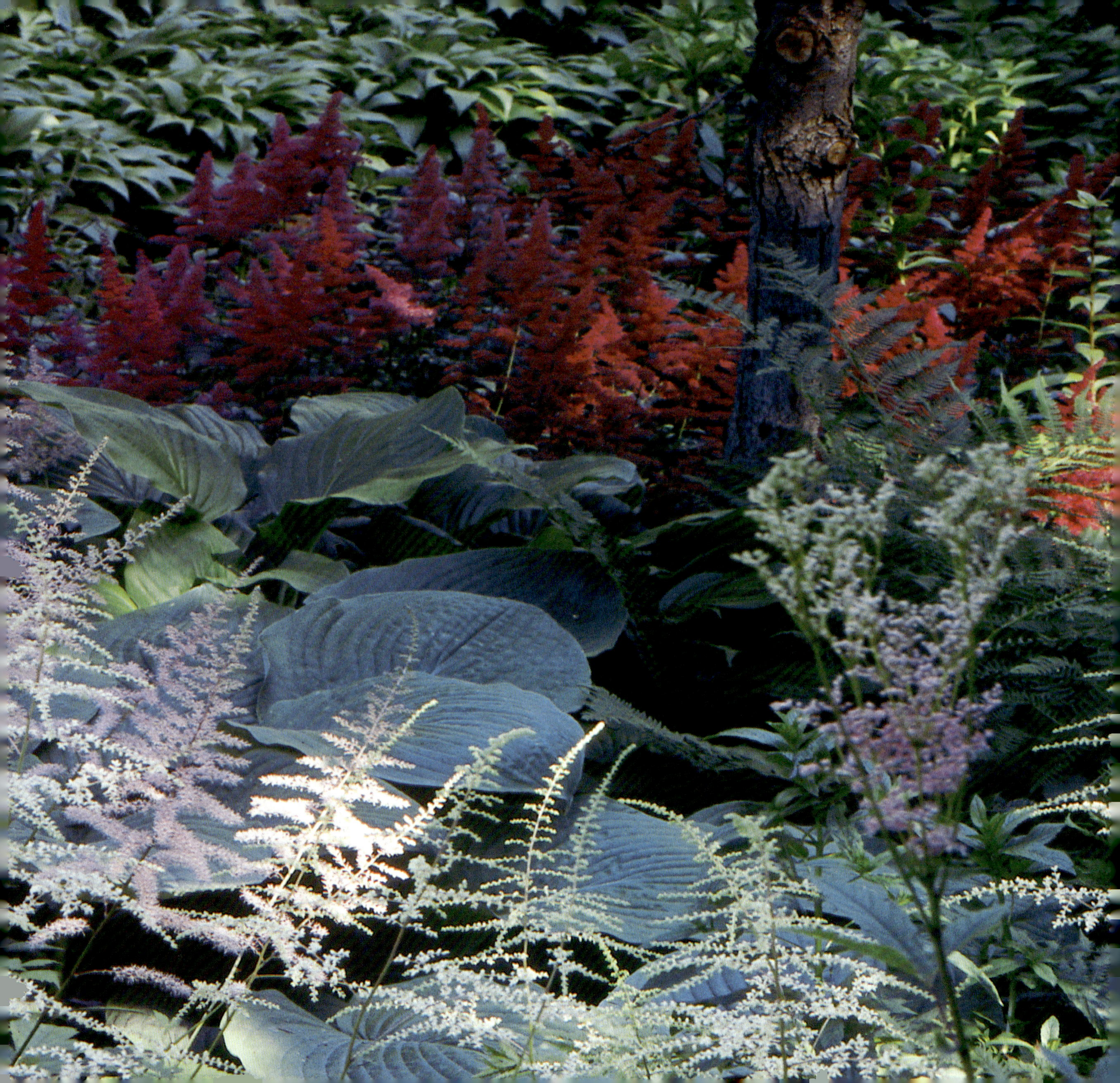

Les outils pour jardiner efficacement

J'ÉPROUVE UN VIF PLAISIR À CONTEMPLER MES OUTILS DE JARDINAGE, CERTAINS D'ENTRE EUX ME SEMBLANT PARTICULIÈREMENT JOLIS. UN OUTIL ME PARAÎT BEAU PARCE QU'IL M'EST UTILE ET QU'IL ME PERMET D'EXÉCUTER CHAQUE TÂCHE AVEC PRÉCISION ET EFFICACITÉ EN TOUT CONFORT.

LES OUTILS ESSENTIELS

La pelle ronde et la pelle-bêche

La pelle est assurément l'outil le plus utilisé par les jardiniers. Cet instrument permet d'exécuter une foule de tâches parmi les plus importantes dans un jardin. Personnellement, je préfère avoir à ma disposition deux types de pelles bien distincts. J'emploie une pelle ronde pour creuser les trous de plantation et pour transporter des matériaux en vrac comme la terre et le gravier. J'utilise également une pelle-bêche, qu'on appelle souvent une bêche et dont la lame est rectangulaire, pour diviser et transplanter les végétaux. Plus coupant que la pelle ronde, cet outil est également très utile pour creuser des fosses de plantation dans un sol dur envahi par les racines des arbres et pour enlever le gazon lors de la création d'une nouvelle plate-bande.

Une magnifique plantation à l'ombre composée d'astilbes (*Astilbe*) et de hostas (*Hosta*).

Pelle-bêche

Pelle ronde

Transplantoir

Pour éviter les courbatures, gardez le dos droit lorsque vous manipulez un râteau.

À l'achat d'une pelle ronde ou d'une pelle-bêche, portez une attention particulière à la longueur du manche. Ce dernier doit être suffisamment long pour que vous n'ayez pas à trop vous pencher lorsque vous creusez, ce qui vous évitera de vous blesser au dos. Certains jardiniers se sentent plus à l'aise avec une pelle au manche court terminé par une poignée, tandis que d'autres, de grande taille, optent pour un long manche sans poignée. Si vous achetez une pelle à long manche, placez l'outil à la verticale le long de votre corps pour déterminer si sa longueur vous convient. Si l'extrémité du manche arrive à la hauteur de votre aisselle, cela indique que la pelle est d'une longueur adéquate.

Le transplantoir

Le transplantoir est un outil indispensable qui permet d'accomplir une foule de menues tâches au jardin, allant de la plantation de petits végétaux au rempotage des plantes en contenants. Choisissez un modèle dont la lame est en acier inoxydable et le manche en bois. Bien qu'il existe maintenant sur le marché des transplantoirs dont le manche est enrobé d'une mousse protectrice qui assure une prise confortable, je reste convaincu que le bois est un meilleur choix. La mousse finit en effet par se détériorer, puis elle se salit rapidement avec la terre et la sueur. Un manche en bois reste lisse et conserve une température confortable même durant les grandes chaleurs estivales.

Le râteau

Le râteau est employé surtout pour façonner et égaliser le sol des plates-bandes ou d'un terrain avant la pose de gazon en plaques. Il permet également d'incorporer certains fertilisants à la terre des plantations. Personnellement, je préfère travailler avec un râteau dont la lame est fixée au manche par une pièce métallique centrale plutôt que par deux tiges courbées qui prennent naissance à chacune des extrémités de la lame. Le râteau doit être manipulé en gardant le dos bien droit ; le manche est ainsi tenu à la verticale devant soi, la lame presque parallèle au sol. Cette technique vous évitera bien des maux de dos.

Le râteau à feuilles

Ce type de râteau sert principalement à ramasser les feuilles mortes qui jonchent le sol en automne et à nettoyer les débris dans les plates-bandes au printemps. Le râteau à feuilles peut également être fort utile lors de l'entretien d'une pelouse. Malheureusement, le râteau à feuilles idéal n'existe pas. Les râteaux en plastique résistent quelque temps, mais ils finissent presque tous par fendre après deux ou trois années d'utilisation. Les râteaux à feuilles en métal perdent quant à eux une partie de leurs dents à la suite d'un usage prolongé. Par ailleurs, si le ratissage est une opération qui vous donne fréquemment des maux de dos, je vous suggère de faire l'acquisition d'un râteau à feuilles à manche ergonomique incurvé.

La binette et le sarcloir
Les principaux outils conçus pour éliminer les herbes indésirables sont la binette, dont la lame habituellement conique est attachée au manche à un angle d'environ 70 degrés, et le sarcloir, aussi appelé griffe, qui est constitué de 3 dents étroites, pointues et recourbées. Ces deux outils peuvent être munis d'un manche long ou court. Je préfère travailler avec un sarcloir à manche court, ce qui évite d'avoir à se pencher constamment pour ramasser les herbes qui jonchent le sol. Dans ce cas, il est essentiel de porter des genouillères ou d'appuyer les genoux sur une plaque de styromousse.

Bien aiguisée, la binette pénètre aisément sous la surface du sol et permet de soulever les herbes indésirables pour les éliminer. Malheureusement, il arrive fréquemment qu'on ne l'enfonce pas suffisamment en profondeur

Râteau à feuilles   Râteau   Sarcloir   Binette

LES OUTILS POUR JARDINER EFFICACEMENT   77

Sécateur

Cisailles

Scie à élaguer

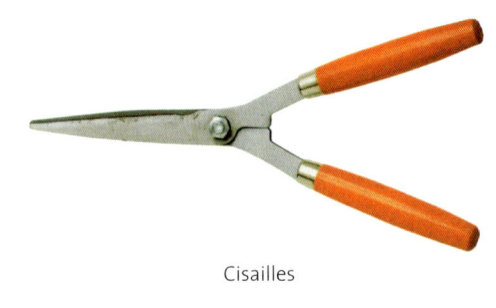

Arrosoir

et qu'on coupe les racines des herbes à enlever. En utilisant le sarcloir, vous évitez ce genre de problème et extirpez presque à coup sûr les herbes indésirables sans sectionner leurs racines. Cet outil permet également de travailler le sol pour limiter l'évaporation de l'eau qu'il contient.

Le sécateur
Absolument essentiel à tout bon jardinier, le sécateur sert à tailler les végétaux. Évitez les sécateurs à enclume, dont la lame percute sur une contre-lame très large. Privilégiez plutôt un modèle muni d'une lame qui croise la contre-lame. Choisissez un sécateur composé de pièces interchangeables. Un sécateur de qualité est doté d'une lame durable en acier à haute teneur en carbone ainsi que d'un écrou ou d'une vis de serrage, deux éléments qui assurent une coupe nette et précise. Je possède le même sécateur, un Felco n° 2, depuis maintenant plus de 15 ans. Ce sécateur m'a été offert par un oncle horticulteur durant mes premières années de jardinage et, même si j'ai dû changer la lame à deux reprises, il me permet encore aujourd'hui d'exécuter chaque taille avec autant de précision.

Le sécateur sert à couper les branches qui n'excèdent pas 1,5 cm de diamètre. Si vous devez tailler des branches de dimension supérieure, utilisez une scie à élaguer ou un sécateur à long manche. Les cisailles servent pour leur part à tailler le feuillage des haies et de certains arbustes au port formel.

L'arrosoir
Tout jardinier qui fait des semis et qui cultive des plantes en pots doit absolument posséder un arrosoir… et un bon ! Qu'ils soient en plastique ou en métal, la plupart des arrosoirs bon marché se brisent rapidement et comme ils sont souvent mal conçus, ils laissent échapper de l'eau par le goulot lorsqu'on les penche pour arroser. Je vous conseille donc d'opter pour un arrosoir de haute qualité fait en polyéthylène. Les compagnies Haws et Dramm fabriquent les meilleurs produits. Les arrosoirs qu'elles offrent sont munis de poignées très caractéristiques reliant parfois le bec verseur au goulot, ce qui assure un parfait équilibre lorsqu'on les incline et ce qui favorise un écoulement uniforme et constant de l'eau. Un bon arrosoir est également muni d'un long bec permettant de diriger l'eau sous le feuillage des plantes sans le mouiller et d'une pomme d'arrosage ajustable et interchangeable. Enfin, l'arrosoir choisi doit posséder un goulot suffisamment large pour ne pas causer de dégâts au remplissage.

Si vous possédez un grand jardin, pensez également à vous procurer un tuyau d'arrosage et certains accessoires fort utiles tels qu'un pistolet d'arrosage et un asperseur oscillo-basculant ou rotatif.

Les outils facultatifs

Les fourches
Les fourches à bêcher et à fumier ne sont pas essentielles pour créer et entretenir un jardin ornemental. La première, constituée de quatre dents métalliques larges et plates, permet de retourner et d'ameublir le sol, alors que la seconde, munie de cinq dents étroites, cylindriques et pointues, sert surtout à retourner le compost. Les opérations effectuées avec ces outils peuvent aussi l'être avec une pelle-bêche.

Le pic et la pioche
Voici deux outils presque exclusivement utilisés pour la création de nouvelles plates-bandes, et surtout lors de la plantation de végétaux de gros calibre. Ils servent principalement à creuser et à défoncer les sols durs et rocailleux. Le pic est constitué d'un fer étroit et pointu, tandis que la pioche possède un fer large, plat et légèrement courbé. Plusieurs outils vendus sur le marché combinent les deux.

Le coupe-bordure
Le coupe-bordure ne sert qu'à profiler la marge des plates-bandes. Cet outil est constitué d'une lame métallique en demi-lune qui doit toujours être parfaitement aiguisée.

Fourche à bêcher

Pic

Coupe-bordure

Un entretien simple

Pour conserver vos outils de jardinage en bon état pendant de nombreuses années, entreposez-les dans une remise ou dans un garage plutôt que de les laisser à l'extérieur après usage.

Nettoyez-les bien à la fin de chaque journée de travail. À l'automne, sablez la lame de vos pelles afin d'enlever la rouille qui s'y est formée et appliquez-y de l'huile. Enfin, n'oubliez pas d'aiguiser régulièrement vos pelles pour qu'elles aient plus de mordant. L'affûtage se fait avec une meule électrique ou avec une lime, à un angle d'environ 30 degrés.

Lorsque vous levez une brouette, assurez-vous de garder le dos droit et de forcer avec vos cuisses.

Il peut aisément être remplacé par la pelle-bêche.

La brouette

La brouette n'est pas un instrument absolument nécessaire à la plupart des jardiniers. Toutefois, si vous possédez un grand terrain et que vous réalisez plusieurs travaux lourds, cet outil peut s'avérer fort utile. Les brouettes sont habituellement composées d'une caisse en acier ou en polyéthylène. Parce qu'il est léger, qu'il ne se déforme pas et ne rouille pas, le polyéthylène est un matériau plus avantageux que le métal. De plus, il se lave très facilement. Il est préférable d'acheter une brouette munie d'un pneu gonflable. Vous pouvez même choisir un modèle plus stable comprenant deux pneus. Pour plus d'aisance lors du transport, regroupez les matériaux au-dessus de la roue. Enfin, lorsque vous levez une brouette, gardez le dos droit et assurez-vous de forcer avec vos jambes.

Le pulvérisateur

Un pulvérisateur peut être utile si vous désirez projeter un engrais liquide ou un pesticide en fines gouttelettes sur le feuillage de certains végétaux. De très bons pulvérisateurs dont le réservoir est fabriqué en polyéthylène ou en métal sont vendus sur le marché. Assurez-vous que le pulvérisateur que vous achetez soit constitué d'un tuyau d'une longueur minimale de 60 cm, d'une lance d'arrosage en laiton, d'un goulot large et de joints d'étanchéité robustes et interchangeables.

Choisir un outil de qualité

Que vous soyez un horticulteur passionné toujours à l'œuvre ou que vous ne jardiniez que le samedi, achetez toujours des outils de haute qualité. Une bonne pelle coûte relativement cher, généralement plus de 45 $, mais elle durera de nombreuses années. Les outils bas de gamme sont souvent mal conçus et ne permettent pas d'effectuer adéquatement le travail auquel ils sont destinés. De plus, comme ils sont de moindre qualité, ils rouillent et leur manche se fendille et éclate après avoir été utilisé à quelques reprises par temps pluvieux. Même si vous les employez peu, ils risquent de se briser plus facilement si vous réalisez des travaux un peu plus intenses qu'à la normale.

Que vous achetiez une pelle ronde, une pelle-bêche, un râteau ou une fourche à bêcher, assurez-vous d'abord que la lame de l'outil choisi soit faite d'acier forgé et trempé. Les outils en acier pressé sont habituellement moins chers et plus légers, mais ils sont de moins bonne qualité. Il est très important que la lame et la partie fixée au manche ne forment qu'une seule et même pièce. Dans le cas d'un râteau cependant, la lame doit être attachée au manche par un anneau métallique. Le manche doit être fabriqué en bois franc, habituellement en frêne. La fibre de verre, un matériau léger et assez résistant, est aussi parfois employée pour la fabrication des manches. Vous pouvez choisir un manche avec ou sans poignée. Si la pelle que vous choisissez possède un manche court, assurez-vous qu'elle soit munie d'une poignée en D. Ce type de poignée doit être constitué d'une partie en bois, à laquelle s'agrippe la main, et de deux branches en métal qui tiennent cette pièce en place. Les poignées de plastique sont évidemment beaucoup moins robustes. Assurez-vous également que l'outil choisi ne soit pas trop lourd ou trop court pour vous ; il n'y a rien de plus désagréable que de travailler avec un outil difficile à manipuler.

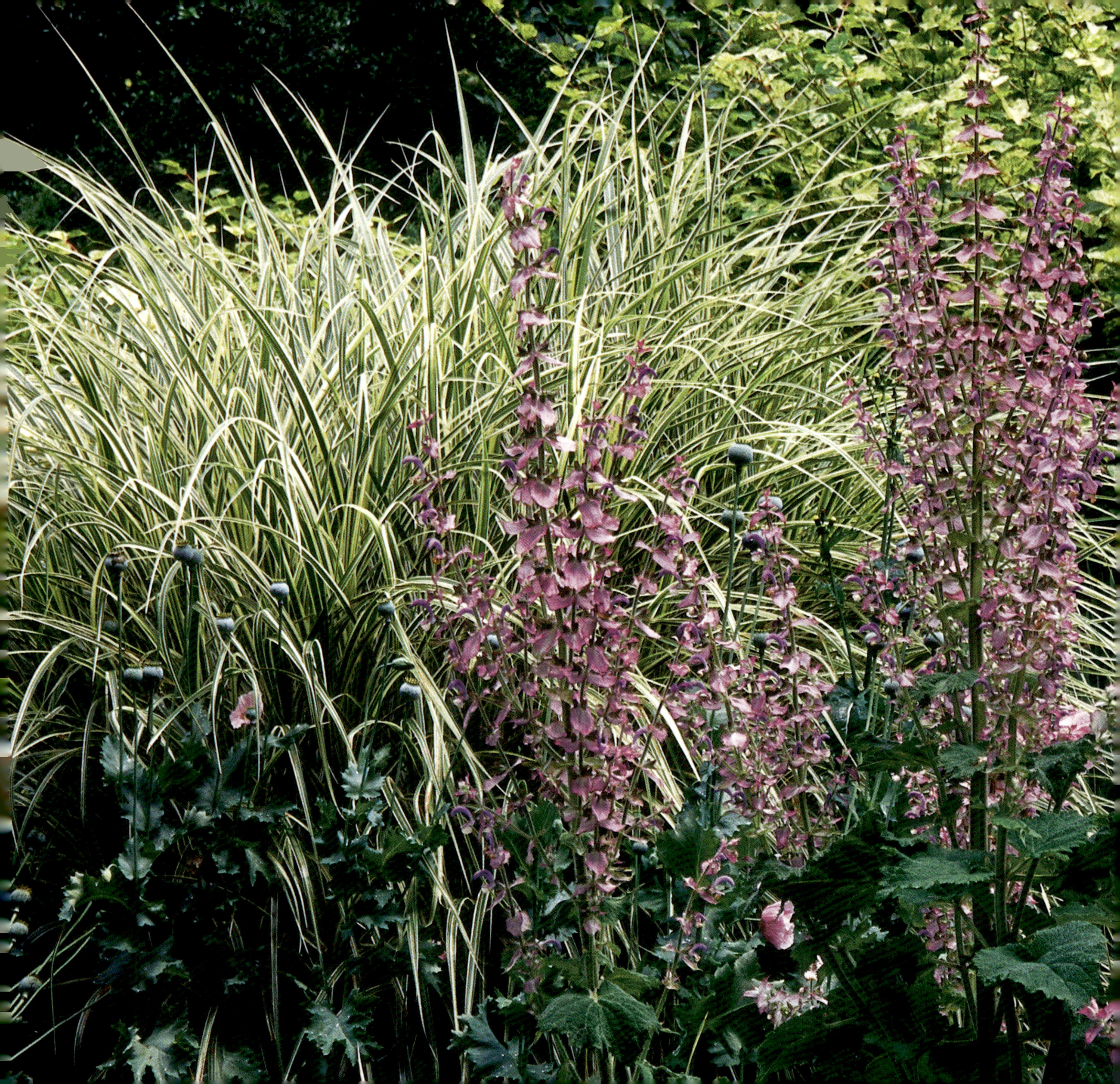

À chacun sa place

SI VOUS PLACEZ UNE PLANTE DANS UN ENVIRONNEMENT AUQUEL ELLE N'EST PAS ADAPTÉE, SA CROISSANCE ET SON DÉVELOPPEMENT RISQUENT FORT D'ÊTRE DÉFICIENTS, LA RENDANT AINSI PLUS SUJETTE AUX ATTAQUES DES INSECTES ET DES MALADIES.

Il est bien sûr possible de modifier certaines caractéristiques d'un site, par exemple en drainant un sol ou en changeant sa texture. Mais la somme de temps, d'énergie et d'argent investie dans ces modifications est souvent démesurée par rapport aux résultats escomptés. Vous aurez donc plus de facilité à entretenir et à réussir votre jardin en plantant des végétaux originaires d'habitats où les conditions – l'ensoleillement, le type de sol et la zone de rusticité – sont semblables à celles qui règnent sur votre terrain. Tenez aussi compte des dimensions à maturité des plantes que vous choisissez pour qu'elles n'excèdent pas l'espace disponible.

L'ENSOLEILLEMENT

Pour réussir vos plantations, il est essentiel de bien évaluer le type d'ensoleillement qui prévaut sur votre terrain. Les termes soleil, mi-ombre et ombre sont habituellement utilisés pour préciser les besoins en lumière des végétaux. Cela signifie que les plantes qui exigent le plein soleil préfèrent être exposées à plus de six heures d'ensoleillement direct par jour. Pour leur part, les végétaux qui demandent la mi-ombre peuvent recevoir de cinq à six heures de soleil. Les plantes d'ombre peuvent quant à elles être exposées à quatre heures de soleil ou moins et n'apprécient habituellement pas être touchées par les rayons brûlants du soleil du début de l'après-midi. Il existe cependant plusieurs intensités de soleil et d'ombre. Les rayons du soleil de l'après-midi qui bombardent une plate-bande adossée à un mur qui fait face au sud sont en effet beaucoup plus chauds et asséchants que peuvent l'être les doux rayons du soleil du matin. L'obscurité dense et sèche qui règne sous un massif

Les plantations composées de végétaux ayant des exigences semblables sont faciles à entretenir. Cet aménagement associe la sauge musquée (*Salvia sclarea*) au miscanthus 'Variegatus' (*Miscanthus sinensis* 'Variegatus').

Tableau XII
Des plantes qui poussent bien en sol argileux humide

Annuelles	
Canna	
Impatiens	
Mimulus	
Torenia	

Vivaces	
Acorus calamus	Lysimachia ciliata
Arisaema	L. clethroides
Aruncus	L. nummularia
Asclepias incarnata	Lythrum salicaria
Astilbe	Petasites
Caltha palustris	Rheum
Chelone	Rodgersia
Darmera	Thalictrum
Eupatorium	
Filipendula	
Hemerocallis	
Hosta	
Iris pseudacorus	
I. sibirica	
I. versicolor	
Ligularia	
Lobelia cardinalis	

Arbustes
Cornus stolonifera
Ilex verticillata
Salix
Sambucus canadensis

Arbres
Acer rubrum
Acer saccharinum
Betula nigra
Carpinus caroliniana
Fraxinus pennsylvanica
Quercus palustris
Salix

Eupatoire maculée (*Eupatorium maculatum*) et salicaire (*Lythrum salicaria*).

d'épinettes diffère énormément de l'ombrage très léger créé par un arbre au feuillage fin.

Les divers types d'ombre

Posséder un terrain ombragé n'est pas nécessairement source de problèmes. Au contraire, il est possible de tirer profit de la présence des arbres ou de toute autre structure bloquant les rayons du soleil pour créer un jardin différent dont l'atmosphère sera tout à fait singulière. Et cela d'autant plus qu'une multitude de végétaux sont parfaitement adaptés aux endroits peu ensoleillés. Pour faire une utilisation cohérente des plantes des milieux ombragés, vous devez cependant déterminer avec une certaine précision les divers types d'ombre qui existent sur votre terrain.

L'ombre légère est habituellement produite par un groupement de quelques arbres au feuillage léger comme l'amélanchier (*Amelanchier*), le févier (*Gleditsia*), le mélèze (*Larix*), le robinier (*Robinia*) et le sorbier (*Sorbus*). Dans de telles conditions, les zones éclairées et ombragées sont constamment en mouvement, ce qui permet aux plantes de recevoir trois ou quatre heures de soleil. L'ombre légère permet l'utilisation d'une multi-

TABLEAU XIII

DES PLANTES QUI SUPPORTENT L'OMBRE DENSE

VIVACES		GRAMINÉES
Asarum	Stylophorum diphyllum	Carex plantaginea
Convallaria majalis*	Tiarella cordifolia	Luzula nivea*
Cornus canadensis	Vinca minor*	L. sylvatica*
Epimedium*		Phalaris arundinacea*
Geranium nodosum*	FOUGÈRES	
G. phaeum*	Adiantum pedatum	ARBUSTES
Hedera helix*	Athyrium filix-femina	Gaultheria procumbens
Hosta	A. thelypteroides	Mahonia aquifolium
Lamiastrum galeobdolon*	Blechnum spicant	Microbiota decussata*
Maianthemum canadense*	Dryopteris filix-max*	Sorbaria sorbifolia
Mitchella repens	D. marginalis*	Taxus*
Pachysandra terminalis*	D. spinulosa*	Tsuga canadensis
Polygonatum	Polypodium virginianum*	
Sanguinaria canadensis	Polystichum acrostichoides*	
Smilacina racemosa	P. braunii	

Note : Les plantes accompagnées d'un astérisque peuvent pousser dans un sol sec.

tude de plantes, dont les anémones du Japon (*Anemone*), les astilbes (*Astilbe*) et les filipendules (*Filipendula*).

L'ombre moyenne ou modérée est celle qu'on trouve sous certains feuillus plantés moins densément que dans une forêt et dont les premières branches charpentières sont situées à bonne hauteur sur le tronc, à environ 3 ou 4 m du sol. Sous ces arbres, la surface de la terre n'est touchée que par très peu de soleil direct, mais la luminosité est tout de même assez bonne pour permettre à plusieurs plantes d'y pousser

Adiante du Canada (*Adiantum pedatum*).

Tableau XIV

Les plantes qui poussent bien en sol sableux

Annuelles	
Bracteantha bracteata	*Geranium cinereum*
Cosmos sulphureus	*G. dalmaticum*
Eschscholzia californica	*Lavandula*
Gaillardia pulchella	*Nepeta*
Gazania	*Opuntia humifusa*
Gomphrena globosa	*Phlox subulata*
Melampodium	*Saponaria ocymoides*
Papaver rhoeas	*Scabiosa*
Portulaca	*Sedum*
Salvia coccinea	*Sempervivum*
	Stachys byzantina
Vivaces	*Thymus*
Achillea	*Verbascum*
Alchemilla erythropoda	*Yucca*
Anthemis	
Arabis	**Arbustes**
Armeria	*Amorpha*
Artemisia	*Arctostaphylos*
Asclepias tuberosa	*Caragana*
Aubrieta	*Cotinus*
Campanula carpatica	*Cotoneaster dammeri*
C. cochleariifolia	*Genista*
C. portenschlagiana	*Hippophae*
C. poscharskyana	*Juniperus horizontalis*
Centranthus ruber	*Microbiota decussata*
Cerastium tomentosum	*Shepherdia*
Dianthus deltoides	*Tamarix*
D. gratianopolitanus	
Eryngium	**Arbres**
Euphorbia cyparissias	*Juniperus virginiana*
E. myrsinites	*Picea*
E. polychroma	*Pinus*

convenablement. Un jardin exposé au nord profite d'à peu près la même luminosité que sous des feuillus. Les astilbes de Chine (*Astilbe chinensis*), tous les hostas (*Hosta*) et plusieurs cultivars de pulmonaire (*Pulmonaria*) poussent facilement dans ces conditions.

L'ombre dense, qu'on appelle parfois la pleine ombre, correspond à deux heures d'ensoleillement et moins. Cette ombre est la moins hospitalière de toutes; on la trouve surtout sous les conifères ou sous les feuillus très touffus comme l'érable de Norvège (*Acer platanoides*). Peu de plantes peuvent pousser dans de telles conditions, car en plus de bloquer la lumière, le feuillage épais de ces arbres provoque la sécheresse en empêchant la pluie de tomber au sol. Seuls quelques végétaux comme les épimèdes (*Epimedium*), les divers cultivars de lamier galéobdolon (*Lamiastrum galeobdolon*) et de pachysandre (*Pachysandra terminalis*), ainsi que les sceaux-de-Salomon (*Polygonatum*), peuvent tolérer un environnement aussi hostile.

Le sol

Contrairement au climat, le sol est un des éléments du jardin sur lesquels il est le plus facile d'avoir une certaine influence. Les sols argileux, habituellement lourds et humides, peuvent être allégés et drainés par un apport régulier de compost. La structure poudreuse des sols secs et sableux peut également être améliorée par l'utilisation de compost. Les sols acides peuvent pour leur part être alcalinisés avec de la chaux. Bien que tous ces travaux soient ardus et assez onéreux, ils valent parfois la peine d'être effectués, car ils permettent la culture d'une plus vaste gamme de végétaux. Cela dit, dans de grands espaces, ou si vous n'avez que peu de temps à consacrer à la modification de votre sol, il est préférable d'utiliser des végétaux adaptés au sol dont vous disposez. Par exemple, les iris de Sibérie (*Iris sibirica*) et les ligulaires (*Ligularia*) se plaisent bien dans un sol argileux humide, alors que les orpins rampants (*Sedum*) et les armoises (*Artemisia*) sont parfaitement à leur aise en sol sableux. Pour connaître les plantes qui poussent bien dans une terre acide, référez-vous au tableau VII, à la page 42. Dans les tableaux XII et XIV, vous trouverez les noms de plusieurs plantes qui affectionnent les sols argileux humides ainsi que les terres sableuses, généralement sèches et pauvres.

La rusticité

Les conditions environnementales qui influencent la survie des plantes sont très différentes d'une région à l'autre. Afin de mieux caractériser le climat des diverses régions du Canada, un système de zones de rusticité a été créé en 1967 par C.E. Ouellet et L. Sherk. Ces deux chercheurs ont établi ces zones en tenant compte des températures minimales moyennes, de la durée de la période sans gel, des précipitations estivales, de l'épaisseur de la couverture de neige et de la vitesse des vents. L'est du Canada est donc divisé en huit zones qui s'échelonnent de 0 à 7 ; les températures les plus clémentes se situant en zone 7. Chaque zone est elle-même divisée en deux sections, a et b, cette dernière étant la plus tempérée. Par exemple, la zone 5b, qui englobe la grande région de Montréal, est plus chaude que la zone 5a, qui englobe les régions voisines. Lorsqu'un chiffre n'est pas suivi d'une lettre, il indique toujours la zone a, soit la zone la plus froide.

    Les études de ces deux chercheurs ont également permis de déterminer la capacité de plusieurs plantes ornementales à résister aux intempéries. Certaines, bien adaptées au froid, peuvent survivre dans les zones 0, 1 et 2, tandis que d'autres nécessitent un climat plus doux et beaucoup de lumière pour

Scabieuse du Caucase 'Miss Willmott'
(*Scabiosa caucasica* 'Miss Willmott').

TABLEAU XV

QUELQUES VILLES DE L'EST DU CANADA ET LEUR ZONE DE RUSTICITÉ

Alma	3a	La Malbaie	4a	Sainte-Thérèse	5b
Baie-Comeau	3a	La Pocatière	4a	Saint-Eustache	5b
Beauport	4b	La Tuque	3a	Saint-Georges	4a
Bécancour	4a	Lachute	5a	Saint-Jean, N.-B.	5a
Brossard	5b	Laval	5b	Saint-Jean-sur-Richelieu	5a
Campbellton	4b	Lévis	4b	Saint-Jérôme	5a
Charlesbourg	4b	London	6a	Saint-Hyacinthe	5a
Charlottetown	5b	Longueuil	5b	Sept-Îles	3a
Châteauguay	5b	Magog	4b	Shawinigan	4a
Chibougamau	1b	Matane	4a	Sherbrooke	4b
Chicoutimi	3b	Moncton	5a	Sorel	5a
Cowansville	4b	Mont-Laurier	3b	St-John's	5b
Drummondville	5a	Montmagny	4a	Sudbury	4a
Fredericton	5a	Montréal	5b	Sydney	6a
Gaspé	4a	Ottawa	5a	Thetford Mines	4a
Gatineau	5a	Percé	4a	Thunder Bay	2b
Granby	4b	Plessisville	4a	Toronto	6b
Grand-mère	4a	Québec	4b	Trois-Rivières	4b
Halifax	6a	Repentigny	5b	Val-d'Or	2a
Hull	5a	Rimouski	4a	Valleyfield	5b
Îles-de-la-Madeleine	5a	Rivière-du-Loup	4a	Vaudreuil	5b
Joliette	4b	Roberval	3a	Victoriaville	4b
Jonquière	3b	Rouyn-Noranda	2a	Windsor	7a
Kingston	5b	Sainte-Agathe	4a	Yarmouth	6b

produire les fleurs et les fruits qu'on attend d'elles. Lorsqu'une plante est zonée 4, par exemple, elle peut tout aussi bien être utilisée dans les zones 5, 6 et 7. Il est cependant très difficile, voire impossible, de la cultiver dans les zones 1, 2 et 3.

Bien qu'il soit un outil fort utile pour les jardiniers, ce système de zonage comprend selon moi certaines lacunes. D'abord, il ne tient pas compte des microclimats régionaux ni des caractéristiques du sol. Ensuite, je crois que Ouellet et Sherk n'ont pu évaluer adéquatement la rusticité des plantes pour toutes les régions du Canada. Par exemple, sur les 108 stations où les études ont été menées, 15 seulement étaient situées au Québec. Tout récemment, le Réseau d'essais des plantes ligneuses ornementales du Québec (REPLOQ) a fait une évaluation du potentiel de rusticité de plusieurs végétaux ornementaux. Les résultats qui ressortent de ces travaux apportent parfois de sérieuses modifications au zonage établi par Ouellet et Sherk. Par ailleurs, ce système de zonage ne tient pas suffisamment compte, à mon avis, de l'épaisseur et de la constance de la couverture de neige. Plusieurs végétaux étant au Québec à la limite de leur rusticité, comme certains cultivars de rhododendron (*Rhododendron*) à grandes feuilles et d'hortensia à grandes feuilles (*Hydrangea macrophylla*), survivent plus facilement dans la région de Québec que dans la région de Montréal, qui est pourtant plus chaude. Comme le couvert de neige est habituellement plus épais et plus constant à Québec qu'à Montréal, les plantes sont ainsi mieux protégées des vents hivernaux desséchants.

Le système de zones de rusticité canadien demeure tout de même une bonne référence, mais le meilleur moyen de vérifier la rusticité des plantes est sans doute de faire vos propres expériences. Vous pouvez également améliorer le climat qui prévaut sur votre terrain et y cultiver des végétaux moins rustiques en plantant un brise-vent (voir p. 170).

Une scène exotique composée de l'astilboides (*Astilboides tabularis*), de sceaux-de-Salomon odorants (*Polygonatum odoratum*) et de primevères du Japon (*Primula japonica*)

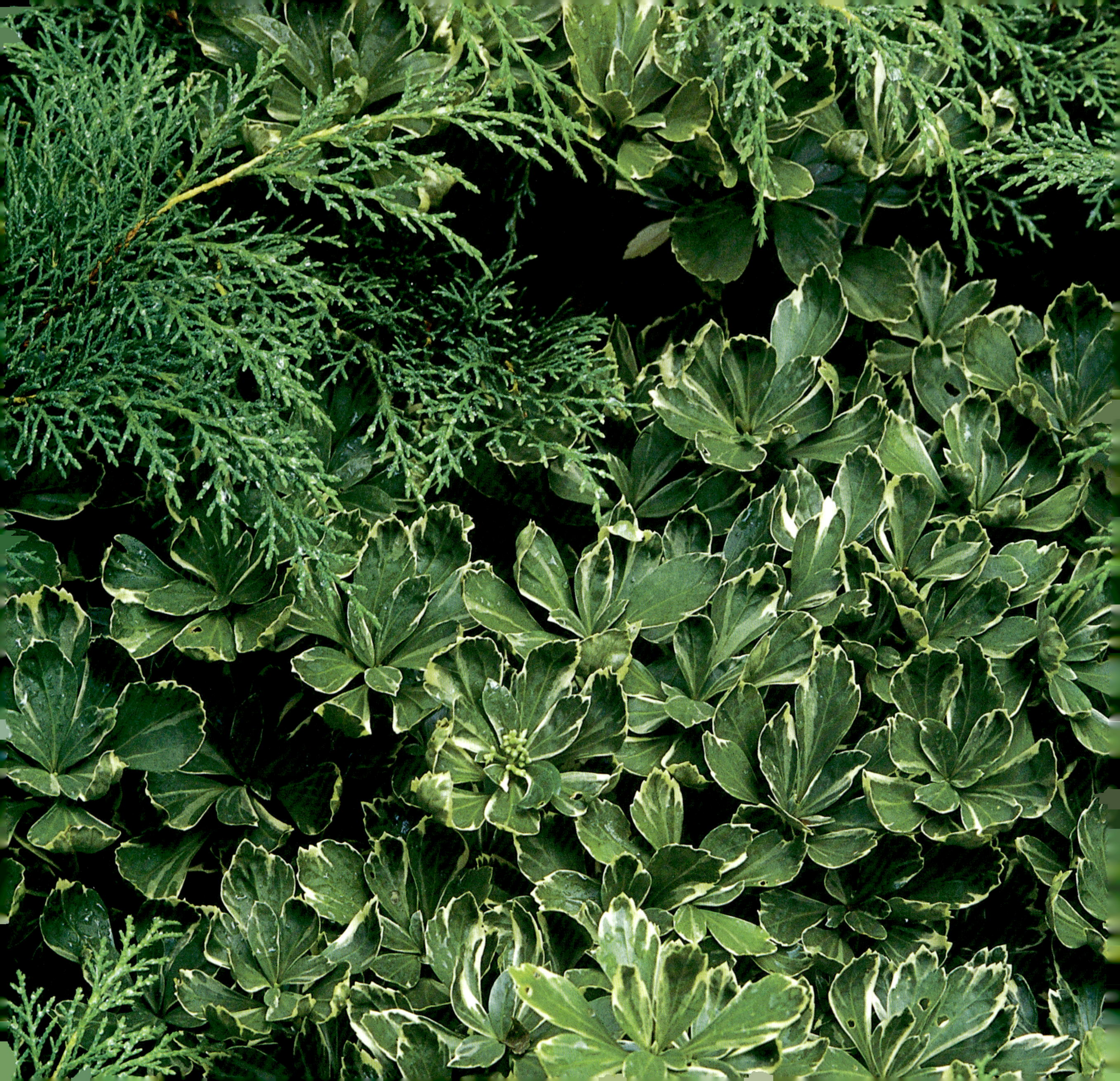

Un choix judicieux

PEU IMPORTE LE TYPE DE PLANTES QUE VOUS ACHETEZ, LE CHOIX D'UN SPÉCIMEN SAIN ET VIGOUREUX EST GARANT D'UNE BONNE REPRISE. DANS LES JARDINERIES ET LES PÉPINIÈRES, LES PLANTES ORNEMENTALES SONT VENDUES SOUS DIFFÉRENTES PRÉSENTATIONS.

La majorité des végétaux sont offerts dans les pots dans lesquels ils ont été cultivés. On peut aussi trouver sur le marché des arbres et des arbustes dont la motte est recouverte de jute et d'un panier de métal. Enfin, certaines plantes sont vendues avec la motte ou les racines nues.

LES CONTENANTS

De toutes les plantes vendues dans les jardineries et les pépinières, celles qui sont présentées en contenants sont les plus chères, mais elles sont aussi celles qui reprennent le mieux à la suite de la plantation. Comme ces végétaux sont cultivés dans leurs pots, leur système racinaire est très peu affecté lors de la plantation. Vous pouvez planter les arbres, les arbustes et les vivaces cultivés en pots durant presque toute la saison de végétation, du mois d'avril, lorsque le sol est complètement dégelé, jusqu'à la mi-octobre. Évitez toutefois d'effectuer la mise en terre de ces végétaux pendant les périodes de canicule de juillet et août.

La plupart des végétaux ornementaux sont offerts en pots de plastique ou de carton, ou plus rarement en contenants de bois. Lors de la plantation, il est essentiel de retirer ces pots même s'ils sont en carton pressé, car ils ne sont pas biodégradables. Dans ce cas, pour ne pas briser la motte de terre, coupez d'abord le fond du contenant à l'aide d'un couteau (photo 1). Placez ensuite la motte dans la fosse de

Plante en pot de carton

Pachysandre 'Variegata' (*Pachysandra terminalis* 'Variegata') et microbiota (*Microbiota decussata*).

plantation et découpez les côtés du pot. Retirez-les après avoir entouré la motte de la plante jusqu'à la mi-hauteur avec de la terre (photo 2). Enfin, finissez de recouvrir la motte.

Les mottes (Ball and burlap)

Plusieurs arbres de gros calibre et certains arbustes offerts sur le marché sont cultivés en pleine terre pendant de nombreuses années. Quelque temps avant de les mettre en vente, les producteurs extraient ces végétaux du sol en conservant une motte de terre autour de leur système racinaire. La motte de chaque plante est aussitôt emballée pour éviter qu'elle ne se désagrège et qu'elle ne se dessèche trop rapidement. Les mottes des arbres et des arbustes sont habituellement recouvertes d'une toile de jute ou d'une pellicule plastique, elles-mêmes entourées de filet de plastique, de cordage ou d'un panier en treillis métallique qui assurent leur stabilité et facilitent leur transport. Les arbres et les arbustes ainsi présentés peuvent être plantés durant une grande partie de la saison de végétation, mais il est préférable d'éviter les périodes chaudes et ensoleillées de juillet et d'août.

Lorsque vous plantez un arbre ou un arbuste, vous pouvez laisser la toile de jute autour de la motte mais en prenant soin d'en éliminer la partie supérieure afin de libérer le tronc. Les pellicules plastiques doivent quant à elles être retirées complètement, puisque contrairement au jute, elles ne se dégradent pas au contact de la terre. Les filets de plastique, les cordages et les paniers en treillis métallique doivent aussi être retirés, car ils limitent la croissance des racines, ils peuvent même carrément les étouffer. Parce qu'ils entourent généralement les mottes d'arbres de gros calibre, les paniers en treillis métallique s'enlèvent difficilement. En effectuant la plantation avec de la machinerie, il est plus aisé de soulever l'arbre par la base de son tronc à l'aide d'une courroie de nylon et d'enlever le panier lorsqu'il est suspendu au-dessus du sol. Mais si vous faites les travaux à la main, je vous recommande de creuser une fosse de plantation suffisamment large pour pouvoir basculer l'arbre de façon à voir le dessous de la motte. Coupez toutes les mailles du panier d'un rebord à l'autre en passant par le dessous. Vous obtiendrez ainsi deux moitiés de treillis indépendantes et donc faciles à retirer.

Les racines nues

Certains arbustes feuillus, y compris les rosiers (*Rosa*), sont cultivés en pleine terre pendant quelques années et sont extraits du sol à l'automne, au début de leur période de dormance. Ils sont ensuite débarrassés de la terre qui recouvre leurs racines et aussitôt placés dans des entrepôts réfrigérés dont le taux d'humidité est contrôlé. Ces végétaux passent donc la période hivernale dans les meilleures conditions possibles et sont mis sur le marché tôt au printemps suivant. De tous les végétaux offerts dans les jardineries et les pépinières, ceux qui ont les racines nues sont les moins coûteux. Ils conviennent bien à la plantation de haies ou de massifs de grandes dimensions.

Pour qu'ils aient une bonne reprise, tous les végétaux à racines nues doivent être plantés lorsqu'ils sont en période de dormance. Plantez-les au printemps, avant leur bourgeonnement, ou à l'automne, dès qu'ils sont extraits des champs de culture. Si vous ne plantez pas ces végétaux immédiatement, placez-les dans un lieu frais et ombragé, et recouvrez leurs racines d'une toile blanche ou de paille humide.

Les mottes nues

Certains arbustes utilisés pour la confection de haies, principalement les thuyas (*Thuya*), aussi appelés cèdres, sont cultivés en pleine terre durant quelques années. Un certain temps avant de les mettre en vente, les producteurs extraient ces végétaux du sol en conservant une motte de terre autour de leur système racinaire. La motte de ces plantes n'est pas recouverte d'une toile de jute ou d'une pellicule plastique. C'est pour cette

Plante à racines nues

Des racines en trop

Avant d'acheter une plante, si vous avez des doutes sur l'état de son système racinaire, vous êtes en droit d'enlever son contenant et d'effectuer quelques vérifications. N'achetez jamais de végétaux dont les racines trop abondantes tournent autour de la motte. Des racines spiralées limitent grandement l'apport d'eau et d'éléments nutritifs aux branches et peuvent éventuellement étouffer le tronc. Je recommande également d'éviter les plantes dont les racines peu développées n'apparaissent pas à la surface de la motte, ce qui provoque la perte de terreau. Optez plutôt pour des végétaux dont les racines sont visibles au pourtour de la motte, sans être pour autant congestionnées. Vérifiez si la motte est humide et exempte d'herbes indésirables. Assurez-vous enfin que les plantes que vous achetez possèdent un feuillage sain, vigoureux et bien vert.

Le choix des plantes

Bon choix
Système racinaire sain et bien développé

Mauvais choix
Système racinaire trop abondant

Un choix judicieux 93

L'achat d'annuelles

La période idéale pour procéder à la plantation de la plupart des annuelles correspond au moment où tout risque de gel est pratiquement nul dans votre région. À Montréal, par exemple, on peut habituellement planter vers le 20 mai, tandis que dans la région de Québec, il est parfois nécessaire d'attendre jusqu'à la toute fin du mois de mai ou au début de juin. Dans les régions plus nordiques il est préférable d'entreprendre la plantation des annuelles vers la mi-juin. Assurez-vous d'acheter vos annuelles tout au plus quelques jours avant de les planter pour éviter qu'elles ne dépérissent. Bien qu'il soit normal d'être attiré par les végétaux les plus fleuris, je recommande de toujours choisir des plants dénués de fleurs mais qui portent une grande quantité de bourgeons. Contrairement aux plantes très fleuries mais souvent étiolées, celles qui sont courtes et trapues reprennent mieux après la plantation.

Plants trapus arborant peu de fleurs

Plants étiolés

BON CHOIX   MAUVAIS CHOIX

L'achat de plantes bulbeuses

Les bulbes, les cormus, les rhizomes et les tubercules sont de nature distincte au point de vue botanique, mais comme ils sont tous vendus à la même période, habituellement à l'automne, et présentés de façon assez semblable, on les regroupe sous l'appellation de bulbes ou plantes bulbeuses. Lorsque vous achetez des bulbes, assurez-vous qu'ils soient fermes au toucher et exempts de pourriture. Vérifiez si la tunique – l'enveloppe brune qui a l'aspect du papier et qui recouvre le bulbe – est intacte et bien en place. Évitez d'acheter des bulbes ayant déjà formé des racines.

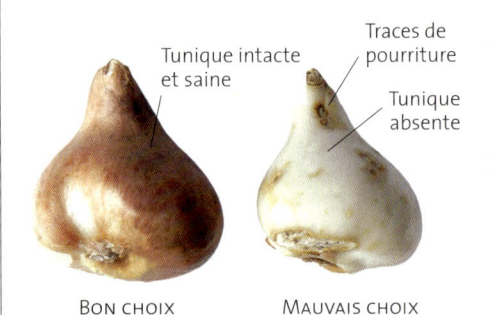

Tunique intacte et saine

Traces de pourriture

Tunique absente

BON CHOIX   MAUVAIS CHOIX

raison qu'il est préférable d'effectuer la plantation des arbustes ainsi présentés au printemps, en avril et en mai, ou à l'automne, entre la mi-septembre et la mi-octobre.

À ne pas confondre

Certains pépiniéristes empotent eux-mêmes des végétaux à racines nues, souvent des rosiers, et les vendent sans qu'ils aient eu le temps de s'enraciner convenablement. Ce genre de produits ne doit pas être confondu avec les plantes vendues dans les contenants dans lesquels elles ont été cultivées. Alors que ces dernières ont une reprise presque parfaite en tout temps durant la saison de végétation, les végétaux fraîchement empotés sont considérés comme s'ils avaient les racines nues et doivent être plantés tôt au printemps ou seulement à l'automne. Si vous avez des doutes concernant l'enracinement de la plante que vous vous apprêtez à acheter, soulevez-la doucement en la tenant par la base de son tronc ; s'il s'agit d'une plante à racines nues récemment empotée, vous observerez que la terre n'adhère pas aux racines.

Orpin de Rubrecht (*Sedum rubrechtii*).

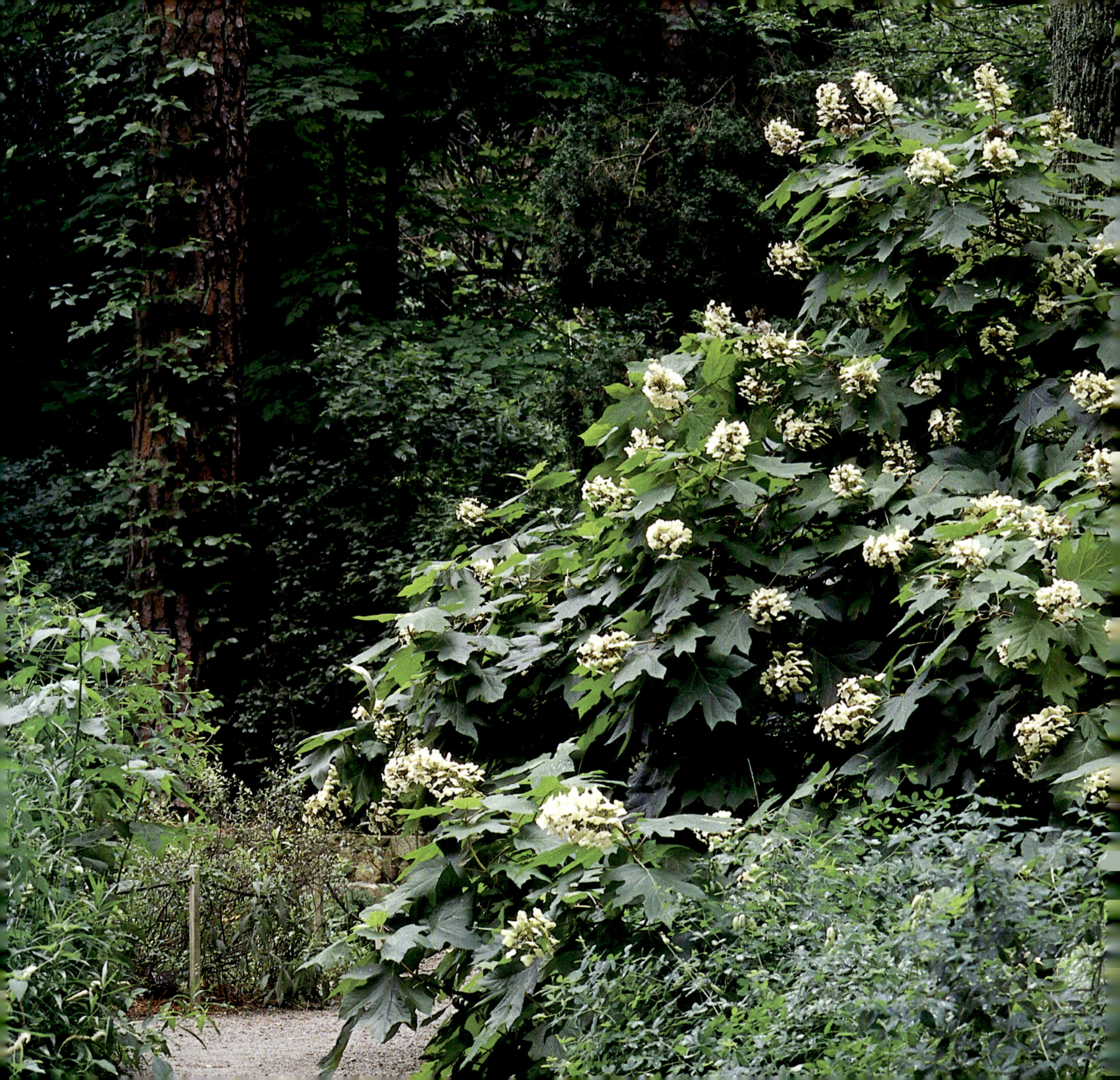

Une plantation parfaite

LES VÉGÉTAUX QU'ON PLANTE SOI-MÊME ONT SOUVENT UNE VALEUR SENTIMENTALE, EN PLUS DE LEUR VALEUR MATÉRIELLE. COMME LA PLANTATION EST UNE ÉTAPE CRUCIALE DANS LA VIE DES VÉGÉTAUX, IL EST ESSENTIEL DE L'EFFECTUER AVEC BEAUCOUP DE RIGUEUR.

LE TRANSPORT

Il arrive assez souvent que des végétaux meurent subitement quelques jours après avoir été plantés. Dans la majorité des cas, ces plantes meurent parce qu'elles ont été transportées de façon inadéquate de la pépinière jusqu'au lieu de plantation. Peu importe la saison, les végétaux que vous achetez doivent absolument être transportés dans un véhicule muni d'une caisse hermétique.

LE TERREAU DE PLANTATION

Le terreau qui convient à la plantation de la plupart des végétaux ornementaux doit être composé de deux parties de terre existante – si elle est de mauvaise qualités, vous pouvez la remplacer par de la terre brune tamisée de type loameux – mélangées à une partie de compost. Pour favoriser un bon enracinement des végétaux, ce terreau doit être fertilisé avec des os moulus à raison de 2 kg par m³. À la plantation, toutes les vivaces et les annuelles nécessitent environ 30 ml (une poignée) d'os moulus. La dose peut augmenter à 60 ml (deux poignées) dans le cas de plantes dont la motte a un diamètre supérieur à 15 cm. Vous devez donner 125 ml (½ tasse) d'os moulus aux arbustes et aux arbres de petit calibre. Les arbres plus gros peuvent recevoir jusqu'à 500 ml (2 tasses) de cet engrais. Par souci d'efficacité, je conseille toujours de mélanger les ingrédients qui composent votre terreau de plantation dans une brouette.

Pour les végétaux acidophiles, les rhododendrons (*Rhododendron*), par exemple, le terreau de plantation doit être composé d'une partie de terre brune tamisée de type loam sableux mélangée à une partie de compost et une partie de tourbe de sphaigne. Les végétaux qui affectionnent les sols sableux et très bien drainés doivent pour leur part

Un spectaculaire hortensia à feuilles de chêne (*Hydrangea quercifolia*).

être plantés dans un terreau composé d'une partie de terre brune tamisée de type loam sableux mélangée à une partie de compost et une partie de gravier fin.

La fosse de plantation

Dans les villes, surtout dans les nouveaux développements domiciliaires, la terre est souvent de très piètre qualité. Dans pareille situation, il est essentiel de creuser des fosses de plantation très larges, car les racines et les radicelles actives, qui contribuent à la croissance des plantes, se développent surtout dans les 30 premiers centimètres du sol. Chez la plupart des espèces, les racines nourricières poussent davantage à l'horizontale alors que les racines servant à l'ancrage croissent en profondeur.

La fosse de plantation des arbustes, des vivaces et des annuelles doit avoir une largeur qui équivaut à deux fois le diamètre de leur motte de racines. La profondeur de cette fosse doit correspondre à une fois et demie la hauteur de la motte. Pour leur part, les feuillus et les conifères peuvent être installés dans des fosses de plantation dont le diamètre excède de 30 cm le diamètre de leur motte et dont la profondeur fait 30 cm de plus que la hauteur de leur motte (photo 1). L'espace sur lequel s'appuie la motte des plantes doit être constitué de sol existant ameubli sur lequel est ajoutée une épaisseur égale de terreau de plantation amendé et fertilisé tel que spécifié précédemment.

Le positionnement de la motte

Après l'avoir enlevée du pot (photo 2), vous devez placer chaque plante dans sa fosse de façon que le collet – la partie où les racines s'unissent au tronc – soit au même niveau que la surface du sol environnant. Vous pouvez vous servir du manche de votre pelle ou d'un morceau de bois bien droit pour vous assurer que la partie supérieure de la motte, où se trouve le collet, soit au même niveau que la surface du sol existant (photo 3). Ensuite, ajoutez le terreau autour de la motte par couches successives d'environ 15 cm d'épaisseur, en prenant soin de le compacter légèrement avec vos mains de façon à empêcher la formation de poches d'air (photo 4). Si vous effectuez une plantation tard à l'automne dans un sol argileux, les végétaux que vous mettrez en

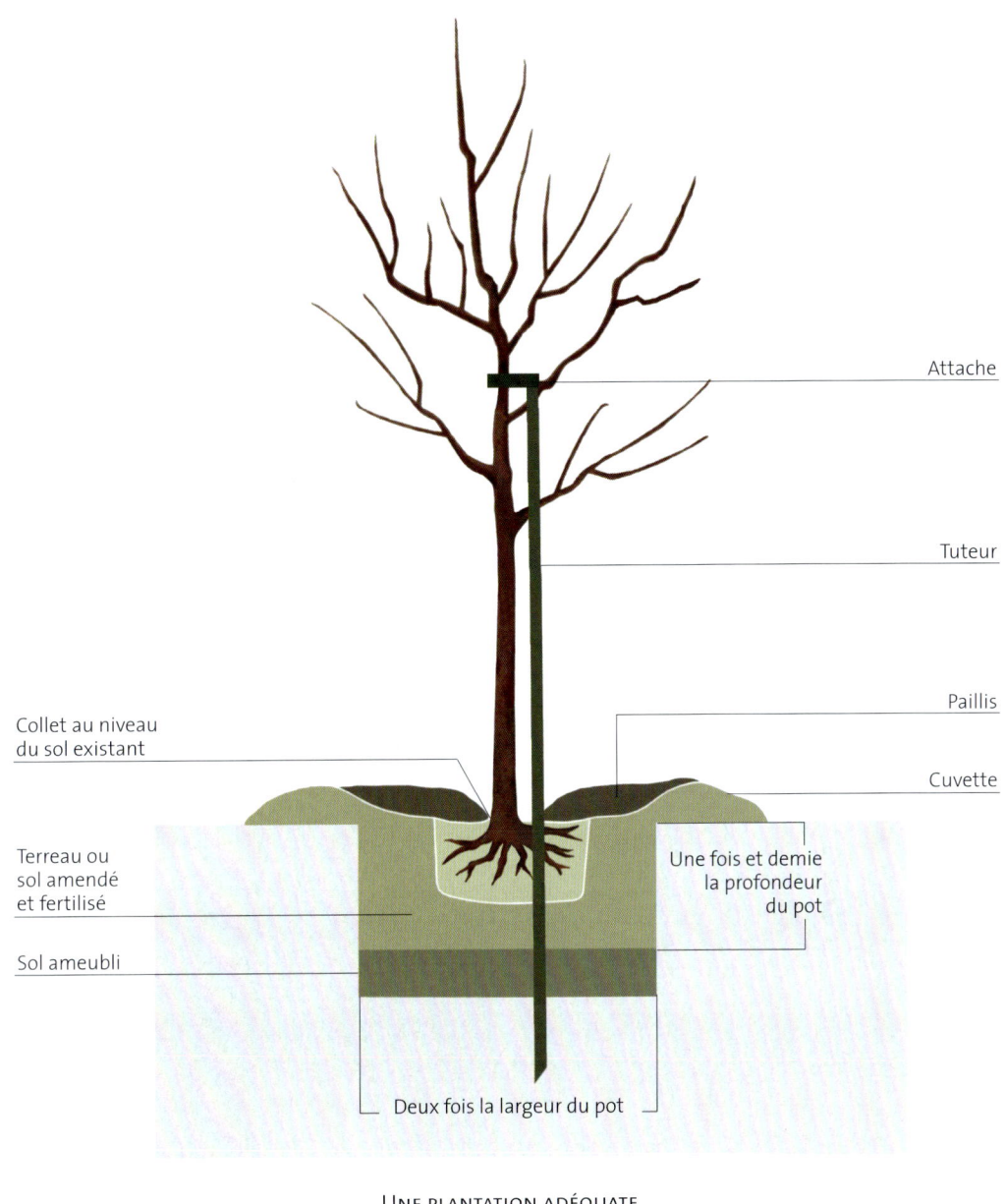

Attache

Tuteur

Paillis

Cuvette

Collet au niveau du sol existant

Terreau ou sol amendé et fertilisé

Sol ameubli

Une fois et demie la profondeur du pot

Deux fois la largeur du pot

Une plantation adéquate

Une plantation parfaite 99

terre n'auront probablement pas le temps de s'enraciner convenablement avant l'hiver. Pour éviter qu'ils ne soient déplacés par le cycle de gel et de dégel, plantez-les un peu plus profondément. Ainsi, en disposant le collet à environ 5 cm sous le niveau du sol, vous éviterez que la motte soit éventuellement soulevée hors de terre et que les racines soient exposées aux vents hivernaux desséchants. Dans ce cas, faites en sorte que la terre ne touche pas directement le collet.

L'ARROSAGE

Autour de chaque arbre et de chaque arbuste, vous devez aménager une cuvette en terre pour permettre la rétention de l'eau de pluie et de l'eau d'arrosage durant les mois qui suivent la plantation (photo 5). Une cuvette doit avoir un diamètre équivalant à celui de la fosse de plantation, avec des rebords d'un minimum de 10 cm de hauteur. Chaque cuvette peut être éliminée un an après la plantation.

Une fois cette cuvette façonnée, un arrosage copieux doit être effectué. Je suggère de fournir l'eau nécessaire à la bonne reprise des végétaux en petites quantités et à intervalles réguliers. Après leur plantation, toutes les vivaces et les annuelles nécessitent environ 5 litres d'eau. La quantité d'eau peut augmenter à 10 litres dans le cas de plantes dont la motte a un diamètre supérieur à 15 cm. Vous devez donner 25 litres d'eau aux arbustes et aux arbres de petit calibre, tandis que les gros arbres peuvent recevoir jusqu'à 50 litres d'eau.

LA TAILLE

Il n'est absolument pas nécessaire d'effectuer la taille des végétaux lors de leur plantation. En plus de leur causer un stress inutile, cette opération s'avère inefficace pour réduire l'évaporation. Seules les tiges mortes ou cassées pourraient être élaguées. La taille de formation ne sera effectuée que l'année suivante.

À l'ombre, des conditions extrêmes

Les végétaux plantés sous des arbres matures ont énormément de difficulté à croître et à se développer convenablement. Pour que ces plantes puissent bien s'établir, vous devez les disposer dans des fosses de plantation très larges en éliminant toutes les radicelles des arbres qui y sont présentes. Il est parfois nécessaire de placer certains végétaux à d'autres endroits que ceux prévus initialement pour éviter de blesser ou de couper des racines de gros calibre. Comme le sol à la base des arbres est souvent très appauvri, il est important d'utiliser de grandes quantités de compost lors de la plantation. Ne conservez pas la terre extraite des fosses de plantation ; remplacez-la plutôt par une partie de terre loameuse mélangée à une partie de compost, sans oublier d'y ajouter des os moulus.

Lorsque le sol est complètement envahi par les radicelles des arbres, disposez vos plantes dans des pots enfouis dans la terre. Les pots de plastique dans lesquels sont vendus les végétaux dans les pépinières font parfaitement l'affaire ; ils empêchent les racines des arbres d'entrer en compétition avec le système racinaire de vos plantes. Choisissez le diamètre du pot en fonction de l'espace que vous voulez accorder à chaque plante. Assurez-vous que le fond de chacun des contenants soit percé de quelques trous et placez-y une membrane géotextile perméable pour empêcher les radicelles des arbres d'y pénétrer. Enfouissez chaque récipient de façon que son rebord ne dépasse que très légèrement le niveau final du sol et installez-y la plante. Comblez enfin l'espace entre la motte et les côtés du pot avec le mélange de terre et de compost proposé précédemment.

tronc de l'arbre aux deux tiers de sa hauteur totale. Ces câbles doivent être reliés à des piquets de métal de 60 cm de longueur plantés obliquement dans le sol. Les câbles sont ensuite bandés à l'aide de tendeurs à vis.

Tous les tuteurs et les haubans doivent être enlevés quatre ans après leur installation.

Calme et tranquillité à l'ombre.

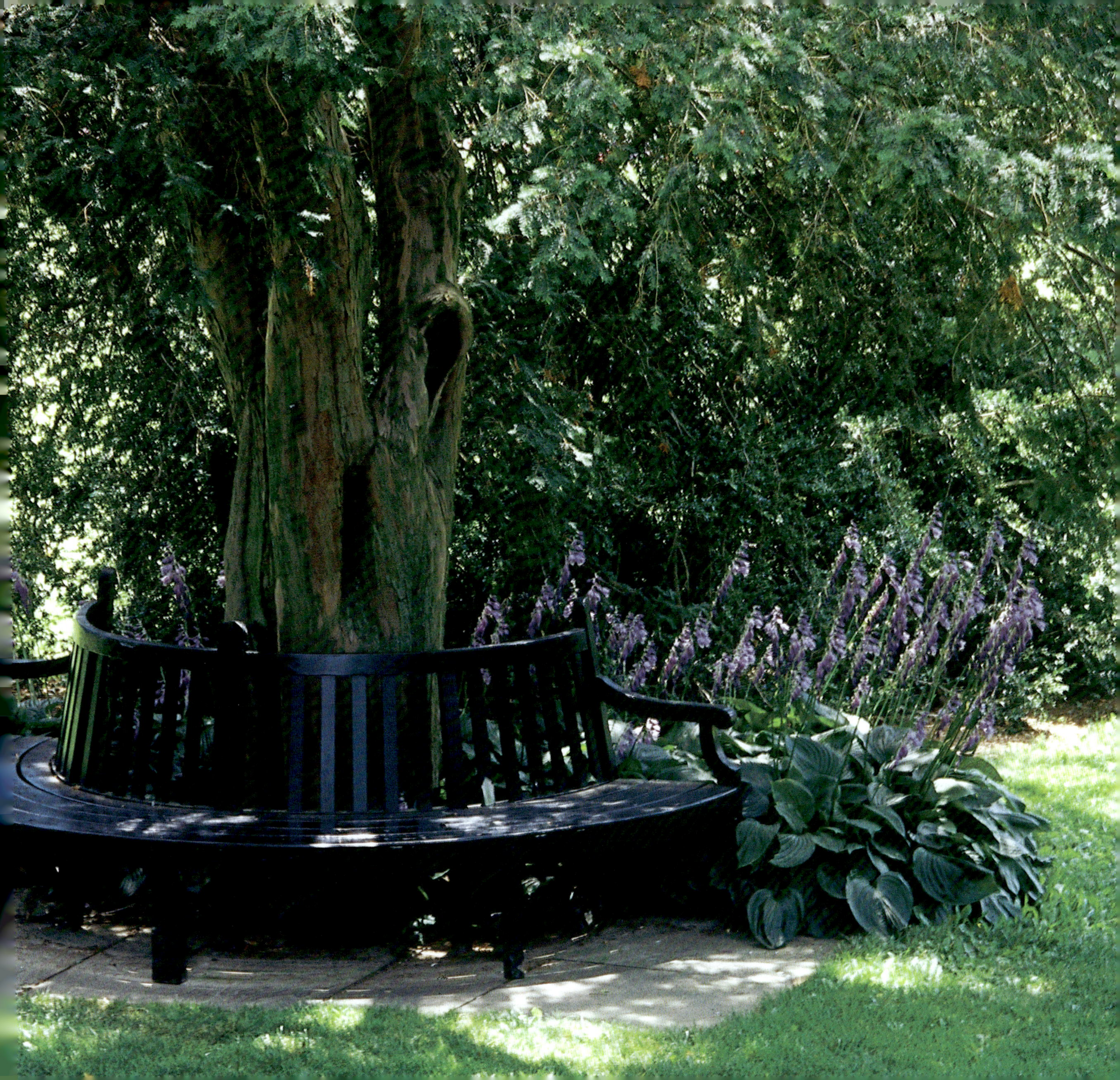

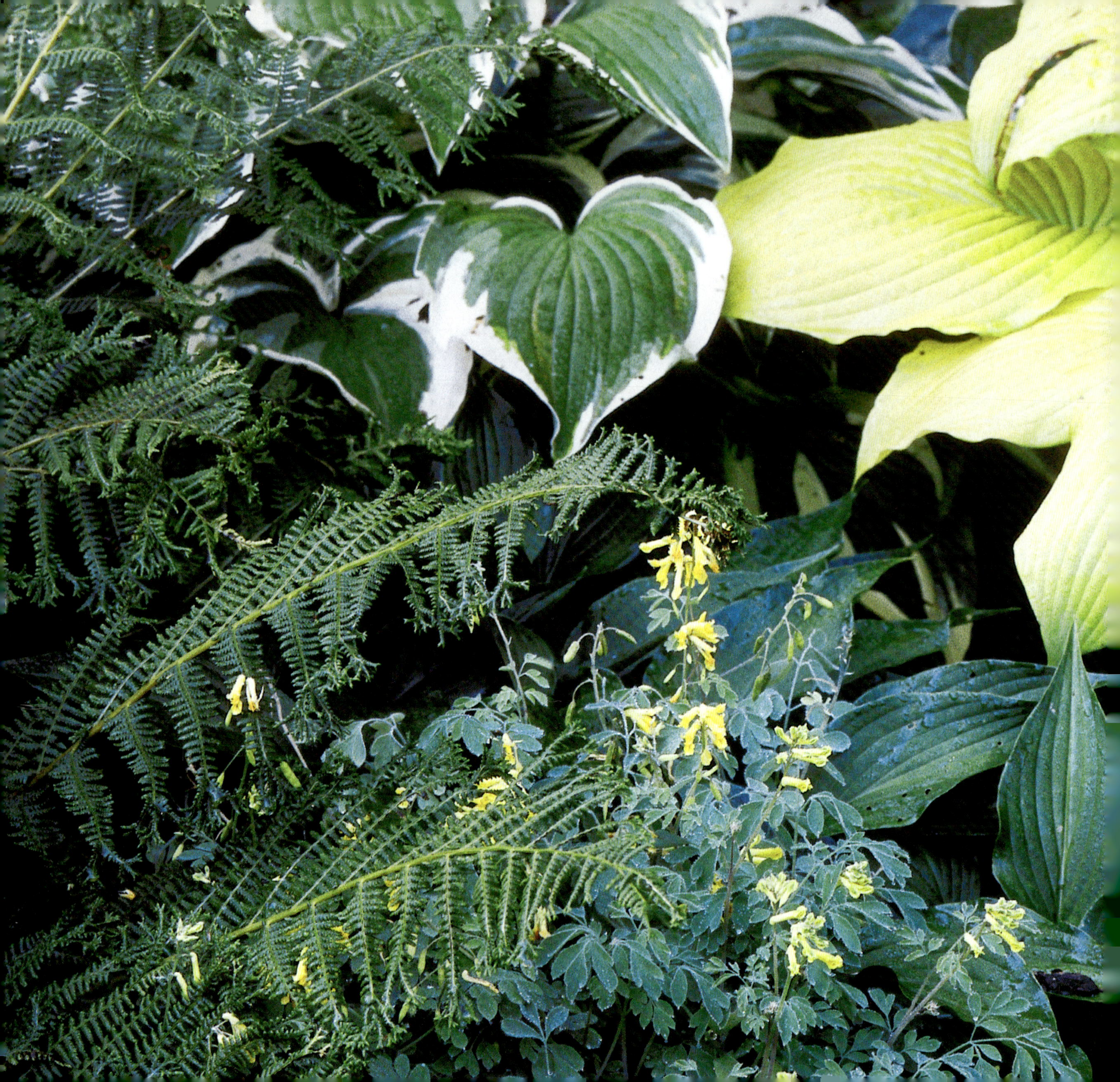

La lutte aux herbes indésirables

LES HERBES INDÉSIRABLES, COMMUNÉMENT APPELÉES LES MAUVAISES HERBES, SONT DES PLANTES QUI CROISSENT À DES ENDROITS DE NOTRE JARDIN OÙ ELLES NE LE DEVRAIENT PAS. LOIN D'ÊTRE MAUVAISES, CES HERBES PARFOIS FORT UTILES SONT SIMPLEMENT MAL SITUÉES.

Comme elles sont habituellement plus agressives que la plupart des plantes ornementales, elles doivent être éliminées le plus rapidement possible.

Le sarclage

Lorsque la surface du sol d'une plantation est nue, il est essentiel d'effectuer régulièrement l'élimination des herbes indésirables – une opération appelée sarclage – afin d'empêcher qu'elles supplantent les végétaux ornementaux. Enlevez les herbes indésirables le plus rapidement possible. N'attendez surtout pas qu'elles forment des semences. Les principaux outils conçus à cette fin sont la binette, munie d'une lame conique, et le sarcloir, constitué de trois dents pointues et recourbées. Ces deux outils peuvent être munis d'un manche long ou court. Personnellement, je préfère utiliser un sarcloir à manche court, ce qui m'évite d'avoir à me pencher constamment pour ramasser les herbes qui jonchent le sol. Si vous adoptez cette méthode, je vous suggère de porter des genouillères ou d'appuyer les genoux sur une plaque de styromousse.

Bien aiguisée, la binette permet de pénétrer aisément sous la surface du sol et de soulever les herbes indésirables, mais il arrive fréquemment qu'on ne l'enfonce pas suffisamment en profondeur dans la terre et qu'on coupe les racines des herbes à éliminer plutôt que de les extraire. En utilisant le sarcloir, vous pouvez éviter ce genre de problème, puisque cet outil permet presque à coup sûr d'extraire les herbes sans sectionner leurs racines.

Les plantations situées à l'ombre sont habituellement moins envahies par les herbes indésirables que celles établies au plein soleil.

Grand plantain (*Plantago major*)

Pissenlit (*Taraxacum officinale*)

Ortie dioïque (*Urtica dioica*)

LES HERBES ENVAHISSANTES

Lors de la préparation d'une nouvelle plate-bande, si vous êtes aux prises avec des herbes très envahissantes comme le chiendent (*Agropyron repens*), la prêle des champs (*Equisetum arvense*) ou la renouée du Japon (*Fallopia japonica*), il est absolument essentiel de mettre tous les efforts nécessaires pour vous en débarrasser définitivement. N'utilisez pas le rotoculteur pour éliminer ces végétaux indésirables, car cela entraîne bien souvent leur multiplication. Vous pouvez en extraire un maximum du sol à l'aide d'une pelle. Ensuite, pour étouffer ces plantes à jamais, installez une membrane de plastique noir sur la partie infestée afin de la solariser, c'est-à-dire de faire brûler par la chaleur du soleil les rhizomes et les racines toujours présents dans le sol. Laissez la toile de plastique en place pendant une année entière.

Lorsque ces herbes indésirables envahissent une plate-bande déjà plantée de végétaux ornementaux, vous n'avez d'autre choix que d'en éliminer le plus possible à la main et de recouvrir la surface du sol avec une membrane géotextile non tissée. Cette membrane, trouée aux endroits où se trouvent les végétaux de la plate-bande et recouverte d'une couche de paillis organique, n'empêchera cependant pas

Prêle des champs (*Equisetum arvense*)

Oxalide dressée (*Oxalis stricta*)

Petite herbe à poux (*Ambrosia artemisiifolia*)

Chou gras (*Chenopodium album*)

Le sarcloir à manche court est à mon avis le meilleur outil pour éliminer les herbes indésirables.

Chiendent (*Agropyron repens*)

Fraisier des champs (*Fragaria virginiana*)

L'herbe à puce

Il est très important de bien reconnaître l'herbe à puce (*Toxicodendron radicans*). Au Canada, on la trouve sous deux formes ; l'une est buissonnante et n'atteint que 30 cm de hauteur alors que l'autre est grimpante. Ses feuilles vert tendre et lustrées sont composées de trois folioles ovales à bout pointu qui ressemblent beaucoup à celles de l'érable à Giguère (*Acer negundo*). La méthode la plus efficace pour éliminer l'herbe à puce consiste à la couvrir durant une année complète d'un épais plastique noir, en prenant soin de recouvrir le sol jusqu'à 2 m autour des plants. Attention ! Ne touchez jamais cette plante à mains nues, sans quoi vous subirez des irritations de la peau fort douloureuses. Si vos vêtements ou des outils entrent en contact avec la plante, il est préférable de vous en départir, car l'huile responsable des irritations, le toxicodendrol, peut persister très longtemps sur les tissus et le bois.

Herbe à puce (*Toxicodendron radicans*).

LA LUTTE AUX HERBES INDÉSIRABLES

Ne jetez pas vos feuilles mortes

Dans une forêt, les feuilles qui tombent à l'automne ont un effet bénéfique sur le sol et sur les végétaux. Les enlever toutes entraînerait de graves conséquences pour l'ensemble de l'écosystème forestier, puisque ces feuilles se décomposent lentement pour former de l'humus, la principale source d'éléments nutritifs pour les arbres et les autres plantes qui y vivent. Plutôt que de brûler ou de jeter vos feuilles mortes, je vous suggère de vous inspirer de la nature et de les utiliser judicieusement.

Les feuilles mortes constituent une matière organique de choix pour la fabrication du compost. Mais avant de les y intégrer, il est préférable de les déchiqueter finement. Afin d'économiser temps et énergie lors du ramassage des feuilles mortes, je vous suggère cette technique fort simple. Passez la tondeuse directement sur les feuilles qui jonchent votre pelouse. Ainsi, vous les déchiquetterez facilement et les récupérerez dans le sac fixé à votre tondeuse. Plutôt que de les mettre au compost, vous pouvez aussi les épandre dans vos plates-bandes. Déposez une couche de feuilles mortes déchiquetées de 5 à 10 cm d'épaisseur en guise de paillis.

soit fort économique, je recommande de limiter son usage aux plantations d'arbres, d'arbustes et de vivaces très vigoureuses.

Pas de membrane géotextile

Il est préférable de disposer les paillis directement sur la surface du sol. Seules les pierres décoratives et les écorces très grossières comme celles de pin doivent toujours être placées sur une membrane géotextile. Les membranes géotextiles non tissées sont des toiles perméables à l'air et à l'eau spécialement conçues pour couvrir le sol des plantations et empêcher la croissance des herbes indésirables. On les appelle communément des couvre-parterres. L'eau, l'air et les éléments nutritifs se rendent cependant moins facilement jusqu'au sol lorsqu'ils doivent traverser cette membrane en plus d'une couche de copeaux ou de pierres. Vous aurez également une certaine difficulté à ajouter du compost et des fertilisants au pied des plantes ainsi qu'à travailler la terre de votre plate-bande si une membrane géotextile la recouvre entièrement.

Une petite privation d'azote

Lorsque les paillis organiques sont dégradés par les micro-organismes du sol, cela provoque une carence en azote durant les premières semaines de la décomposition. Pour bien décomposer la matière ligneuse dont sont constituées les écorces, les micro-organismes doivent consommer l'azote présent dans le sol, et cela au détriment des plantes. Ce phénomène s'estompe au bout de quelques semaines. Le paillis, une fois transformé en humus, peut alors fournir de l'azote aux végétaux. Pour éviter tout ralentissement de la croissance des plantes, je vous suggère d'épandre un peu de compost à leur base juste avant d'installer le paillis. Le compost subviendra à leurs besoins en azote durant les périodes de carence.

Contrairement à la plupart des paillis organiques, les pierres décoratives doivent idéalement être placées sur une membrane géotextile.

Étonnant mariage entre l'échinacée pourpre 'White Swan' (*Echinacea Purpurea* 'White Swan') et la molène de Chaix (*Verbascum chaixii*).

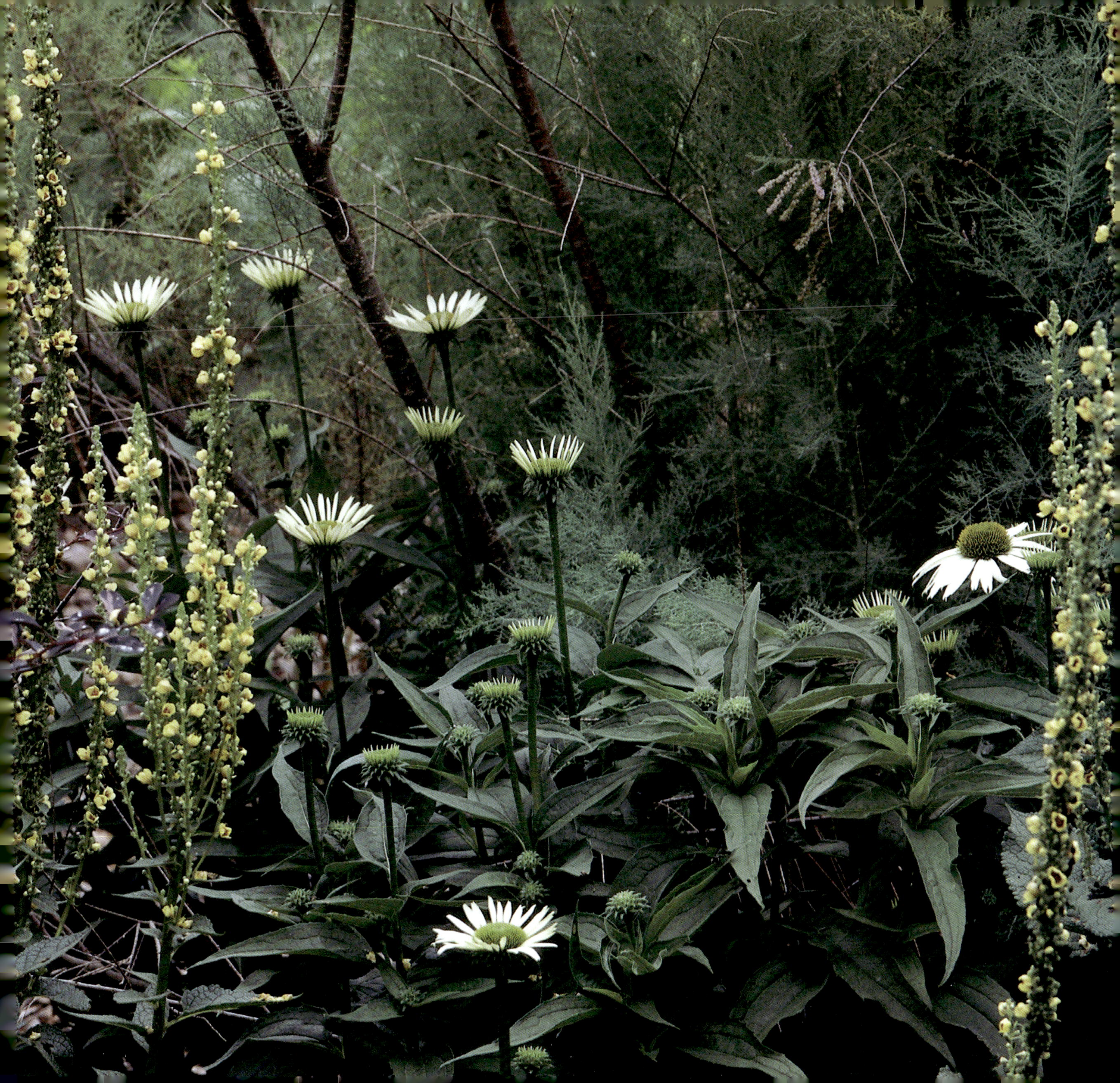

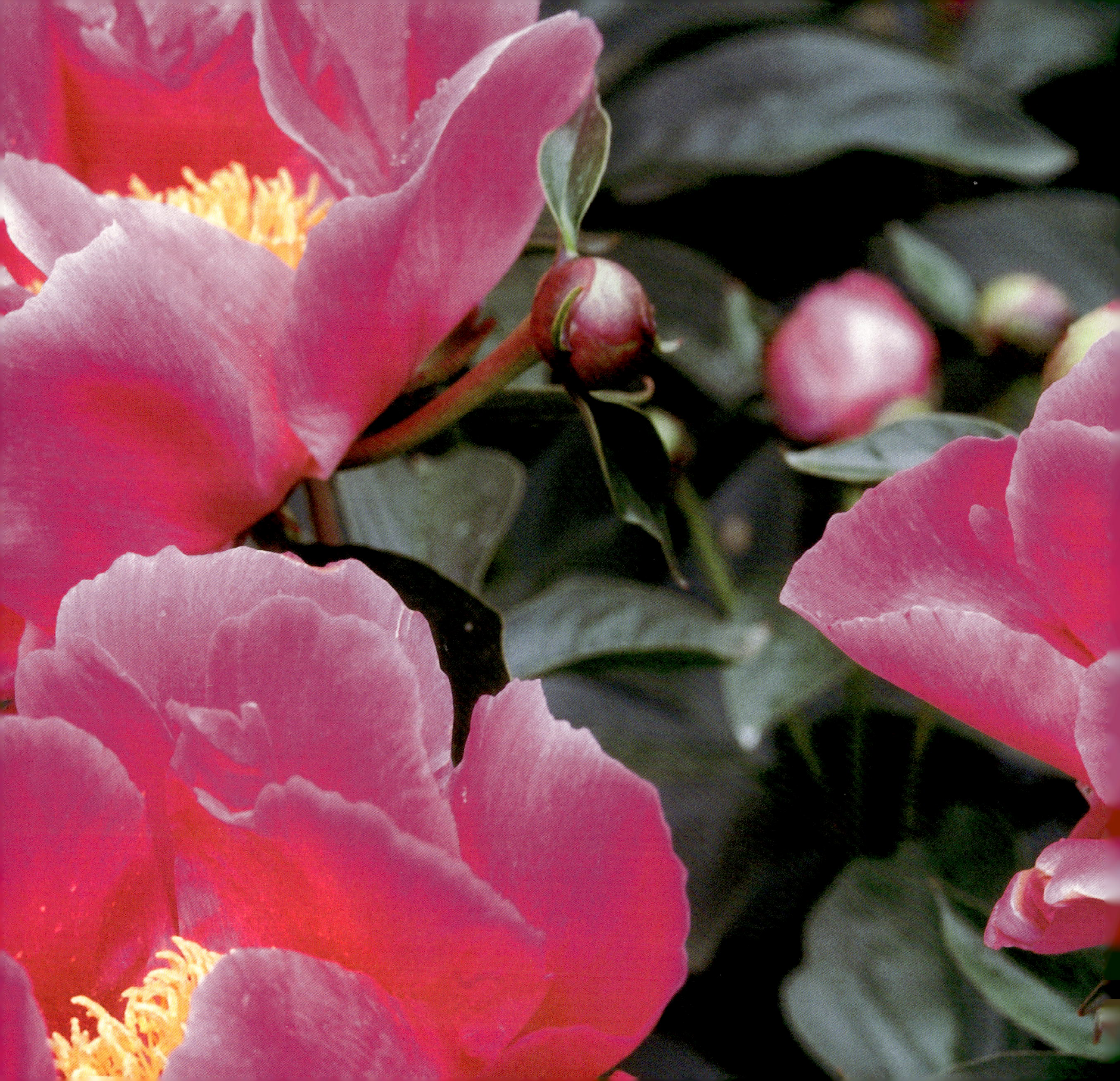

Les envahisseurs

LES INVASIONS DE MALADIES ET D'INSECTES NUISIBLES CONSTITUENT UN DES PROBLÈMES LES PLUS COMPLEXES AUXQUELS LES JARDINIERS SONT CONFRONTÉS. LA PRÉVENTION EST LE MEILLEUR MOYEN DE FAIRE FACE À CES ENVAHISSEURS.

En usant de méthodes de culture appropriées et en maintenant le sol et les plantes en bonne santé, un jardin se défend mieux contre les maladies et les insectes ravageurs. Voici quelques conseils visant à prévenir l'apparition ou, le cas échéant, à éliminer certains des insectes nuisibles et des maladies affectant les plantes ornementales le plus fréquemment.

LE BLANC, OU OÏDIUM

Le blanc, ou oïdium, appelé à tort mildiou, est causé par un champignon qui provoque l'apparition d'un feutre blanc grisâtre sur la surface des feuilles des plantes. Plusieurs végétaux ornementaux comme les lilas (*Syringa*), les monardes (*Monarda*), la plupart des cultivars de phlox paniculés (*Phlox paniculata*), les rosiers (*Rosa*) et les zinnias (*Zinnia*) sont particulièrement sensibles à l'oïdium.

Contrairement à la plupart des maladies fongiques, la germination des spores du blanc est à la fois favorisée par le temps sec et inhibée par la présence d'eau. Pour éviter que vos plantes soient affectées par cette maladie, je vous conseille donc de ne jamais les laisser se dessécher complètement. Arrosez-les régulièrement sans vous soucier de ne pas humecter leur feuillage. Vous pouvez prévenir efficacement l'apparition du blanc en aspergeant le feuillage des plantes sensibles une à deux fois par semaine avec une solution de 1 litre d'eau tiède et de 1 1/2 c. à soupe de bicarbonate de sodium. Afin de bien faire adhérer cette potion sur le feuillage des végétaux, vous pouvez aussi y ajouter 1 c. à soupe de savon insecticide. Par une journée ensoleillée, cette solution peut brûler le feuillage, je vous recommande donc de l'appliquer par temps frais et couvert, ou encore tôt le matin. Commencez à vaporiser ce

Pivoine 'Silver Flare' (*Paeonia* 'Silver Flare').

Blanc, ou oïdium

Tache noire du rosier

produit vers la fin de juin, soit quelques semaines avant l'apparition probable du blanc. N'oubliez pas d'asperger cette solution à nouveau après chaque pluie ou chaque arrosage. Si, malgré tous vos efforts de prévention, certains de vos végétaux sont tout de même atteints par l'oïdium, il sera fort difficile d'éliminer le problème en les aspergeant avec ce produit. Dans ce cas, je vous suggère plutôt d'être tolérant et de tailler simplement les parties de vos plantes les plus atteintes. Soyez rassuré, le blanc ne fait que très rarement mourir les végétaux.

La brûlure bactérienne

Très fréquente, la brûlure bactérienne est une maladie généralement mortelle qui se propage aisément par les outils de taille ou par les insectes pollinisateurs lorsque la température est humide. Causée par la bactérie *Erwinia amylovora*, cette maladie affecte plusieurs plantes ornementales de la famille des rosacées dont les cotonéasters (*Cotoneaster*), les aubépines (*Crataegus*), les cerisiers (*Prunus*), les rosiers (*Rosa*) et les sorbiers (*Sorbus*). La brûlure bactérienne se manifeste d'abord par le flétrissement, puis par le dessèchement des fleurs et des feuilles ; celles-ci prennent alors une teinte brun foncé mais restent accrochées aux branches. Ensuite, l'extrémité des jeunes tiges se flétrit et meurt. Lorsque les plus grosses branches et le tronc sont atteints, la mort du plant est presque inévitable. Chez certains végétaux, les parties infectées laissent parfois échapper un liquide de couleur miel contenant la bactérie.

Aucun traitement n'est entièrement efficace pour contrer cette maladie. La streptomycine, un bactéricide, peut contrôler le problème jusqu'à un certain point. Cependant, seul un arboriculteur certifié peut effectuer un traitement avec ce produit. Si vous possédez un arbre infecté par la brûlure bactérienne, vous pouvez tenter de le sauver en élaguant les branches infectées. Effectuez la taille par temps sec et n'oubliez pas de bien stériliser vos outils avec de l'alcool entre chaque coupe. Si la maladie a atteint de grosses branches et le tronc, je vous conseille alors d'arracher la plante avec un maximum de racines et de la jeter aux ordures ou de la brûler. Ne replantez pas de végétaux faisant partie de la famille des rosacées à cet endroit.

La tache noire du rosier

Causée par deux champignons appelés *Diplocarpon rosae* et *Marssonina rosae*, la tache noire est une maladie qui affecte les rosiers (*Rosa*), principalement les hybrides de

Thé. Cette maladie est caractérisée par des taches circulaires brun foncé presque noir entourées de grandes plaques jaunes qui se forment sur les feuilles.

Il est très difficile d'éradiquer cette maladie ; une vaporisation hebdomadaire de bouillie soufrée sur le feuillage peut, tout au plus, stopper sa progression. Mais en utilisant une solution constituée de 1 litre d'eau, de 1 1/2 c. à soupe de bicarbonate de sodium et de 1 c. à soupe de savon insecticide Safer's, il est relativement simple de prévenir l'apparition de la tache noire. Aspergez le feuillage des rosiers sensibles une à deux fois par semaine vers le début de juin, soit quelque temps avant que la maladie ne se manifeste. Évitez toutefois d'en vaporiser sur les fleurs, car le bicarbonate de sodium peut parfois provoquer une décoloration des pétales.

D'autres techniques vous permettront de prévenir l'apparition de la tache noire. Je vous suggère d'abord de planter vos rosiers dans un endroit bien aéré et ensoleillé. À l'automne, ramassez et détruisez toutes les feuilles attaquées par cette maladie. Enfin, choisissez préférablement des cultivars de rosiers résistants à la tache noire, comme 'Heritage', 'John Davis', 'Charles Albanel' et 'William Baffin'.

La tavelure du pommier et du pommetier

La tavelure, une maladie causée par un champignon appelé *Venturia inaequalis*, affecte surtout les pommiers et les pommetiers (*Malus*). Cette maladie se manifeste sur les jeunes tiges, les feuilles et les fruits par l'apparition de taches rondes légèrement boursouflées vert grisâtre ou vert olive. Les feuilles atteintes jaunissent et tombent prématurément, défoliant presque entièrement les arbres sévèrement infectés. La propagation de la tavelure est accentuée par un printemps froid et pluvieux.

Si vous désirez planter un pommetier décoratif sur votre terrain, choisissez un cultivar résistant tel que 'Dolgo', 'Radiant' ou 'Winter Gold'. À l'automne, ramassez et détruisez toutes les feuilles des pommetiers afin de diminuer les risques de propagation de la tavelure. Si vous possédez un arbre atteint par cette maladie, vous pouvez la contrôler en vaporisant sur son feuillage et ses tiges un fongicide à base de cuivre – le Bordo, par exemple – dès la sortie des feuilles. Répétez ce traitement tous les 10 jours jusqu'à la mi-juillet. Si une pluie survient quelques heures après l'aspersion de ce produit, il est nécessaire de recommencer l'opération.

Tavelure du pommier et du pommetier

Un peu de tolérance !

Personnellement, je n'emploie aucun pesticide dans mon jardin. Qu'ils soient synthétiques ou d'origine naturelle, plusieurs de ces produits constituent une grande source de pollution et sont à la base de nombreux problèmes de santé chez les humains et les animaux. La meilleure façon d'éviter les attaques des insectes nuisibles et des maladies dans votre jardin est de planter des végétaux rustiques bien adaptés à votre sol et aux conditions environnementales qui prévalent chez vous. Évitez également d'employer des engrais de synthèse solubles et privilégiez plutôt l'usage de compost et de fertilisants naturels à dégagement lent. Si des insectes ravageurs apparaissent tout de même dans votre jardin, soyez tolérant. Lorsque l'invasion est particulièrement sévère, faites la récolte des insectes à la main et utilisez un pesticide d'origine naturelle qui a peu d'impact sur l'environnement, mais cela en tout dernier recours seulement. Rappelez-vous que la présence de quelques insectes nuisibles dans votre jardin stimule l'arrivée de certains prédateurs naturels comme les araignées, les coccinelles, les chrysopes, les syrphes, les crapauds et plusieurs espèces d'oiseaux.

LA COCHENILLE

Les cochenilles sont de petits insectes qui secrètent une cire blanche dont elles se recouvrent le corps, ce qui leur donne une apparence floconneuse. Les cochenilles virgules sont pour leur part recouvertes d'écailles allongées leur conférant l'allure de petites huîtres. À l'instar des pucerons, les cochenilles se fixent sur les feuilles et les tiges des plantes dont elles sucent la sève. Les feuilles se recroquevillent alors et les tiges se flétrissent. La croissance des végétaux attaqués est aussi ralentie. La survie des plantes n'est cependant que rarement compromise par une attaque de cochenilles.

Vous pouvez prévenir ces invasions en maintenant vos végétaux en santé et en évitant de leur fournir des engrais de synthèse riches en azote. Lorsqu'il y a infestation de cochenilles floconneuses, essayez d'abord d'en éliminer le plus possible manuellement en passant les doigts le long des tiges ou sur les feuilles où elles se trouvent. Pour ce qui est des cochenilles virgules, vous n'aurez d'autre choix que de les enlever à l'aide d'un tampon imbibé d'alcool et d'un petit couteau, et cela en faisant bien attention de ne pas endommager l'écorce des plantes. Si vous n'arrivez pas à enlever tous les insectes manuellement, vaporisez un insecticide à base de pyréthrine et d'huile de canola comme End-All à deux ou trois reprises. Évitez toutefois d'asperger ce produit directement sur les fleurs.

LE CRIOCÈRE DU LIS

Le criocère du lis (*Lilioceris lilii*) est un petit coléoptère rouge-orange qui dévore le feuillage des lis (*Lilium*), allant même jusqu'à les défolier complètement. Les adultes causent certains dommages, mais les larves sont encore plus voraces. Ces dernières possèdent un corps jaune et une tête noire. Contrairement à ce que plusieurs personnes croient, l'arrivée du criocère au Québec n'est pas toute récente, elle remonte en fait à 1945.

Dès la mi-mai, vérifiez l'état de vos lis quelques fois par semaine. Aussitôt que vous apercevez des criocères, éliminez-les manuel-

Criocère du lis © Jacques Allard

lement. Comme les criocères adultes qui sont dérangés se laissent habituellement tomber au sol, je vous recommande d'effectuer leur cueillette avec calme et précision. Soyez très vigilant, car les larves se dissimulent souvent sous leurs excréments qui sont brun-noir et généralement sur le revers des feuilles. Aspergez ensuite le feuillage de vos lis avec un insecticide à base de pyréthrine à deux ou trois reprises. Pour détecter la présence des criocères plus rapidement au printemps, je suggère de planter des fritillaires (*Fritillaria imperialis*) dans votre jardin. Ces plantes bulbeuses qui doivent être plantées à l'automne attirent les criocères quelques semaines avant la sortie des lis, ce qui permet de les protéger.

La limace

Avec leur corps mou brun-gris, les limaces (*Arion hortensis*) ressemblent à des escargots sans coquille. Bien qu'elles se nourrissent principalement de feuillage en décomposition, elles s'attaquent également aux plantes dont les feuilles sont saines et tendres comme les hostas (*Hosta*) et les ligulaires (*Ligularia*). Les limaces s'alimentent surtout durant la nuit par temps humide et laissent, le matin venu, une multitude de trous dans les feuilles.

Pour prévenir l'apparition des limaces, assurez-vous de ne laisser sur votre terrain aucun débris sous lesquels elles pourraient se cacher pendant le jour. Il est bon d'attirer les oiseaux au jardin, car certains d'entre eux raffolent de ces gastéropodes ; les canards en sont particulièrement friands. Vous pouvez également confectionner une barrière constituée d'un matériau abrasif disposé en une large bande qui entoure la base de chaque plant attaqué par les limaces. Les coquilles d'œufs broyées, le sable blanc très riche en silice – comme celui qui est utilisé par les pisciniers –, la terre diatomée et les aiguilles de genévrier 'Mountbatten' (*Juniperus chinensis* 'Mountbatten') figurent parmi les substances les plus irritantes pour les limaces. Ces matériaux doivent cependant être renouvelés après chaque pluie.

La livrée d'Amérique et la livrée des forêts

La livrée d'Amérique (*Malacosoma americanum*) est un papillon de nuit dont la larve est une chenille noire marquée d'une bande blanche sur le dos et de points bleus et jaunes sur les côtés. La livrée des forêts (*Malacosoma distria*) forme quant à elle une larve de couleur bleu-noir qui possède sur le dos des taches blanches qui ont la forme d'un trou

Limace

Dégâts causés par la mineuse de l'ancolie

Perce-oreille

de serrure et, sur les côtés, des bandes bleu et rouille. Ce sont les larves de ces deux papillons qui causent des dommages aux végétaux. Les livrées d'Amérique vivent en colonies et forment des tentes en soie à la fourche des arbres. Elles dévorent principalement le feuillage des cerisiers sauvages (*Prunus virginiana* et *P. pennsylvanica*), mais également celui des aubépines (*Crataegus*), des pommiers et des pommetiers (*Malus*), et celui de certaines autres essences ornementales. Les livrées des forêts ne forment pas de tentes en soie. Bien qu'elles s'attaquent surtout au peuplier faux-tremble (*Populus tremuloides*), elles ne dédaignent pas les feuilles de certains autres arbres feuillus ornementaux tels que les bouleaux (*Betula*) et les érables (*Acer*). Ces deux chenilles cessent habituellement de se nourrir vers la fin de juin, ce qui permet habituellement aux arbres infestés de former une seconde feuillée, mais leur croissance et leur vigueur sont souvent réduites les années suivantes.

Tôt le matin ou tard en soirée, lorsque les chenilles sont réunies, coupez les branches qui portent les tentes et brûlez-les. Tôt au printemps, vous pouvez aussi éliminer les masses d'œufs noirs collées aux tiges. Durant la période où les chenilles sont les plus actives, vous pouvez faire une vaporisation hebdomadaire de *Bacillus thuringiensis*. Cet insecticide biologique est efficace lorsque les chenilles sont encore jeunes et qu'elles se nourrissent activement.

La mineuse de l'ancolie

La mineuse de l'ancolie (*Phytomysa aquilegivora*) est une petite mouche noire peu visible. C'est la larve, qui est de couleur blanc verdâtre, qui cause le plus de dommages, car elle se nourrit des tissus des feuilles des ancolies (*Aquilegia*), ce qui provoque l'apparition de tunnels blanchâtres. Il est cependant très rare que les plantes soient attaquées au point d'en mourir.

Dès le début du printemps, afin d'empêcher les adultes de pondre leurs œufs, vous pouvez recouvrir vos ancolies d'un filet aux mailles très fines. Vérifiez tout de même régulièrement si des œufs blancs et cylindriques ont été pondus sous les feuilles et détruisez-les. Si des symptômes apparaissent, vous devez tailler le feuillage attaqué et le jeter aux ordures. L'utilisation répétée de savon insecticide est aussi envisageable mais pas toujours très efficace. Enfin, si vos ancolies sont sévèrement atteintes et inesthétiques, coupez-les au ras du sol – elles repousseront sans problème en quelques semaines à peine ou le printemps suivant – et songez à cacher le trou laissé par leur disparition avec une potée fleurie ou des annuelles et des vivaces au feuillage ample.

Le perce-oreille

Les forficules (*Forficula auricularia*), appelées communément des perce-oreilles, sont facilement reconnaissables avec leur corps brun allongé et leur paire de pinces. Ces insectes ne semblent pas utiliser leurs appendices pour piquer ou pincer les humains. Ils causent cependant bien des soucis à certains jardiniers, car ils se nourrissent des fleurs et du feuillage tendre des clématites (*Clematis*), des chrysanthèmes (*Chrysanthemum*), des dahlias (*Dahlia*), des rudbéckias (*Rudbeckia*) et de quelques autres plantes ornementales. Les perce-oreilles ne sont pas toujours indésirables, puisqu'ils s'attaquent aussi à plusieurs insectes ravageurs tels que les pucerons.

Les forficules se nourrissent principalement durant la nuit. Afin de prévenir leur apparition, assurez-vous de ne laisser dans le jardin aucun débris sous lequel ils pourraient se cacher durant le jour. Près des plantes sévèrement attaquées, vous pouvez installer des pièges pour les capturer. Des pots retournés remplis de paille ou de feuilles mortes humides, ou encore des journaux enroulés et bouchés à une extrémité constituent des éléments très attirants pour les perce-oreilles. Chaque matin, secouez ces pièges au-dessus d'un seau rempli d'eau chaude savonneuse dans laquelle les insectes se noieront.

Le perceur de l'iris

Le perceur de l'iris (*Macronoctua onusta*) s'attaque aux iris des jardins (*Iris*) ainsi qu'aux autres iris à rhizomes. L'adulte est un papillon nocturne de couleur brune, tandis que la larve, qui atteint environ 3 cm de longueur, est une espèce de ver blanc rosâtre qui a une rangée de points noirs sur chaque côté. Vers la fin de l'été, la femelle adulte pond ses œufs en petites masses disposées directement sur le feuillage des iris. Au printemps, lorsque les nouvelles pousses des iris atteignent environ 15 cm de hauteur, les œufs éclosent et les larves creusent des galeries dans les feuilles, dans les tiges et, par la suite, dans les rhizomes. Les tiges et les feuilles ainsi affaiblies jaunissent et finissent par tomber. En plus de causer ces dommages, le perceur de l'iris favorise la propagation de la bactérie *Erwinia carotovora* responsable de la pourriture molle des rhizomes. En général, cette bactérie fait davantage de tort aux iris que le perceur lui-même.

Pucerons

Sauterelle

Afin d'éliminer les œufs des perceurs qui se préparent à hiverner, coupez le feuillage des iris des jardins et des autres iris rhizomateux en novembre et brûlez-le. Déterrez et détruisez également les rhizomes endommagés par les larves. Comme aucun bactéricide n'est vendu dans les jardineries et les pépinières, je vous suggère de pulvériser un produit à base de soufre sur les rhizomes qui sont laissés en terre pour éviter la prolifération de la pourriture molle.

Le puceron

Des pétunias (*Petunia*) aux rosiers (*Rosa*) en passant par les lupins (*Lupinus*) et les viornes (*Viburnum*), les pucerons semblent s'attaquer à presque toutes les plantes ornementales. Ces minuscules insectes en forme de poire, habituellement verts, roses, gris ou noirs, sucent la sève des végétaux. À cause de cela, leurs feuilles se recroquevillent, leurs tiges se flétrissent et leur croissance ralentit. La survie des plantes n'est cependant que rarement compromise par une attaque de pucerons.

Vous pouvez prévenir les invasions de pucerons en maintenant vos végétaux en santé et en évitant de leur fournir des engrais de synthèse riches en azote. Lorsqu'il y a une infestation, essayez d'abord d'en éliminer le plus possible manuellement en passant les doigts le long des tiges où ils sont agglomérés. Ensuite, arrosez les plantes à quelques reprises avec un jet d'eau puissant pour déloger les plus récalcitrants. Si le problème persiste, utilisez alors du savon insecticide 3 ou 4 fois par semaine pour une période d'environ 15 jours, ou un insecticide à base de pyréthrine à 2 ou 3 reprises. Évitez toutefois d'en asperger sur les fleurs.

La sauterelle

Des centaines d'espèces de sauterelles ont été répertoriées en Amérique du Nord, dont quelques-unes seulement ravagent les jardins. Ce sont des insectes qui mesurent de 1 à 7 cm de longueur et dont la couleur varie du jaune au brun en passant par le vert. En plus d'avoir la capacité de voler, les sauterelles peuvent se propulser sur une distance de près de 1 m grâce à leurs puissantes pattes. Par temps chaud et sec, elles s'attaquent à une foule de plantes ornementales dont elles dévorent le feuillage. Les jardins situés près de champs ou de terrains vagues en friche risquent davantage d'être infestés.

Lorsqu'elles sont peu nombreuses, vous n'avez pas à vous inquiéter de la présence des sauterelles dans votre jardin. Mais si elles sont en très grand nombre, elles peuvent défolier complètement certains végétaux, ce qui exige une intervention rapide. Je vous recommande d'asperger un insecticide à base de pyréthrine sur le feuillage des plantes attaquées, et cela à quatre ou cinq reprises.

Le scarabée japonais

Le scarabée japonais (*Popillia japonica*) adulte est un coléoptère qui mesure approximativement 2 cm de longueur. Sa tête et son thorax sont vert métallique alors que la carapace qui recouvre ses ailes est de couleur brun cuivré. La larve, qu'on trouve dans le sol, atteint un peu plus de 2 cm de longueur. Elle est blanc crème avec la tête brune, est enroulée en forme de C et possède trois paires de pattes. L'adulte, qui est actif par temps chaud et ensoleillé, se nourrit des fleurs et des feuilles d'une multitude de végétaux ornementaux tels que les pommetiers (*Malus*), les rosiers (*Rosa*) et les weigelas (*Weigela*). Cet insecte s'attaque d'abord aux pétales des fleurs et aux feuilles tendres, qu'il dévore parfois en entier. Par la suite, il cause des dommages aux feuilles plus coriaces. Il mange les tissus compris entre les nervures, leur donnant ainsi un aspect squelettique. La larve se nourrit principalement des racines tendres du gazon, ce qui le fait jaunir rapidement. La pelouse est parfois arrachée en petites plaquettes par divers animaux, dont les mouffettes, qui cherchent les larves pour s'en nourrir.

Dès que vous voyez des scarabées adultes sur vos plantes, éliminez-en le plus possible manuellement. Faites-le très tôt le matin, lorsque les insectes sont encore couverts de rosée et moins aptes à voler. Afin de les éliminer de façon efficace, je vous suggère de passer l'aspirateur sur les plantes infestées. Les adultes pondent habituellement leurs œufs entre la fin de juillet et la fin de septembre. Si votre jardin est envahi par cet insecte, c'est durant cette période qu'il est préférable de faire l'utilisation d'un insecticide. Un produit d'origine naturelle constitué de pyréthrine et d'huile de canola comme End-All doit être aspergé directement sur le sol situé sous les plantes attaquées par les adultes et sur la surface de la pelouse environnante. Ce pesticide doit être appliqué tous les 7 à 10 jours, entre la fin de juillet et le mois de septembre. Si votre pelouse est infestée, ne lui fournissez pas du tout d'eau durant cette période afin d'augmenter les chances de détruire les œufs et les larves. D'autres produits biologiques, malheureusement difficiles à se procurer au Canada, peuvent être employés pour éliminer le scarabée japonais; ce sont la bactérie *Bacillus popilliae* ainsi que certains nématodes parasites.

Scarabée japonais

Le ver blanc, ou hanneton

Le hanneton (*Phyllophaga anxia*) est un gros coléoptère brun foncé. Sa larve, qu'on appelle ver blanc, se trouve habituellement dans le sol. Arquée de façon très caractéristique, elle est blanche avec la tête brune et possède trois paires de pattes. L'adulte se nourrit du feuillage de certains arbres, mais c'est la larve qui cause le plus de dommages aux végétaux. Bien qu'elle s'attaque surtout au système racinaire du gazon, la larve se nourrit également des racines tendres d'une foule d'autres plantes ornementales. Encore ici, la pelouse est parfois arrachée en toutes petites plaques par divers animaux qui cherchent les larves pour s'en nourrir.

Lorsque des vers blancs infestent votre pelouse, vous pouvez l'asperger avec un produit composé de pyréthrine et d'huile de canola tel que End-All. Ce pesticide doit être appliqué tous les 7 à 10 jours sur une période d'un peu plus d'un mois. Certains nématodes parasites sont aussi efficaces pour éliminer cet insecte.

Pyréthrine

Quand toutes les autres techniques ont échoué pour éliminer certains insectes nuisibles, je vous recommande d'utiliser un insecticide à base de pyréthrine. Plusieurs marques comme Trounce et End-All sont offertes sur le marché. Bien que ces produits soient d'origine naturelle, puisque composés d'extraits d'une plante – le pyrèthre –, ils ne sont pas sélectifs et peuvent tuer certains insectes utiles. Assurez-vous donc de vaporiser ces pesticides très tôt le matin ou après le coucher du soleil, lorsque les abeilles et les guêpes cessent d'être actives.

Les animaux au jardin

Jardiner est l'une des meilleures façons d'entrer en contact avec la nature. Dans un jardin, il est possible d'observer le merveilleux spectacle des relations entre les plantes et les animaux. Que dire devant un papillon qui butine une fleur ou un oiseau qui se régale des fruits d'un arbuste. Parfois, la nature nous offre même le privilège d'observer, sur notre propre terrain, de splendides animaux comme un grand héron ou un cerf de Virginie. Malheureusement, les plus belles bêtes peuvent aussi être les plus destructrices. Bien que la tolérance soit la meilleure attitude à adopter, il faut parfois intervenir pour éloigner certains animaux de nos végétaux. Cela doit cependant se faire dans le plus grand respect de la nature et sans blesser les animaux.

Les chats se servent souvent du sol nu des plates-bandes comme litière. Afin de bien leur faire comprendre qu'ils ne sont pas les bienvenus dans vos plantations, placez un grillage à poules ou une moustiquaire sur la surface du sol où ils ont l'habitude de laisser leurs excréments. Pour éviter que ces matériaux ne soient trop visibles, recouvrez-les d'une fine couche de paillis organique.

Vous pouvez éloigner les écureuils, les lièvres et les marmottes qui endommagent vos plantes avec le répulsif commercial très efficace Ro-pel. Comme il a une odeur et un goût absolument affreux, il suffit d'en asperger les plantes convoitées pour éloigner les indésirables. Ce produit vendu dans la plupart des jardineries et des pépinières n'est pas toxique pour les animaux et les plantes. Si vous voulez éviter que des écureuils mangent vos bulbes fraîchement mis en terre, je vous suggère de les tremper dans du Ro-pel avant de les planter. Il est également possible de planter des bulbes qui ne sont pas appréciés de ces animaux, dont la fritillaire impériale (*Fritillaria imperialis*), les jacinthes (*Hyacinthus*) et les narcisses (*Narcissus*).

Lorsque les cerfs de Virginie envahissent votre jardin et y mangent les plantes, le moyen le plus efficace de les tenir à l'écart est d'entourer votre terrain d'une clôture haute. Les cerfs ne sautent habituellement pas par-dessus un écran opaque qui fait plus de 1,80 m de hauteur. S'ils peuvent voir à travers votre clôture, elle doit alors absolument atteindre une hauteur de 2,50 m. Dans ce cas, il n'est pas nécessaire d'utiliser de matériaux rigides ; un simple filet de nylon bien ancré au sol et maintenu à la verticale par de solides piquets fera l'affaire. Si la perspective de devoir clôturer votre terrain vous déplaît, songez à vaporiser du Ro-Pel sur les plantes attaquées.

Cerf de Virginie

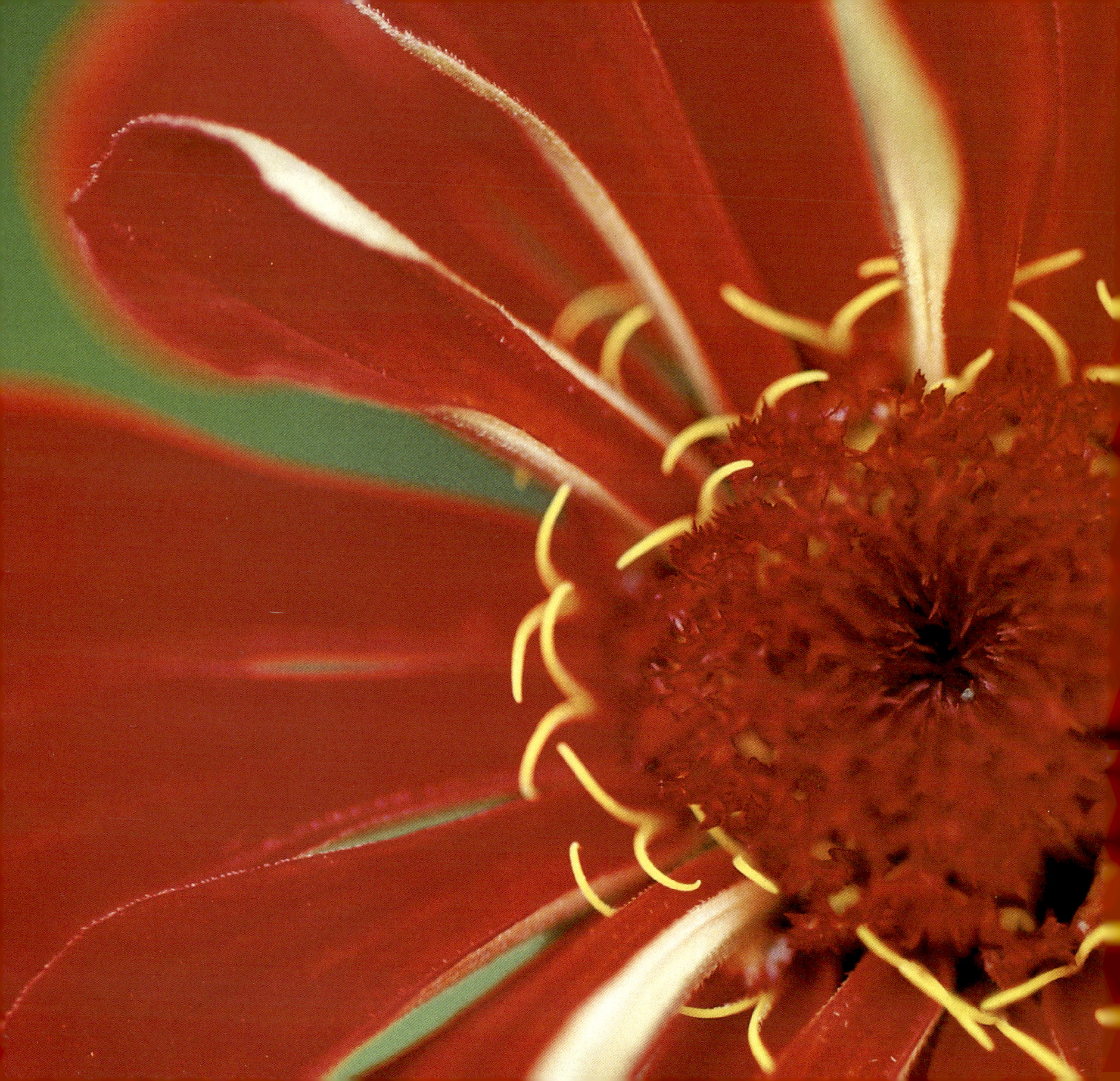

Techniques

LA PELOUSE	129
LES ARBRES	139
LES CONIFÈRES	155
LES HAIES	169
LES ARBUSTES	183
LES PLANTES GRIMPANTES	209
LES ROSIERS	229
LES VIVACES	253
LES ANNUELLES	279
LES PLANTES BULBEUSES	309

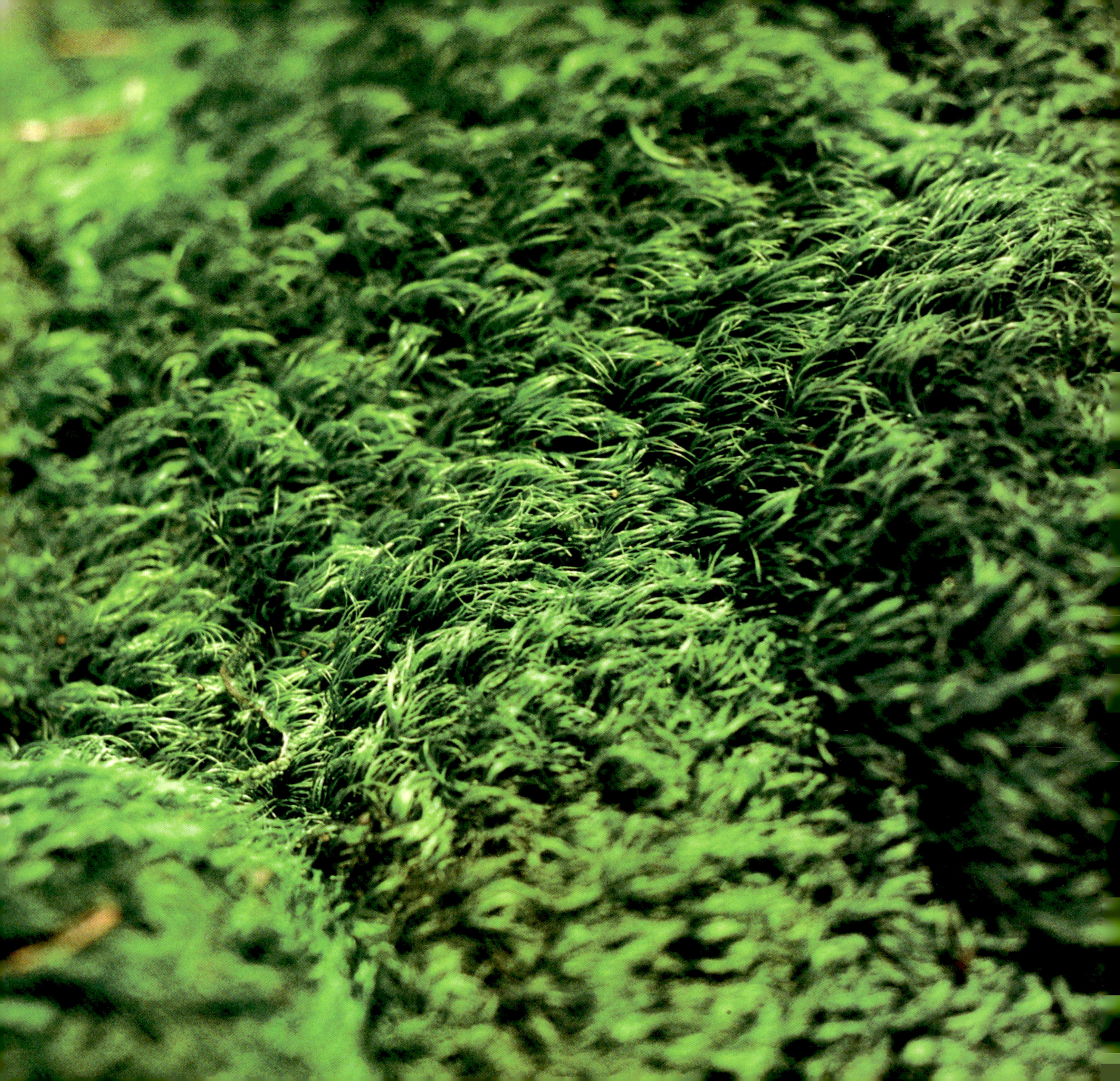

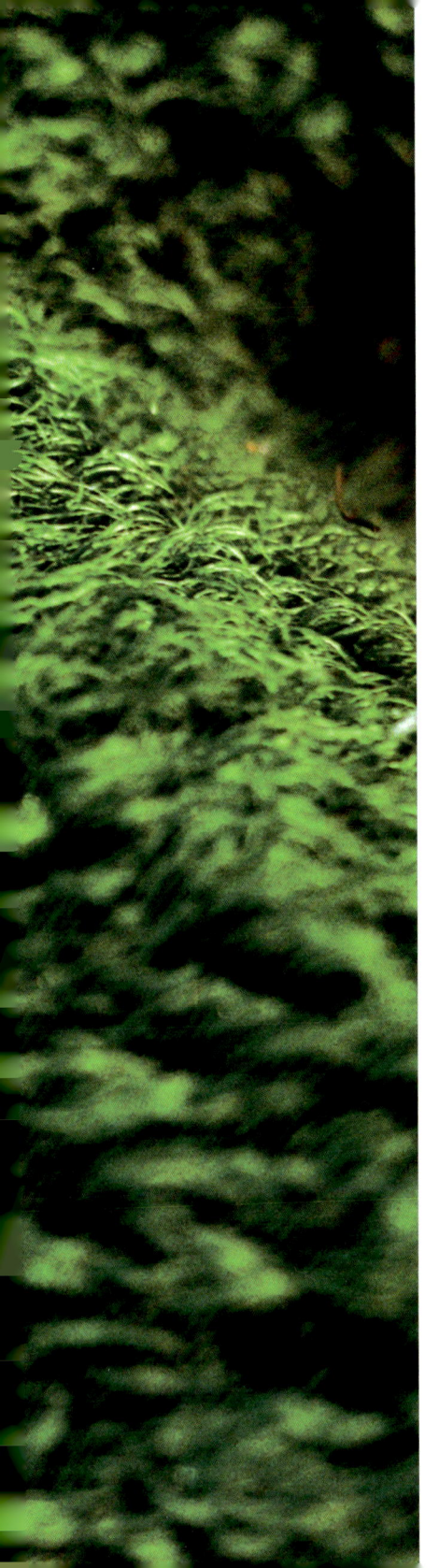

La pelouse

Le gazon est un milieu très particulier composé uniquement de graminées ; principalement le pâturin des prés (*Poa pratensis*) – plus souvent appelé le pâturin du Kentucky – et la fétuque rouge (*Festuca rubra*). La pelouse est un milieu très fragile.

Lorsque le sol qui la supporte est sec, pauvre et dégradé, la pelouse devient rapidement la cible des herbes indésirables, des insectes et des maladies. Plusieurs jardiniers se tournent encore vers les pesticides et les engrais de synthèse pour entretenir leur pelouse. Je vous propose plutôt un mode d'entretien rapide et économique qui fait appel à des produits d'origine naturelle et à des techniques respectueuses de l'environnement. Une pelouse écologique, c'est possible !

L'ÉVALUATION DE LA SITUATION

Pour bien croître, le gazon exige un sol riche, frais et bien drainé situé dans un endroit recevant au moins quatre heures d'ensoleillement direct, idéalement plus de six. En règle générale, une pelouse déjà saine n'exige qu'un entretien régulier. En revanche, si elle est dégarnie, si elle contient plusieurs herbes indésirables ou si le sol est compact et bosselé, il faudra compter deux ou trois ans de soins intensifs pour la remettre en état. Si une proportion de plus de 40 % de la surface d'un gazon est envahie par les herbes indésirables, ne perdez pas votre temps en vains traitements ; implantez plutôt une nouvelle pelouse par placage ou par semis.

LE PH DU SOL

Tous les trois ou quatre ans, confiez un échantillon de sol de votre pelouse à une jardinerie qui en fera analyser le pH dans un laboratoire spécialisé. Vous pourrez ainsi vous assurer que le sol sur lequel est implanté votre gazon possède un pH qui se situe entre 6 et 7,5. En sol fortement acide – dont le pH est inférieur à 5,5 – les brins d'herbe éprouvent de la difficulté à assimiler certains éléments nutritifs tels que l'azote et le phosphore, notamment. De plus, dans une terre trop acide, les bactéries et certains autres micro-organismes n'arrivent plus à décomposer adéquatement le chaume.

Si vous habitez dans les basses terres du Saint-Laurent, au Québec et en Ontario, où les sols sont généralement neutres ou même un peu alcalins, vous n'aurez probablement

TABLEAU XVI
LES DOSES ET LES PÉRIODES D'APPLICATION DES ENGRAIS À PELOUSE POUR UNE SURFACE DE 100 M²

Produit	Formule	Dose	Période d'application
Engrais Pelouse	(3 applications)		
(Fafard)	8-2-2	3,5 kg	Début de mai
	8-2-2	3,5 kg	Mi-juin
	4-2-9	3,5 kg	Début de septembre
Bio-Gazon	(3 applications)		
(McInnes)	8-3-3	5 kg	Fin d'avril, début de mai
	8-3-3	5 kg	Mi-juin
Bio-Roche	Sans formulation	7 kg	Fin d'août

jamais à vous inquiéter d'un changement du taux d'acidité du sol de votre pelouse. Dans plusieurs autres régions de l'est du Canada cependant, à cause de la nature des sols, on intervient surtout pour hausser le pH. Le produit idéal pour éliminer l'acidité est sans contredit la chaux. L'ajout de chaux se fait à l'automne ou au printemps, toujours deux à trois semaines avant l'épandage de compost. Pour connaître les quantités de chaux calcique ou dolomitique à apporter au sol d'une pelouse, référez-vous au tableau VI en page 41.

L'AÉRATION

L'aération est une étape essentielle à la remise en état d'une pelouse. Vous devez aérer le sol annuellement durant les deux ou trois premières années et, par la suite, une fois aux trois ou quatre ans, en guise d'entretien. Cette opération doit être effectuée au printemps

Une nouvelle pelouse peut être implantée par placage ou par semis. Personnellement, je préfère utiliser du gazon en plaques plutôt que des semences. Les plaques s'enracinent après quelques jours seulement et permettent l'établissement d'une pelouse de qualité beaucoup plus rapidement qu'un semis, et cela à un coût relativement abordable, bien que supérieur à celui des semences. Le gazon en plaques que vous choisissez doit avoir été cultivé sur un sol riche, soit une terre noire de surface ou un loam. Évitez les gazons qui ont poussé sur des terres sableuses. Les plaques cultivées sur une terre loameuse font 45 cm de largeur sur 1,80 m de longueur, parfois 2,10 m, tandis que les plaques cultivées sur un sol organique ont une largeur de 60 cm et une longueur de 1,80 m. Si vous désirez tout de même implanter votre pelouse par semis, choisissez des semences de haute qualité qui portent la mention Canada n° 1. Les mélanges de semences convenant aux sites ensoleillés contiennent entre 20 et 40 % de pâturin des prés (*Poa pratensis*), 30 % de fétuque rouge (*Festuca rubra*) et entre 20 et 40 % d'ivraie vivace (*Lolium perenne*), souvent appelée ray-grass.

Un gazon ne peut tenir longtemps sur une terre de remplissage poudreuse qui retient mal l'eau ou sur un sol lourd et compact. Il est donc essentiel de lui fournir au moins 10 cm de sol de bonne qualité

L'implantation d'une nouvelle pelouse

composé de deux tiers de terre loameuse et d'un tiers de compost. Si la terre existante est de bonne qualité et qu'elle est exempte d'herbes indésirables, vous pouvez la conserver, mais en l'amendant avec du compost. Épandez une épaisseur de 1 cm de compost sur toute la surface du sol, ce qui correspond approximativement à six sacs de 38 litres par 10 m². Ajoutez aussi des os moulus à raison de 2 kg par 10 m². Incorporez ensuite le compost et le fertilisant à la terre existante avec une pelle-bêche ou à l'aide d'un rotoculteur sur une profondeur de 10 à 15 cm. Avant de poser les plaques de gazon ou d'effectuer le semis, ratissez la surface du sol afin de bien l'égaliser et compactez-la légèrement à l'aide d'un rouleau de métal rempli d'eau – un outil spécialement conçu à cette fin.

La pose de gazon en plaques peut être effectuée pendant toute la saison de végétation, à partir d'avril jusqu'au début de novembre, sauf durant les périodes de canicule. Il est recommandé d'installer les plaques dès que vous les recevez ; ne les entreposez pas pendant plus de 48 heures, sans quoi elles commenceront à jaunir. Les bandes de gazon doivent être disposées uniformément sur le sol en alternant les joints. Assurez-vous qu'elles se touchent sans se chevaucher (photo a). Pour faire les raccords, découpez les plaques à l'aide d'un outil tranchant tel qu'un coupe-bordure ou un couteau bien aiguisé (photo b). Une fois toutes les bandes de gazon installées, passez le rouleau une dernière fois pour faire adhérer les racines au sol.

Les meilleures périodes pour faire un semis sont le printemps, de la fin d'avril jusqu'à la mi-juin, et le début de l'automne, de la mi-septembre au début d'octobre. Le semis doit être effectué par temps calme, à la volée ou à l'aide d'un semoir mécanique. Vous pouvez également distribuer les semences de façon convenable en les mettant dans un pot de plastique dont le fond est percé de quelques trous. Épandez la moitié des semences dans une direction et l'autre moitié perpendiculairement. La quantité de semences à distribuer sur une surface donnée est toujours prescrite sur l'emballage. Une fois les semences épandues, recouvrez-les légèrement de terre en ratissant la surface du sol à l'aide d'un râteau à feuilles. Enfin, passez le rouleau une dernière fois.

Une fois les plaques de gazon posées ou le semis effectué, veillez à leur fournir de l'eau tous les deux jours pour une période allant de deux à trois semaines. Lors de chaque arrosage, fournissez au moins 2,5 cm d'eau. Les aires ensemencées doivent être arrosées en pluie fine afin d'éviter que l'eau ne ruisselle et qu'elle n'emporte les graines. Après cette période, effectuez un seul arrosage par semaine, ou deux, par temps chaud et sec.

Plaque de gazon

lorsque le sol est relativement sec, en avril et en mai, ou à l'automne, vers la fin de septembre et en octobre. L'aération permet d'augmenter la porosité du sol, ce qui favorise un meilleur drainage et assure au gazon un développement racinaire profond et plus dense. Ce travail doit être effectué à l'aide d'un aérateur mécanique qui extrait des carottes de terre. Vous trouverez cet appareil dans les centres de location d'outillage.

Le déchaumage

Une fois l'aération terminée, enlevez les carottes de terre qui jonchent le sol à l'aide d'un râteau à feuilles. Tout en assurant le verdissement plus rapide du gazon et en favorisant une meilleure pénétration du compost et des fertilisants, le ratissage permet de débarrasser la pelouse du chaume accumulé. Je vous recommande d'effectuer l'enlèvement du chaume à l'aide d'un râteau à feuilles plutôt que d'employer une déchaumeuse mécanique, car cet appareil impose au gazon un traitement assez stressant.

Le chaume est une couche de débris organiques de couleur gris-beige qui se forme à la surface du sol entre les brins d'herbe. Il est constitué des rognures laissées lors de la tonte, ainsi que de racines et de stolons de gazon morts. Dans un sol riche et sain qui héberge de nombreux micro-organismes et vers de terre, le chaume est continuellement décomposé. Une couche de chaume de 2 cm d'épaisseur est tout à fait acceptable, mais une couche plus épaisse indique habituellement une faible activité des organismes du sol, un pH acide ou encore une fertilisation trop riche en azote.

Le terreautage

Après avoir ratissé le chaume et les carottes de terre, effectuez un terreautage. Cette opération importante consiste à épandre une fine couche de compost directement sur le gazon (photo 1). Durant les deux ou trois années qu'exige la remise en état d'une pelouse, épandez annuellement une épaisseur de 6 mm de compost, ce qui correspond approximativement à trois sacs de 38 litres par 10 m². Bien qu'il ne soit pas nécessaire d'aérer le sol tous les ans, je conseille tout de même d'ajouter chaque année 3 mm de compost sur toute la surface du sol, soit approximativement un sac et demi de 38 litres par 10 m², de façon à maintenir votre pelouse en santé durant les années qui suivent sa remise en état. Le compost peut être épandu au printemps ou à l'automne, à la suite de l'aération et du déchaumage. Il est primordial de bien faire pénétrer le compost dans les trous faits par l'aérateur et entre les brins de gazon. Vous pouvez le faire avec le dos d'un râteau à feuilles (photo 2).

L'ajout de compost contribue d'abord à améliorer la structure du sol en lui assurant une meilleure rétention de l'air, de l'eau et des éléments nutritifs. Il fournit également au gazon une certaine quantité d'éléments nutritifs, dont une grande partie de l'azote qui lui est nécessaire. Enfin, le compost augmente la quantité et la vigueur des micro-organismes du sol, permettant ainsi une meilleure décomposition du chaume.

La fertilisation

La fertilisation n'est pas essentielle. En fait, elle n'est utilisée que pour obtenir une croissance maximale du gazon. Vous pouvez obtenir une superbe pelouse en n'y épandant que du compost et en y laissant les rognures de gazon. Si vous décidez tout de même de fertiliser votre gazon, je vous suggère d'utiliser des engrais d'origine naturelle à dégagement lent comme l'Engrais Pelouse, de la maison Fafard, ou le fertilisant Bio-Gazon, de McInnes. Le tableau XVI donne les doses et les périodes d'application de ces deux produits. Ces deux entreprises recommandent de faire trois applications de leurs engrais à divers moments de la saison. Vous pouvez cependant épandre les trois sacs le même jour, au printemps.

Il y a plusieurs avantages à utiliser un engrais d'origine naturelle pour fertiliser votre pelouse. D'abord, les éléments nutritifs contenus dans la plupart de ces fertilisants se dégagent sur une longue période, habituellement 140 jours, ce qui crée un apport régulier et constant pour le gazon et une pollution beaucoup moins importante. Les engrais d'origine naturelle jouent également un certain rôle dans l'amélioration et le maintien de la qualité structurale du sol et stimulent la vie microbienne. Enfin, même s'ils sont épandus par temps sec, ces produits ne risquent pas de brûler le gazon.

L'arrosage

Je vous recommande de ne pas arroser votre pelouse le soir pour éviter la propagation de maladies. En l'arrosant plutôt le matin, vous lui fournissez toute l'eau dont elle a besoin pour affronter la chaude période de l'après-midi. Il est essentiel de fournir à votre gazon au moins 2,5 cm d'eau par semaine durant la saison de croissance, et un peu plus en période de chaleur intense et prolongée. Évidemment, lors des périodes pluvieuses et fraîches, la pelouse n'a souvent pas besoin d'être arrosée. Respectez bien les règlements de

Une pelouse saine sur un sol sain

La meilleure façon de prévenir la plupart des infestations d'herbes indésirables, de maladies et d'insectes est de maintenir votre pelouse et le sol qui la supporte en santé. Par exemple, en lui fournissant du compost chaque année et en le tondant à une hauteur de 6,5 à 7,5 cm, le gazon sera vigoureux et dense ; il étouffera littéralement les herbes indésirables qui voudront s'y établir. Si une proportion de moins de 10 % de la superficie totale de votre pelouse est couverte par des herbes indésirables, je vous suggère d'être tolérant et d'éviter d'utiliser des herbicides. Mais si vous êtes aux prises avec une réelle infestation, vérifiez l'état du sol et du gazon avant d'utiliser des pesticides, même s'ils sont d'origine naturelle. Plusieurs facteurs comme un sol acide et compact, une terre trop humide, une couche de chaume trop épaisse ou une fertilisation excessive peuvent expliquer le problème. Dans plusieurs cas, les infestations sont automatiquement maîtrisées lorsqu'on corrige les mauvaises conditions du sol.

Les indésirables

Plusieurs herbes indésirables comme le lierre terrestre (*Glechoma hederacea*), le plantain (*Plantago major*) et le pissenlit (*Taraxacum officinale*) affectionnent les sols argileux, compacts et acides. Pour prévenir l'apparition de ces végétaux dans votre pelouse, il est essentiel d'améliorer la structure du sol afin de le rendre moins compact. Pour ce faire, vous devez aérer votre gazon une fois par année et y épandre du compost. Vérifiez également le pH du sol. S'il est trop acide, modifiez-le avec de la chaux. Tondez votre pelouse à une hauteur d'environ 7,5 cm. Un gazon plus long diminue en effet l'ensoleillement au sol, bloquant ainsi la germination de plusieurs herbes indésirables. Enfin, plutôt que d'utiliser des pesticides, je suggère fortement d'éliminer les herbes indésirables à la main. Même les plantes dont la racine est longue et profondément ancrée dans le sol comme les pissenlits peuvent être éliminées avec un couteau désherbeur spécialement conçu à cette fin. Mais dans ce cas, assurez-vous d'enlever une longueur maximale de racine.

L'urine

Lorsque des taches jaunes circulaires apparaissent dans votre pelouse et que leur pourtour est constitué de gazon très dru et vert plus foncé que la normale, il est fort possible qu'elles soient causées par de l'urine de chien. Arrosez abondamment la partie jaunie pour lessiver l'urine. Enlevez ensuite le gazon mort et épandez un peu de terre ou de compost pour réensemencer les parcelles dégarnies. Après avoir jeté les semences à la volée, couvrez-les légèrement de terre à l'aide d'un râteau à feuilles, les dents pointées vers le haut. Pour une bonne germination, il est essentiel de maintenir le sol constamment humide.

Les champignons

Des champignons qui poussent dans une pelouse indiquent généralement qu'il y a une matière ligneuse – du bois – qui se décompose sous la surface du sol. La seule chose à faire pour éliminer les champignons est d'enlever l'élément qu'ils décomposent. S'il s'agit d'une souche, vous pouvez la faire broyer à l'aide d'une essoucheuse par un arboriculteur professionnel. Si vous décidez de ne pas effectuer cette opération parce qu'elle est trop coûteuse ou parce que l'endroit où est située la souche est trop exigu, il est plus simple de tolérer la présence des champignons. Vous n'avez qu'à écraser les fructifications des champignons avec vos pieds dès qu'elles sortent de terre et elles disparaîtront pendant un certain temps. Vous pouvez également cesser d'arroser la partie atteinte de la pelouse afin de diminuer la prolifération des champignons.

Les sels de déglaçage

En bordure de la rue et de votre espace de stationnement, une bande de gazon est jaune et semble progressivement être remplacée par des herbes indésirables. Votre pelouse a probablement été brûlée par les sels de déglaçage épandus durant l'hiver. Tôt au printemps, arrosez abondamment la pelouse pour lessiver les sels. Puis, épandez du gypse. Ce produit permet d'éliminer une grande partie des sels contenus dans le sol. Maintenez la terre humide durant les jours qui suivent

Une pelouse envahie par le pissenlit (*Taraxacum officinale*).

pour que l'action du gypse soit efficace. Si le gazon est envahi d'herbes indésirables sur plus de 40 % de sa superficie, il faut le remplacer. À l'automne, protégez la pelouse située aux abords des aires pavées à l'aide d'une toile géotextile spécialement conçue à cet effet. Plutôt que du sel de déglaçage, utilisez des produits alternatifs pour rendre votre entrée plus sécuritaire pour les piétons : du sable grossier, du gravier ou un déglaçant à base de sulfate de sodium.

votre municipalité concernant les périodes d'arrosage permises. Afin de donner la dose d'eau adéquate à votre pelouse, vous n'avez qu'à placer sous le jet de votre asperseur un contenant vide que vous aurez préalablement gradué à l'aide d'une règle et d'un marqueur à encre indélébile. Lorsque l'eau atteint la marque de 2,5 cm, cessez d'arroser. En calculant le temps que prend l'eau pour atteindre la marque, vous connaîtrez la durée d'arrosage requise.

Plutôt que de l'arroser un peu tous les jours, il est préférable de fournir à la pelouse sa dose hebdomadaire en une seule application, ou deux lors d'une canicule. Cette façon de faire assure au gazon un développement racinaire bien ramifié et en profondeur, ce qui lui permet de mieux tolérer l'effet de la chaleur et de la sécheresse. Si votre pelouse devient complètement jaune à cause d'une interdiction d'arroser émise dans votre municipalité, ne vous en faites pas, elle reverdira dès que vous pourrez lui fournir de l'eau à nouveau.

Là où ça ne pousse guère

Sous des arbres matures où l'ombre est dense ou sur des pentes abruptes où l'ensoleillement est intense et le sol sec et pauvre, l'établissement d'une pelouse n'est pas possible. Dans pareilles situations, le remplacement du gazon par des plantes couvre-sol représente une solution pratique, économique et surtout très écologique. Ces plantes ne nécessitent en effet ni tonte ni apport important d'engrais pour bien s'épanouir dans des conditions difficiles.

Les couvre-sols sont des plantes larges et basses qui s'étalent et qui recouvrent densément le sol. Plusieurs végétaux, dont des arbustes, des conifères, des rosiers, des plantes grimpantes et des plantes vivaces, font partie du groupe des couvre-sols. Une fois bien établies, ces plantes possèdent la propriété de contrôler les herbes indésirables. Cependant, comme la plupart des couvre-sols prennent tout de même quelques années avant de former un tapis dense, placez un paillis à leur base afin d'éviter la pousse des herbes indésirables. Pour obtenir un recouvrement du sol plus rapide, vous pouvez planter les couvre-sols un peu plus rapprochés que ce qui est suggéré dans les catalogues ou sur l'étiquette qui les accompagne. De cette façon, les plants se toucheront après une ou deux années seulement. Cette technique est particulièrement intéressante pour l'implantation d'un couvre-sol dans des conditions difficiles.

Il existe des mélanges de semences à gazon conçus pour les endroits ombragés. Ce type de gazon tolère bien l'ombre légère créée par des arbres au feuillage fin tels que les divers cultivars de févier d'Amérique (*Gleditsia triacanthos*), mais il ne peut pas pousser sous les érables (*Acer*), les marronniers (*Aesculus*) et les épinettes (*Picea*) matures, là où l'ombre est dense et la compétition racinaire particulièrement importante. Dans les endroits où le gazon ne peut s'établir, vous pouvez planter certains végétaux couvre-sol qui coloniseront le sol assez rapidement. Le muguet (*Convallaria majalis*), les épimèdes (*Epimedium*), le lierre commun (*Hedera helix*), le lamier galéobdolon (*Lamiastrum galeobdolon*) et la petite pervenche (*Vinca minor*) figurent parmi les couvre-sols qui tolèrent le mieux l'ombre dense et sèche.

Les sols en pente, généralement pauvres et très secs, sont des endroits où l'implantation d'une pelouse est également très difficile, voire carrément impossible. Bien qu'il existe plusieurs paillis et treillis spécialement conçus pour limiter l'érosion et faciliter l'implantation du gazon sur une pente abrupte, l'utilisation de certaines plantes couvre-sol parfaitement adaptées aux sols sableux et secs situés au plein soleil, parfois combinées à des pierres de rocaille ou à des murs de soutènement, demeure une des meilleures façons de recouvrir les terrains

Thym serpolet (*Thymus serpyllum*).

fortement inclinés. L'armoise de Steller 'Silver Brocade' (*Artemisia stelleriana* 'Silver Brocade'), les diverses variétés cultivées d'œillet à delta (*Dianthus deltoides*), plusieurs orpins rampants (*Sedum*) ainsi que les cultivars de thym serpolet (*Thymus serpyllum*) sont parmi les couvre-sols vivaces les plus résistants à l'ensoleillement intense et à la sécheresse. Dans les pentes, il est également possible de planter des arbustes rampants comme le raisin d'ours (*Arctostaphylos uva-ursi*), les divers cultivars de genévrier horizontal (*Juniperus horizontalis*), le microbiota (*Microbiota decussata*) et le sumac aromatique 'Gro-Low' (*Rhus aromatica* 'Gro-Low').

Épimède rouge (*Epimedium* x *rubrum*).

Le 'Bulgaria' (*Hedera helix* 'Bulgaria') est un des cultivars de lierre commun les plus rustiques.

Une coupe sans raser

Assurez-vous de toujours tondre votre gazon par temps sec et de ne jamais enlever, en une seule tonte, plus du tiers de la hauteur totale des brins d'herbe. Durant les mois de juillet et d'août, il peut donc être parfois nécessaire de le tondre tous les quatre ou cinq jours. Vous devez idéalement maintenir en tout temps votre gazon à une hauteur de 6,5 à 7,5 cm. Comme la longueur des racines est à peu près égale à celle des brins d'herbe, une tonte moins rase permet au gazon de former un système racinaire plus profond. Une pelouse qui possède un système racinaire profond et dense puise plus facilement l'eau et les éléments nutritifs durant les périodes chaudes de l'été, ce qui lui évite le jaunissement. Par ailleurs, un gazon plus haut diminue l'ensoleillement au sol, faisant ainsi obstacle à la germination de plusieurs herbes indésirables. Toutefois, lors de la dernière tonte automnale, vers la fin d'octobre, je recommande d'abaisser la hauteur de coupe à 5 cm afin de prévenir la propagation de maladies.

Assurez-vous aussi que la lame de votre tondeuse soit toujours parfaitement aiguisée. Après un maximum de 24 heures de tonte, affûtez-la de nouveau. Au lieu de faire une coupe nette, une lame mal aiguisée arrache la partie supérieure des brins d'herbe et rend le gazon plus sensible à la sécheresse et aux maladies.

Si le sol de votre pelouse est riche et sain, il n'est pas nécessaire de ramasser les rognures. Durant les semaines qui suivent la tonte, elles sont décomposées par les micro-organismes du sol et fournissent un peu d'azote au gazon. Il existe d'ailleurs divers modèles de tondeuses déchiqueteuses qui hachent finement les brins d'herbe, ce qui accélère leur décomposition et les empêche de coller aux chaussures.

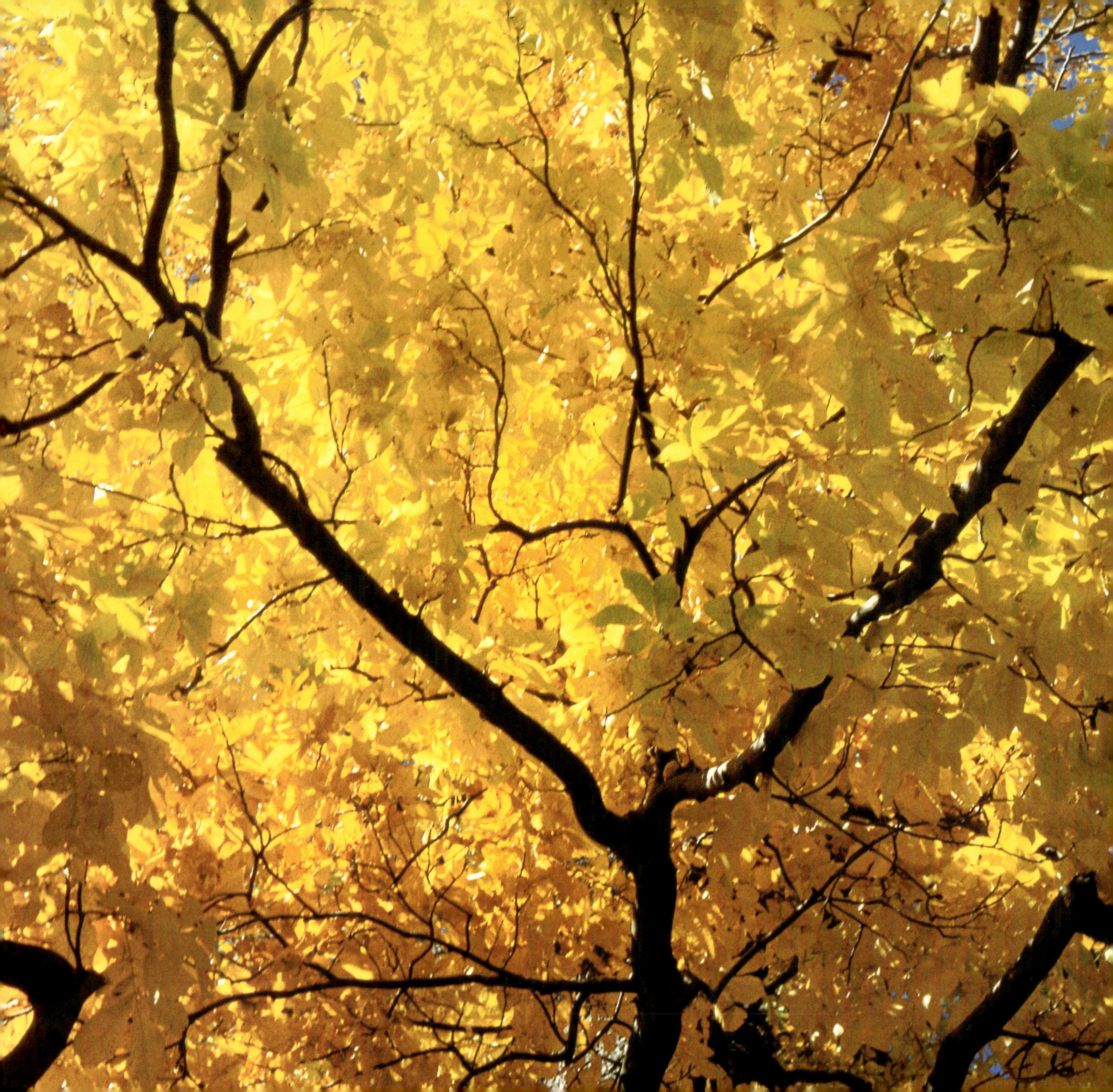

Les arbres

Les arbres sont des éléments indispensables à la réussite d'un aménagement paysager. En plus de dissimuler certains éléments environnementaux indésirables, ils donnent un sentiment d'intimité et de sécurité en formant une sorte d'enceinte qui protège les occupants du jardin.

Les arbres permettent de personnaliser un aménagement en lui donnant une ambiance qui lui est propre. Ces végétaux jouent également un rôle essentiel dans la structuration d'un jardin. Ils ont une grande influence sur l'espace, puisqu'ils suggèrent les limites de l'aménagement et en dégagent les perspectives. Ils forment donc un cadre dans lequel les autres plantes sont insérées.

Les arbres à feuilles caduques nécessitent habituellement très peu de soins. Une fois bien implantés, ces végétaux n'ont pas besoin d'eau – sauf durant les moments de sécheresse prolongés – ni de compost ou d'engrais. Seul un élagage mineur leur est parfois nécessaire. Cela dit, les mois qui suivent leur mise en terre sont cruciaux. Durant cette période, les jeunes arbres ont besoin d'eau en bonne quantité et de protection contre diverses agressions. Afin d'éviter tout problème de développement futur, ils doivent également subir une taille de formation.

La taille de formation

La taille de formation des jeunes arbres à feuilles caduques nouvellement plantés est une pratique essentielle qui leur assure une croissance vigoureuse et sans problèmes majeurs de développement. Ce type de taille aide à prévenir l'apparition de fourches et de branches cassantes, rendant ainsi les arbres beaucoup plus résistants au vent et au poids de la neige et de la glace. Cette opération réduit grandement les travaux de taille sur les arbres adultes, des interventions souvent coûteuses et stressantes qui se traduisent généralement par une diminution de leur espérance de vie.

La taille de formation des jeunes arbres à feuilles caduques doit être faite durant les mois de mars et d'avril qui suivent leur plantation.

Ne taillez pas vos arbres en automne !

La période idéale pour effectuer la taille de la plupart des arbres à feuilles caduques se situe en mars et en avril. L'absence de feuilles à cette période de l'année permet en effet de mieux voir la structure des arbres, ce qui facilite la réalisation des travaux d'élagage. Contrairement à celles qui sont faites à l'automne, les coupes effectuées à la fin de l'hiver et au début du printemps ne sont pas exposées à des gels importants, ce qui évite que le bois ne fende. De plus, le transport massif de sève qui s'effectue dans les arbres au printemps et au début de l'été accélère la cicatrisation des plaies. Ne taillez pas les érables (*Acer*), les bouleaux (*Betula*), les peupliers (*Populus*) et les ormes (*Ulmus*) trop tôt au printemps, car ces arbres ont une montée de sève très importante. Ces essences doivent plutôt être élaguées au moment où leurs feuilles atteignent la moitié de leur développement, soit de la fin du printemps au début de l'été.

La taille de formation permet de prévenir l'apparition de fourches et de branches cassantes.

Il est cependant encore possible de former un arbre oublié, même trois ou quatre ans après sa mise en terre. Lorsque vous effectuez la taille de formation d'un arbre, il est très important de ne pas enlever plus du tiers de ses branches. Si vous devez faire une coupe sévère, échelonnez alors les travaux d'élagage sur une période de deux ou trois ans. La taille de formation donne un port pyramidal aux arbres, mais en vieillissant, ils reprennent généralement leur forme naturelle. Ce type d'élagage ne s'applique pas aux arbres dont le port est fastigié ou pleureur.

LES ÉTAPES DE LA TAILLE DE FORMATION

La suppression des branches indésirables
Il est d'abord essentiel d'éliminer le bois mort, cassé ou malade. Toutes les branches qui se croisent ou qui sont orientées vers l'intérieur de l'arbre doivent également être enlevées. Coupez ensuite les rejets – les drageons – qui naissent de la souche de l'arbre.

Le développement de l'arbre autour d'un axe central
Il est important de conserver une branche, ou tête, qui prolonge le tronc. Sélectionnez une tête légèrement orientée face aux vents

Choix d'une tête qui prolonge parfaitement le tronc

Coupe d'une branche qui pourrait entrer en compétition avec la tête

Choix de branches charpentières alternes attachées au tronc à un angle de plus de 30 degrés

DÉVELOPPEMENT DE L'ARBRE AUTOUR D'UN AXE CENTRAL

SÉLECTION DE BRANCHES CHARPENTIÈRES SOLIDES

Pas d'enduits

Il n'est pas nécessaire de couvrir d'un enduit, quel qu'il soit, les plaies causées par la taille. Les produits à base de goudron, par exemple, empêchent les blessures de bien s'assécher et de se cicatriser normalement. N'oubliez pas que les arbres possèdent la capacité de remplir leurs plaies de substances antibiotiques qui ont pour effet de contrer l'invasion de champignons et de bactéries.

dominants. Vous devez ensuite supprimer toute branche trop importante concurrente de la tête.

La sélection de branches charpentières solides
Les branches charpentières sont celles qui sont attachées directement au tronc. Ne conservez que les branches alternes qui ont un angle de plus de 30 degrés par rapport au tronc. Ne laissez pas deux branches charpentières attachées au même niveau sur le tronc; cela restreint la circulation de sève vers la cime et affaiblit la tête. Si deux branches sont fixées au même point, vous devez absolument en éliminer une. Pour obtenir une couronne bien fournie, il est également essentiel de conserver des branches charpentières alternes disposées tout autour du tronc. Pour

LES ARBRES 141

Tête de l'arbre

Endroit de la coupe

Taille effectuée en conservant un appel-sève vers l'extérieur

Aisselle de la branche

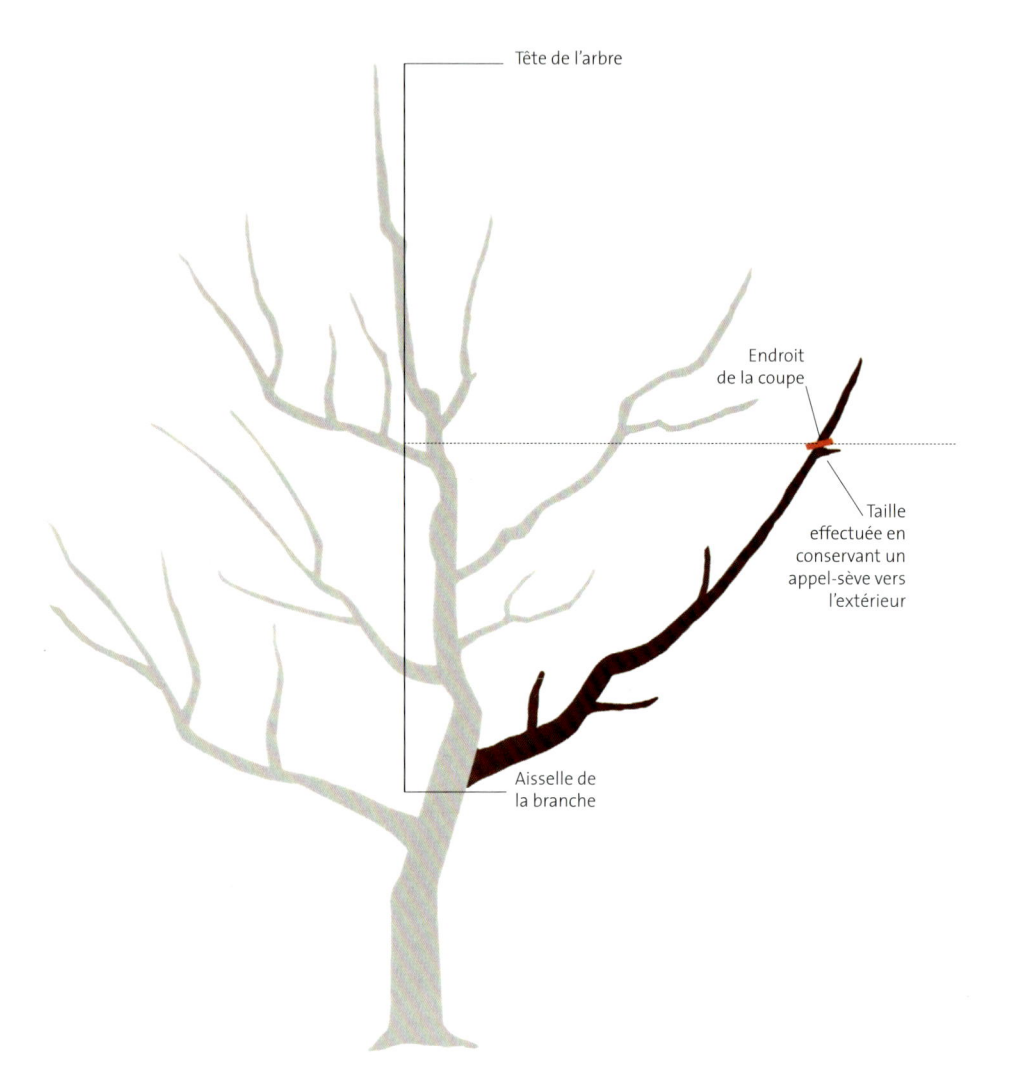

RACCOURCISSEMENT D'UNE BRANCHE CHARPENTIÈRE

tées vers le sol sont également coupées pour éviter qu'elles ne cassent sous le poids de la neige ou de la glace.

Le raccourcissement des branches charpentières
Chaque branche charpentière conservée doit être raccourcie. La coupe d'une branche est faite à la moitié de la distance entre son point d'attache sur le tronc et la tête de l'arbre. Cette pratique prévient la formation de fourches. Si certaines branches secondaires dépassent la tête de la branche charpentière, coupez-les aussi de moitié.

Ne coupez pas les branches n'importe où, vous devez absolument les tailler en biseau à quelques millimètres au-dessus d'un appel-sève. L'appel-sève est une pousse – un bourgeon ou une tige – conservée à l'extrémité d'une branche raccourcie et qui a pour fonction d'assurer une bonne circulation de sève autour de la plaie, favorisant ainsi une cicatrisation rapide. Le diamètre minimal d'un appel-sève doit être équivalent au tiers du diamètre de la branche coupée. En sélectionnant des appel-sève orientés vers l'extérieur, les branches charpentières se développeront de façon à donner à l'arbre une structure ouverte qui favorisera un plus grand ensoleillement et une meilleure aération du feuillage.

empêcher la formation de rejets verticaux qui entrent en compétition avec la tête, l'angle d'une branche charpentière doit être de plus de 30 degrés par rapport au tronc. Ainsi, vous devez éliminer toutes les branches charpentières trop à la verticale. Les branches orien-

Des outils propres et bien aiguisés

Tous les travaux de taille doivent être effectués avec un sécateur et une scie à élaguer propres et bien aiguisés. Afin de prévenir la transmission de maladies, tous les outils doivent également être désinfectés à l'alcool avant de passer à un autre arbre. On utilise généralement la scie pour la taille de branches au diamètre supérieur à 1,5 cm. Un escabeau ou un émondoir sont parfois nécessaires pour atteindre les branches de la partie supérieure de certains arbres.

La taille des arbres matures

Je suis toujours choqué de voir des gens massacrer littéralement leurs arbres en effectuant un élagage absolument inadéquat. Un grand nombre d'arbres à feuilles caduques sont taillés en boule de façon répétitive à l'aide de cisailles électriques. Certaines personnes semblent même se faire un plaisir de sculpter des totems avec des arbres en taillant des branches charpentières à 1 ou 2 m du tronc, et d'autres à quelques centimètres seulement. Ces deux types de taille favorisent l'éclatement anarchique d'une multitude de bourgeons autour des plaies. Les branches issues de ces bourgeons, généralement toutes fixées au même endroit, forment une structure très faible communément appelée un balai de sorcière. Quelques essences comme certains saules (*Salix*) et l'orme de Sibérie (*Ulmus pumila*) peuvent vivre de longues années malgré des tailles draconiennes répétées, mais la plupart des arbres à feuilles caduques ne tolèrent pas longtemps ces opérations sévères qui provoquent assurément leur dépérissement et parfois leur mort.

Les travaux de taille sont souvent motivés par un besoin d'adapter la croissance des arbres à l'espace disponible. Aussi, l'un des critères les plus importants à considérer lors du choix d'un arbre est la hauteur et l'étalement maximaux qu'il atteindra à l'âge adulte. Il faut vous assurer qu'il bénéficiera de l'espace suffisant pour pouvoir se développer normalement là où il sera planté. Si vous devez absolument installer un arbre près de fils électriques, optez pour une essence à petit développement dont la cime ne les touchera pas. S'il doit être planté dans un endroit exigu, entre deux bâtiments par exemple, choisissez un arbre au port fastigié dont le diamètre est restreint. Les tableaux XVII et XVIII vous aideront à choisir des arbres qui conviennent aux dimensions de votre terrain.

Après avoir subi une taille de formation adéquate, la plupart des arbres matures ne nécessitent que rarement d'être élagués au cours de leur vie. Il est cependant nécessaire d'effectuer des travaux de taille mineurs sur certains arbres. Vous devez d'abord éliminer systématiquement les drageons – ces tiges qui émergent à la base du tronc – dès leur apparition. Les dra-

La taille en boule stresse inutilement la plupart des arbres à feuilles caduques et réduit immanquablement leur espérance de vie.

LES ARBRES 143

Tableau XVII
Les arbres à feuilles décidues à petit développement

Nom latin	nom français	Haut.	Larg.	Rusticité	Caractéristiques
Acer campestre et cultivars	Érable champêtre et cultivars	6 m	6 m	4b	Feuillage vert, pourpre ou vert panaché de blanc et de rose, selon les cultivars.
Acer ginnala	Érable de l'Amour	6 m	6 m	2	Fruits roses, feuillage automnal rouge.
Amelanchier canadensis et cultivars	Amélanchier du Canada et cultivars	6 m	4 m	2b	Fleurs blanches en mai, fruits noirs, feuillage automnal orange.
Caragana arborescens 'Lorbergii'	Caragana arborescent 'Lorbergii'	4 m	3 m	3	Fleurs jaunes en mai, feuillage vert très fin.
Crataegus x *mordenensis* 'Snowbird'	Aubépine 'Snowbird'	5 m	4 m	3	Fleurs blanches en mai, fruits rouges.
Crataegus x *mordenensis* 'Toba'	Aubépine 'Toba'	5 m	4 m	3	Fleurs roses en mai devenant plus foncées, fruits rouges.
Magnolia kobus	Magnolia du Japon	6 m	5 m	5	Fleurs blanches au début de mai.
Magnolia x *soulangeana*	Magnolia de Soulange	6 m	6 m	5	Fleurs blanc et rose au début de mai.
Malus espèces et cultivars	Pommetier espèces et cultivars	4 à 7 m	3 à 7 m	2 à 4	Fleurs blanches, roses ou pourpres en mai ; feuillage vert, bronze, pourpre ou vert panaché de blanc et de rose ; fruits jaunes, orange, rouges ou pourpres, selon les espèces et les cultivars.
Robinia x *slavinii* 'Hillieri'	Robinier 'Hillieri'	5 m	4 m	5	Fleurs roses en juin.
Tilia cordata 'Green Globe'	Tilleul à petites feuilles 'Green Globe'	5 m	4 m	3	Feuillage vert tendre très dense, port globulaire.
Viburnum lentago	Alisier	6 m	4 m	2	Fleurs blanc jaunâtre en juin, fruits noirs, feuillage automnal rouge pourpré.
Viburnum trilobum	Viorne trilobée	5 m	4 m	2	Fleurs blanches en juin, fruits rouges, feuillage automnal rouge foncé.

Note : Il s'agit ici des petits arbres à feuilles décidues de 4 à 7 m de hauteur qui conviennent bien à certains terrains où l'espace est restreint.

geons doivent être supprimés le plus près possible de leur point d'attache sur les racines. Pour assurer la sécurité et prévenir la pourriture de certaines parties des arbres, vous devez également couper régulièrement toutes les branches mortes, malades, cassées, faibles, mal orientées ou trop rapprochées du tronc. Enfin, n'hésitez pas à éliminer les branches qui portent des feuilles entièrement vertes chez les cultivars à feuillage panaché. Ces tiges vigoureuses finissent par supplanter les autres branches. Ce phénomène est parfois observé chez l'érable de Norvège 'Drummondii' (*Acer platanoides* 'Drummondii'). Dans tous ces cas, si les travaux d'élagage semblent hors de votre portée, n'hésitez pas à requérir les services d'un arboriculteur professionnel qui est membre en règle de la Société internationale d'arboriculture.

Tableau XVIII
Les arbres à feuilles décidues à développement moyen

Nom latin	Nom français	Haut.	Larg.	Rusticité	Caractéristiques
Acer platanoides 'Drummondii'	Érable de Norvège 'Drummondii'	10 m	8 m	4b	Feuillage vert panaché de blanc crème.
Acer platanoides 'Globosum'	Érable de Norvège 'Globosum'	8 m	9 m	4b	Feuillage vert foncé très dense, port globulaire.
Acer saccharum 'Monumentale'	Érable à sucre 'Monumentale'	10 m	1 m	4	Port fastigié très étroit.
Alnus glutinosa 'Imperialis'	Aulne glutineux 'Imperialis'	10 m	5 m	4	Feuillage vert très découpé.
Amelanchier laevis	Amélanchier glabre	9 m	6 m	3	Fleurs blanches en mai, fruits noirs, feuillage automnal orange.
Carpinus caroliniana	Charme de Caroline	8 m	6 m	2b	Feuillage automnal orange.
Cornus alternifolia	Cornouiller à feuilles alternes	9 m	7 m	3b	Fleurs blanches en mai, fruits noirs, feuillage automnal pourpre.
Corylus colurna	Noisetier de Byzance	12 m	9 m	4b	Fleurs mâles réunies en chatons retombants.
Crataegus crus-galli	Aubépine ergot-de-coq	8 m	9 m	2b	Fleurs blanches en mai, fruits rouges, tiges épineuses.
Elaeagnus angustifolia	Olivier de Bohême	8 m	6 m	2b	Feuillage gris, tiges épineuses.
Gleditsia triacanthos 'Spectrum'	Févier d'Amérique 'Spectrum'	12 m	10 m	4b	Feuillage doré.
Gleditsia triacanthos 'Sunburst'	Févier d'Amérique 'Sunburst'	12 m	10 m	4b	Jeunes feuilles jaunes.
Maackia amurensis	Maackia de l'Amour	8 m	6 m	4	Fleurs blanches à la fin de juillet et au début d'août.
Malus baccata 'Columnaris'	Pommetier de Sibérie 'Columnaris'	8 m	2 m	2	Fleurs blanches en mai, fruits jaunes au pédoncule rouge, port relativement étroit.
Prunus maackii	Cerisier de l'Amour	8 m	6 m	2b	Fleurs blanches en mai, fruits noirs, écorce orangée.
Prunus padus 'Colorata'	Cerisier à grappes 'Colorata'	10 m	6 m	2	Fleurs roses en mai, feuillage vert pourpré.
Prunus virginiana 'Schubert'	Cerisier de Virginie 'Schubert'	10 m	6 m	2	Fleurs blanches en mai, feuillage pourpre.
Salix matsudana 'Golden Curls'	Saule de Pékin 'Golden Curls'	10 m	7 m	4b	Tiges tortueuses, écorce jaune.
Salix matsudana 'Tortuosa'	Saule de Pékin 'Tortuosa'	10 m	7 m	4b	Tiges tortueuses.
Sorbus x thuringiaca 'Fastigiata'	Sorbier 'Fastigiata'	8 m	3 m	4	Fleurs blanches en juin, fruits rouges, port relativement étroit.
Syringa reticulata et cultivars	Lilas du Japon et cultivars	8 à 10 m	6 à 8 m	2b	Fleurs blanc crème à la fin de juin ; feuillage vert ou vert panaché de blanc crème, selon les cultivars.

Note : Liste des arbres à feuilles décidues de 8 à 12 m de hauteur qui conviennent bien à la plupart des terrains de ville.

La coupe d'une branche charpentière

Les recherches approfondies du Dr Alex Shigo en arboriculture permettent aujourd'hui de bien comprendre les phénomènes physiologiques qui surviennent lors de la taille des végétaux ligneux. Quand une branche charpentière se brise ou lorsqu'elle est coupée, son collet – la partie renflée d'une branche à l'endroit où elle est fixée au tronc – se remplit aussitôt de substances antibiotiques qui empêchent l'invasion de champignons et de bactéries. Après quelque temps, ces substances prennent l'aspect d'une résine et forment des nœuds dans le bois. Le collet de chaque branche est constitué d'un nombre impressionnant de cellules très actives qui peuvent former rapidement des tissus servant à refermer une plaie.

Il est donc absolument essentiel de ne pas endommager le collet en effectuant une coupe. Lorsque vous taillez une branche charpentière près du tronc, il est très important d'amorcer la coupe à l'extérieur de la ride de l'écorce, à quelques millimètres du tronc, pour éviter d'endommager le collet de la branche, et de la continuer vers le bas à un angle de 30 à 40 degrés par rapport au tronc. Une taille exécutée dans le bon angle laisse une plaie ronde et de petite dimension, ce qui permet une cicatrisation plus rapide.

Les branches charpentières sont habituellement trop grosses pour être coupées avec un sécateur, utilisez plutôt une scie à élaguer.

Première coupe

Ride de l'écorce

Incision

Coupe finale
à un angle de
30 à 40 degrés.

Collet de la branche

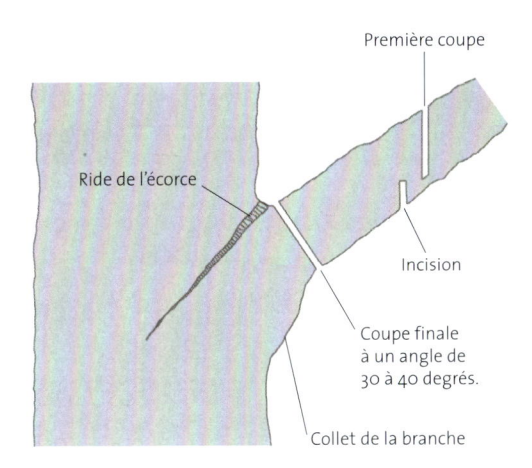

COUPE D'UNE BRANCHE CHARPENTIÈRE PRÈS DU TRONC

La suppression complète d'une branche de gros diamètre doit toujours se faire en trois étapes. Pratiquez d'abord sous la branche une incision d'une profondeur de quelques centimètres, à une distance d'au moins 30 cm du tronc (photo a). Effectuez ensuite une première coupe un peu au-dessus de cette incision (photo b). En tombant, une branche coupée arrache toujours un bout d'écorce, la petite incision l'empêchera de se déchirer jusqu'au tronc et d'endommager l'arbre gravement. Sciez finalement le bout de branche qui reste dans l'angle adéquat, tel qu'expliqué précédemment (photo c).

Une branche coupée à un angle de 30 à 40 degrés laisse une plaie ronde de petite dimension qui se cicatrisera rapidement.

LES ARBRES 147

Amélanchier du Canada (*Amelanchier canadensis*).

LA RÉPARATION DES ARBRES ABÎMÉS

Lors d'une tempête, il arrive parfois parfois que des branches soient brisées. En tombant, une branche arrache généralement un morceau d'écorce du tronc, laissant ainsi des fibres saillantes à la surface et sur le pourtour de la plaie. Une telle blessure doit être réparée rapidement, sans quoi l'écorce se décollera davantage, ce qui aura pour effet d'augmenter la dimension de la plaie et de favoriser l'apparition de champignons. Une chirurgie pratiquée sur ce genre de blessure accélère sa guérison.

Vous devez d'abord couper le reste de la branche brisée – ce qu'on appelle le chicot – près du tronc. Comme pour la taille d'une branche charpentière, amorcez la coupe du chicot à l'extérieur de la ride, soit à quelques millimètres du tronc, et continuez-la vers le bas à un angle de 30 à 40 degrés par rapport au tronc. Ensuite, à l'aide d'une serpette ou d'un couteau bien aiguisés, enlevez les fibres saillantes et rendez la blessure aussi lisse que possible. Par la même occasion, enlevez l'écorce décollée de manière à donner à la plaie une forme elliptique verticale, sans toutefois l'agrandir indûment. Enfin, désinfectez la blessure en l'aspergeant d'alcool à friction ou d'eau de Javel.

Un tronc blessé

En milieu urbain, les troncs des arbres sont fréquemment endommagés par les automobiles ainsi que par les équipements de déneigement et de tonte. Comme la pourriture peut s'installer rapidement dans les blessures non soignées, vous devez intervenir le plus vite possible. Éliminez d'abord les fibres saillantes et lissez la plaie comme il a été expliqué précédemment. Enlevez également l'écorce décollée sans trop agrandir la plaie. Vous devez retailler les bords de la blessure, sans toutefois entamer le bois, de façon à lui donner une forme elliptique

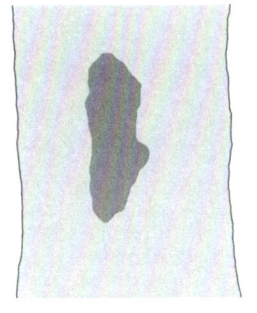

Plaie de forme elliptique et aux rebords réguliers

AVANT APRÈS

RÉPARATION D'UNE BLESSURE SUR UN TRONC D'ARBRE

verticale. Ainsi, une plaie lisse aux rebords réguliers se referme plus rapidement.

Une fourche faible

Avant d'abattre un arbre fendu, vous pouvez essayer de le réparer en lui posant des haubans. Des tiges filetées en aluminium ou en acier galvanisé constituent d'excellents haubans rigides pour joindre au tronc une branche légèrement fendue ou pour consolider la base d'une fourche. Après avoir percé le centre des branches, passez-y une tige filetée et boulonnez-la de chaque côté. Pour plus de solidité, placez votre hauban à une distance maximale de 1 m de l'aisselle de la fourche.

Afin de donner une certaine souplesse aux branches, vous pouvez plutôt installer un hauban flexible où les tiges filetées sont remplacées par des câbles d'acier. Passez des boulons à œil au travers du centre des branches à consolider. Reliez ensuite les boulons à l'aide d'un câble d'acier muni d'un tendeur à vis.

La propagation

Le bouturage, le greffage, le marcottage et le semis sont autant de techniques qui permettent de propager les arbres à feuilles décidues. Le bouturage, expliqué en page 196, est sans contredit la technique de propagation la plus facile et la plus rapide à effectuer. Le semis est une autre méthode relativement simple mais elle est beaucoup plus lente. Par ailleurs, les hybrides et la plu-

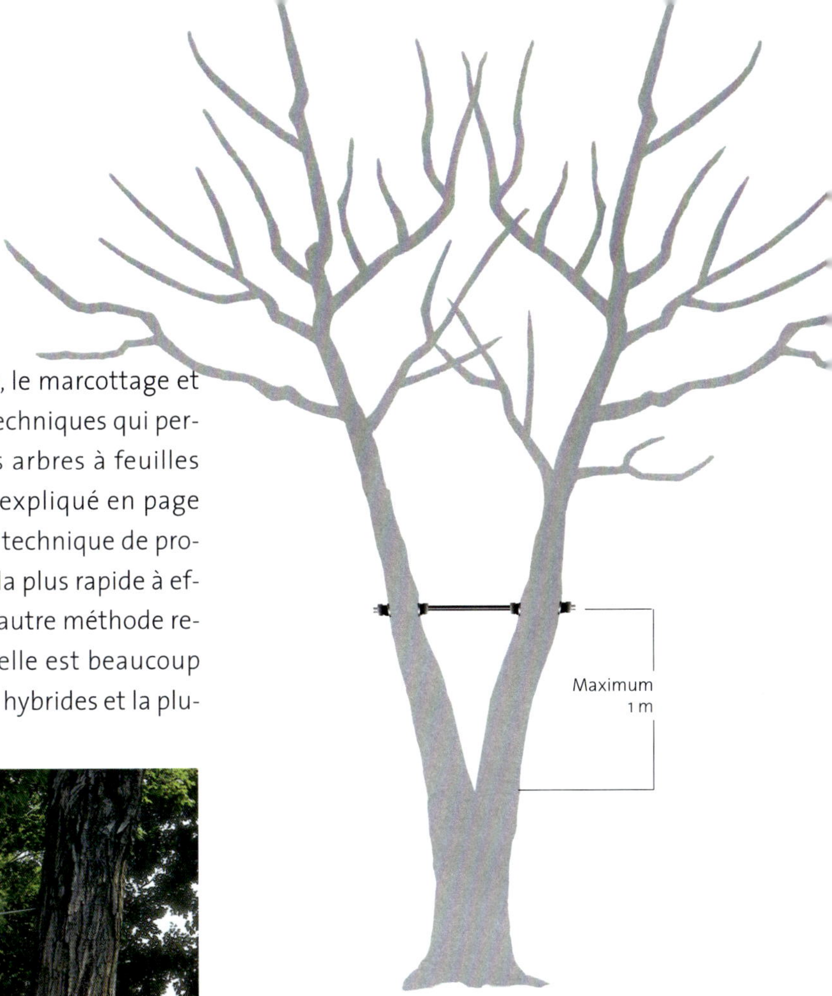

Maximum 1 m

HAUBAN RIGIDE

Un hauban rigide permet de joindre au tronc une branche imposante qui risque de tomber et de fendre l'arbre.

LES ARBRES 149

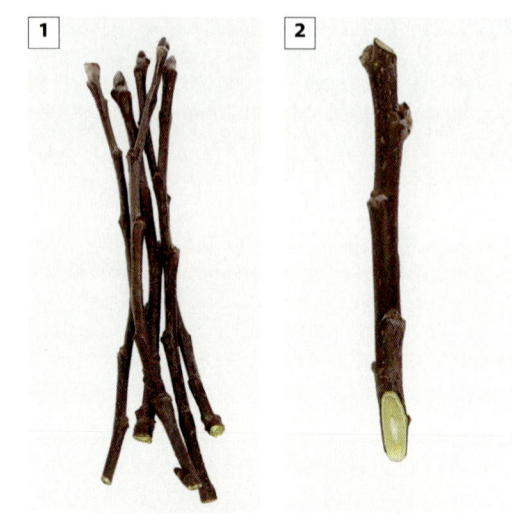

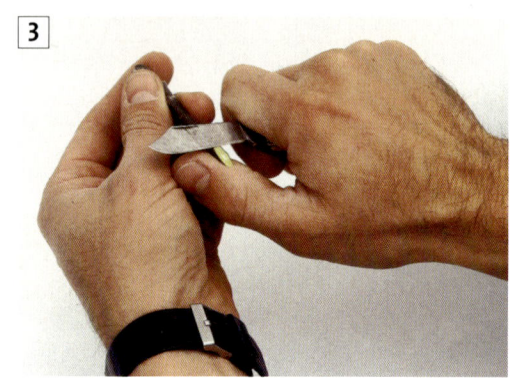

part des cultivars d'arbres peuvent rarement être multipliés à partir de semences. De façon générale, cette technique est donc réservée à la propagation des espèces. Pour ce qui est de la greffe, comme il s'agit d'une méthode particulièrement difficile à maîtriser, elle est peu utilisée par les jardiniers amateurs. Certains arbres à feuilles caduques faisant partie de la famille des rosacées, dont les aubépines (Crataegus), les pommetiers (Malus) et les cerisiers décoratifs (Prunus), peuvent cependant être greffés aisément, même par des débutants.

La greffe est une opération qui permet de joindre une partie d'une tige d'une plante – le greffon – à la charpente d'une autre – le porte-greffe – habituellement de même genre. Contrairement aux boutures, les végétaux greffés s'établissent rapidement, puisqu'ils bénéficient d'un système racinaire déjà bien développé. La greffe en fente et l'écussonage, aussi appelé greffe en T, figurent parmi les méthodes les plus employées pour multiplier les arbres à feuilles caduques. Je suggère cependant d'opter pour la greffe oblique, une technique plus simple à effectuer et qui donne habituellement de bons résultats. Cette méthode permet de greffer des bouts de tiges d'un cultivar donné sur les branches d'un arbre déjà établi. Par exemple, vous pouvez obtenir un pommetier (Malus) à fruits rouges dont quelques branches portent des fruits jaunes.

La greffe oblique doit être effectuée au printemps, quelques jours avant que n'éclosent les bourgeons. Vous devez d'abord sélectionner de jeunes tiges – les greffons – issues de la pousse de l'été précédent et de même diamètre ou légèrement plus petites que les branches auxquelles elles seront jointes. À l'aide d'un sécateur, prélevez des bouts de rameaux qui font de 15 à 20 cm de longueur. Si les tiges qui serviront de greffons semblent être sur le point de bourgeonner avant le porte-greffe, vous pouvez les couper, les relier en paquets de cinq ou six et les enfouir dans le sol dans un endroit ombragé, en vous assurant que leur tiers supérieur soit à l'air libre (photo 1). Cela permet de les maintenir en dormance jusqu'au moment de la greffe.

Juste avant d'effectuer la greffe, faites deux incisions en biseau à la base de chaque greffon de manière à lui donner la forme d'un coin (photo 2). Tenez le greffon fermement dans une main et coupez-le à l'aide d'un couteau à greffer propre et bien affûté en tirant vers vous (photo 3). Taillez l'autre extrémité du greffon en biseau à quelques millimètres au-dessus du dernier bourgeon conservé. Chaque greffon doit avoir de 10 à 15 cm de longueur et comprendre 4 ou 5 bourgeons. Par la suite, pratiquez sur une branche charpentière du porte-greffe une incision oblique un peu plus profonde que la longueur des incisions faites à la base du greffon (photo 4). Insérez celui-ci en vous assurant qu'il soit en contact intime avec au moins un côté de l'incision dans la branche réceptrice (photo 5).

Une fois cette opération terminée, installez du ruban de paraffine sur la greffe. Passez le ruban au moins une fois à l'aisselle de la branche et du greffon (photo 6). Si les journées qui suivent sont particulièrement ensoleillées, recouvrez la greffe d'un sac de plastique blanc jusqu'à ce que les feuilles aient commencé leur croissance (photo 7). Un an après la greffe, vous pouvez tailler la branche réceptrice juste au-dessus du greffon. Faites une coupe en biseau à quelques millimètres au-dessus de la branche greffée, dans un axe prolongeant cette dernière.

La protection du tronc

À la venue de l'hiver, l'installation d'un système de protection du tronc de la plupart des jeunes arbres à feuilles caduques peut s'avérer nécessaire. Afin d'empêcher certains rongeurs de dévorer l'écorce tendre de vos arbres nouvellement plantés, entourez leur tronc de protecteurs en plastique blanc. Ces protecteurs doivent couvrir le tronc à partir du niveau du sol – pour dissuader les mulots et les campagnols qui se promènent à la surface de la terre, sous le couvert de neige, de se nourrir de l'écorce – jusqu'aux premières branches charpentières, pour empêcher les lièvres et les lapins qui marchent sur la neige de dévorer les parties du tronc à leur portée. Ces systèmes de protection sont placés autour du tronc des arbres à feuilles caduques durant les trois ou quatre premiers hivers qui suivent leur plantation et doivent être retirés chaque printemps, au début de mai. Si vous n'arrivez pas à dénicher de tels protecteurs dans les pépinières et les jardineries de votre région, vous pouvez entourer le tronc de vos arbres avec du treillis métallique aux mailles

LES ARBRES 151

Sur tige

Les petits arbres greffés sur tige sont très appréciés par les jardiniers. Dans les aménagements paysagers, ces arbres à l'allure singulière constituent en effet des points d'intérêt.

En les mettant bien en valeur grâce à des végétaux bas plantés à leur pied, ils captent à coup sûr l'attention des observateurs. Sur un terrain de façade, ne plantez pas plus d'un arbre greffé sur tige, car en utilisant plusieurs de ces végétaux, l'effet de point d'intérêt est automatiquement éliminé et la confusion s'installe. En revanche, dans une cour, vous pouvez en installer quelques-uns, à condition qu'ils soient distancés les uns des autres et qu'ils ne soient pas tous visibles d'un seul coup d'œil.

Comme un petit arbre greffé sur tige occupe un endroit très visible sur un terrain, il est souhaitable qu'il puisse constituer un attrait durant toute la saison de végétation et même en hiver. Je vous encourage donc à choisir un arbre qui demeure un centre d'intérêt durant toute l'année grâce à la succession de sa floraison, de sa fructification et de la coloration de son feuillage. Le pommetier 'Red Jade' (*Malus* 'Red Jade') figure parmi les petits arbres les plus attrayants. En mai, cet arbre pleureur qui atteint environ 3 m de hauteur se couvre presque complètement de fleurs blanches. Plus tard, vers la fin de l'été et en automne, il porte de jolis fruits rouges qui persistent une partie de l'hiver. Avec son doux et léger feuillage porté par de longues branches gracieusement arquées ainsi que sa jolie floraison printanière jaune, le caragana 'Lorbergii' (*Caragana arborescens* 'Lorbergii') est un autre petit arbre greffé sur tige que j'apprécie beaucoup. Pour sa part, l'hortensia paniculé 'Grandiflora' (*Hydrangea paniculata* 'Grandiflora'), qui peut s'élever à près de 3 m de hauteur lorsqu'il est greffé sur tige, possède une floraison tardive des plus spectaculaires. Ses fleurs blanches réunies en longues panicules éclosent vers le début d'août et, lors des premières gelées, elles tournent au rose, puis au brun, persistant ainsi durant tout l'hiver si elles ne sont pas taillées.

Avant d'acheter un arbre greffé sur tige, assurez-vous que sa hauteur et son étalement maximaux à maturité conviennent aux dimensions de l'emplacement où vous le planterez. Vérifiez également l'état de la greffe, cette partie renflée située à l'extrémité du tronc d'où émergent les tiges. Ne choisissez pas un arbre dont la greffe est fendue. Optez plutôt pour un spécimen dont la greffe est lisse et parfaitement cicatrisée. Une fois qu'il est planté, stabilisez votre arbre au moyen d'un tuteur de métal fixé aux deux tiers de la hauteur du tronc par une attache de plastique rigide spécialement conçue à cette fin.

Durant l'hiver, il peut arriver que la greffe de certains arbres se brise sous l'effet du gel et du dégel, ou parce que les tiges ploient de façon excessive sous le poids de la neige. Si vous êtes aux prises avec un problème semblable, vous n'avez alors d'autre choix que de remettre les parties brisées en place et de les maintenir bien collées à l'aide d'un solide morceau de tissu. Badigeonnez la plaie à quelques reprises avec une solution composée d'une partie d'eau de Javel et de quatre parties d'eau. Il est préférable d'effectuer cette opération lors d'une période de redoux pour éviter d'endommager davantage votre arbre.

Pommetier 'Red Jade' (*Malus* 'Red Jade').

fines, en vous assurant cependant de ne pas le coller directement sur l'écorce.

Durant la saison de végétation, protégez la base des jeunes arbres plantés dans les pelouses contre les blessures causées par les équipements de tonte. Vous n'avez qu'à installer un bout de drain agricole d'une longueur de 20 à 30 cm à la base du tronc de chaque arbre. Pour éviter que l'écorce ne surchauffe, utilisez un drain blanc. Après quelques années, lorsque le drain touchera le tronc, il sera temps de l'enlever. Afin d'éviter tout problème lors de la tonte de votre pelouse, vous pouvez également laisser un cercle exempt de gazon et recouvert de paillis autour du tronc de vos arbres.

La protection hivernale

Dans la partie est du Canada, la majorité des arbres à feuilles caduques ne nécessitent aucune protection pour résister aux conditions climatiques hivernales. Seules de rares essences, plantées dans des régions où elles ne sont pas censées être rustiques, doivent être protégées. Pour empêcher les vents hivernaux de dessécher ces végétaux, il faut les entourer d'une clôture à neige doublée d'une toile géotextile blanche spécialement conçue à cette fin.

De vieux arbres à conserver

Avant de planter de nouveaux arbres sur votre terrain, tenez compte de ceux qui sont déjà en place. En les conservant et en les mettant en valeur, vous économiserez temps et argent, mais surtout vous contribuerez à améliorer l'environnement et le paysage d'un quartier qui se développe.

Lors de la construction de votre maison, vous éprouverez probablement de la difficulté à faire comprendre à l'entrepreneur chargé des travaux qu'il doit conserver les arbres, surtout s'ils sont placés en façade. Certaines municipalités imposent une amende à ceux qui coupent des arbres, mais plusieurs entrepreneurs en construction préfèrent les couper quand même, prétextant qu'un terrain complètement dégagé permet d'accélérer les travaux. Un entrepreneur consciencieux et faisant preuve de professionnalisme saura cependant composer avec les arbres en place. Il prendra d'abord le soin de ceinturer leur tronc avec des madriers pour éviter les blessures et, dans certains cas, il établira même un périmètre de sécurité autour des arbres pour éviter la compaction du sol et des racines.

Éliminez les arbres situés à moins de 4 m des fondations de votre maison. D'abord, leurs racines risquent d'être arrachées lors de la construction des fondations. Ensuite, bien que les radicelles ne puissent percer des fondations saines, elles pourront éventuellement pénétrer dans une fissure. Pour prévenir le dépérissement des arbres laissés en place durant les travaux, il est essentiel de ne pas modifier le niveau du sol situé à leur base. Pour éviter qu'il ne pourrisse, le collet d'un arbre – l'endroit où les racines se fixent au tronc – ne doit jamais être enterré. Quelques essences telles que les érables (*Acer*) et les frênes (*Fraxinus*) peuvent tolérer que la surface du sol soit relevée d'une dizaine de centimètres tout au plus, mais plusieurs autres espèces d'arbres ne tolèrent pas la moindre terre placée sur leur collet.

Si vous désirez conserver un boisé sur votre terrain, n'éliminez que les arbres morts et malades, et gardez tous les autres, qu'ils soient petits ou grands. Les arbres de toutes tailles se soutiennent et se protègent les uns les autres contre les effets du vent. En éclaircissant un boisé, certains vieux arbres laissés seuls dépérissent assez rapidement. Il arrive aussi souvent que les jeunes arbres supportent mieux les changements environnementaux que les plus vieux.

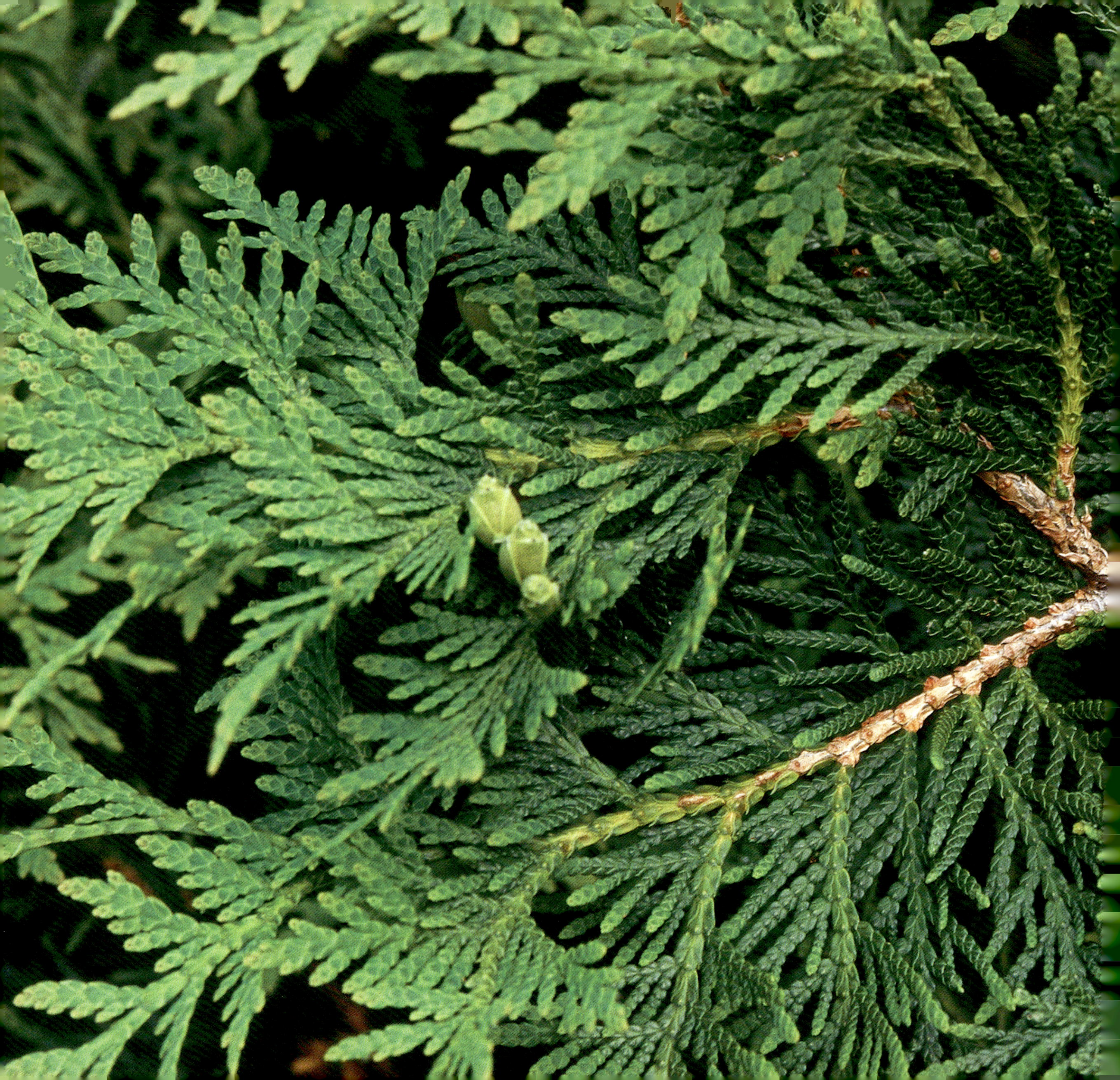

Les conifères

Bien que les conifères soient habituellement résistants et peu exigeants, leur survie en hiver est parfois compromise par une taille impropre ou par un arrosage déficient.

Pour que vos conifères soient en parfaite santé, vous devez les entretenir selon des méthodes éprouvées.

La fertilisation

De façon générale, les conifères affectionnent une terre loameuse légèrement sableuse qui se draine parfaitement bien. Vous pouvez épandre du compost chaque année à la base de certains conifères exigeants ou qui sont taillés régulièrement comme la pruche du Canada (*Tsuga canadensis*), l'if du Japon (*Taxus cuspidata*) et le thuya occidental (*Thuya occidentalis*), communément appelé cèdre. Au printemps, fournissez-leur environ 1 cm d'épaisseur de compost sur un diamètre qui équivaut à celui de leur couronne de feuilles.

En plus de donner du compost à certains conifères, vous pouvez également les fertiliser avec un engrais naturel riche en azote. L'apport de fertilisants tels que la farine de plume ou la farine de sang favorise la croissance de nouvelles tiges saines et vigoureuses chez les conifères taillés de façon répétitive ou chez ceux qui ont été endommagés par les vents hivernaux et par les sels de déglaçage. Comme tous les engrais azotés naturels à dégagement lent, la farine de plume et la farine de sang doivent être épandues en même temps que le compost, soit en avril ou, au plus tard, au début de mai. N'utilisez jamais ces engrais à la fin du printemps ou durant l'été. Vous éviterez ainsi la formation tardive de nouvelles pousses qui risqueraient d'être abîmées ou détruites par les vents froids, n'ayant pas eu la possibilité de bien s'endurcir avant l'hiver. Vous pouvez épandre environ 60 ml (deux poignées) de farine de plume ou de farine sang à la base de chaque conifère.

L'arrosage

Arrosez abondamment les conifères au début de l'automne pour qu'ils puissent bien se préparer à la venue de l'hiver, surtout si les précipitations sont faibles. Effectuez

Pousse de l'année précédente
Nouvelle pousse
Bourgeons
Taille au maximum ⅔ de la nouvelle pousse

AVANT

APRÈS

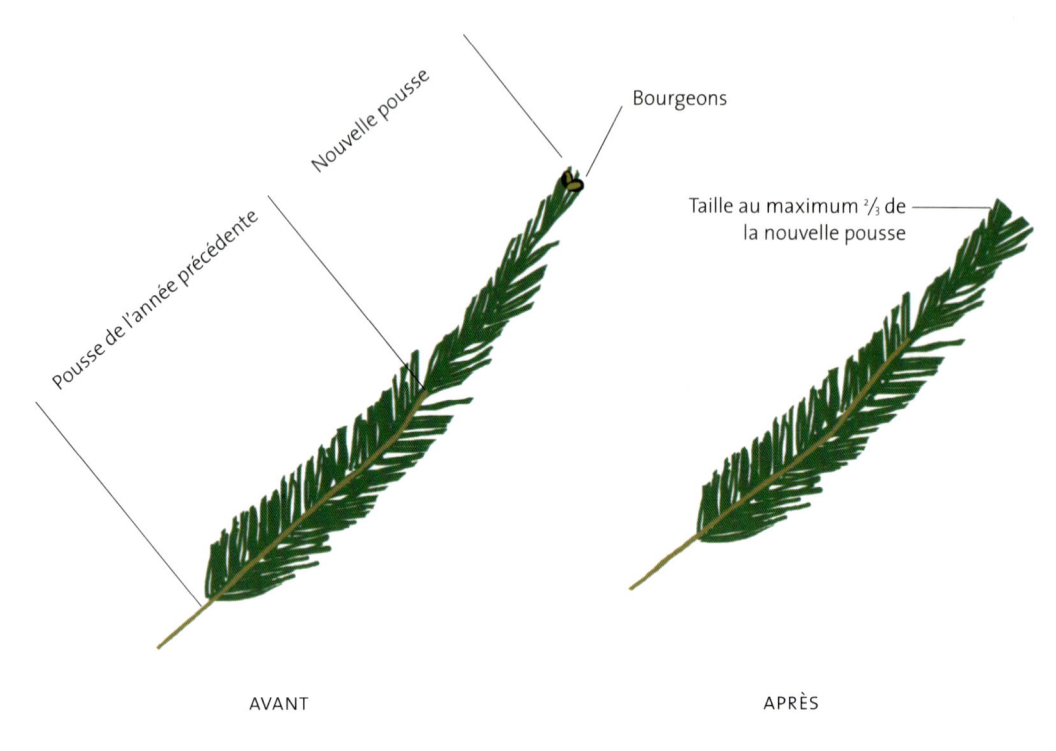

LA TAILLE DES CONIFÈRES À AIGUILLES

deux ou trois arrosages raisonnables – environ 10 litres d'eau par conifère, par arrosage – avant les premiers gels importants de la fin d'octobre ou du début de novembre, selon les régions. De la fin d'août jusqu'au début d'octobre cependant, il est important de ne pas trop arroser les conifères, surtout ceux qui possèdent des écailles, comme les thuyas (*Thuya*), pour qu'ils ne produisent pas de nouvelles pousses tendres avant l'hiver. Le printemps est une autre période où les conifères ont besoin de beaucoup d'eau. Lorsque le début de la saison est particulièrement sec, il est essentiel d'arroser ces végétaux pour que leur croissance et leur développement ne soient pas compromis. Comme à l'automne, quelques bons arrosages effectués à partir du moment du dégel du sol jusqu'à la fin de mai les aident à passer un meilleur été.

LA TAILLE

Puisqu'ils ont généralement une croissance très régulière sans présenter de problèmes majeurs de développement, la plupart des conifères n'ont tout simplement pas besoin d'être taillés. Cependant, une taille peut tout de même être nécessaire afin de densifier leur feuillage ou encore pour contrôler leur croissance.

La taille des conifères à aiguilles

Les conifères à aiguilles tels que les sapins (*Abies*), les épinettes (*Picea*), les pins (*Pinus*), les ifs (*Taxus*) et les pruches (*Tsuga*) doivent être taillés vers la fin du printemps dans les régions du sud-est du Canada et un peu plus tard dans les endroits situés plus au nord. À l'aide de cisailles ou d'un sécateur, vous devez couper les nouvelles pousses au moment où elles atteignent les deux tiers de leur développement et que leur axe est encore tendre et vert (photos 1

La taille des conifères à aiguilles doit être effectuée au moment où leurs nouvelles pousses atteignent les deux tiers de leur développement et que leur axe est encore tendre et vert.

et 2). Si vous effectuez la taille plus tard durant l'été, vous couperez alors des tissus qui auront commencé à se lignifier – à se transformer en bois – et qui auront de la difficulté à se cicatriser et à initier de nouveaux bourgeons. Lors de la taille d'un conifère à aiguilles, n'enlevez jamais plus des deux tiers de chaque nouvelle pousse. Les ifs, qui ont beaucoup de facilité à produire des bourgeons sur de vieilles tiges, tolèrent des tailles répétées à la cisaille lors desquelles leurs nouvelles pousses sont presque entièrement éliminées.

Si vous avez à couper une branche morte, vous aurez probablement à tailler du vieux bois. Vous devez alors absolument exécuter votre coupe en biseau, dans un angle d'environ 30 à 40 degrés, à quelques millimètres au-dessus d'un appel-sève. Chez les conifères à aiguilles, l'appel-sève est habituellement une tige conservée à l'extrémité d'un rameau coupé. Il permet de diriger le reste de la branche et assure une bonne circulation de sève autour de la plaie, favorisant ainsi une cicatrisation rapide.

LES CONIFÈRES 157

Des conifères miniatures et nains qui évitent la taille

Pour ne pas avoir à tailler régulièrement les conifères placés dans des endroits où l'espace est réduit, choisissez des cultivars miniatures ou nains dont les dimensions à maturité conviennent au site où vous les plantez. Les conifères miniatures comme le faux-cyprès de Sawara 'Tsukumo' (*Chamaecyparis pisifera* 'Tsukumo') et l'épinette de Norvège 'Little Gem' (*Picea abies* 'Little Gem') font entre 60 et 90 cm de hauteur sur une largeur semblable après 15 ans, tandis que les cultivars nains tels que le sapin baumier 'Nana' (*Abies balsamea* 'Nana'), l'épinette blanche 'Jean's Dilly' (*Picea glauca* 'Jean's Dilly') et le pin de montagne 'Slowmound' (*Pinus mugo* 'Slowmound') ont une croissance d'environ 5 à 10 cm par année et atteignent une hauteur qui varie entre 90 cm et 1,80 m après une quinzaine d'années.

La taille des conifères à écailles

Seules les nouvelles pousses des conifères à écailles, dont les faux-cyprès (*Chamaecyparis*), les genévriers (*Juniperus*) et les thuyas (*Thuya*), communément appelés cèdres, peuvent être taillées, et cela à partir de la fin du mois de juin jusqu'à la fin de juillet. Ne faites pas de taille en août et en septembre, car cela peut affecter sérieusement la survie de ces conifères. Une taille tardive stimule la sortie de nouvelles pousses qui n'ont pas le temps de s'endurcir adéquatement avant l'hiver et laisse des plaies qui sont ensuite abîmées par les vents hivernaux. Comme dans le cas des conifères à aiguilles, ne taillez que les nouvelles pousses des conifères à écailles. Toutes les parties lignifiées, dont les tiges sont brunes, ne doivent pas être amputées. Assurez-

Les tiges lignifiées des thuyas (*Thuya*) ne doivent jamais être taillées. Seules les nouvelles pousses vertes peuvent être coupées.

Ne perdez pas la tête !

Ne taillez jamais la tête des conifères pyramidaux. Si un conifère possède plusieurs têtes, éliminez les plus faibles pour ne conserver que la plus forte. Il est préférable de sélectionner une tête légèrement orientée vers les vents dominants. Si la tête est brisée, coupez-la et choisissez une petite branche latérale dont l'extrémité est orientée vers le haut pour qu'elle prenne la relève. Si la tige choisie n'est pas suffisamment verticale, vous pouvez la faire tenir droit à l'aide d'un tuteur fixé au tronc.

vous de ne jamais couper plus des deux tiers de la nouvelle pousse de ces conifères (photo 3). La taille des conifères à écailles dont la forme est sphérique ou pyramidale peut être effectuée à l'aide de cisailles bien aiguisées et stérilisées.

La propagation

Le bouturage, la greffe, le marcottage et le semis sont autant de techniques qui permettent de propager les conifères. Parmi elles, le bouturage et le marcottage sont les méthodes les plus simples et les plus efficaces pour multiplier une foule d'espèces et de cultivars de conifères. Le semis, une technique relativement lente, ne sert qu'à la propagation des espèces, tandis que la greffe, parfois difficile à maîtriser, est utilisée lorsque les semences ne sont pas disponibles, pour les conifères qui ne se bouturent pas ou pour la création de petits arbres greffés sur tige.

Le bouturage

Plusieurs conifères tels que les faux-cyprès (*Chamaecyparis*), les genévriers (*Juniperus*), les ifs (*Taxus*), les thuyas (*Thuya*) ainsi que les pruches (*Tsuga*) peuvent être facilement propagés par bouturage des pousses de l'année en cours. Vous devez prélever les jeunes pousses situées à l'extrémité des tiges à partir de la fin de l'été jusqu'au milieu de l'hiver, les périodes les plus propices à l'enracinement étant le début de l'automne et la fin de l'hiver. Si vous prenez des boutures en hiver, laissez-les dégeler à l'intérieur pendant quelques heures avant de les utiliser. Les boutures, qui doivent avoir une longueur de 10 à 15 cm, sont coupées directement sous un nœud, c'est-à-dire sous l'endroit de la tige où s'insère une feuille. Avec vos mains, enlevez les premières feuilles ou petites pousses latérales sur une longueur d'environ 5 cm ; les plaies ainsi formées le long de la tige favoriseront la formation de racines. Plongez la base de chaque bouture dans une poudre d'enracinement contenant 0,4 % d'acide indole-3-butyrique (AIB). Si vous prélevez vos boutures à la fin de l'automne ou en hiver et qu'elles sont particulièrement bien lignifiées, je vous recommande de couper la base de leurs tiges en biseau à l'aide d'un couteau bien aiguisé, et cela sur une longueur d'environ 2,5 cm. Assurez-vous également d'enduire toute la partie dénudée de chaque bouture d'une poudre d'enracinement contenant 0,8 % d'acide indole-3-butyrique.

Vous devez piquer le tiers inférieur de chaque bouture dans un substrat composé d'une moitié de tourbe de sphaigne et d'une moitié de perlite grossière. Compactez très légèrement le substrat et arrosez-le abondamment. Plutôt que d'installer chaque bouture dans un pot, vous pouvez les disposer toutes dans un même contenant de plusieurs petits compartiments. Placez un dôme de plastique transparent sur chaque contenant afin d'assurer une humidité constante aux plants. Vérifiez régulièrement que le substrat ne soit pas sec et ajoutez un peu d'eau au besoin.

Les boutures prélevées vers la fin de l'été ou au début de l'automne peuvent être laissées à l'extérieur. Protégez-les des rayons intenses du soleil de l'après-midi tout en laissant un maximum de luminosité les atteindre. Avant les gels importants de novembre, vous devez enfouir dans le sol les contenants dans lesquels vos boutures sont installées, enlever les dômes de plastique et, dans les régions où la couverture de neige est faible et instable, les recouvrir d'une épaisse couche de feuilles mortes déchiquetées. Ces boutures devraient normalement être bien enracinées au printemps suivant. Si vous prélevez vos boutures à l'automne ou en hiver, vous devez les rentrer dans une serre ou dans la maison et les placer sous éclairage artificiel. Il est aussi préférable d'installer les contenants dans lesquels les boutures sont disposées sur un fil électrique chauffant ou sur une couverture chauffante, de façon à maintenir le substrat à une température constante de 20 °C. Il est toutefois souhaitable que l'air ambiant soit un peu moins chaud que le substrat. Ainsi traitées, les boutures s'enracinent plus rapidement que lorsqu'elles sont laissées à l'extérieur.

Le marcottage
Le marcottage est une technique de propagation très semblable au bouturage. Cette méthode nécessite beaucoup moins de travail, mais elle est plus lente. Elle permet de multiplier aisément la majorité des conifères qui se propagent par bouturage ainsi que plusieurs cultivars et espèces de sapins (*Abies*) et d'épinettes (*Picea*). Le marcottage survient de façon tout à fait naturelle quand une tige touche le sol et qu'elle s'y enracine. Lorsque cela arrive, il est possible de couper la branche enracinée et de la replanter ailleurs. Vous pouvez aussi favoriser le marcottage d'une plante. Sélectionnez une jeune tige vigoureuse située près du sol, enlevez les feuilles à l'endroit où elle sera enfouie dans le sol et pratiquez-y une petite incision oblique à l'aide d'un couteau bien aiguisé. Mettez sur cette coupe un peu de poudre d'enracinement contenant 0,8 % d'acide indole-3-butyrique ou badigeonnez-la d'algues liquides pures. Placez ensuite le bout de branche nu et incisé sous la surface du sol et faites-le tenir en place à l'aide d'un crochet de métal (photo 4). Après 12 mois, sortez la branche du sol et, si elle est bien enracinée (photo 5), coupez-la et mettez-la en pot ou replantez-la ailleurs.

Quels magnifiques mélèzes !

Une dizaine de nouveaux cultivars de mélèzes (*Larix*) fort attrayants et très originaux sont maintenant offerts sur le marché horticole canadien. Placés judicieusement dans un jardin, ces conifères, pour la plupart greffés sur tige, prendront assurément la vedette. Ces mélèzes demandent le plein soleil ou la mi-ombre et s'accommodent de presque tous les types de sols, même les plus humides. Comme ils sont greffés sur des troncs de mélèze laricin (*L. laricina*), un arbre indigène du Canada très rustique et particulièrement vigoureux, tous ces nouveaux cultivars survivent facilement aux conditions hivernales qui prévalent en zone 3, parfois même en zone 2.

Le mélèze 'Varied Directions' (*L.* x *eurolepis* 'Varied Directions') est un petit arbre au magnifique port retombant qui rappelle le fameux cèdre de l'Atlas 'Pendula' (*Cedrus libani* subsp. *atlantica* 'Pendula') qu'on peut observer dans certains jardins de la Nouvelle-Angleterre. Greffé sur tige, ce mélèze atteint habituellement 1,50 à 2 m de hauteur. Il forme de longues branches presque horizontales qui s'étendent sur plus de 2 m de longueur et d'où émergent des rameaux retombants qui lui donnent une allure très caractéristique.

Les mélèzes 'Pulii' (*L. decidua* 'Pulii') et 'Pendula' (*L. decidua* 'Pendula') possèdent tous deux un joli port pleureur. Le mélèze 'Pendula', dont le feuillage est d'un vert légèrement bleuté, atteint environ 1 m de largeur, tandis que le cultivar 'Pulii' est plus étroit et n'atteint guère plus de 60 cm de largeur. Ces deux petits arbres greffés sur tige constituent d'excellents substituts au sempiternel caragana 'Pendula' (*Caragana arborescens* 'Pendula'). Pour sa part, 'Hortsmann's Recurva' (*L. decidua* 'Hortsmann's Recurva') est de loin le plus singulier de tous les cultivars de mélèzes. Greffé sur un tronc qui fait habituellement de 1 à 2 m de hauteur, ce mélèze possède des branches tortueuses et pleureuses qui pointent dans toutes les directions, ce qui lui donne une allure irrégulière très étonnante.

Les cultivars 'Blue Rabbit' (*L. kaempferi* 'Blue Rabbit'), 'Blue Sparkler' (*L. laricina* 'Blue Sparkler') et 'Diana' (*L. kaempferi* 'Diana') ont quant à eux un port pyramidal. 'Blue Rabbit', qui possède un joli feuillage vert bleuté, forme à maturité une pyramide de 7 m de hauteur sur 3 m de largeur. 'Blue Sparkler' arbore aussi un feuillage vert bleuté, mais il n'atteint que 3 m de hauteur sur environ 1 m de largeur. 'Diana' forme des branches tortueuses qui fusent dans tous les sens. Il atteint environ 5 m de hauteur sur près de 2 m de largeur. Comme tous les autres mélèzes, ces trois cultivars perdent leurs aiguilles durant l'hiver. Juste avant leur chute, tard en automne, elles prennent une éclatante teinte jaune or.

Avant d'acheter un mélèze greffé sur tige, vérifiez l'état de la greffe, la partie renflée située à l'extrémité du tronc et d'où émergent les tiges. Optez pour un plant dont la greffe est lisse et parfaitement cicatrisée. Une fois qu'il est planté, stabilisez votre mélèze au moyen d'un tuteur de métal fixé aux deux tiers de la hauteur du tronc par une attache de plastique rigide spécialement conçue à cette fin. Les mélèzes nécessitent très peu de taille. En fait, vous n'avez qu'à élaguer les branches mortes, malades, cassées, faibles et mal orientées. Chez les cultivars au port pleureur, vous pouvez aussi couper les branches qui touchent le sol. Comme pour les arbres à feuilles caduques, vous devez idéalement faire les travaux en mars ou en avril. N'oubliez pas de conserver un appel-sève à l'extrémité de chaque branche raccourcie afin d'assurer une bonne circulation de sève autour de la plaie et de favoriser ainsi une cicatrisation rapide.

Les jardiniers qui rêvent de planter dans leur jardin un cèdre de l'Atlas 'Pendula' (*Cedrus libani* subsp. *atlantica* 'Pendula'), qui n'est malheureusement pas rustique au-delà de la zone 6, peuvent choisir le magnifique mélèze 'Varied Directions' (*Larix* x *eurolepis* 'Varied Directions') comme substitut.

LES CONIFÈRES 163

La protection hivernale

La plupart des conifères vendus sur le marché horticole de l'est canadien ne nécessitent pas de protection hivernale. Toutefois, lorsqu'elles sont plantées dans des endroits venteux où le couvert de neige est faible et instable comme dans la grande région de Montréal, quelques espèces de conifères peu rustiques doivent être protégées chaque hiver. C'est le cas des cultivars de faux-cyprès de Lawson (*Chamaecyparis lawsoniana*), de certaines variétés cultivées de faux-cyprès d'Hinoki (*Chamaecyparis obtusa*), du métaséquoia (*Metasequoia glyptostroboides*) et du sciadopitys verticillé (*Sciadopitys verticillata*). D'autres conifères comme certains ifs (*Taxus*) et quelques cultivars de faux-cyprès d'Hinoki (*Chamaecyparis obtusa*) au feuillage doré nécessitent parfois d'être entourés d'une protection hivernale afin qu'ils ne soient pas brûlés par les rayons intenses du soleil de la fin de février et de mars reflétés par la neige et la glace.

Afin de bien s'endurcir et d'être en mesure de résister à l'hiver, les conifères ont besoin d'être exposés aux gels pendant une certaine période. Pour cette raison, je recommande d'installer les protections hivernales au moment où le sol a commencé à geler et que la température est descendue sous le point de congélation. Pour plusieurs régions de l'est du Canada, cette période correspond habituellement au début de novembre. Dans certains endroits situés plus au sud cependant, attendez la mi-novembre pour effectuer cette opération. Toutes les protections doivent être retirées dès le dégel du sol, vers la fin de mars ou au début d'avril, mais il est essentiel de les enlever durant une journée nuageuse ou même pluvieuse pour que les plantes ne soient pas soumises à des écarts de température et de luminosité trop importants.

Le vent et le soleil

Pour empêcher qu'ils soient desséchés par les vents hivernaux ou qu'ils soient brûlés par les rayons du soleil de fin d'hiver, les conifères mentionnés précédemment doivent être entourés d'une clôture à neige doublée d'une toile géotextile blanche spécialement conçue pour la protection hivernale. Il est très important que la toile ne touche pas aux feuilles des conifères. De plus, assurez-vous de cacher tout leur feuillage en ne laissant qu'une ouverture dans la partie supérieure du revêtement. Cela assure une bonne aération, ce qui diminue les risques de propagation de maladies et permet à la neige d'entrer à l'intérieur de façon à donner une protection encore plus efficace.

Pour installer ce genre de protection, commencez par mettre en place quatre piquets de bois autour du plant (photo 6). Fixez ensuite une clôture à neige aux piquets (photo 7). La traditionnelle clôture fabriquée en bois est adéquate, mais il est également avantageux d'utiliser une clôture de plastique léger, tout aussi solide et facile à entreposer. Installez enfin la toile géotextile de protection hivernale en l'agrafant à plusieurs endroits sur les poteaux (photo 8). Vous pouvez également trouver sur le marché des toiles géotextiles déjà armées d'un treillis.

La neige et la glace

Les conifères situés sous les corniches ou dans des endroits où la neige est projetée par un chasse-neige doivent également être protégés avant la venue de l'hiver. En les entourant d'une corde ou d'un filet de plastique spécialement conçu à cette fin, les conifères – peu importe leur forme – ne seront pas endommagés par une accumulation excessive de neige et de glace. Il faut cependant éviter de trop les enserrer pour prévenir tout risque de pourriture.

LES CONIFÈRES 165

Une scène à caractère japonais composée de l'houttuynia 'Chameleon' (*Houttuynia cordata* 'Chameleon'), du faux-cyprès d'Hinoki 'Gracilis' (*Chamaecyparis obtusa* 'Gracilis') et du pin gris 'Broom' (*Pinus banksiana* 'Broom').

Certains conifères d'allure très particulière peuvent constituer l'élément central d'un aménagement.

LES CONIFÈRES 167

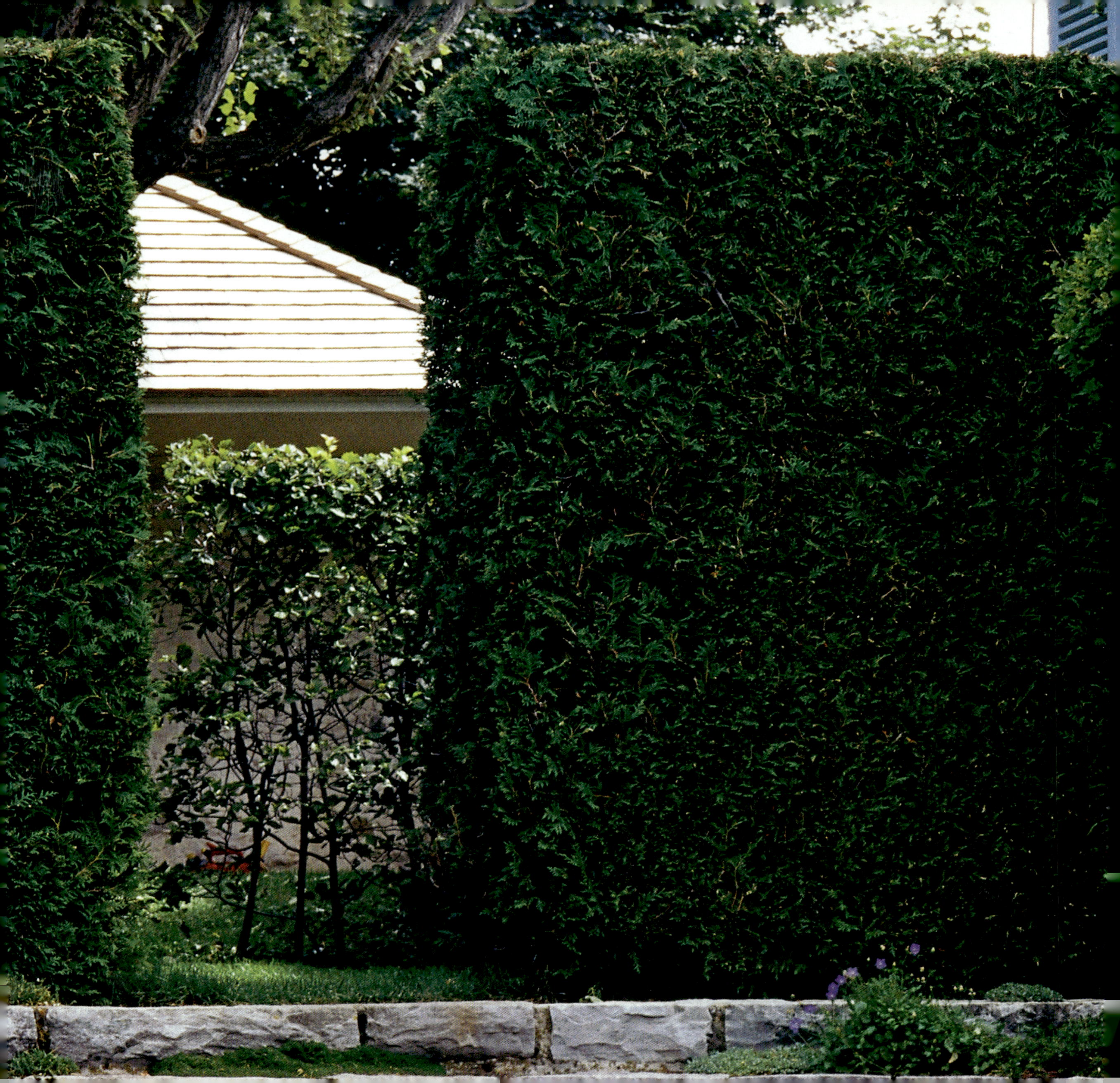

Les haies

UN DES MOYENS LES PLUS ÉCONOMIQUES ET ESTHÉTIQUES POUR OBTENIR DE L'INTIMITÉ EST DE PLANTER UNE HAIE ENTRE VOTRE TERRAIN ET CEUX DE VOS VOISINS. EN PLUS DE SERVIR D'ÉCRAN CONTRE LE VENT, LE BRUIT ET LES REGARDS INDISCRETS, UNE HAIE PEUT ÉGALEMENT SERVIR DE FOND DE SCÈNE POUR UNE PLATE-BANDE OU ENCORE DE DÉLIMITATION ENTRE DEUX ZONES DISTINCTES D'UN MÊME TERRAIN.

Avant de planter une haie, assurez-vous de connaître précisément les limites et les servitudes de votre terrain. Afin d'éviter tout problème, exposez bien votre projet à vos voisins ; d'ailleurs, en les impliquant vous les inciterez probablement à participer financièrement à la réalisation des travaux. Informez-vous également des règlements en vigueur dans votre municipalité quant aux dimensions des écrans. Si vous voulez conserver une vue sur le paysage environnant et éviter de créer un effet de rapetissement du terrain, votre haie ne doit pas dépasser 1,20 m de hauteur. En revanche, pour vous procurer une intimité complète, votre haie doit avoir une hauteur d'au moins 1,80 m. Enfin, les haies basses qui servent de bordures et de frontières psychologiques n'atteignent généralement pas plus de 60 cm de hauteur.

Les types de haies

Avant de vous procurer des arbustes, déterminez le type de haie qui convient à vos besoins et au style de votre jardin. La plus traditionnelle est sans aucun doute la haie taillée. Elle est constituée de conifères ou d'arbustes au feuillage dense pouvant supporter des tailles sévères et fréquentes, dont le thuya occidental (*Thuya occidentalis*), communément appelé cèdre, le cotonéaster de Pékin (*Cotoneaster acutifolius*) et le troène commun 'Cheyenne' (*Ligustrum vulgare* 'Cheyenne'), par exemple.

La haie libre possède un aspect informel plus naturel que la haie taillée. Puisqu'il faut moins de plants pour un même espace et parce qu'une haie libre n'est jamais taillée, son implantation et son entretien sont généralement plus économiques. En outre, comme leurs tiges ne sont pas élaguées,

La haie, un bon brise-vent

Un muret ou une clôture pleine sont inefficaces pour protéger un aménagement paysager contre les méfaits du vent. Lorsqu'il frappe un écran imperméable, l'air est poussé vers le haut, ce qui lui fait prendre de la vitesse. Une fois arrivé de l'autre côté de l'écran, le vent est refoulé vers le bas où il forme des tourbillons nuisibles aux plantes. À l'inverse, une haie ou une clôture semi-perméable constituent de bons brise-vent puisque leur structure permet à l'air de passer, mais à une vitesse réduite. Par exemple, une haie qui fait 2 m de hauteur diminue le vent de 50 % sur une distance d'environ 10 m. Un brise-vent préserve donc un jardin du froid et favorise l'accumulation de neige, ce qui permet la culture de plantes fragiles et peu rustiques.

Une haie champêtre est un des meilleurs brise-vent qui soient, car elle est généralement plus large qu'une haie ordinaire et parce qu'elle est feuillue tant à la base qu'au sommet. Comme elle comprend habituellement plusieurs conifères, la haie champêtre est particulièrement efficace en hiver. Selon sa largeur, une haie champêtre d'une hauteur de 2 m réduit le vent de 50 % sur une distance atteignant parfois près de 20 m, soit environ 10 m de plus qu'une simple haie.

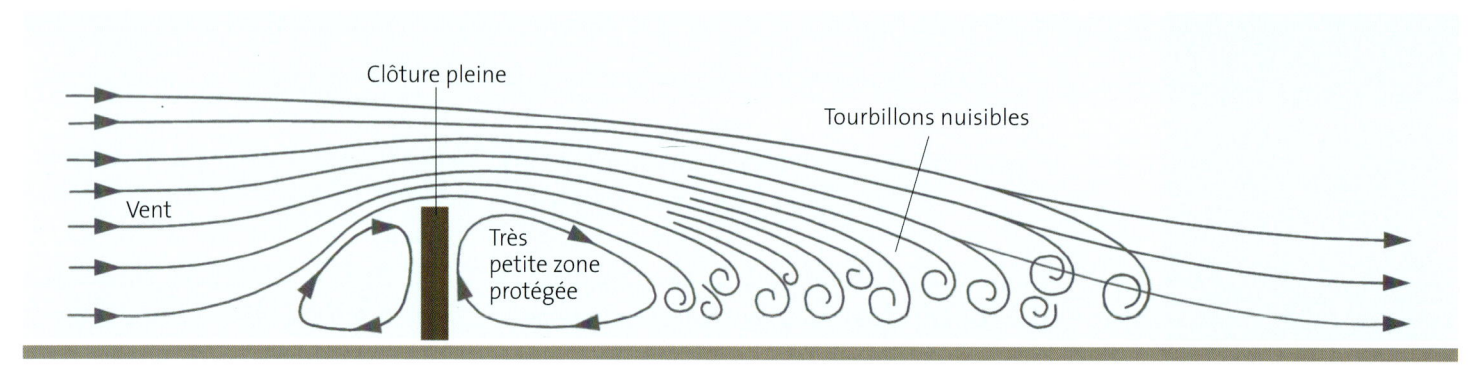

UN ÉCRAN IMPERMÉABLE CONSTITUE UN BRISE-VENT MÉDIOCRE

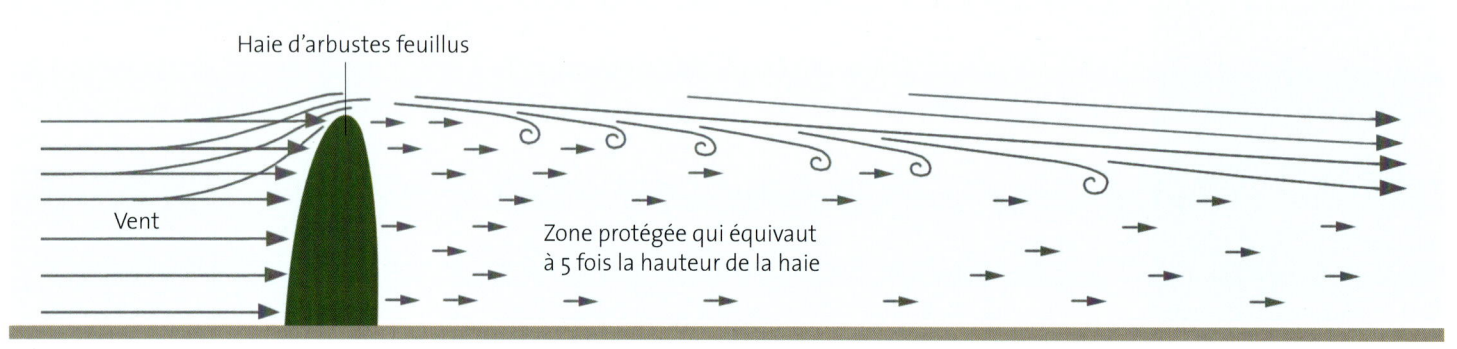

UNE HAIE EST UN BRISE-VENT BEAUCOUP PLUS EFFICACE

les végétaux qui composent une haie libre peuvent fleurir et produire des fruits en abondance. Certains arbustes à feuilles caduques comme le saule arctique 'Gracilis' (*Salix purpurea* 'Gracilis') et la spirée de Van Houtte (*Spiraea* x *vanhouttei*) ont un port particulièrement élégant lorsqu'ils ne sont pas taillés.

La haie champêtre est pour sa part composée d'un mélange de conifères et d'arbustes à feuilles caduques de toutes dimensions et plantés en quinconce. Ce type de haie est idéal pour les jardins à la campagne, mais il peut également convenir aux grands terrains de ville. La plantation d'une haie champêtre est une excellente façon de naturaliser un terrain situé dans un nouveau développement où plusieurs arbres ont été coupés. Elle offre également un abri aux oiseaux et à certains petits animaux.

La plantation

Le terreau qui convient à la plantation de la plupart des végétaux utilisés pour les haies doit être composé de deux parties de terre existante – si elle est de mauvaise qualité, vous pouvez la remplacer par de la terre de type loameux – mélangées à une partie de compost. Pour les conifères comme les thuyas et les genévriers, le terreau doit être composé d'une partie de terre de type loam sableux mélangée à une partie de compost et une partie de tourbe de sphaigne. Dans tous les cas, pour favoriser l'enracinement des végétaux, fertilisez le terreau avec des os moulus à raison de 2 kg par m3. Vous pouvez donner 125 ml (½ tasse) d'os moulus à chaque arbuste. Pour des raisons pratiques, mélangez les ingrédients du terreau de plantation dans une brouette.

Plutôt que de creuser un trou pour chaque plant qui compose votre haie, faites plutôt une tranchée. Vous pourrez ainsi rapprocher ou éloigner les plants à votre guise. Comme dans le cas d'une fosse de plantation, une tranchée doit avoir une largeur qui équivaut à deux fois le diamètre moyen des mottes et une profondeur d'une fois et demie leur hauteur. N'oubliez pas d'installer une corde d'un bout à l'autre de la tranchée pour bien aligner les plants (photo 1). Vous pouvez placer les conifères dans la tranchée de façon que leur feuillage se touche à peine, alors que les arbustes à feuilles caduques doivent être distancés de 30 à 60 cm, selon les espèces (les tableaux XIX et XX donnent ces distances).

Hortensia paniculé 'Kyushu' (*Hydrangea paniculata* 'Kyushu').

If du Japon 'Capitata' (*Taxus cuspidata* 'Capitata').

Entrelacs d'un jardin de nœuds composé de berbéris 'Atropurpurea Nana' (*Berberis thunbergii* 'Atropurpurea Nana'), de buis de Corée (*Buxus microphylla* var. *koreana*), de faux-cyprès de Sawara 'Aurea Nana' (*Chamaecyparis pisifera* 'Aurea Nana') et de thuya occidental 'Tiny Tim' (*Thuya occidentalis* 'Tiny Tim').

Spirée du Japon 'Anthony Waterer' (*Spiraea japonica* 'Anthony Waterer').

Tableau XIX
Les arbustes à feuillage caduque et les conifères convenant à la création de haies taillées

Nom latin	Nom français	Hauteur appropriée	Distance de plantation	Exposition	Rusticité	Caractéristiques
Berberis thunbergii et cultivars	Berbéris et cultivars	60 cm à 1 m	45 cm	Soleil, mi-ombre	4	Feuillage caduque doré, vert ou pourpre, selon les cultivars.
Buxus microphylla et cultivars	Buis et cultivars	30 à 60 cm	30 cm	Soleil à ombre légère	4b	Feuillage persistant vert foncé.
Cotoneaster acutifolius	Cotonéaster de Pékin	1,20 à 2 m	45 cm	Soleil, mi-ombre	2	Feuillage caduque orange en automne.
Juniperus scopulorum et cultivars érigés	Genévrier des Rocheuses et cultivars érigés	2 à 4 m	60 cm	Soleil	4	Feuillage persistant vert ou bleuté, selon les cultivars.
Ligustrum amurense	Troène de l'Amour	2 à 3 m	45 cm	Soleil, mi-ombre	4b	Feuillage caduque vert foncé.
Ligustrum vulgare 'Cheyenne'	Troène commun 'Cheyenne'	1,50 à 2 m	30 cm	Soleil, mi-ombre	4b	Feuillage caduque vert lustré.
Lonicera x xylosteoides et cultivars	Chèvrefeuille nain et cultivars	60 cm à 1,20 m	45 cm	Soleil, mi-ombre	3	Feuillage caduque vert grisâtre.
Physocarpus opulifolius et cultivars	Physocarpe à feuilles d'obier et cultivars	1,50 à 2,50 m	45 cm	Soleil, mi-ombre	2	Feuillage caduque doré, vert ou pourpre, selon les cultivars.
Salix purpurea 'Gracilis'	Saule arctique 'Gracilis'	60 cm à 1,50 m	30 cm	Soleil, mi-ombre	2 b	Feuillage caduque grisâtre.
Taxus, espèces et cultivars érigés	If, espèces et cultivars érigés	1,20 à 4 m	60 cm	Soleil à ombre dense	4	Feuillage persistant vert très foncé.
Thuya occidentalis et cultivars érigés	Thuya occidental ou cèdre et cultivars érigés	1 à 6 m	60 cm	Soleil, mi-ombre	2 et 3	Feuillage persistant doré ou vert, selon les cultivars.

Tableau XX

Les arbustes à feuillage caduque convenant à la création de haies libres et de haies champêtres

Nom latin	Nom français	Hauteur	Largeur	Exposition	Rusticité	Caractéristiques
Acer ginnala	Érable de l'Amour	6 m	6 m	Soleil, mi-ombre	2	Fruits roses, feuillage automnal rouge.
Amelanchier canadensis	Amélanchier du Canada	6 m	4 m	Soleil à ombre légère	2b	Fleurs blanches en mai, fruits noirs, feuillage automnal orange.
Aronia melanocarpa	Aronia noir	1,80 m	1,50 m	Soleil à ombre légère	2	Fleurs blanches en juin, fruits noirs.
Caragana arborescens	Caragana arborescent	6 m	4 m	Soleil	2b	Fleurs jaunes en mai.
Cornus alba et cultivars	Cornouiller blanc et cultivars	2 m	2 m	Soleil, mi-ombre	1b	Feuillage doré, vert ou vert panaché de blanc ou de jaune, selon les cultivars ; tiges rouges.
Cornus alternifolia	Cornouiller à feuilles alternes	6 m	6 m	Soleil à ombre moyenne	3b	Fleurs blanches en mai, fruits noirs, feuillage automnal pourpre.
Cornus stolonifera et cultivars	Cornouiller stolonifère et cultivars	2,50 m	2,50 m	Soleil à ombre légère	1b	Feuillage vert ou vert panaché de blanc ; tiges jaunes ou rouges, selon les cultivars.
Euonymus alatus et cultivars	Fusain ailé et cultivars	1,20 à 3 m	1,20 à 2 m	Soleil à ombre légère	3	Feuillage automnal rouge, fruits roses.
Euonymus europaeus et cultivars	Fusain d'Europe et cultivars	2,50 à 5 m	2,50 à 5 m	Soleil, mi-ombre	3	Feuillage automnal rouge, fruits roses.
Hippophae rhamnoides et cultivars	Argousier et cultivars	3 m	3 m	Soleil	2b	Feuillage argenté, fruits orange.
Hydrangea paniculata et cultivars	Hortensia paniculé et cultivars	1,50 à 4 m	1,50 à 2,50 m	Soleil, mi-ombre	3	Fleurs blanches virant au rose en automne.
Ilex verticillata et cultivars	Houx verticillé et cultivars	1,50 à 2 m	1,50 à 2 m	Soleil à ombre légère	3	Fruits orange ou rouges, selon les cultivars.
Physocarpus opulifolius et cultivars	Physocarpe à feuilles d'obier et cultivars	1,50 à 2,50 m	2 m	Soleil, mi-ombre	2b	Feuillage doré, vert ou pourpre, selon les cultivars.
Rosa rugosa et cultivars	Rosier rugueux et cultivars	80 cm à 2,50 m	60 cm à 2 m	Soleil	2 et 3	Fleurs blanches, jaunes, roses ou rouges, selon les cultivars.
Salix purpurea 'Gracilis'	Saule arctique 'Gracilis'	1,50 m	1 m	Soleil, mi-ombre	2	Feuillage grisâtre.
Salix integra 'Hakuro Nishki'	Saule 'Hakuro Nishiki'	3 m	3 m	Soleil, mi-ombre	2	Feuillage vert panaché de blanc et de rose.

Nom latin	Nom français	Hauteur	Largeur	Exposition	Rusticité	Caractéristiques
Sambucus, espèces et cultivars	Sureau, espèces et cultivars	1 à 3 m	1 à 2,50 m	Soleil, mi-ombre	3 et 4	Feuillage doré, vert, pourpre ou vert panaché de jaune ; fleurs blanches en juin ; fruits rouges ou noirs.
Sorbaria sorbifolia	Sorbaria à feuilles de sorbier	2,50 m	2,50 m	Soleil à ombre dense	2	Fleurs blanches en juin.
Spiraea, espèces et cultivars	Spirée, espèces et cultivars	40 cm à 2 m	40 cm à 2 m	Soleil, mi-ombre	2b à 4	Feuillage jaune ou vert ; fleurs blanches ou roses en mai, juin, juillet ou août.
Syringa, espèces et cultivars	Lilas, espèces et cultivars	1 à 5 m	1 à 4 m	Soleil, mi-ombre	2 à 4	Fleurs blanches, roses, pourpres, bleues, lilas ou mauves en mai et juin.
Viburnum, espèces et cultivars	Viorne, espèces et cultivars	1 à 6 m	1 à 3 m	Soleil à ombre légère	2 à 4	Fleurs blanches ou roses en mai et en juin ; fruits jaunes, roses, rouges ou bleus ; feuillage automnal rouge ou pourpre.

Note : Plusieurs espèces et cultivars de conifères peuvent également être utilisés pour la réalisation de haies champêtres.

Sureau 'Plumosa Aurea' (*Sambucus racemosa* 'Plumosa Aurea').

LES HAIES 175

1

Les arbustes

À L'INSTAR DES ARBRES, LES ARBUSTES SONT DES ÉLÉMENTS ESSENTIELS À LA CRÉATION D'UN AMÉNAGEMENT PAYSAGER ÉQUILIBRÉ. CES VÉGÉTAUX FORMENT EN FAIT LA CHARPENTE, L'OSSATURE DES JARDINS. SANS LEUR PRÉSENCE, LES PLANTATIONS SONT SOUVENT MORNES ET ENNUYEUSES.

Il existe une quantité impressionnante d'arbustes offerts dans les jardineries et les pépinières. Certains possèdent un feuillage décidu alors que d'autres ont des feuilles persistantes. Beaucoup sont cultivés pour la beauté de leurs fleurs et de leurs fruits, mais quelques-uns arborent aussi des tiges ou des feuillages décoratifs. Compte tenu de leur grande diversité, les arbustes ne peuvent pas tous être entretenus de la même façon.

La fertilisation

Lorsqu'ils sont bien implantés, les arbustes ne nécessitent en général aucune fertilisation. Je recommande cependant d'épandre du compost chaque année à la base de certains spécimens taillés régulièrement ou soumis à des conditions environnementales stressantes, par exemple s'ils sont plantés à proximité d'arbres matures. Pour connaître les quantités de compost nécessaires à chaque espèce, référez-vous aux tableaux VIII, IX et X aux pages 50, 51 et 52. N'oubliez pas que le compost doit être épandu sur un diamètre qui équivaut à celui de la couronne de feuilles de chaque arbuste. En plus de leur fournir du compost, fertilisez également certains arbustes à fleurs exigeants comme les hortensias à grandes feuilles (*Hydrangea macrophylla*) avec un engrais d'origine naturelle à dégagement lent riche en potassium. L'utilisation d'un fertilisant dont la formulation se rapproche de 4-4-8, est recommandée. Épandez cet engrais tôt au printemps, lors de l'ajout de compost, à raison de 1 kg par 10 m², soit environ 60 ml (deux poignées) par plant.

L'arrosage

Les arbustes nouvellement plantés doivent être arrosés trois fois par semaine pendant une période d'environ un mois. Les mois suivants,

Le berbéris 'Aurea Nana' (*Berberis thunbergii* 'Aurea Nana') en compagnie de la corydale bulbeuse (*Corydalis bulbosa*).

n'arrosez plus qu'une seule fois par semaine, sauf en période de canicule où un arrosage aux trois jours est nécessaire. Dans tous les cas, fournissez-leur environ 10 litres d'eau lors de chaque arrosage. Cessez d'arroser vers la mi-octobre.

Les années suivant celle de la plantation, je recommande d'arroser les arbustes au début de l'automne, surtout ceux qui ont un feuillage persistant comme les rhododendrons (Rhododendron). Ils pourront ainsi se préparer adéquatement à la venue de l'hiver. Effectuez deux ou trois arrosages raisonnables – environ 10 litres d'eau par arbuste et par arrosage – avant les premiers gels importants de la fin d'octobre ou du début de novembre, selon les régions. Mais de la fin d'août jusqu'au début d'octobre, arrosez peu vos arbustes pour qu'ils ne produisent pas de nouvelles pousses tendres qui n'auraient pas le temps de bien s'endurcir avant l'hiver. Le printemps est aussi une période où les arbustes ont besoin de beaucoup d'eau. Lorsqu'il y a peu de précipitations, au début de la saison, il est essentiel de les arroser pour que leur croissance et leur développement ne soient pas compromis. Comme à l'automne, quelques arrosages effectués à partir du dégel du sol jusqu'à la fin de mai permettent à ces plantes de passer un meilleur été. Durant les mois de juin, de juillet et d'août, n'arrosez vos arbustes à feuilles décidues ou persistantes que lors d'une période chaude et sèche. Un ou deux arrosages par semaine suffisent alors.

Le paillage

Pour limiter, voire éliminer complètement la croissance des herbes indésirables et maintenir une humidité constante dans le sol, il est fortement recommandé d'installer un paillis organique à la base des arbustes. Un paillis protège également les racines superficielles et fragiles de certaines plantes à feuilles persistantes comme les rhododendrons (Rhododendron) contre les méfaits du cycle de gel et de dégel.

Pour la majorité des arbustes, une épaisseur de paillis organique de 5 à 7,5 cm est habituellement suffisante. N'installez jamais le paillis par temps froid ou lorsque le sol est sec. Épandez-le autour des arbustes fraîchement plantés sur un diamètre excédant d'environ 40 cm la largeur de leur motte de racines. Lorsque vous disposez un paillis à la base des arbustes établis, assurez-vous de l'étendre sur un diamètre ayant 15 à 30 cm de plus que le diamètre de leur couronne de feuilles.

La taille d'entretien

Outre le buis (*Buxus microphylla*) et les divers cultivars de fusain de Fortune (*Euonymus fortunei*), les arbustes à feuilles persistantes ne tolèrent pas les tailles sévères puisqu'ils ont généralement beaucoup de difficulté à former de nouveaux bourgeons sur de vieilles tiges ou à partir de leur souche. Chez ces végétaux, il faut se limiter à couper les branches mortes, cassées ou malades. Sauf exception, les arbustes à feuilles décidues ont avantage à être taillés. Laissés à eux-mêmes, ils finissent par ne produire des feuilles qu'au sommet de leurs tiges et leur base dégarnie s'encombre de plusieurs branches mortes. Une taille d'entretien régulière les maintient en santé pendant de longues années, prévient cette tendance de la base à se dégarnir et décuple leur floraison.

Quand tailler

La période durant laquelle la plupart des arbustes à feuilles décidues doivent être taillés est fonction de leur période de floraison. Les arbustes qui fleurissent au printemps produisent généralement leurs fleurs sur les tiges formées durant les années précédentes. Pour éviter d'amputer une partie de leur floraison, le forsythia (*Forsythia*) et le seringat (*Philadelphus*), par exemple, doivent être élagués dès que leur floraison est terminée. Les arbustes qui fleurissent plus tardivement, en été et en automne, produisent habituellement leurs fleurs sur les tiges formées durant la saison en cours.

■ Un lilas qui ne fleurit pas

Pour former une abondante floraison, un lilas (*Syringa*) doit être planté dans un sol riche bien amendé de compost, parfaitement drainé et exposé au plein soleil. Évitez de le tailler à la fin de l'été ou à l'automne pour ne pas éliminer les bourgeons à fleurs déjà formés pour l'année suivante. Bien qu'elle ne soit pas essentielle, la taille d'un lilas doit être effectuée tout de suite après la floraison. Cette technique consiste simplement à éliminer les fleurs fanées en taillant directement au-dessus de la première paire de feuilles. Si toutes ces conditions sont respectées et que votre lilas ne fleurit toujours pas, je vous suggère alors de lui apporter une fertilisation riche en potassium. Évitez cependant de fertiliser la pelouse avec des engrais riches en azote dans un rayon de 3 à 4 m de votre lilas. Vous pouvez aussi stimuler la floraison de votre lilas en coupant l'extrémité de ses racines. Cernez le tour de l'arbuste en plongeant une bêche bien aiguisée dans le sol à une distance du tronc qui équivaut au diamètre de sa couronne de feuilles.

Lilas 'Palibin' (*Syringa meyeri* 'Palibin').

1 Enlevez toutes les tiges mortes, blessées ou malades.

2 Supprimez toutes les vieilles branches qui ne fleurissent plus suffisamment en les coupant à environ 5 cm du sol.

3 Coupez chaque tige qui soutient des fruits près du bois plus âgé en n'y conservant que deux ou trois bourgeons.

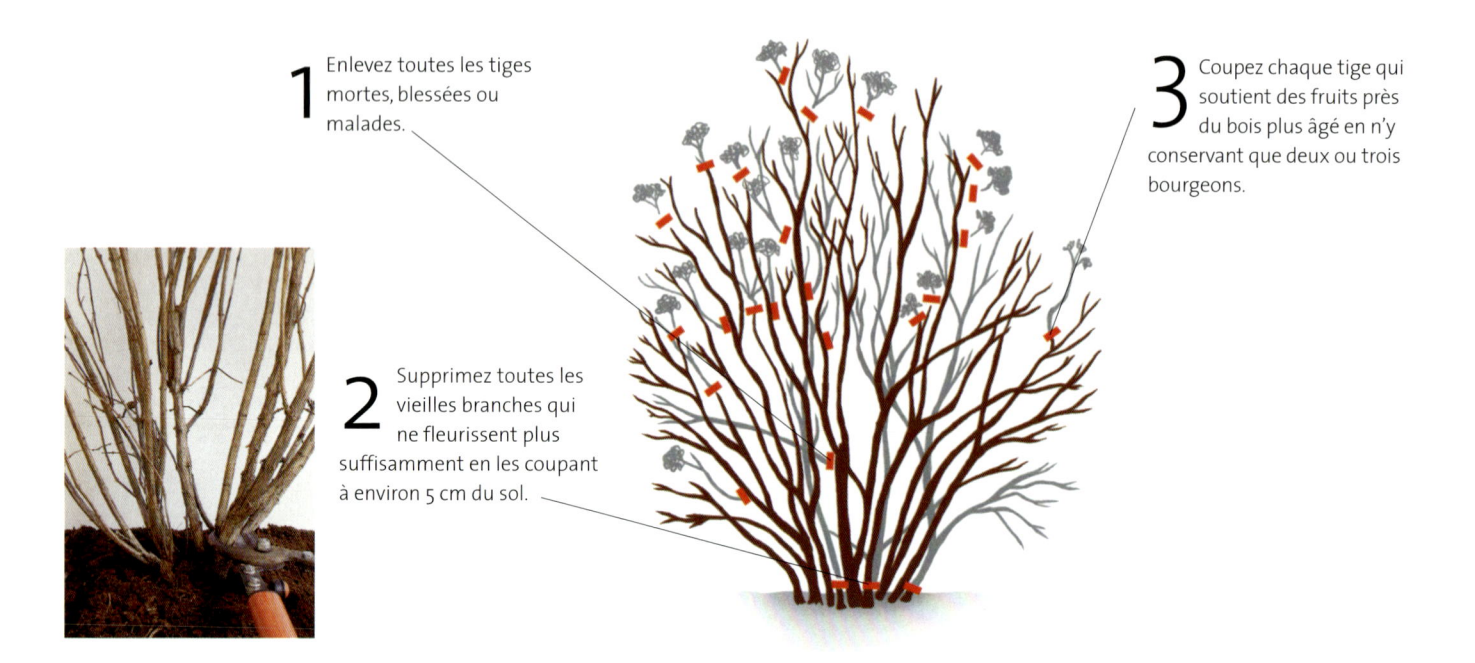

TAILLE D'UN ARBUSTE À FEUILLES DÉCIDUES BIEN ÉTABLI ET QUI PRODUIT SES FLEURS SUR DE NOUVELLES TIGES

C'est donc au printemps, du mois de mars jusque vers la fin d'avril, avant l'éclosion des bourgeons, que vous devez effectuer la taille de ces arbustes. Dans tous les cas, les branches mortes, brisées ou atteintes de maladies doivent être éliminées le plus rapidement possible, peu importe la période. Les tableaux XXI et XXII donnent la liste des plantes qui doivent être taillées avant ou après leur floraison.

LA TAILLE DES ARBUSTES PRODUISANT LEURS FLEURS SUR DE NOUVELLES TIGES

Les arbustes à feuilles décidues qui produisent leurs fleurs sur de nouvelles tiges formées durant l'année en cours (voir tableau XXI) doivent être taillés au début du printemps. Chaque année, ou aux deux ans au moins, vous devez éliminer toutes les vieilles branches qui ne fleurissent plus suffisamment en les coupant à environ 5 cm du sol ou à leur point d'attache sur une autre branche. Toutes les jeunes branches conservées doivent par la suite être débarrassées des fruits issus de la floraison de l'année précédente. Coupez

Ne coupez pas n'importe où !

Lorsque vous raccourcissez une tige, il est très important de la tailler en biseau à un angle de 40 degrés juste au-dessus d'un appel-sève. L'appel-sève est une pousse – un bourgeon, une feuille ou une petite tige – qu'on garde à l'extrémité du rameau coupé et qui, comme son nom l'indique, assure une bonne circulation de sève autour de la plaie et favorise une cicatrisation rapide. Afin d'éviter qu'il ne se dessèche, l'appel-sève doit avoir un diamètre minimal équivalent au tiers du diamètre de la branche taillée.

TABLEAU XXI

LES ARBUSTES À FEUILLES DÉCIDUES DEVANT ÊTRE TAILLÉS AU DÉBUT DU PRINTEMPS, AVANT LEUR FLORAISON

Amorpha
Buddleja davidii
Clethra alnifolia*
Cotoneaster*
Diervilla
Hamamelis virginiana
Hibiscus syriacus
Hydrangea
Hypericum
Potentilla
Sambucus
Sorbaria
Spiraea x billardii
Spiraea japonica
Tamarix ramosissima

Note : Les plantes accompagnées d'un astérisque ne nécessitent qu'une taille très légère.

TAILLE D'UNE BRANCHE AVEC APPEL-SÈVE

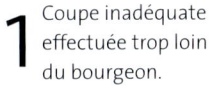

1 Coupe inadéquate effectuée trop loin du bourgeon.

2 Coupe inadéquate effectuée dans un angle inversé.

3 Coupe inadéquate effectuée trop près du bourgeon.

4 Coupe adéquate faite à un angle de 40 degrés à quelques millimètres du bourgeon.

chaque tige qui soutient des fruits près du bois plus âgé en n'y conservant que deux ou trois bourgeons. Les coupes doivent être faites en biseau à quelques millimètres au-dessus d'un bourgeon orienté à l'opposé du centre de l'arbuste, de façon à lui donner une structure ouverte et équilibrée.

Lorsque vous taillez un arbuste dont les feuilles sont opposées, vous devez effectuer chaque coupe à quelques millimètres au-dessus d'une paire de bourgeons sains. Si vous ne désirez obtenir qu'une seule tige à la suite de la taille – pour former une tête ou une branche orientée vers l'extérieur du plant – vous n'avez qu'à éliminer avec vos doigts le bourgeon qui n'est pas dans la direction souhaitée.

LES ARBUSTES 187

Tableau XXII

Les arbustes à feuilles décidues devant être taillés dès que leur floraison est terminée

Amelanchier*
Aronia melanocarpa
Calycanthus floridus*
Caragana
Chaenomeles*
Cytisus
Daphne*
Deutzia
Enkianthus campanulatus*
Forsythia
Fothergilla major*
Genista
Kolkwitzia amabilis
Lonicera
Magnolia*
Philadelphus
Prunus
Rhododendron (espèces et cultivars qui perdent leurs feuilles avant l'hiver)*
Ribes
Rubus
Spiraea x arguta
Spiraea nipponica
Spiraea thunbergii
Spiraea x vanhouttei
Stephanandra
Syringa
Viburnum*
Weigela

Note : Les plantes accompagnées d'un astérisque ne nécessitent qu'une taille très légère.

La taille des arbustes produisant leurs fleurs sur des tiges âgées

Les arbustes à feuilles décidues qui produisent leurs fleurs sur des tiges formées durant les années précédentes (voir tableau XXII) doivent être taillés dès que leur floraison est terminée. Dans certains cas, les fleurs sont produites sur les tiges de l'année précédente, comme c'est le cas pour le cognassier (*Chaenomeles*). D'autres arbustes, dont les seringats (*Philadelphus*), les lilas (*Syringa*) et les weigelas (*Weigela*), portent plutôt leurs fleurs sur de jeunes pousses latérales issues du bois formé au cours de l'année précédente.

Pour maintenir la santé et la vigueur de ces végétaux, vous devez d'abord éliminer régulièrement les branches mortes, brisées ou malades. Une fois que vos arbustes ont atteint leur maturité, il est important de supprimer tous les ans près du quart des vieilles branches peu productives en les coupant à environ 5 cm du sol ou à leur point d'attache sur une autre branche. Chez certains arbustes comme les lilas (*Syringa*), bien que cela ne soit pas absolument nécessaire, vous pouvez éliminer les inflorescences fanées en les taillant directement au-dessus de la première feuille ou paire de feuilles. Cette opération étant fastidieuse dans le cas des essences qui produisent une floraison abondante, vous pouvez vous contenter de raccourcir légèrement certaines tiges qui ont fleuri. Taillez chaque branche en biseau juste au-dessus d'une petite tige qui n'a pas porté de fleurs et qui est orientée vers l'extérieur de l'arbuste. Cette technique empêche la formation de fruits, ce qui permet d'augmenter la quantité d'énergie disponible pour la formation des nouvelles fleurs.

■ Une taille légère ou sévère ?

Une taille sévère – qui permet d'enlever un long segment d'une tige – favorise une nouvelle pousse beaucoup plus vigoureuse qu'une taille légère. Gardez toujours ce principe en mémoire lorsque vous corrigez le port d'un arbuste dont la couronne de feuilles est déséquilibrée.

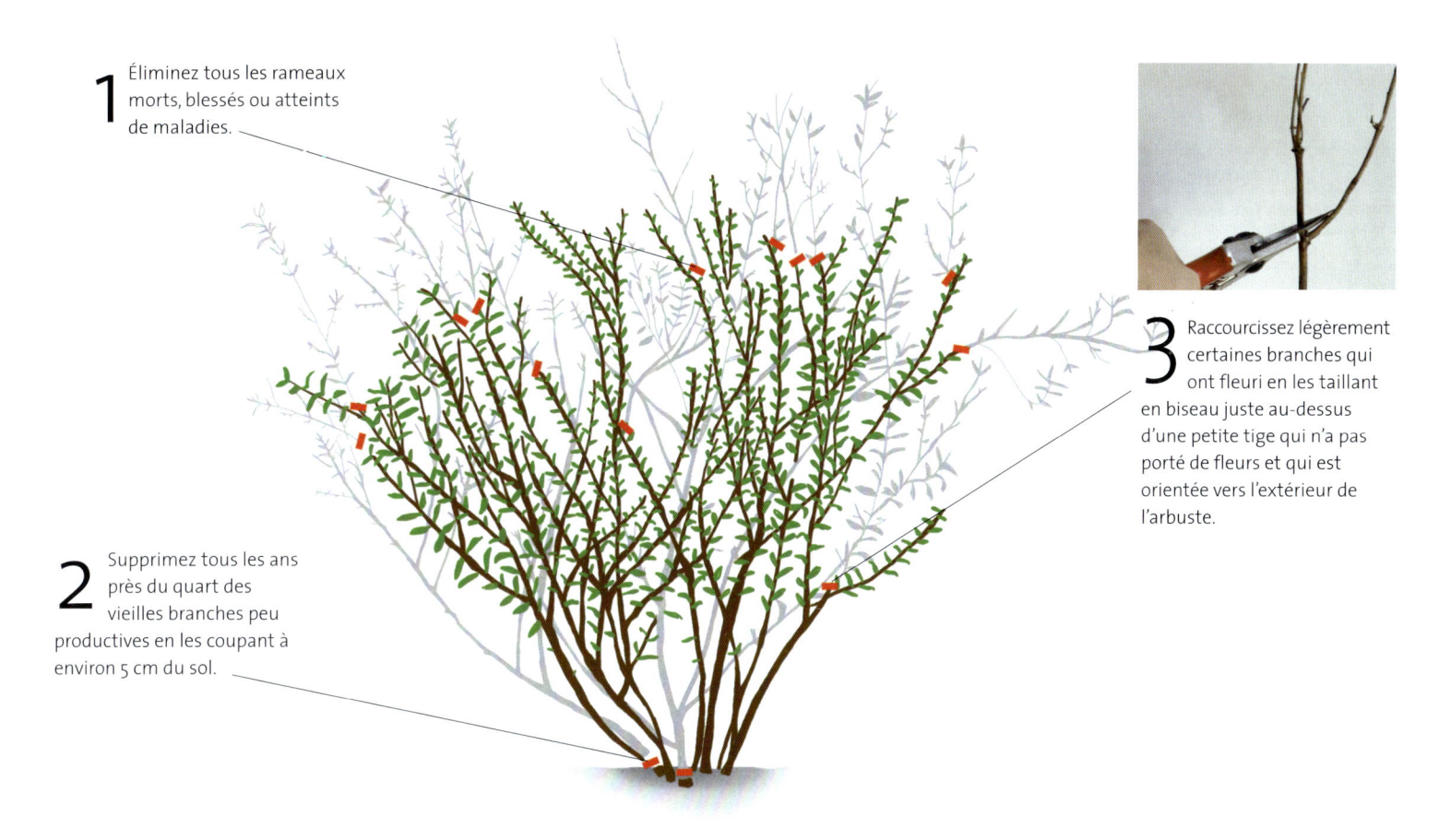

1 Éliminez tous les rameaux morts, blessés ou atteints de maladies.

2 Supprimez tous les ans près du quart des vieilles branches peu productives en les coupant à environ 5 cm du sol.

3 Raccourcissez légèrement certaines branches qui ont fleuri en les taillant en biseau juste au-dessus d'une petite tige qui n'a pas porté de fleurs et qui est orientée vers l'extérieur de l'arbuste.

Taille d'un arbuste à feuilles décidues établi et qui produit ses fleurs sur des tiges âgées

La taille des arbustes à fruits décoratifs

Outre l'élimination de leur bois mort, cassé ou malade, la majorité des arbustes cultivés pour leurs fruits décoratifs, comme le fusain ailé (*Euonymus alatus*), le fusain d'Europe (*E. europaeus*), l'argousier (*Hippophae rhamnoides*), le houx verticillé (*Ilex verticillata*) et la symphorine (*Symphoricarpos albus*), n'exigent aucune taille. Toutefois, chez les plants établis, vous pouvez éliminer occasionnellement les vieilles branches qui ne fructifient plus suffisamment en les coupant à environ 5 cm du sol. Cette taille doit être effectuée tôt au printemps, avant l'éclosion des bourgeons.

LES ARBUSTES 189

Avant que les feuilles vertes ne supplantent les feuilles panachées

Chez les arbustes à feuillage panaché – ceux qui présentent diverses couleurs – les tiges à feuilles vertes doivent être supprimées dès leur apparition, car elles deviendraient plus vigoureuses et supplanteraient les branches à feuilles panachées.

La rénovation

Avec l'âge, la plupart des arbustes à feuilles décidues se dégarnissent et fleurissent moins abondamment. Ils ne produisent des feuilles qu'au sommet de leurs tiges et leur base dégarnie est habituellement encombrée de plusieurs branches mortes. Deux facteurs peuvent être à l'origine de ce problème : ces arbustes peuvent avoir été négligés pendant une longue période ou avoir été taillés en forme de boule de façon abusive. Au lieu de remplacer les vieux arbustes frêles et dégarnis, vous pouvez rénover la plupart d'entre eux en pratiquant une taille sévère.

Une quantité surprenante d'arbustes à feuilles décidues supportent bien une taille draconienne, car ils sont capables de produire de nouvelles tiges à partir de leur souche. Une fois leurs branches coupées au ras du sol, il ne leur faut généralement pas plus d'un ou deux ans pour reformer un feuillage dense et vigoureux. Il faut cependant savoir que certaines espèces sont particulièrement lentes à former de nouvelles pousses à partir de la base. Il est

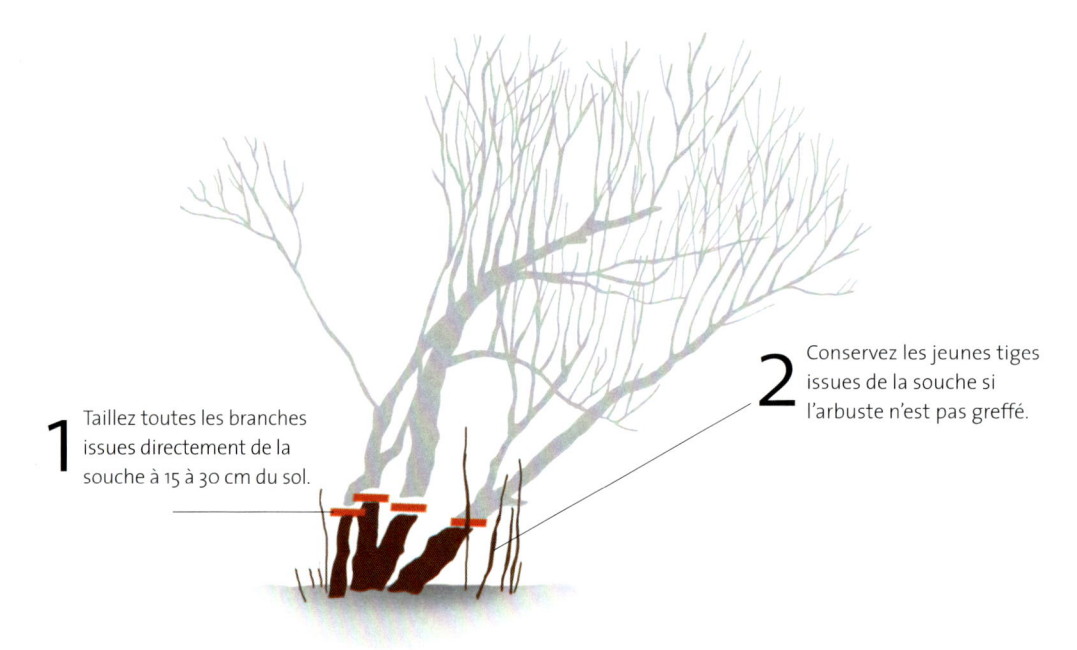

1 Taillez toutes les branches issues directement de la souche à 15 à 30 cm du sol.

2 Conservez les jeunes tiges issues de la souche si l'arbuste n'est pas greffé.

Rénovation draconienne d'un vieil arbuste à feuilles décidues négligé donc préférable de les rénover en effectuant une taille moins sévère et parfois même pratiquée en plusieurs étapes.

Quand rénover
La meilleure période pour effectuer la rénovation de la plupart des arbustes à feuilles décidues est comprise entre le début de mars et la fin d'avril, avant l'éclosion des bourgeons. De cette façon, les plaies ne risquent pas d'être exposées aux grands froids et l'absence de feuilles offre une meilleure visibilité de la structure des plants, ce qui facilite le travail.

La rénovation par étapes
Les arbustes à feuilles décidues qui ont de la difficulté à former de nouvelles pousses à partir de leur souche ou de la base de leurs branches doivent être rénovés par une taille peu sévère effectuée en plusieurs étapes. Le tableau XXIII donne la liste de ces arbustes.

La première année, éliminez les branches mortes, cassées ou malades. Enlevez aussi les vieilles tiges peu productives en les coupant à environ 5 cm du sol ou à leur point d'attache sur une autre branche. N'enlevez pas plus de la moitié de toutes les tiges au cours de cette opération. Taillez ensuite le tiers supérieur des branches restantes. Lorsque vous raccourcissez une branche, il est important de la tailler en biseau juste au-dessus d'un bourgeon ou d'une petite tige orientés à l'opposé du centre de l'arbuste pour favoriser la formation d'une structure ouverte. L'année suivante, coupez l'autre moitié des vieilles tiges près du sol ou à leur point d'attache sur une branche. Par la même occasion, vous pouvez raccourcir certains nouveaux rameaux très vigoureux formés au cours de l'été précédent.

La rénovation draconienne
La majorité des arbustes à feuilles décidues réagissent bien lorsque toutes leurs branches sont coupées près du sol. À partir de leur souche et des moignons des vieilles branches, ils forment quantité de nouvelles tiges, créant ainsi un feuillage dense en une année ou deux seulement.

Pour rénover un vieil arbuste, vous devez couper toutes les branches issues de sa souche à environ 15 à 30 cm du sol. À l'aide d'une scie à élaguer ou d'un sécateur à longs manches, effectuez des coupes bien droites. Une fois la taille complétée, épandez du compost à la base de l'arbuste. Au printemps suivant, éliminez une partie des nouvelles pousses de façon à ne conserver que deux ou trois tiges solides et vigoureuses sur chaque moignon. La plupart des tiges issues directement de la souche peuvent être conservées.

TABLEAU XXIII

LES ARBUSTES À FEUILLES DÉCIDUES DEVANT ÊTRE RÉNOVÉS PAR UNE TAILLE PEU SÉVÈRE PRATIQUÉE EN PLUSIEURS ÉTAPES

Amelanchier

Calycanthus floridus

Chaenomeles

Clethra alnifolia

Cotoneaster

Daphne

Enkianthus campanulatus

Fothergilla major

Magnolia

Rhododendron (espèces et cultivars qui perdent leurs feuilles avant l'hiver)

Viburnum

La taille des hortensias

La taille des hortensias (*Hydrangea*) se fait de trois façons, selon les espèces. Tous les cultivars d'hortensia paniculé (*H. paniculata*) fleurissent tard à la fin de l'été. Leurs fleurs sont donc produites sur des tiges formées durant la saison en cours. Bien que la taille ne soit pas essentielle, ces végétaux gagnent à être élagués sévèrement au début du printemps pour améliorer la qualité de leur floraison. Les tiges qui portent les fleurs sèches peuvent être raccourcies à proximité des vieilles branches en ne conservant qu'un seul verticille de bourgeons. Cette technique fonctionne bien à condition que du compost et un engrais riche en potassium soient fournis aux plants ainsi taillés.

L'hortensia arborescent 'Annabelle' (*H. arborescens* 'Annabelle') doit être taillé au ras du sol chaque année. Comme ses fleurs sèches sont décoratives, taillez-le au printemps. En coupant les tiges à quelques centimètres du sol, elles forment de nouvelles pousses bien droites et solides.

Les cultivars d'hortensia à grandes feuilles (*H. macrophylla*) forment quant à eux leurs fleurs sur des tiges de l'année précédente. Au printemps, lorsque les feuilles commencent à peine à sortir, taillez les fleurs sèches directement au-dessus de la première paire de bourgeons sains. Chaque coupe doit être faite à quelques millimètres des deux derniers bourgeons conservés, en évitant de les endommager. Après quatre ou cinq ans, vous pouvez commencer à éliminer complètement deux ou trois des plus vieilles tiges chaque année. Si vous habitez en zone 5, dans un endroit très venteux où le couvert de neige n'est pas constant, il est probable que vous soyez obligé de protéger ces végétaux avant l'hiver. C'est donc en novembre que vous devez tailler leurs tiges de façon à conserver six ou sept paires de bourgeons. Vous pourrez ainsi les recouvrir plus facilement de feuilles mortes déchiquetées et d'une toile de protection hivernale ancrée au sol par des piquets.

1 Éliminez les branches mortes.

2 Coupez au ras du sol deux ou trois des plus vieilles tiges.

3 Taillez les fleurs sèches directement au-dessus de la première paire de bourgeons sains.

TAILLE D'UN HORTENSIA À GRANDES FEUILLES (*Hydrangea macrophylla*)

L'épine-vinette

Le magnifique berbéris (*Berberis thunbergii*), communément appelé épine-vinette, a longtemps fait l'envie des jardiniers avertis. Jusqu'à tout récemment, il était à peu près impossible d'en trouver dans les jardineries et les pépinières canadiennes. Depuis 1970 il était en effet interdit de faire la vente du berbéris et de ses divers cultivars au Canada, parce qu'on les considérait comme des vecteurs de la rouille du blé, une maladie qui affecte cette céréale. Voilà que depuis août 2001, l'Agence canadienne d'inspection des aliments permet la vente de cet arbuste fort attrayant. Une douzaine de cultivars très résistants à *Puccinia graminis,* le pathogène responsable de la rouille du blé, peuvent désormais être importés des États-Unis, où ils ont été développés, et vendus partout au Canada.

Parmi tous les cultivars autorisés, le berbéris 'Rose Glow' (*B. thunbergii* 'Rose Glow') sera, je crois, le plus populaire. Son feuillage tout à fait spectaculaire, dont les jeunes pousses pourpres sont tachetées de blanc et de rose, fera son succès. 'Rose Glow' atteint environ 1 m de hauteur sur autant de largeur. Pour sa part, le berbéris 'Aurea Nana' (*B. thunbergii* 'Aurea Nana'), qui fait tout au plus 70 cm de hauteur sur autant de largeur, arbore un superbe feuillage jaune clair durant toute la période estivale. Lorsque vient l'automne, il se colore de rouge vif. Enfin, le cultivar 'Cherry Bomb' (*B. thunbergii* 'Cherry Bomb') possède un feuillage entièrement pourpre et ses nouvelles pousses sont rouges. Son port très uniforme en fait une bonne plante pour la création de haies basses. Il atteint 1 m de hauteur.

Les divers cultivars de berbéris se cultivent assez aisément. Bien qu'ils s'accommodent de plusieurs types de sols (même ceux qui sont temporairement secs), évitez de les planter dans une terre trop humide. Les berbéris ont une croissance maximale lorsqu'ils sont plantés dans une terre loameuse amendée d'un peu de compost et dont le pH se situe entre 6 et 7,5. Ils préfèrent un site ensoleillé ou mi-ombragé. La plupart des cultivars sont rustiques jusqu'en zone 4. Attention ! Les branches des berbéris sont couvertes de petites épines.

Belle association entre le berbéris 'Cherry Bomb' (*Berberis thunbergii* 'Cherry Bomb') et un ricin (*Ricinus communis*).

LES ARBUSTES

La taille des buddléias

Tous les cultivars de buddléias (*Buddleja davidii*) produisent leurs fleurs sur des tiges formées durant la saison en cours. Afin d'améliorer la qualité de leur floraison, taillez ces végétaux sévèrement au début du printemps, lorsque les feuilles commencent à peine à sortir. Les tiges qui portent les fleurs sèches doivent être raccourcies à proximité des vieilles branches, en n'y conservant qu'une ou deux paires de bourgeons. Chaque coupe doit être faite à quelques millimètres des deux derniers bourgeons conservés. Une fois la taille terminée, ajoutez à la base des plants du compost et un engrais naturel riche en potassium dont la formulation se rapproche de 4-4-8.

Si vous habitez une région très venteuse où le couvert de neige est faible, protégez vos buddléias avant l'hiver. Vous devez tailler leurs tiges en novembre et les couvrir de feuilles mortes déchiquetées et d'une toile de protection hivernale ancrée au sol par des piquets.

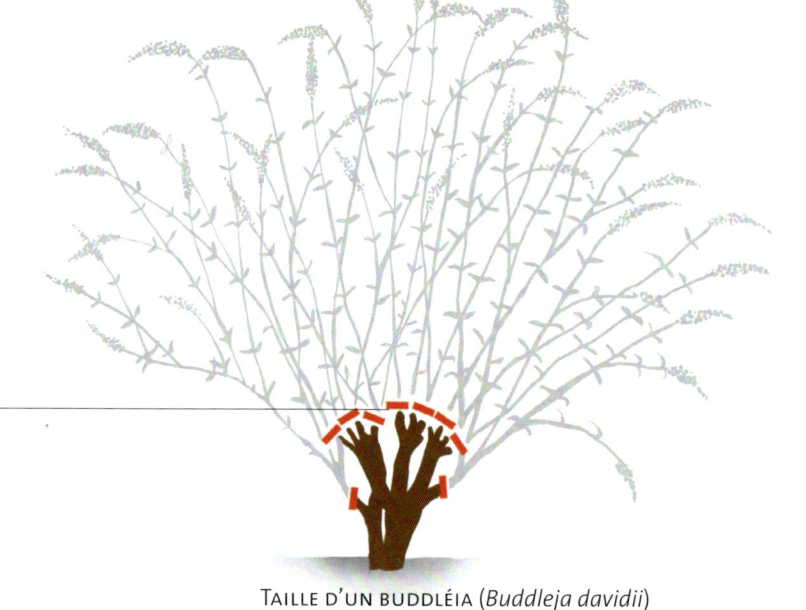

1 Les tiges qui portent les fleurs sèches doivent être taillées à proximité des vieilles branches, en n'y conservant qu'une ou deux paires de bourgeons.

TAILLE D'UN BUDDLÉIA (*Buddleja davidii*)

La taille des arbustes à feuilles et à tiges décoratives

Certains arbustes sont cultivés pour leurs feuilles ou leurs tiges décoratives. En coupant régulièrement toutes les vieilles branches des cornouillers (*Cornus*) près du sol, la croissance de nouvelles tiges plus colorées est favorisée. Taillés sévèrement, des arbustes tels que le fustet 'Royal Purple' (*Cotinus coggygria* 'Royal Purple') ou encore le sureau 'Plumosa Aurea' (*Sambucus racemosa* 'Plumosa Aurea') forment quantité de nouvelles tiges qui portent des feuilles plus larges, ce qui rend leur coloration particulièrement frappante. Ce type de taille peut être effectué tous les deux ou trois ans, tôt au printemps, avant l'éclosion des bourgeons. Coupez alors toutes les branches des arbustes à 5 cm du sol. Une fois ces végétaux taillés, épandez du compost ainsi qu'un fertilisant riche en azote à leur base. Dans le cas d'arbustes moins vigoureux, comme le fustet 'Royal Purple', vous pouvez aussi réaliser les travaux par étapes en ne taillant que le tiers ou la moitié des tiges lors de chaque intervention.

La propagation

Il existe une foule de méthodes pour propager les arbustes à feuillage décidu ou persistant. Le bouturage est sans contredit la méthode la plus simple et la plus rapide pour multiplier une foule d'espèces et de cultivars. Certains arbustes peuvent aussi être divisés, tandis que d'autres sont propagés par marcottage. Le semis est habituellement peu coûteux, mais cette méthode exige beaucoup plus de temps pour obtenir des plants matures.

Tableau XXIV
Les arbustes à feuilles et à tiges décoratives tolérant une taille sévère

Acanthopanax sieboldianus 'Variegatus'	*Kerria japonica*
Cornus alba 'Aurea'	*Kerria japonica* 'Picta'
Cornus alba 'Elegantissima'	*Philadelphus coronarius* 'Aureus'
Cornus alba 'Gouchaultii'	*Physocarpus opulifolius* 'Dart's Gold'
Cornus alba 'Ivory Halo'	*Physocarpus opulifolius* 'Diabolo'
Cornus alba 'Kesselringii'	*Physocarpus opulifolius* 'Golden Nugget'
Cornus alba 'Sibirica'	*Physocarpus opulifolius* 'Luteus'
Cornus alba 'Sibirica Variegata'	*Rubus cockburnianus*
Cornus alba 'Spaethii'	*Rubus thibetanus*
Cornus sanguinea 'Winter Beauty'	*Rubus thibetanus* 'Silver Fern'
Cornus stolonifera 'Flaviramea'	*Salix cinerea* 'Variegata'
Cornus stolonifera 'Kelseyi'	*Salix integra* 'Flamingo'
Cornus stolonifera 'White Gold'	*Salix integra* 'Hakuro Nishiki'
Corylus avellana 'Aurea'	*Salix purpurea* 'Gracilis'
Corylus avellana 'Rote Zeller'	*Salix repens*
Corylus maxima 'Purpurea'	*Sambucus canadensis* 'Aurea'
Cotinus coggygria 'Nordine'	*Sambucus racemosa* 'Plumosa Aurea'
Cotinus coggygria 'Royal Purple'	*Sambucus racemosa* 'Sutherland'
Cotinus 'Grace'	

Le bouturage

De nombreux arbustes comme le buis (*Buxus microphylla*), les cornouillers (*Cornus*), les seringats (*Philadelphus*), les divers cultivars de physocarpe à feuilles d'obier (*Physocarpus opulifolius*), plusieurs espèces et cultivars de spirées (*Spiraea*), les viornes (*Viburnum*) ainsi que les weigelas (*Weigela*) peuvent être propagés facilement par bouturage de leurs pousses de l'année en cours. De la fin de juin jusqu'en août, prélevez de jeunes pousses situées à l'extrémité des tiges. Sélectionnez les bouts de tiges souples et flexibles dont l'extrémité n'est pas complètement lignifiée. Pour vous assurer de la qualité de vos boutures, pliez-en quelques-unes ; une cassure nette signifie qu'elles ont été prélevées au moment opportun. Les boutures, qui doivent avoir une longueur de 10 à 15 cm, sont coupées sous un nœud, soit sous l'endroit de la tige où s'insère une feuille. Coupez ensuite toutes les petites tiges latérales et enlevez toutes les feuilles fixées sur la moitié inférieure de chaque bouture ; les plaies ainsi formées le long de la tige favoriseront la formation de racines (photo 1). Chez les végétaux dont le feuillage est de grandes dimensions, coupez les feuilles restantes de moitié de façon à limiter l'évaporation. Si vous prélevez vos boutures en août et que leur base est particulièrement bien lignifiée, coupez-la en biseau à l'aide d'un couteau bien aiguisé, et cela sur une longueur d'environ 2,5 cm. Plongez enfin la base des boutures – toute la partie exempte de feuilles – dans une poudre d'enracinement contenant 0,4 % d'acide indole-3-butyrique (photo 2).

Piquez la moitié inférieure de chaque bouture dans un substrat composé d'une moitié de tourbe de sphaigne et d'une moitié de perlite grossière. Compactez très légèrement le terreau et arrosez-le abondamment. Plutôt que d'installer chaque bouture dans un pot, disposez-les toutes dans un même contenant composé de plusieurs compartiments (photo 3). Placez un dôme de plastique transparent sur chaque contenant afin d'assurer une humidité constante aux plants, mais en veillant à ce que de la condensation ne se forme pas sur les parois. Vérifiez régulièrement que le substrat ne s'assèche pas et ajoutez un peu d'eau au besoin. Les boutures peuvent être laissées à l'extérieur. Protégez-les des rayons intenses du soleil d'après-midi tout en leur donnant un maximum de luminosité. Les boutures faites en juin ou en juillet devraient être parfaitement enracinées après une période de trois ou quatre semaines. Vous pourrez les rempoter ou les planter en pleine terre. Les boutures

Des hormones favorisant la croissance

La base des boutures est habituellement plongée dans une poudre d'enracinement composée d'acide indole-3-butyrique (AIB). Ce produit est en fait une hormone de croissance qui favorise la formation de racines. Les boutures herbacées sont généralement traitées avec une poudre contenant 0,1 % d'acide indole-3-butyrique, les boutures semi-ligneuses, avec une poudre d'enracinement qui en contient 0,4 %, tandis que les boutures complètement lignifiées sont plongées dans une poudre de 0,8 % d'AIB. Vous pouvez également remplacer cette poudre d'enracinement par des algues liquides pures, un produit naturel très riche en hormones de croissance. Les boutures badigeonnées d'algues liquides produisent des racines en quelques jours seulement.

prélevées en août ne seront cependant pas suffisamment enracinées avant les premiers gels. Vous devrez alors enfouir les contenants dans le sol, enlever les dômes de plastique et, dans les régions où la couverture de neige est faible et instable, les recouvrir d'une épaisse couche de feuilles mortes déchiquetées. Ce n'est qu'à la fin du printemps suivant que vous pourrez les mettre en terre.

La division
La division est habituellement utilisée pour la multiplication des plantes vivaces herbacées, mais on l'utilise aussi pour propager certains arbustes non greffés qui forment beaucoup de drageons. Les aronias (*Aronia*), les cornouillers (*Cornus*), les fusains de Fortune (*Euonymus fortunei*), l'hortensia arborescent 'Annabelle' (*Hydrangea arborescens* 'Annabelle'), la corète du Japon (*Kerria japonica*) et les divers cultivars de spirée du Japon (*Spiraea japonica*) figurent parmi les arbustes qui se divisent le plus facilement. Cette opération peut être effectuée au printemps ou à l'automne, avant la mi-octobre.

À l'instar des arbres, les arbustes contribuent à structurer les aménagements paysagers.

La division des arbustes peut être effectuée exactement comme celle des plantes vivaces herbacées (voir page 258). Il est aussi possible de ne diviser que les drageons des arbustes, sans avoir à extraire du sol toute leur motte de racines. Pour ce faire, vous devez si possible sélectionner un drageon – une jeune branche issue directement des racines – un peu à l'écart du groupe de tiges centrales. À l'aide d'une pelle-bêche, sortez le drageon de terre avec la racine d'où il émerge sans endommager le reste de l'arbuste. Assurez-vous que la base du drageon est pourvue de radicelles. Déterrez la racine d'où est issu le drageon et coupez-là le plus près possible de son point d'attache sur la souche de l'arbuste. Coupez également cette racine près des radicelles du drageon. Enfin, replantez ce dernier en pleine terre en l'arrosant abondamment. Enlevez la moitié de son feuillage afin de limiter l'évaporation.

Le marcottage

Le marcottage est une technique de propagation très semblable au bouturage. Cette méthode nécessite moins de travail, mais elle est plus lente. Elle permet de multiplier aisément certains arbustes à feuilles décidues ou persistantes tels que les divers cultivars de bruyère de printemps (*Erica carnea*) et de bruyère d'automne (*Calluna vulgaris*), les cognassiers (*Chaenomeles*), les cornouillers (*Cornus*), les magnolias (*Magnolia*), les saules (*Salix*) et les lilas (*Syringa*). Le marcottage peut survenir de façon tout à fait naturelle quand une tige touche le sol et qu'elle s'y enracine. Quand cela se produit, on peut couper la branche enracinée et la replanter ailleurs. Vous pouvez effectuer le marcottage d'une plante à n'importe quel moment de la saison de végétation, la meilleure période étant le printemps. Sélectionnez d'abord une jeune tige vigoureuse qui n'a pas plus de deux ans et qui est située près du sol, enlevez les feuilles fixées à l'endroit où elle sera enfouie dans la terre et pratiquez-y une petite incision à l'aide d'un couteau bien aiguisé. Mettez sur cette coupe un peu de poudre d'enracinement contenant 0,8 % d'acide indole-3-butyrique ou badigeonnez-la d'algues liquides pures. Placez ensuite le bout de branche incisé sous la surface du sol et faites-le tenir en place à l'aide d'un crochet de métal. Après 12 mois, sortez la branche du sol et, si elle est bien enracinée, coupez-la et mettez-la en pot ou replantez-la ailleurs.

La protection hivernale

La plupart des arbustes vendus sur le marché horticole de l'Est canadien ne nécessitent pas de protection hivernale, mais en zone 5, dans des endroits particulièrement venteux où le couvert de neige est faible et instable, certains arbustes à feuilles décidues et persistantes peu rustiques gagnent à être protégés chaque hiver. Comme l'épaisseur du couvert de neige est de moins en moins constante – c'est par exemple le cas dans la grande région de Montréal – les plantes ornementales sont moins bien protégées des vents hivernaux desséchants. Dans certains endroits de la zone 4, particulièrement dans la région de Québec et dans Charlevoix, le couvert de neige est habituellement très important. Plusieurs végétaux peu rustiques y survivent donc plus facilement que dans la région de Montréal, qui est pourtant plus chaude.

Quand les protéger

Pour s'endurcir et être en mesure de bien résister aux méfaits de l'hiver, les arbustes ont besoin d'être exposés pendant quelques jours à des températures oscillant entre 0 et -10 °C. Il est donc important d'installer les protections hivernales une fois que le sol a commencé à geler et que la température est descendue sous le point de congélation. Pour plusieurs régions de l'est du Canada, cette période correspond habituellement au début de novembre. Dans certains endroits plus au sud, il est préférable d'attendre la mi-novembre et parfois même la toute fin du mois pour effectuer cette opération.

Toutes les protections doivent être retirées dès le dégel du sol, vers la fin de mars ou au début d'avril. Enlevez-les durant une journée nuageuse ou même pluvieuse pour que les plantes ne soient pas soumises à des écarts de température et de luminosité trop importants. Pour les végétaux peu rustiques, retirez les protections progressivement en les remettant pour les nuits les plus froides, lorsque la température descend de plusieurs degrés sous zéro. Vous pouvez les enlever complètement au moment où la température nocturne ne descend plus sous le point de congélation.

La protection des arbustes à feuilles caduques peu rustiques

Quelques arbustes à feuilles décidues comme les divers cultivars de buddléia (*Buddleja davidii*) et d'hibiscus de Syrie (*Hibiscus syriacus*), ainsi que certaines variétés cultivées d'hortensia à grandes feuilles (*Hydrangea macrophylla*) sont à la limite de leur rusticité en zone 5. Dans plusieurs régions de cette zone, la couverture de neige est mince et très instable ; au cœur de

Un spectaculaire fusain ailé (*Euonymus alatus*) en automne.

Une protection naturelle

La plantation d'une haie champêtre sur votre terrain permet d'améliorer le climat qui y prévaut et d'y cultiver certains végétaux peu rustiques sans avoir à les emmitoufler avant chaque hiver. Une haie composée de conifères, d'arbustes bas et d'arbustes à plus grand développement offre en effet une excellente protection contre les vents, diminue les écarts de température entre le jour et la nuit, et favorise l'accumulation de neige.

l'hiver, il n'est pas rare que la température se réchauffe au point qu'il pleuve et que la neige accumulée au sol fonde. S'ils sont exposés aux vents dominants, ces arbustes doivent être protégés adéquatement avant l'hiver. Afin d'avoir plus de facilité à les couvrir d'une protection hivernale, taillez d'abord leurs tiges. Les buddléias et les hibiscus de Syrie peuvent être taillés sévèrement. Les tiges qui portent les fleurs sèches doivent être raccourcies à proximité des vieilles branches en n'y conservant qu'une ou deux paires de bourgeons. Quant aux hortensias à grandes feuilles, leurs tiges doivent être taillées de façon à conserver six ou sept paires de bourgeons. Épandez ensuite une épaisseur de 10 à 15 cm de terre à la base des plants. Pour une protection accrue, recouvrez la terre et les tiges d'une épaisse couche de feuilles mortes déchiquetées et bien sèches. Pour maintenir les feuilles en place, installez enfin une toile

LES ARBUSTES

géotextile de protection hivernale plastifiée ou un filet de plastique retenus au sol par des piquets.

En zone 4, principalement dans la grande région de Québec et dans Charlevoix, la situation est très différente. Puisque le couvert de neige y est habituellement beaucoup plus épais, il n'est pas nécessaire de couvrir ces arbustes d'une protection hivernale, à moins qu'ils soient plantés dans un endroit très venteux. La seule précaution à prendre est de déposer une couche de terre ou de paillis de cèdre à leur base, pour éviter un gel trop rapide des racines si une période de froid hâtive survient avant l'arrivée de la neige.

La protection des arbustes à feuilles persistantes
Pour empêcher qu'ils soient desséchés par les vents hivernaux ou qu'ils soient brûlés par les rayons du soleil de la fin de l'hiver, certains arbustes à feuilles persistantes plantés en zone 5, en situation peu protégée, doivent être entourés d'une clôture à neige doublée d'une toile géotextile blanche spécialement conçue pour la protection hivernale. L'andromède du Japon (*Pieris japonica*), les cultivars de houx hybride (*Ilex* x *meserveae*), le kalmia à larges feuilles (*Kalmia latifolia*) ainsi que plusieurs rhododendrons à grandes feuilles, comme le rhododendron de Catawba (*Rhododendron catawbiense*), doivent être protégés avant l'hiver. L'installation d'une protection contre le vent et le soleil commence par la mise en place de quatre piquets de bois – plantés à la verticale et non en pyramide – autour de la plante à protéger. Fixez ensuite une clôture à neige aux piquets. Installez enfin la toile géotextile de protection hivernale en l'agrafant à plusieurs endroits. Il est très important que la toile ne touche pas aux feuilles des arbustes. Assurez-vous aussi de cacher tout le feuillage en ne laissant une ouverture que dans la partie supérieure du revêtement. Celle-ci assure une aération qui diminue les risques de propagation de maladies et permet à la neige d'entrer à l'intérieur, ce qui donne une protection encore plus efficace. N'oubliez pas de recouvrir la base de ces arbustes d'une couche de paillis organique.

En zone 4, principalement dans la grande région de la ville de Québec et dans Charlevoix, comme le couvert de neige est habituellement épais et stable, vous n'avez pas à protéger ces arbustes, à moins qu'ils soient directement exposés aux vents dominants et au soleil de l'après-midi. La seule précaution à prendre est de placer un paillis à leur base, pour éviter un gel trop rapide des racines si la neige n'est toujours pas accumulée au sol lors d'une période hâtive de froid.

Grâce aux délicates fleurs roses et au feuillage vaporeux du tamarix (*Tamarix ramosissima*), cette charmante scène est empreinte de romantisme.

Les rhododendrons

Anciennement, les azalées et les rhododendrons étaient classés dans deux genres distincts. Dans la nomenclature latine, les azalées étaient des *Azalea*, tandis que les rhododendrons étaient des *Rhododendron*. Depuis le XIXe siècle, les deux genres ont été réunis en un seul, sous l'appellation *Rhododendron*. Avec leur floraison flamboyante, ces arbustes comptent parmi les végétaux les plus recherchés pour la création d'un jardin en sol acide.

L'exposition

Même si les espèces et cultivars à feuilles décidues tolèrent bien un ensoleillement plus soutenu, les rhododendrons dont le feuillage est persistant n'apprécient pas les vents hivernaux desséchants ni les rayons du soleil de l'après-midi. Il est préférable de les planter à la mi-ombre ou à l'ombre légère, dans un endroit bien abrité des vents dominants. Pour bien fleurir, les rhododendrons nécessitent au moins quatre heures d'ensoleillement par jour. Placés à l'orée d'un boisé de chênes (*Quercus*) et de pins (*Pinus*) – évitez cependant que leur système racinaire soit en compétition directe avec les racines des érables (*Acer*) – ou le long d'une haie de thuyas (*Thuya*) qui fait face à l'est, ils sont parfaitement à leur aise. Le tableau XXV donne le nom de plusieurs rhododendrons très rustiques qui ne nécessitent pas de protection hivernale, même lorsqu'ils sont plantés dans des sites plutôt exposés aux vents. Le tableau XXVI contient quant à lui une liste de plantes acidophiles très résistantes au froid qui peuvent les accompagner.

La plantation

Les rhododendrons apprécient les sols acides dont le pH se situe entre 4,5 et 6, l'idéal étant de 5,5. Si vous effectuez la plantation de rhododendrons dans les régions de Montréal et de l'Outaouais, où les sols alcalins ont un pH avoisinant 8, vous devez créer une plate-bande d'une superficie minimale de 10 m² dans laquelle la terre existante doit être remplacée par un terreau acide sur une profondeur d'environ 30 cm. Le niveau final du lit de la plate-bande doit idéalement excéder la hauteur des sentiers et des pelouses de 20 à 25 cm. Les rhododendrons, comme la majorité des végétaux acidophiles, exigent un terreau de plantation composé d'une partie de terre de type loam sableux mélangée à une partie de compost et à une partie de tourbe de sphaigne. Une fois la plantation terminée, installez un paillis organique comme le paillis de pruche sur la surface de la plate-bande pour maintenir un taux d'humidité constant dans le sol et éviter d'avoir à arroser trop fréquemment. Une épaisseur de 5 à 7,5 cm est habituellement suffisante.

L'acidité du terreau

Chaque année suivant celle de la plantation, vérifiez le taux d'acidité du terreau de votre plate-bande. Si votre plantation est sise sur un terrain alcalin, vous devrez probablement apporter des correctifs chaque été. Le soufre en poudre est l'amendement recommandé pour maintenir un sol à un taux d'acidité adéquat. Pour maintenir le pH du terreau à 5,5, par exemple, vous devez épandre environ 800 g de soufre par 10 m². Je suggère d'épandre une moitié du soufre au début du printemps et l'autre vers la fin de l'été.

La fertilisation

N'oubliez pas d'épandre chaque printemps une épaisseur de 2,5 cm de compost à la base de chacun de vos rhododendrons sur un diamètre qui correspond au diamètre de leur couronne de feuilles. Pour favoriser leur floraison, fournissez-leur un engrais d'origine naturelle à dégagement lent riche en potassium à raison de 0,5 kg par 10 m², soit environ 30 ml (une poignée) par plant.

La taille

Les rhododendrons doivent être taillés le moins possible. Seules leurs branches mortes, cassées ou malades doivent être enlevées chaque année. Bien que cela ne soit pas essentiel, vous pouvez aussi éliminer leurs fleurs mortes afin d'empêcher la formation de fruits. Ainsi, l'énergie disponible est conservée pour la formation de nouvelles feuilles, ce qui augmente le potentiel de floraison pour la saison suivante. Pour éviter d'endommager les nouveaux bourgeons, coupez la base des fleurs dès qu'elles sont fanées à l'endroit où elles sont fixées à la tige en les saisissant entre les ongles du pouce et de l'index.

La propagation

La propagation des rhododendrons se fait par bouturage de leurs pousses de l'année en cours. Cette technique est expliquée à la page 196. Les boutures de plusieurs espèces et cultivars de rhododendrons, comme bien des arbustes à feuilles persistantes, s'enracinent cependant mieux si elles sont prélevées en août et si vous prenez la précaution de laisser à leur base un morceau de branche issue de la croissance de l'année précédente. Dans ce morceau de vieille tige, appelé le talon, sont concentrées des hormones de croissance qui activent la formation de racines. Sélectionnez une tige principale comprenant quelques pousses latérales. Pour prélever une bouture à talon, faites une incision en V dans la branche principale – avec un couteau bien aiguisé – à l'endroit précis où est fixée une tige latérale. ▶

Rhododendron du Canada (*Rhododendron canadense*).

Même sans fleurs, les rhododendrons sont fort attrayants. Ils donnent une allure luxuriante aux aménagements grâce à leurs épaisses feuilles lustrées.

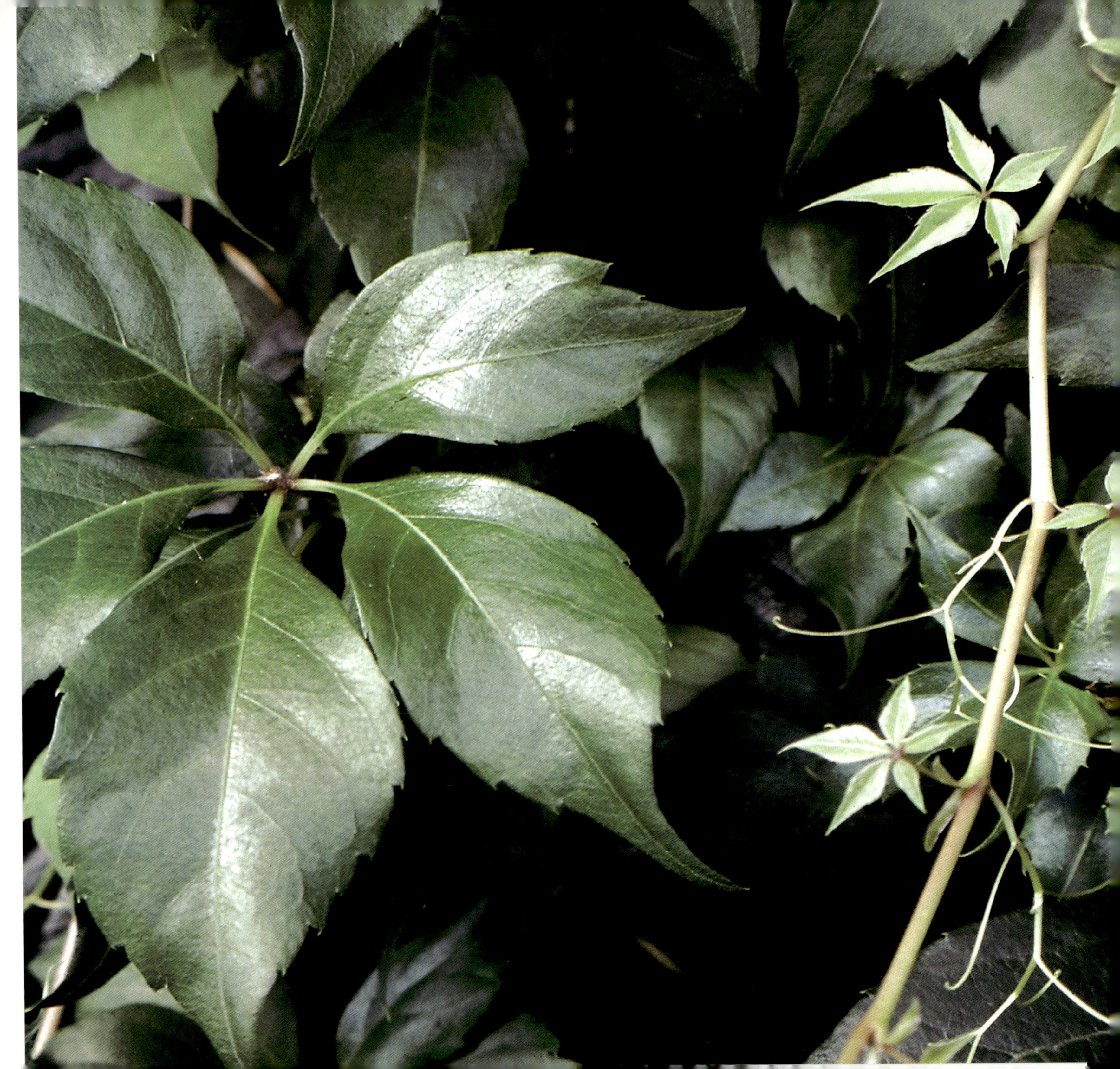

Les plantes grimpantes

Depuis quelques années, les jardiniers amateurs manifestent un vif intérêt pour les plantes grimpantes. Cet engouement vient principalement du fait que ces végétaux conviennent parfaitement aux terrains de ville habituellement exigus.

Puisqu'elles s'étalent en hauteur, les plantes grimpantes permettent de maximiser l'utilisation de l'espace disponible. Très polyvalentes, ces plantes couvrent rapidement les murs, les treillis ainsi que diverses constructions telles que les tonnelles et les pergolas, et elles forment des écrans à peu de frais.

Les supports

Les plantes grimpantes ont développé des stratégies fort originales pour pratiquer l'escalade. Qu'elles soient annuelles ou vivaces, la plupart d'entre elles sont volubiles, c'est-à-dire qu'elles ne peuvent s'élever qu'en s'enroulant autour d'un support. Plusieurs espèces telles que les gloires du matin (*Ipomoea*) s'enroulent dans le sens inverse des aiguilles d'une montre; c'est ce qu'on appelle un enroulement sinistrovolubile. D'autres végétaux comme les chèvrefeuilles grimpants (*Lonicera*) ont un enroulement dextrose, soit dans le sens des aiguilles d'une montre. Pour éviter qu'elles ne dépérissent, il est absolument essentiel de ne jamais enrouler ces plantes autrement que dans leur sens naturel. Les plantes volubiles préfèrent s'enrouler sur les axes verticaux d'un treillis aux mailles très larges qui font au moins 10 cm. Elles peuvent également grimper à des poteaux ou sur du fil de fer tendu à la verticale et attaché au mur par des vis. Le fil de nylon – un simple fil à pêche – convient toutefois mieux pour les plantes grimpantes annuelles, car une fois l'automne venu, il suffit de le couper pour enlever les tiges mortes.

Certaines plantes grimpantes s'agrippent au support à l'aide de vrilles. Les passiflores (*Passiflora*) forment de vraies vrilles qui sont en fait de petites pousses très flexibles issues des tiges qui s'enroulent autour de n'importe quel support assez mince. La cobée (*Cobaea scandens*) et les cultivars de pois de senteur (*Lathyrus odoratus*) possèdent pour

Haricot d'Espagne (*Phaseolus coccineus*) accroché à un support fait de tuteurs de bambou.

Aristoloche (*Aristolochia durior*).

leur part des feuilles dont l'extrémité est modifiée en une ou plusieurs vrilles, tandis que chez les clématites (*Clematis*), ce sont les pétioles des feuilles qui sont volubiles. Comme ces plantes ne peuvent pas s'accrocher à de gros poteaux, il est absolument essentiel de munir votre tonnelle ou votre pergola d'un treillis dont les pièces ont moins de 25 mm de diamètre. Si vous laissez grimper ces végétaux à un mur, plutôt que d'utiliser les fameux treillis de bois, vous pouvez fixer un filet de plastique noir ou transparent au mur. Le filet doit être fixé solidement au mur à l'aide de vis et de fil de métal. Le fil est passé au pourtour du filet, entre ses mailles, et attaché aux vis qui doivent elles-mêmes être bien ancrées au mur. Laissez un espace d'environ 5 cm entre le mur et le filet. Les clématites poussent particulièrement bien sur ce genre de support.

Il existe aussi des plantes sarmenteuses qui produisent de longues tiges munies d'épines, d'aiguillons ou de poils raides qui leur servent à s'accrocher. Il est préférable d'attacher leurs plus grosses tiges au treillis, tout en évitant que les liens n'endommagent l'écorce.

Il est aussi possible de faire grimper des végétaux à un mur sans qu'il soit nécessaire de leur fournir un treillis. La vigne vierge (*Parthenocissus quinquefolia*) et l'hortensia grimpant (*Hydrangea anomala* subsp. *petiolaris*) s'agrippent aux structures, même les plus lisses, grâce à des ventouses ou à des racines aériennes.

Tableau XXVII
Les plantes grimpantes vivaces

Nom latin	Nom français	Haut.	Exposition	Rusticité	Caractéristiques
Actinidia kolomikta	Actinidia	5 m	Soleil, mi-ombre	4	Feuillage vert panaché de blanc et de rose, tiges volubiles.
Akebia quinata	Akébia à cinq folioles	7 m	Soleil à ombre légère	5b	Fleurs rose pourpré en mai, tiges volubiles.
Ampelopsis brevipedunculata et cultivar	Ampelopsis et cultivar	4 m	Soleil, mi-ombre	4b	Feuillage vert ou vert panaché de blanc et de rose, fruits bleus, tiges munies de vrilles.
Aristolochia durior	Aristoloche	8 m	Soleil, mi-ombre	4	Feuillage vert en forme de cœur, fleurs jaune et brun en juin, tiges volubiles.
Campsis radicans	Bignone	8 m	Soleil	5	Fleurs orange en août et septembre, tiges munies de racines aériennes.
Celastrus scandens	Célastre grimpant ou bourreau des arbres	8 m	Soleil à ombre moyenne	3	Fruits jaune orangé et rouge, tiges volubiles.
Clematis espèces et cultivars	Clématite, espèces et cultivars	2 à 15 m	Soleil à ombre légère	3 à 5	Fleurs blanches, jaunes, roses, rouges, pourpres, mauves, violettes ou bleues, selon les espèces et les cultivars ; pétioles des feuilles qui s'enroulent autour du support.
Fallopia aubertii	Renouée d'Aubert	5 m	Soleil à ombre légère	4b	Fleurs blanches de la fin de juillet à septembre, tiges volubiles.
Humulus lupulus et cultivars	Houblon et cultivars	5 m	Soleil à ombre légère	3b	Feuillage vert ou jaune, fruits vert pâle ou jaunes, tiges volubiles.
Hydrangea anomala subsp. *petiolaris*	Hortensia grimpant	15 m	Soleil à ombre moyenne	4	Inflorescences blanches en juin et en juillet, tiges munies de racines aériennes.
Lonicera, espèces et cultivars	Chèvrefeuille grimpant, espèces et cultivars	2 à 5 m	Soleil à ombre légère	2 à 5	Fleurs blanches, jaunes, orange, roses, rouges ou violettes, selon les espèces et les cultivars ; fruits rouges ; tiges volubiles.
Parthenocissus quinquefolia et cultivars	Vigne vierge et cultivars	15 m	Soleil à ombre moyenne	3	Feuilles composées de cinq folioles vertes ou vert panaché de jaune ; feuillage automnal rouge ; fruits bleu foncé ; tiges munies de ventouses.
Parthenocissus tricuspidata et cultivars	Lierre de Boston et cultivars	15 m	Soleil à ombre légère	4b	Feuillage trilobé vert lustré, feuillage automnal rouge, fruits bleu foncé, tiges munies de ventouses.
Vitis, espèces et cultivars	Vigne ornementale, espèces et cultivars	6 à 15 m	Soleil à ombre légère	3 à 5	Feuillage automnal rouge, fruits bleu foncé, tiges munies de vrilles.
Wisteria floribunda et cultivars	Glycine du Japon et cultivars	8 m	Soleil	4 et 5	Fleurs blanches, roses, pourpres, mauves ou violettes en juin, selon les cultivars ; tiges volubiles.

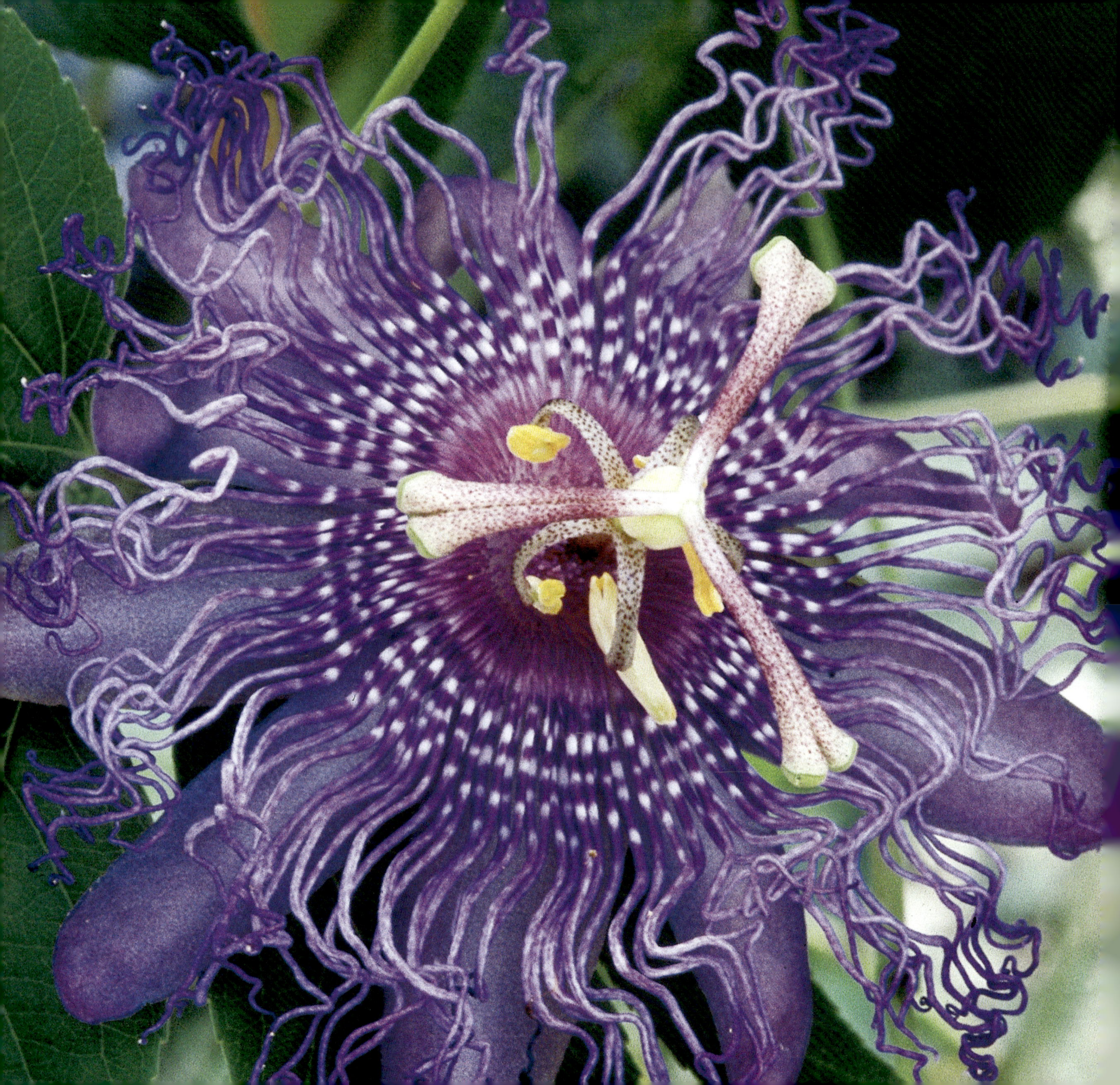

TABLEAU XXVIII

LES PLANTES GRIMPANTES ANNUELLES

Nom latin	Nom français	Haut. max.	Exposition	Caractéristiques
Allamanda cathartica	Allamande	5 m	Soleil	Fleurs jaunes, tiges sarmenteuses, plante grimpante vivace qu'on rentre à l'automne.
Asarina, espèces et cultivars (syn. *Maurandya*)	Asarina, espèces et cultivars	3 m	Soleil, mi-ombre	Fleurs blanches, roses, pourpres ou violettes, selon les espèces et les cultivars ; tiges volubiles.
Bougainvillea spectabilis et cultivars	Bougainvillée et cultivars	4 m	Soleil	Fleurs accompagnées de bractées blanches, orange, roses, rouges, pourpres ou mauves, selon les espèces et les cultivars ; tiges sarmenteuses munies d'épines ; plantes grimpantes vivaces qu'on rentre à l'automne.
Cobaea scandens et cultivar	Cobée et cultivar	5 m	Soleil, mi-ombre	Fleurs violettes ou blanches, extrémité des feuilles modifiée en vrilles.
Dolichos lablab et cultivars (syn. *Lablab purpureus*)	Dolique et cultivars	3 m	Soleil	Fleurs blanches, roses ou blanc et rose, selon les cultivars ; fruits pourpres ; tiges volubiles.
Eccremocarpus scaber et cultivars	Eccremocarpus et cultivars	4 m	Soleil	Fleurs jaunes, orange, roses, rouges ou pourpres, selon les cultivars ; extrémité des feuilles modifiée en vrilles.
Ipomoea lobata et cultivars (syn. *Quamoclit lobata*)	Ipomée à feuilles lobées et cultivars	4 m	Soleil	Feuillage trilobé vert pourpré, fleurs rouges qui tournent au jaune, puis au blanc crème, tiges volubiles.
Ipomoea quamoclit et cultivars (syn. *Quamoclit pennata*)	Ipomée à fleurs rouges et cultivars	5 m	Soleil	Feuillage très découpé ; fleurs blanches, rouges ou blanc et rouge, selon les cultivars ; tiges volubiles.
Ipomoea tricolor et cultivars	Ipomée ou gloire du matin et cultivars	4 m	Soleil, mi-ombre	Feuilles vertes en forme de cœur ; fleurs blanches, roses, pourpres, violettes ou bleues ; tiges volubiles.
Lathyrus odoratus et cultivars	Pois de senteur et cultivars	2 m	Soleil, mi-ombre	Fleurs blanches, saumon, roses, rouges, pourpres, violettes ou bleues, selon les cultivars ; extrémité des feuilles modifiée en vrilles.
Mandevilla, espèces et cultivars	Mandevilla, espèces et cultivars	6 m	Soleil	Fleurs roses ou blanches, tiges volubiles, plantes grimpantes vivaces qu'on rentre à l'automne.
Passiflora, espèces et cultivars	Passiflore, espèces et cultivars	3 m	Soleil	Fleurs colorées de blanc, de rose, de rouge, de pourpre, de mauve, de violet ou de bleu, selon les espèces et les cultivars ; tiges munies de vrilles ; plantes grimpantes vivaces qu'on rentre à l'automne.
Phaseolus coccineus et cultivars	Haricot d'Espagne et cultivars	3 m	Soleil	Fleurs blanches, orange ou blanc et orange, selon les cultivars ; fruits verts comestibles ; tiges volubiles.
Plumbago auriculata et cultivars	Plumbago ou dentelaire du Cap et cultivars	3 m	Soleil	Fleurs blanches ou bleu pâle, tiges sarmenteuses, plantes grimpantes vivaces qu'on rentre à l'automne.
Rhodochiton atrosanguineum	Rhodochiton	4 m	Soleil	Fleurs rose et pourpre, pétioles des feuilles qui s'enroulent autour du support.
Thunbergia alata et cultivars	Thunbergie et cultivars	2 m	Soleil, mi-ombre	Fleurs blanches, jaunes, orange, beiges ou brunes, selon les cultivars ; tiges volubiles.
Tropaeolum peregrinum	Capucine des canaris	3 m	Soleil, mi-ombre	Fleurs jaunes, pétioles des feuilles qui s'enroulent autour du support.

Note : Ce tableau inclut des plantes annuelles, des plantes vivaces tendres et des plantes grimpantes ligneuses vivaces d'origine tropicale qu'on rentre à l'automne.

La spectaculaire passiflore 'Incense' (*Passiflora* 'Incense').

Toute la vérité sur les ventouses

La vigne vierge (*Parthenocissus quinquefolia*) et ses cultivars, qui s'accrochent aux surfaces grâce à des ventouses, ne conviennent qu'aux murs en parfaite condition. Aucune plante grimpante n'endommagera un mur sans fissure. Il est cependant préférable de ne pas laisser grimper ces végétaux sur un mur de briques ou de pierres dont les joints sont effrités.

Si des branches de votre vigne vierge se décrochent du mur où elles étaient fixées à la suite d'une tempête, n'essayez pas de les recoller à l'aide de ruban adhésif ! Vous n'avez d'autre choix que de les tailler à environ 30 cm du sol afin qu'elles produisent de nouvelles pousses armées de ventouses capables de les soutenir.

LA FERTILISATION

Lorsqu'elles sont bien implantées, les plantes grimpantes vivaces ne nécessitent généralement aucune fertilisation. Je recommande cependant d'épandre du compost chaque année à la base de certaines d'entre elles. La bignone (*Campsis radicans*) et les clématites (*Clematis*), des plantes particulièrement exigeantes, profiteront bien de cet apport. Épandez une épaisseur d'environ 2,5 cm de compost sur un diamètre de 50 à 60 cm. En plus de leur fournir du compost, vous pouvez fertiliser ces plantes très florifères avec un engrais d'origine naturelle à dégagement lent riche en potassium, dont la formulation se rapproche de 4-4-8. Cet engrais doit être épandu tôt au printemps, lors de l'ajout de compost, à raison de 1 kg par 10 m², soit environ 60 ml (deux poignées) par plant. Cet engrais peut également être fourni aux plantes grimpantes annuelles installées en pleine terre.

Les plantes grimpantes cultivées en pots, surtout celles qui sont d'origine tropicale comme les bougainvillées (*Bougainvillea*), les mandevillas (*Mandevilla*) et les passiflores (*Passiflora*), par exemple, sont fertilisées de la même façon que les annuelles plantées en contenants (voir p. 288).

L'ARROSAGE

Les végétaux grimpants nouvellement plantés doivent être arrosés trois fois par semaine pendant une période d'environ un mois. Les mois suivants, n'arrosez plus qu'une seule fois par semaine, sauf en période de canicule où un arrosage aux trois jours est nécessaire. Dans tous les cas, fournissez-leur environ 10 litres d'eau lors de chaque arrosage. Cessez d'arroser vers la mi-octobre.

Une fois établies, la plupart des plantes grimpantes ont besoin d'être arrosées, surtout au printemps et en automne. En arrosant vos végétaux grimpants au début de l'automne, ils pourront se préparer adéquatement à la venue de l'hiver. Vous devez alors effectuer deux ou trois arrosages raisonnables – environ 10 litres d'eau par plant, par arrosage – avant les premiers gels importants de la fin d'octobre ou du début de novembre, selon les régions. De la fin d'août jusqu'au début d'octobre, arrosez-les peu pour qu'ils ne produisent pas de nouvelles pousses tendres qui n'auraient pas le temps de bien s'endurcir avant l'hiver. Le printemps est aussi une période où les plantes grimpantes ont besoin de beaucoup d'eau. Lorsqu'il y a peu de précipitations, au début de la saison, il est essentiel de les arroser pour que leur croissance et leur développement ne soient pas compro-

De surprenants supports

Les végétaux grimpants peuvent s'accrocher à d'autres plantes vigoureuses et bien établies, comme par exemple des arbustes. Imaginez le contraste saisissant que produirait une plante aux fleurs violettes comme la clématite 'Étoile Violette' (*Clematis viticella* 'Étoile Violette'), sur un arbuste à feuillage doré tel que le sureau du Canada 'Aurea' (*Sambucus canadensis* 'Aurea'). Et ne serait-il pas superbe qu'une haie de thuyas soit couverte des jolies fleurs jaunes de la capucine des canaris (*Tropaeolum peregrinum*) ?

mis. Comme à l'automne, quelques arrosages effectués à partir du moment du dégel du sol jusqu'à la fin de mai permettent à ces végétaux de passer un meilleur été. Pendant les mois de juillet et d'août, les plantes grimpantes installées contre un mur souffrent fréquemment de sécheresse. Dans une telle situation, en plus d'être privé de pluie à cause des corniches, le sol se dessèche rapidement, car il est constamment bombardé par les chauds rayons du soleil reflétés par les murs. Durant la période estivale, arrosez les plantes adossées à un mur une fois par semaine, ou deux en période de canicule.

Allamande (*Allamanda cathartica*) et bougainvillée (*Bougainvillea spectabilis*).

LES PLANTES GRIMPANTES 215

Le paillage

Afin de limiter, voire même d'éliminer complètement la croissance des herbes indésirables et de maintenir une humidité constante dans le sol, installez un paillis organique à la base des plantes grimpantes fraîchement plantées. Couvrez la surface du sol autour de chaque plant avec une épaisseur de 5 à 7,5 cm de paillis organique disposé sur un diamètre d'environ 1 m.

La taille de formation

Les tiges des végétaux grimpants fraîchement plantés ont tendance à pousser en hauteur, en quête de lumière, plutôt que vers les côtés. Pour qu'elles couvrent un maximum de surface, vous devez donner une structure ouverte et équilibrée à ces plantes en orientant chacune de leurs jeunes tiges. Celles-ci doivent être disposées en éventail et attachées temporairement au support pour qu'elles maintiennent leur position jusqu'à ce qu'elles s'agrippent d'elles-mêmes. Après cette opération, taillez le tiers supérieur des branches afin de favoriser la croissance de tiges latérales. Chaque coupe doit être faite en biseau à quelques millimètres au-dessus d'un bourgeon ou d'une feuille orientés vers les côtés plutôt que vers le centre. Lorsque vous taillez une plante grimpante dont les feuilles sont opposées, une clématite par exemple, vous devez effectuer chaque coupe à quelques millimètres au-dessus d'une paire de feuilles ou de bourgeons sains. Si vous désirez obtenir une seule tige orientée vers l'extérieur du plant, vous n'avez qu'à éliminer le bourgeon ou la feuille qui n'est pas dans la direction souhaitée.

Si vous avez planté une plante grimpante dont les tiges sont déjà bien lignifiées, surtout s'il s'agit d'une clématite, manipulez-la le moins possible, car les tiges âgées se cassent plus facilement que les tiges vertes. Il est préférable de ne changer l'orientation des tiges que par la taille.

La taille d'entretien

La plupart des végétaux grimpants vivaces bien implantés ne nécessitent que peu de taille pour fleurir abondamment et produire des fruits décoratifs en quantité. Chaque printemps, vous devez tout de même éliminer toutes leurs tiges mortes, cassées ou malades. À l'occasion, vous pouvez aussi supprimer une vieille branche principale peu productive en la coupant à environ 5 cm du sol. Afin de décupler la floraison de la bignone (*Campsis radicans*), des mandevillas (*Mandevilla*) et du plumbago (*Plumbago auriculata*), qui forment leurs fleurs sur les tiges de l'année en cours, vous pouvez raccourcir leurs jeunes pousses latérales à environ 15 cm de longueur. Conservez trois ou quatre bourgeons sur chacune des tiges taillées et n'oubliez pas d'effectuer chaque coupe au-dessus d'un appel-sève. Enfin, dirigez certaines tiges vers les endroits exempts de feuillage. Les techniques de taille des clématites (*Clematis*), du houblon (*Humulus lupulus*) et de ses cultivars, ainsi que des glycines (*Wisteria*) sont décrites dans les pages suivantes.

La taille du houblon

Le houblon (*Humulus lupulus*) et ses cultivars sont des plantes grimpantes vivaces herbacées très vigoureuses qui peuvent couvrir n'importe qu'elle tonnelle en quelques semaines à peine. Comme leurs tiges meurent chaque hiver, il est nécessaire de les couper à quelques centimètres du sol au printemps, avant la sortie des nouvelles pousses.

1 Disposez les tiges en éventail et attachez-les temporairement au support.

2 Taillez le tiers supérieur des branches afin de favoriser la croissance de tiges latérales. Chaque coupe doit être faite en biseau à quelques millimètres au-dessus d'une feuille orientée vers un des côtés plutôt que vers le centre.

TAILLE DE FORMATION D'UNE PLANTE GRIMPANTE

Une glycine qui ne fleurit pas

Selon plusieurs documents, les glycines (*Wisteria*) ne sont pas censées être rustiques en zones 4 et 5. Pourtant, certains cultivars de glycines du Japon (*W. floribunda*) résistent relativement bien aux conditions hivernales qui sévissent dans ces zones, s'ils sont plantés à l'abri des vents dominants. 'Lawrence' (*W. floribunda* 'Lawrence') est un des rares cultivars pouvant fleurir sous notre climat.

Les glycines du Japon doivent être plantées au plein soleil en sol pauvre et parfaitement drainé. Ne les fertilisez pas, il faut leur faire la vie dure pour qu'elles puissent initier leur floraison. Elles auront aussi plus de chances de fleurir si leurs nouvelles pousses de la saison en cours sont taillées à la fin de l'été. Coupez chaque jeune tige à environ 15 cm de la vieille branche où elle est fixée, de façon à conserver trois ou quatre feuilles. Effectuez la coupe en biseau au-dessus de la dernière feuille. Lors de cette opération, ne taillez pas les nouvelles tiges qui serviront à former la structure de la plante et attachez-les au support. Par la suite, en mars, élaguez une seconde fois les tiges taillées durant la fin de l'été précédent.

Réduisez chaque branche à une longueur de 10 cm afin qu'elle ne possède plus que deux ou trois bourgeons. Profitez de l'occasion pour raccourcir l'extrémité des tiges latérales du tiers. Vous pouvez aussi stimuler une glycine à fleurir en coupant l'extrémité de ses racines. En août ou au début de septembre, cernez le tour de la plante en plongeant une bêche bien aiguisée dans le sol à une distance de 40 à 50 cm de son tronc.

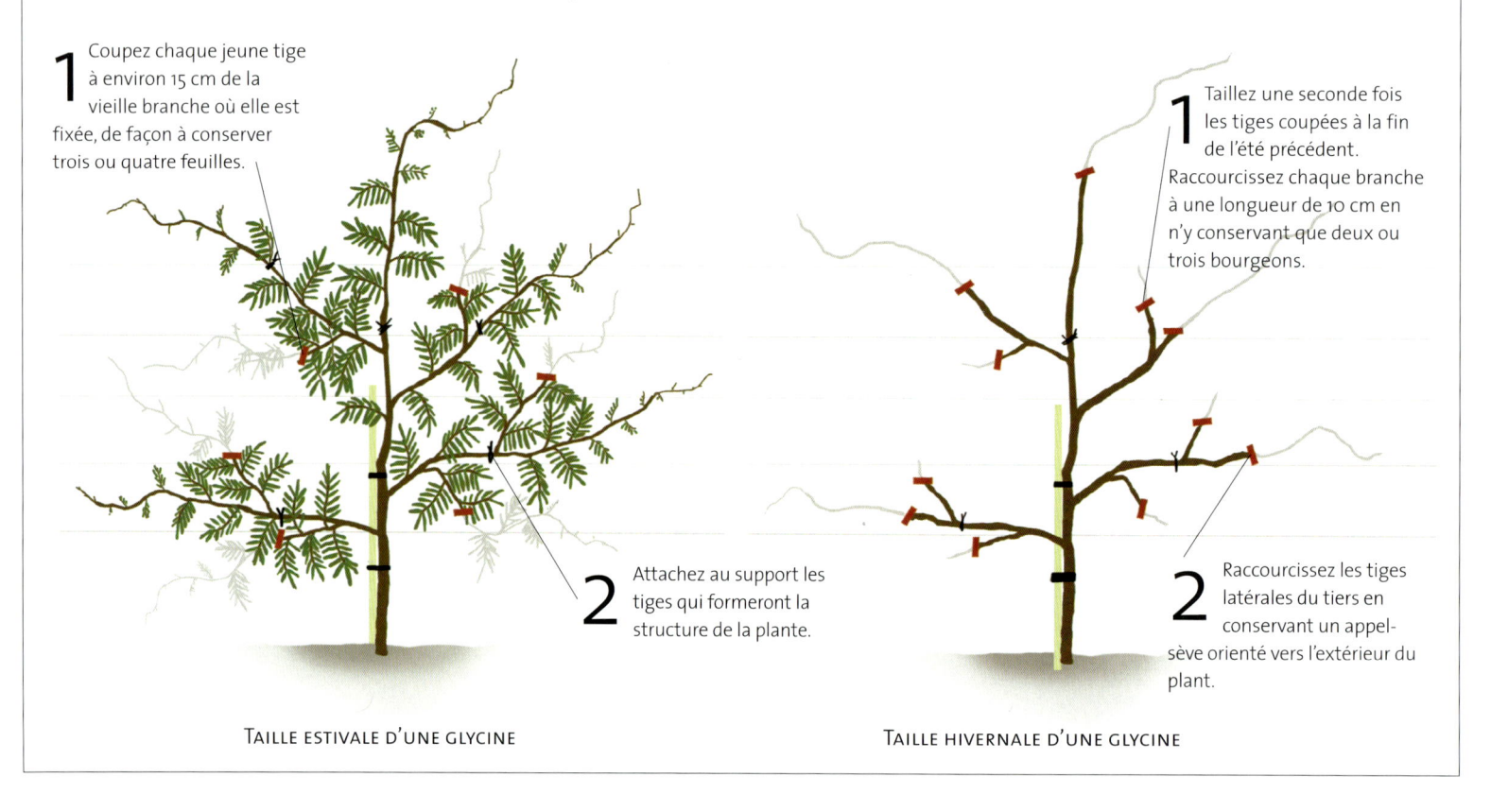

1 Coupez chaque jeune tige à environ 15 cm de la vieille branche où elle est fixée, de façon à conserver trois ou quatre feuilles.

2 Attachez au support les tiges qui formeront la structure de la plante.

TAILLE ESTIVALE D'UNE GLYCINE

1 Taillez une seconde fois les tiges coupées à la fin de l'été précédent. Raccourcissez chaque branche à une longueur de 10 cm en n'y conservant que deux ou trois bourgeons.

2 Raccourcissez les tiges latérales du tiers en conservant un appel-sève orienté vers l'extérieur du plant.

TAILLE HIVERNALE D'UNE GLYCINE

La rénovation

Avec l'âge, les plantes grimpantes vivaces qui n'ont jamais été élaguées ou qui n'ont pas subi de taille de formation présentent un amas de branches entremêlées produisant peu de fleurs. Plutôt que de les remplacer, vous pouvez rénover ces végétaux en effectuant une taille appropriée. La meilleure période pour effectuer la rénovation des plantes grimpantes est comprise entre le début de mars et la fin d'avril, avant l'éclosion des bourgeons. De cette façon, les plaies ne risquent pas d'être exposées aux grands froids et l'absence de feuilles offre une meilleure visibilité de la structure des plants, ce qui facilite le travail. Mais comme elles ont une montée de sève printanière très importante, la rénovation des vignes ornementales (*Vitis*) doit être effectuée à l'automne ou vers la fin du printemps, lorsque leurs feuilles ont atteint la moitié de leur développement.

De nombreux végétaux grimpants, incluant l'aristoloche (*Aristolochia durior*), la bignone (*Campsis radicans*), le célastre grimpant (*Celastrus scandens*), la plupart des espèces et des cultivars de clématites (*Clematis*) et de chèvrefeuilles grimpants (*Lonicera*), les diverses variétés cultivées de vignes vierges (*Parthenocissus quinquefolia*) et de vignes de Boston (*P. tricuspidata*), les vignes ornementales (*Vitis*) ainsi que les glycines (*Wisteria*), supportent bien une taille draconienne, car ils sont capables de produire de nouvelles tiges directement à partir de leur souche et des moignons des branches âgées. Pour rénover une vieille plante grimpante négligée, coupez toutes ses branches principales à une hauteur de 15 à 30 cm du sol. À l'aide d'une scie à élaguer ou d'un sécateur à longs manches, effectuez des coupes bien droites. Une fois la taille complétée, épandez du compost à sa base. Dès que les nouvelles pousses auront atteint une quarantaine de centimètres de hauteur, orientez-les de façon à donner une structure ouverte et équilibrée à la plante.

Les espèces de plantes grimpantes qui ne sont pas mentionnées dans le paragraphe précédent prennent plus de temps à former de nouvelles pousses à partir de la base, c'est pourquoi il est préférable de les rénover en plusieurs étapes. La première année, éliminez les branches mortes, cassées ou malades. Enlevez aussi les vieilles tiges principales peu productives en les coupant à environ 5 cm du sol. N'enlevez pas plus de la moitié de l'ensemble des tiges au cours de cette opération. L'année suivante, coupez l'autre moitié des vieilles branches près du sol. Par la même

Hortensia grimpant (*Hydrangea anomala* subsp. *petiolaris*).

Vigne vierge (*Parthenocissus quinquefolia*).

occasion, profitez-en pour orienter ou tailler légèrement chacune des jeunes branches formées au cours de l'été précédent.

La propagation
Comme dans le cas des arbustes, le bouturage est la méthode la plus simple et la plus rapide pour multiplier les végétaux grimpants ligneux. Certains d'entre eux peuvent aussi être propagés par marcottage. Par ailleurs, le semis est souvent le seul moyen de propager les plantes grimpantes annuelles et certaines vivaces herbacées traitées comme des annuelles. Pour connaître les techniques de semis, allez à la page 297.

Le bouturage

Quelques-unes des plantes grimpantes les plus populaires, dont l'actinidia (*Actinidia kolomikta*), les bougainvillées (*Bougainvillea*), les chèvrefeuilles grimpants (*Lonicera*), les cultivars de vignes vierges (*Parthenocissus quinquefolia*) ainsi que les diverses espèces et variétés cultivées de vignes ornementales (*Vitis*), peuvent être propagées par bouturage de leurs tiges ligneuses. À partir de la fin de septembre jusqu'aux premières gelées de novembre, prélevez des bouts de tiges bien lignifiées issues de la pousse de l'année en cours. Les boutures, d'une longueur de 15 à 20 cm, doivent comprendre deux ou trois nœuds desquels les vrilles et les tiges latérales ont été éliminées. La partie supérieure de chaque bouture est taillée à quelques millimètres au-dessus du dernier nœud – l'endroit renflé de la tige où est situé un bourgeon – et la partie inférieure est taillée directement sous un autre nœud (photo 1). Pour faciliter l'enracinement, vous pouvez aussi couper en biseau la base des boutures à l'aide d'un couteau bien aiguisé, sur une longueur d'environ 2,5 cm. Enfin, plongez la partie inférieure des boutures dans une poudre d'enracinement contenant 0,8 % d'acide indole-3-butyrique.

Piquez les deux tiers inférieurs de chaque bouture dans un substrat composé d'une moitié de tourbe de sphaigne et d'une moitié de perlite grossière. Compactez très légèrement le terreau et arrosez-le abondamment. Plutôt que d'installer chaque bouture dans un pot, disposez-les toutes dans un même contenant à plusieurs compartiments (photo 2). Placez un dôme de plastique transparent sur chaque contenant afin d'assurer une humidité constante aux plants, en vous assurant qu'il ne se forme pas de condensation sur les parois. Vérifiez régulièrement que le substrat ne soit pas sec et ajoutez un peu d'eau au besoin. Les boutures peuvent être laissées à l'extérieur. Protégez-les des rayons intenses du soleil de l'après-midi tout en laissant un maximum de luminosité les atteindre. Comme elles ne seront pas suffisamment enracinées avant les premiers gels, vous devrez les enfouir dans le sol avec leurs contenants, enlever les dômes de plastique et, dans les régions où la couverture de neige est faible et instable, les recouvrir d'une épaisse couche de feuilles mortes déchiquetées. Ce n'est qu'au milieu ou à la fin du printemps suivant que vous pourrez les rempoter ou les mettre en terre.

Le marcottage

Le marcottage permet de multiplier aisément l'akébia à cinq folioles (*Akebia quinata*), l'ampelopsis (*Ampelopsis brevipedunculata*), le célastre grimpant (*Celastrus scandens*), l'hortensia grimpant (*Hydrangea anomala* subsp. *petiolaris*), les mandevillas (*Mandevilla*) ainsi que la plupart des passiflores (*Passiflora*). Le marcottage peut survenir de façon tout à fait naturelle quand une tige touche le sol et qu'elle s'y enracine. Lorsque cela arrive, il est possible de couper la branche enracinée et de la planter ailleurs. Vous pouvez effectuer le marcottage des plantes grimpantes à l'automne ou au printemps. Le marcottage de l'akébia à cinq folioles (*Akebia quinata*) ne peut cependant être effectué qu'à l'automne, puisque cette plante, comme les vignes, a une montée de sève printanière très importante, ce qui retarde l'enracinement.

Sélectionnez une jeune tige vigoureuse – qui n'a pas plus de deux ans – dépourvue de fleurs et située près du sol. Enlevez les feuilles fixées à l'endroit où elle sera enfouie dans le sol et pratiquez-y une petite incision à l'aide d'un couteau bien aiguisé. Mettez sur cette coupe de la poudre d'enracinement à 0,8 % d'acide indole-3-butyrique ou badigeonnez-la d'algues liquides pures. Placez le bout de branche incisé dans le sol et faites-le tenir en place avec un crochet de métal. Les tiges seront pourvues de racines bien développées l'automne suivant leur mise en terre et pourront alors être séparées de la plante-mère.

LA PROTECTION HIVERNALE

Outre l'akébia à cinq folioles (*Akebia quinata*), la bignone (*Campsis radicans*) et les glycines (*Wisteria*) qui, exposées aux vents dominants, doivent parfois être décrochées de leur support, couchées au sol et recouvertes de feuilles mortes déchiquetées avant l'hiver, la majorité des végétaux grimpants vivaces vendus dans l'Est canadien ne nécessitent pas de protection hivernale. Mais les plantes grimpantes vivaces d'origine tropicale comme les bougainvillées (*Bougainvillea*), les mandevillas (*Mandevilla*) et les passiflores (*Passiflora*) doivent être rentrées dans la maison ou dans une serre vers la mi-septembre, avant les premiers gels. Plantés en contenants, ces végétaux peuvent facilement être déplacés et installés à l'intérieur dans un endroit bien ensoleillé où la température est maintenue entre 15 et 20 °C. Durant cette période, diminuez les arrosages et fertilisez peu. Replacez-les à l'extérieur vers la fin de mai ou au début de juin, selon les régions.

Suprenant choc de couleurs entre les fleurs orange du chèvrefeuille grimpant 'Dropmore Scarlet' (*Lonicera* x *brownii* 'Dropmore Scarlet') et la floraison magenta de la coquelourde (*Lychnis coronaria*).

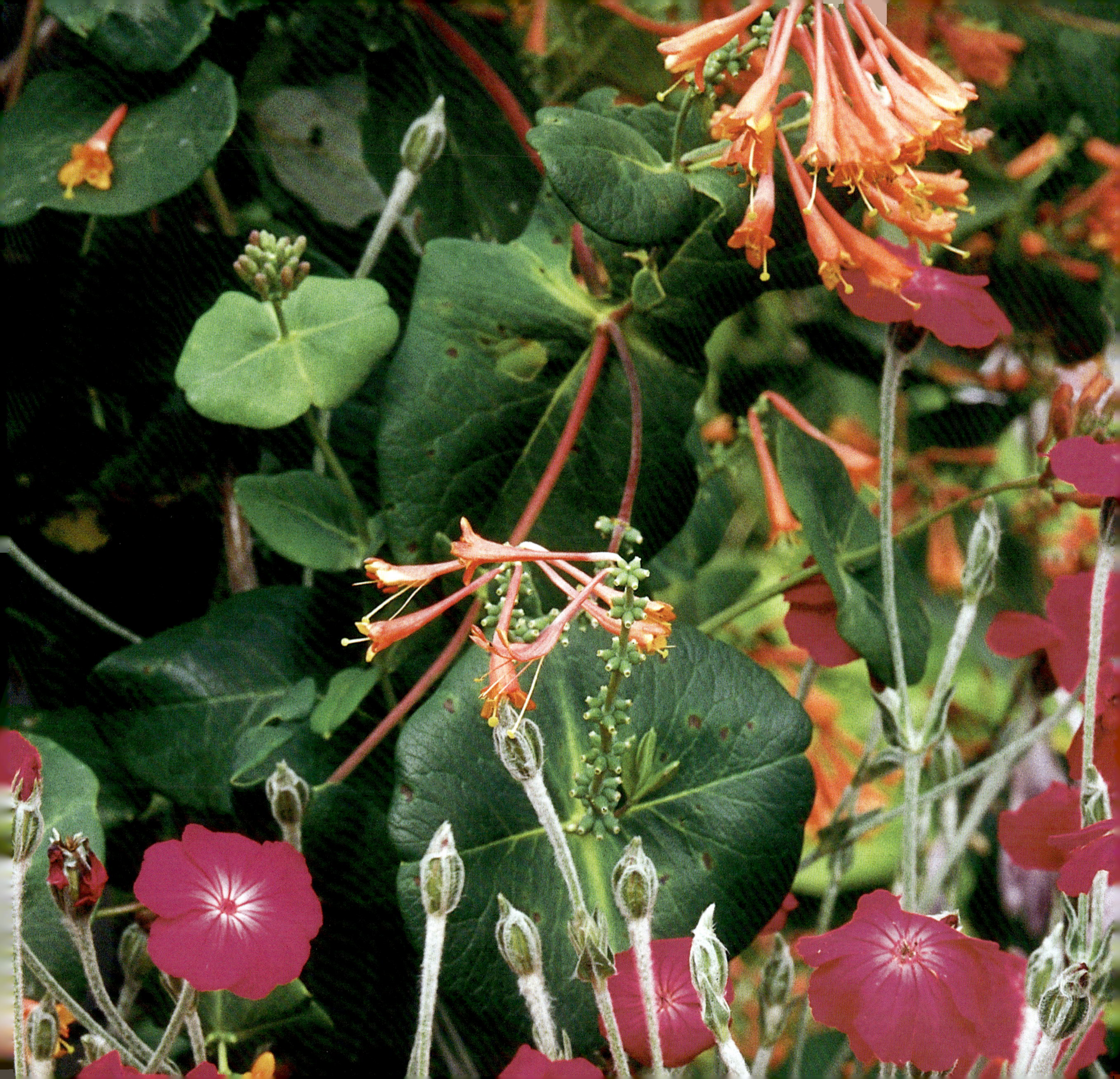

Les clématites

Spectaculaires clématites ! De toutes les plantes grimpantes, les clématites (*Clematis*) sont assurément celles qui présentent les fleurs les plus impressionnantes et les coloris les plus riches. En choisissant bien les espèces et les cultivars qui ornent votre jardin, vous pouvez obtenir des fleurs sans arrêt de mai à septembre. En mai et en juin apparaissent les fleurs des clématites à floraison très hâtive, un groupe dont font partie les divers cultivars de *C. alpina*, *C. macropetala* et *C. montana*. Ces végétaux produisent leurs bourgeons à fleurs sur des tiges formées au cours de la saison précédente. En juin, parfois avec une remontée en septembre, survient la floraison des cultivars de clématites à grandes fleurs à floraison hâtive ; 'Duchess of Edinburgh', 'Elsa Späth' et 'Vyvyan Pennell' sont de ce groupe. Ces plantes produisent de larges fleurs sur des tiges dont la longueur varie entre 15 et 60 cm, issues de branches bien lignifiées formées l'année précédente. Enfin, les cultivars de clématites à floraison estivale ou tardive tels que 'Comtesse de Bouchaud', 'Étoile Violette', 'Gipsy Queen', 'Hagley Hybrid' et 'Ville de Lyon' fleurissent de la fin de juin à septembre. Ces plantes forment leurs fleurs sur des pousses de la saison en cours.

L'EXPOSITION

Les clématites doivent être installées dans un endroit où leur feuillage recevra beaucoup de lumière afin de stimuler la floraison. Mais pour que leurs racines soient toujours au frais, placez un paillis à leur base ou plantez un petit arbuste devant leur pied. Une exposition à l'est ou à l'ouest convient à la plupart des clématites.

LA PLANTATION

Plantez les clématites profondément dans un sol très riche amendé d'une grande quantité de compost. Leur collet doit être placé à environ 10 cm sous le niveau de la surface du sol existant. En prenant soin d'enlever les feuilles qui y sont fixées, vous pouvez même enterrer les deux premiers nœuds. Cette technique garantit un meilleur enracinement et favorise la formation de plusieurs nouvelles tiges le printemps suivant. Comme ces plantes ont habituellement besoin d'un support, vous devez les planter en les orientant vers le treillis ou le filet qui les supportera. La base des tiges et la motte de racines doivent être placées dans la fosse suivant un angle permettant à ces plantes de grimper aisément.

LA FERTILISATION

Les clématites doivent recevoir chaque printemps une épaisseur de 2,5 cm de compost sur un diamètre de 50 à 60 cm. En plus de leur fournir du compost, fertilisez également ces plantes très florifères avec un engrais d'origine naturelle à dégagement lent riche en potassium. Ne binez pas le sol pour y incorporer le compost et les fertilisants, car les clématites n'apprécient pas que leurs racines soient dérangées.

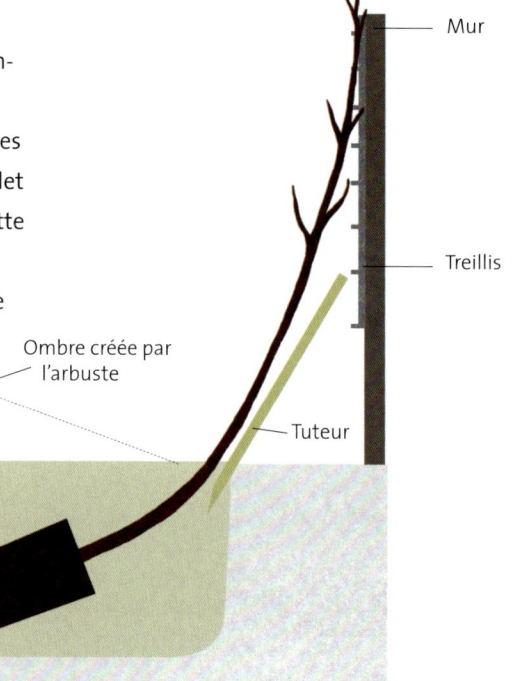

PLANTATION D'UNE CLÉMATITE

La taille

La taille des clématites est relativement simple à effectuer ; il suffit d'éliminer le bois mort au printemps, au moment où les bourgeons des tiges saines commencent à éclore. Enlevez avec précaution toutes les portions de tiges qui sont mortes en les taillant juste au-dessus d'une paire de bourgeons bien vivants. Les tiges des hybrides issus de C. 'Jackmanii' et de C. viticella, qui font partie du groupe des cultivars de clématites à floraison tardive ou estivale, ne résistent pas toujours aux vents hivernaux desséchants et doivent être taillés plus sévèrement au printemps. Comme ces plantes forment leurs fleurs sur les pousses de la saison en cours, vous pouvez couper sans crainte toutes leurs tiges juste au-dessus de la paire de bourgeons viables la plus basse, c'est-à-dire à une hauteur de 15 à 30 cm du sol.

La propagation

La propagation commerciale des clématites se fait presque exclusivement par bouturage. Le marcottage est une méthode de multiplication facile à effectuer. Pour une description complète des techniques de marcottage, lisez la page 222.

Toutes les clématites peuvent être multipliées facilement par bouturage de leurs pousses de l'année en cours. En juin et en juillet, sélectionnez des morceaux de tiges souples ▶

Clématite de Chine (Clematis tangutica).

Les clématites (suite)

et flexibles dont la lignification n'est pas encore tout à fait complétée. Les boutures, qui doivent comprendre deux nœuds, sont coupées à une distance de 2,5 à 5 cm sous la paire de feuilles inférieure et à 1 cm au-dessus de la paire de feuilles supérieure. Éliminez ensuite la première paire de feuilles en taillant les pétioles à 1 cm de la tige. Il ne reste alors que deux feuilles ; vous devez couper chacune d'elles de moitié de façon à limiter l'évaporation. Traitez ensuite chaque bouture avec un fongicide à base de soufre. Plongez finalement leur base jusqu'au premier nœud dans une poudre d'enracinement contenant 0,4 % d'acide indole-3-butyrique.

Piquez la partie inférieure de chaque bouture dans un substrat composé d'une moitié de tourbe de sphaigne et d'une moitié de perlite grossière. Le premier nœud doit à peine toucher le substrat. Compactez très légèrement le terreau et arrosez-le abondamment. Disposez toutes les boutures dans un même contenant comprenant plusieurs compartiments. Placez un dôme de plastique transparent sur le contenant afin d'assurer une humidité constante aux plants, tout en évitant que de la condensation ne se forme sur les parois. Vérifiez régulièrement que le substrat ne s'assèche pas et arrosez au besoin. Les boutures peuvent être laissées à l'extérieur, mais

Clématite 'Polish Spirit' (*Clematis viticella* 'Polish Spirit') et gloire du matin 'Heavenly Blue' (*Ipomoea tricolor* 'Heavenly Blue').

> **LE FLÉTRISSEMENT** ▪ Rarement attaquées par les insectes grâce à une toxine qu'elles contiennent, les clématites ne connaissent qu'un seul vrai problème : le flétrissement. Cette maladie est causée par un champignon qui pénètre habituellement dans les plantes par des blessures infligées aux tiges. Le champignon se développe dans les vaisseaux et empêche le transport de la sève, ce qui fait rapidement ramollir et brunir toutes les feuilles, du sommet vers la base. Coupez au ras du sol les plants atteints et aspergez la terre d'un fongicide à base de soufre. Jetez les tiges malades aux ordures et stérilisez vos outils de taille avec de l'alcool. Si vous avez planté votre clématite assez profondément, elle reformera dans le courant de l'été ou au printemps suivant de nouvelles tiges à partir des bourgeons situés sous terre, le champignon ne pouvant s'attaquer à cette partie de la plante.

assurez-vous de bien les protéger des rayons du soleil à l'aide d'une toile ombrageante qui coupe 70 à 75 % de la luminosité. Les boutures devraient être parfaitement enracinées après une période de quatre ou cinq semaines. Pour accélérer l'enracinement, vous pouvez placer les boutures sur un fil électrique chauffant ou sur une couverture chauffante, de façon à maintenir le substrat à une température constante de 22 à 24 °C. Il est dans ce cas essentiel de les disposer sous un système de brumisation automatique afin d'éviter le dessèchement complet du terreau. Dès que les racines sont développées, repiquez les boutures dans des contenants d'environ 10 cm de diamètre. Ce n'est qu'après une année de croissance que les plants pourront être mis en terre.

Clématite de Jackman (*Clematis* 'Jackmanii').

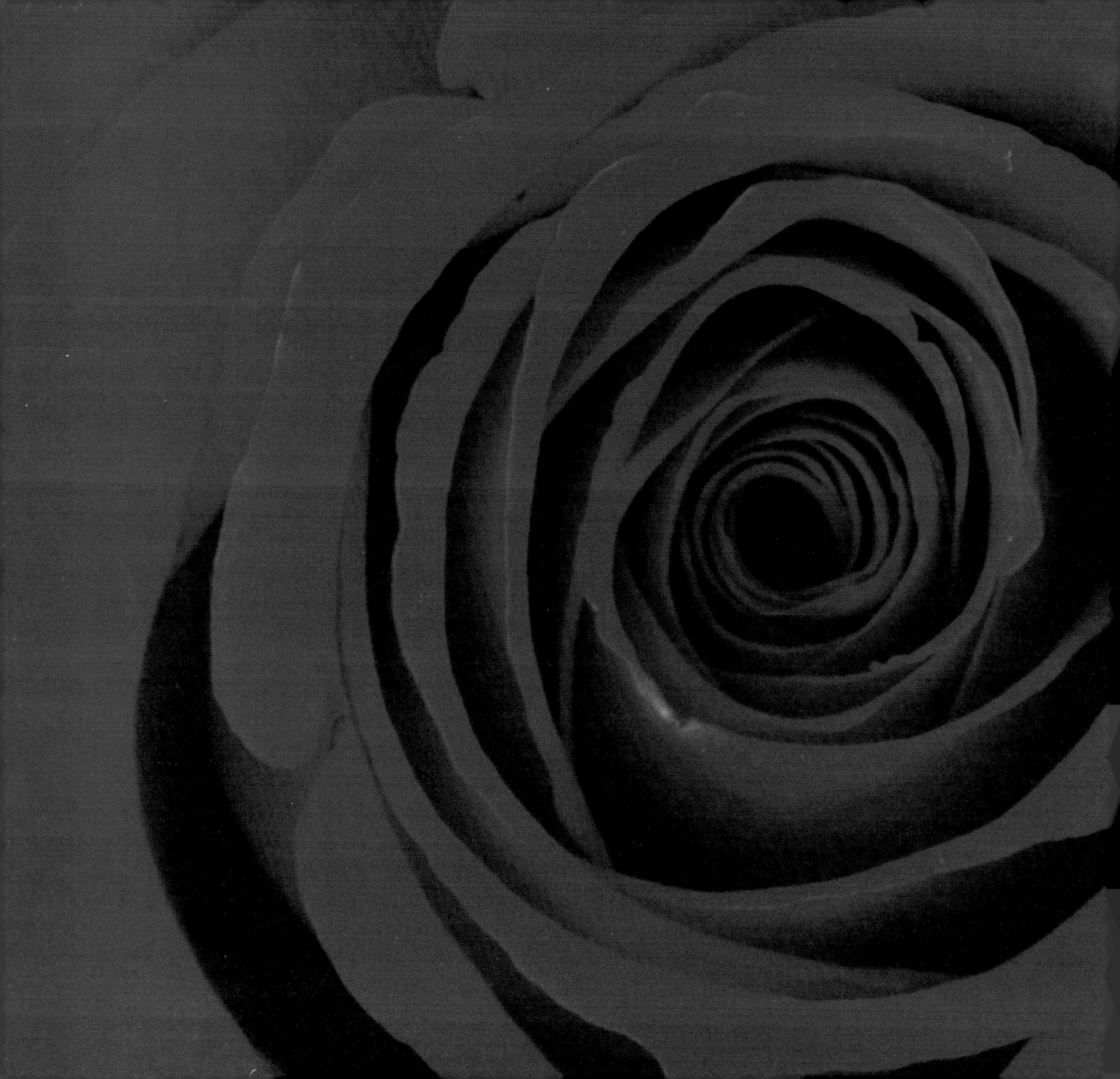

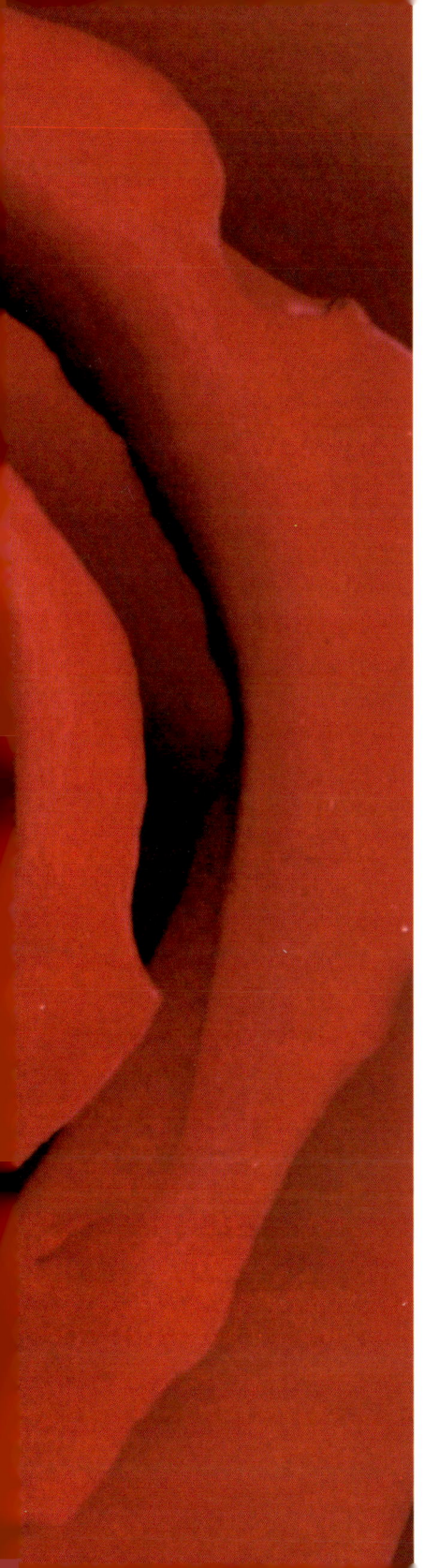

Les rosiers

De tout temps, la rose a été vénérée par l'être humain. À plusieurs époques dans l'histoire, elle fut considérée comme la reine des fleurs grâce à sa floraison gracieuse et parfumée. Mais, attention ! La rose ne dévoile ses charmes qu'avec des soins constants.

La plantation

Pour fleurir abondamment, la majorité des rosiers doivent bénéficier du plein soleil, soit un minimum de six heures d'ensoleillement par jour. Bien qu'ils s'adaptent à divers types de sols, ces végétaux exigeants préfèrent une terre très riche, plutôt argileuse mais bien drainée, dont le pH se situe idéalement entre 6,5 et 7. Le terreau qui convient à la plantation des rosiers doit être composé de deux parties de terre existante – si elle est trop sableuse ou de mauvaise qualité, remplacez-la par une terre loameuse légèrement argileuse – mélangée à une partie de compost. Afin de favoriser un bon enracinement des rosiers, ce terreau doit être fertilisé avec des os moulus à raison de 2 kg par m³, ce qui correspond à environ 125 ml (½ tasse) par plant.

La fosse de plantation

La fosse de plantation des rosiers doit avoir une largeur de deux fois le diamètre de leur motte de racines. La profondeur de cette fosse doit correspondre à une fois et demie la hauteur de la motte. La moitié de l'espace sur lequel s'appuie la motte des plants doit être constituée de sol existant ameubli sur lequel est ensuite ajouté une épaisseur égale de terreau de plantation amendé et fertilisé tel que spécifié précédemment.

La mise en terre

La plantation des rosiers en pots et des rosiers à racines nues s'effectue de façon similaire. N'oubliez pas qu'il est essentiel de retirer les pots qui recouvrent la motte de racines des rosiers même s'ils sont en carton pressé, car ils ne sont pas biodégradables. Vous devez placer chaque rosier dans sa fosse de plantation pour que son point de greffe – la partie renflée situé là où la base des tiges du cultivar est fixée au porte-greffe – soit à environ 2,5 cm sous le niveau de la surface du sol environnant, ou à 1 cm dans le cas d'un rosier miniature. Dans les régions nordiques, en zones 2 et 3, placez le point de greffe à près de 10 cm sous la surface de la terre. Quant aux rosiers qui ne sont pas greffés, disposez leur collet – la partie où les racines s'unissent aux tiges – au même niveau que la surface du sol. Servez-vous du manche de votre pelle ou d'un morceau de bois bien droit pour vous assurer que le point de greffe ou le collet de chaque rosier sont situés au niveau adéquat. Ajoutez ensuite le terreau autour de la motte de racines par couches successives d'environ 15 cm d'épaisseur, en prenant soin de le compacter légèrement avec vos mains de façon à empêcher la formation de poches d'air. Une fois la plantation terminée, aménagez une cuvette en terre autour des tiges de chaque rosier et arrosez abondamment.

La fertilisation

Les rosiers établis sont des végétaux très voraces qui exigent un apport soutenu en éléments nutritifs. Chaque printemps, en avril ou en mai, épandez une épaisseur de compost d'environ 2,5 cm au pied de vos rosiers sur un diamètre équivalent à celui de leur couronne de feuilles. En plus de leur fournir du compost, fertilisez-les avec un engrais d'origine naturelle à dégagement lent riche en potassium. Vous pouvez utiliser l'Engrais Jardins, de Fafard, de formulation 4-4-8, ou le fertilisant Bio-Fleurs, de McInnes, de formulation 4-4-7. Ces engrais doivent être épandus tôt au printemps lors de l'ajout de compost, à raison de 1 kg par 10 m², soit environ 60 ml (deux poignées) par plant. Afin d'obtenir une floraison maximale de la part des rosiers hybrides de Thé, *floribunda*, *grandiflora* et *polyantha*, fertilisez-les aussi avec des algues liquides. Ce produit exceptionnel, riche en potassium et en une foule d'oligoéléments, assure à ces rosiers une floraison extrêmement abondante et prolongée. Les algues liquides doivent être mélangées à de l'eau à raison de 5 ml (1 c. à thé) par litre et pulvérisées directement sur le feuillage des rosiers, tôt le matin ou par temps couvert. Vous pouvez vaporiser ce produit tous les 10 ou 15 jours durant les mois de mai, de juin et de juillet. Il est cependant préférable de ne plus vaporiser d'algues liquides sur les rosiers à partir de la fin du mois de juillet, pour leur permettre de bien endurcir leurs jeunes tiges en prévision de l'hiver.

L'arrosage

Les rosiers nouvellement plantés doivent être arrosés trois fois par semaine pendant une période d'environ un mois. Les mois suivants, n'arrosez plus qu'une seule fois par semaine, sauf en période de canicule où un arrosage aux trois jours est nécessaire. Dans tous les cas, fournissez-leur environ 10 litres d'eau lors de chaque arrosage. Cessez d'arroser vers la mi-octobre.

Les années qui suivent la plantation, durant la période estivale, la majorité des rosiers modernes nécessitent 2,5 cm d'eau par semaine – ce qui équivaut approximativement à 10 litres par arbuste – et un peu plus lorsque le temps est sec et très chaud. Au printemps et à l'automne, diminuez un peu les arrosages afin de tenir compte des pluies plus abondantes. Dans tous les cas, cessez de fournir de l'eau à vos rosiers vers la mi-octobre. Pour qu'ils forment des racines profondes et ramifiées, il est préférable de les arroser une seule fois par semaine, deux tout au plus, en période de canicule. Si vous les arrosez un peu tous les jours, les rosiers produisent des racines superficielles et sont ainsi

Magnifique association entre le rosier 'The Fairy' (*Rosa* 'The Fairy') et l'astilbe de Chine 'Purpurlanze' (*Astilbe chinensis* var. *taquetii* 'Purpurlanze').

Une floraison remontante ou continue ?

Plusieurs rosiers ont une floraison remontante, c'est-à-dire qu'ils produisent deux floraisons spectaculaires, parfois plus, entre les mois de juin et d'octobre. Les cultivars dont les fleurs éclosent sans arrêt à partir de la fin du printemps jusqu'au début de l'automne sont pour leur part des rosiers à floraison continue. Les autres rosiers, ceux dont la floraison n'est ni continue ni remontante, produisent leurs fleurs pendant quelques semaines seulement vers la fin du printemps ou au début de l'été. Un grand nombre de ces rosiers arborent ensuite des fruits décoratifs tout l'automne.

---

moins résistants à la sécheresse et aux autres situations stressantes.

N'arrosez pas le feuillage des rosiers, surtout en fin de journée et le soir, afin d'éviter la propagation de maladies fongiques. Si vous avez peu de rosiers, arrosez-les à la main avec un tuyau d'arrosage muni d'une lance. Par ailleurs, la meilleure technique pour arroser une roseraie est à mon avis de faire serpenter un tuyau poreux entre les tiges des arbustes (voir page 177). Donner 2,5 cm d'eau demande habituellement de laisser couler le tuyau pendant un peu plus d'une heure.

Le paillage

Afin de limiter, voire d'éliminer complètement la croissance des herbes indésirables et de maintenir une humidité constante dans le sol, il est fortement recommandé d'installer un paillis organique à la base des rosiers. Un paillis protège également les racines de certains rosiers peu rustiques contre les méfaits du cycle de gel et de dégel.

Une épaisseur de 5 à 7,5 cm de paillis est habituellement suffisante. N'installez jamais le paillis par temps froid ou lorsque le sol est sec. Placez-le autour des rosiers fraîchement plantés sur un diamètre excédant d'environ 40 cm la largeur de leur motte de racines. Lorsque vous disposez un paillis à la base de rosiers établis, assurez-vous qu'il le soit sur un diamètre ayant 15 à 30 cm de plus que le celui de leur couronne de feuilles.

La taille

La taille est une pratique essentielle à l'obtention de rosiers sains et vigoureux. Comme ce sont des plantes très sensibles aux maladies, l'élimination régulière du bois mort et brisé est particulièrement bénéfique. Un élagage régulier peut également influencer la qualité et l'abondance de la floraison. Attention ! Munissez-vous de gants très épais avant d'entreprendre la taille de rosiers et stérilisez bien votre sécateur avec de l'alcool lorsque vous passez d'un plant à un autre.

La taille de formation

Avant d'être mis en vente, les rosiers ont généralement été taillés à la pépinière où on les a produits. Il est cependant possible que vous ayez à enlever certaines branches mortes, cassées ou malades au moment de les planter. Éliminez également toute tige faible, trop petite ou qui en croise une autre, et cela directement à son point d'attache. Vous obtiendrez des plants aux tiges fortes et bien disposées autour du point de greffe. Pour ce qui est des rosiers à racines nues, il faut aussi tailler leurs racines lorsqu'elles sont blessées ou cassées.

La classification des rosiers

Il existe environ 13 000 cultivars de rosiers, dont seule une infime partie est offerte sur le marché horticole mondial. La généalogie des hybrides étant complexe, il est devenu particulièrement difficile et parfois même impossible de bien classifier les divers rosiers développés chaque année. Voici tout de même un aperçu de la classification, qui évolue sans cesse, proposée par la World Federation of Rose Societies et par la Royal National Rose Society.

Les rosiers botaniques

Cette catégorie comprend toutes les espèces de rosiers sauvages qui poussent en nature sans aucune intervention humaine. Ce sont en majorité de larges arbustes qui portent des fleurs simples vers la fin du printemps ou au début de l'été et qui produisent par la suite des fruits décoratifs appelés cynorhodons. Le rosier aciculaire (*Rosa acicularis*), le rosier inerme (*R. blanda*) et le rosier rugueux (*R. rugosa*) sont des rosiers botaniques.

Les rosiers anciens

Les rosiers anciens, dont certains sont cultivés depuis le XVe siècle, sont issus de mutations ou d'hybridations entre des rosiers botaniques. Ce sont les parents de nombreux hybrides modernes. Plusieurs d'entre eux produisent des fleurs parfumées pendant trois ou quatre semaines vers la fin du printemps ou en été, et certains rosiers anciens possèdent une floraison remontante.

Rosier 'Monte Cassino' (*Rosa* 'Monte Cassino') et scabieuse 'Butterfly Blue' (*Scabiosa* 'Butterfly Blue').

Les rosiers anciens sont classés en deux groupes. Le groupe A comprend principalement les rosiers d'origine européenne tels que les rosiers centfeuilles, les rosiers de Damas et les rosiers galliques. Le groupe B est pour sa part composé d'hybrides issus de croisements entre des espèces orientales et européennes. Les rosiers Bourbon, les rosiers de Portland ainsi que les rosiers Thé, à l'origine des hybrides de Thé si prisés par les jardiniers d'aujourd'hui, font partie de ce deuxième groupe.

Les rosiers modernes

Les rosiers modernes sont issus d'hybridations particulièrement complexes effectuées depuis maintenant plus d'un siècle. La majorité de ces rosiers produisent une floraison abondante et prolongée. Dans cette catégorie figurent les rosiers *floribunda*, les rosiers *grandiflora*, les très populaires hybrides de Thé, les rosiers miniatures et les rosiers *polyantha*. Les cultivars des séries Parkland et Explorateur ainsi que les cultivars issus de *R. rugosa* sont également des rosiers modernes.

1 Éliminez les tiges mortes, cassées ou malades.

2 Taillez toute branche faible, trop petite ou qui en croise une autre.

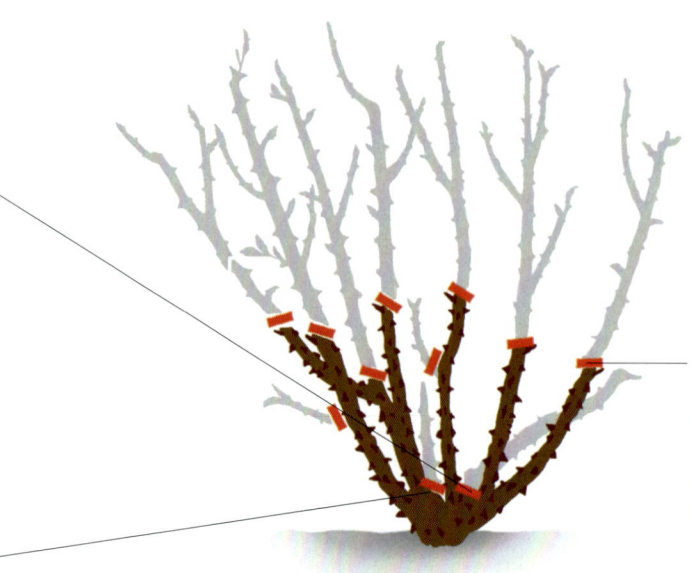

3 Taillez chaque branche restante à 20 ou 25 cm, en prenant soin d'y garder quatre ou cinq bourgeons. Chaque coupe doit être faite en biseau à quelques millimètres au-dessus d'un bourgeon orienté vers l'extérieur de l'arbuste.

Taille d'un rosier hybride de Thé établi

La taille des rosiers buissons

Les rosiers *floribunda* et *grandiflora*, les hybrides de Thé, les rosiers miniatures ainsi que les rosiers *polyantha* sont des végétaux de petites dimensions formant des buissons. Ces arbustes, qui produisent leurs fleurs sur la pousse de l'année en cours, doivent être taillés très sévèrement à l'automne, juste avant de les couvrir d'une protection hivernale, ou tôt au printemps, durant la période qui précède l'éclosion de leurs bourgeons.

Coupez d'abord leurs tiges mortes, cassées ou malades. Éliminez également à son point d'attache toute branche faible, trop petite ou qui en croise une autre. Seules quatre ou cinq tiges saines et vigoureuses bien disposées autour du point de greffe doivent être conservées et raccourcies. Dans le cas des rosiers miniatures, les tiges restantes doivent être coupées à 15 cm du sol, tandis que les branches des hybrides de Thé doivent être taillées à 20 ou 25 cm, en prenant soin d'y garder quatre ou cinq bourgeons. Pour les rosiers *floribunda*, *grandiflora* et *polyantha*, taillez chacune des tiges à une hauteur de 30 à 35 cm, en y conservant cinq ou six bourgeons. Chaque coupe doit être faite en biseau à quelques millimètres au-dessus d'un bourgeon orienté vers l'extérieur du plant. Ce type de taille donne une structure ouverte et équilibrée aux rosiers, permettant ainsi une bonne circulation d'air en leur centre, ce qui diminue les risques de propagation de maladies.

1. Éliminez les tiges mortes, cassées ou malades.

2. Taillez une ou deux vieilles branches qui ne fleurissent plus suffisamment à 5 cm du sol.

3. Raccourcissez les rameaux qui ont porté des fleurs l'été précédent en y conservant deux ou trois bourgeons. Chaque coupe doit être faite en biseau à quelques millimètres au-dessus d'un appel-sève orienté vers l'extérieur du plant.

TAILLE D'UN ROSIER ARBUSTIF ÉTABLI QUI PRODUIT SES FLEURS SUR DE NOUVELLES TIGES

LA TAILLE DES ROSIERS ARBUSTIFS PRODUISANT LEURS FLEURS SUR DE NOUVELLES TIGES

Tous les rosiers arbustifs dont la floraison est remontante ou continue, qu'ils soient modernes ou anciens, produisent leurs fleurs sur des tiges de l'année en cours. Ils doivent donc être taillés tôt au début du printemps, avant l'éclosion de leurs bourgeons. Les rosiers appartenant à ce groupe, dont les cultivars des séries Parkland et Explorateur, les cultivars issus de *R. rugosa*, les rosiers anglais hybridés par David Austin ainsi que plusieurs rosiers anciens, sont habituellement très vigoureux et forment des arbustes dont les dimensions sont plus imposantes que celles des rosiers buissons.

Les rosiers arbustifs à floraison remontante ou continue nécessitent peu de taille. Tous les printemps, vous devez toutefois enlever leurs rameaux morts, brisés ou atteints de maladies. Chaque année, ou tous les deux ans au moins, éliminez une ou deux vieilles branches qui ne fleurissent plus suffisamment en les coupant à environ 5 cm du sol ou à leur point d'attache sur une autre tige. Afin de favoriser une floraison abondante, tous les

LES ROSIERS

■ Ne coupez pas n'importe où !

Lorsque vous raccourcissez une tige de rosier, il est très important de la tailler en biseau à un angle d'environ 40 degrés, juste au-dessus d'un appel-sève. L'appel-sève est une pousse – un bourgeon, une feuille ou une tige – qu'on garde à l'extrémité du rameau coupé et qui, comme son nom l'indique, assure une bonne circulation de sève autour de la plaie, favorisant ainsi une cicatrisation rapide. Afin d'éviter qu'il ne se dessèche, l'appel-sève doit avoir un diamètre minimal équivalant au tiers de celui de la branche taillée.

1. Taillez les tiges mortes, cassées ou malades à leur point d'attache sur une autre branche ou au ras du sol.

2. Taillez quelques vieilles branches qui ne fleurissent plus suffisamment en les coupant à 5 cm du sol.

3. Pour augmenter la floraison des rosiers cultivés pour leurs fleurs parfumées, raccourcissez les tiges qui ont porté des fleurs en les taillant du tiers, en biseau et juste au-dessus d'une feuille ou d'une petite tige orientés vers l'extérieur du plant.

TAILLE D'UN ROSIER ARBUSTIF ÉTABLI QUI PRODUIT SES FLEURS SUR DES TIGES ÂGÉES

rameaux qui ont porté des fleurs l'été précédent peuvent être taillés près du bois plus âgé en n'y conservant que deux ou trois bourgeons. Chaque coupe doit être faite en biseau à quelques millimètres au-dessus d'un appel-sève orienté vers l'extérieur du plant.

LA TAILLE DES ROSIERS ARBUSTIFS PRODUISANT LEURS FLEURS SUR DES TIGES ÂGÉES

Les rosiers arbustifs dont la floraison n'est pas remontante ou continue fleurissent pendant peu de temps à la fin du printemps ou au début de l'été. Ces arbustes, qui produisent leurs fleurs sur des tiges formées durant les années précédentes, doivent être taillés dès que leur floraison est terminée. Les rosiers botaniques ainsi que certains rosiers anciens comme les rosiers *alba,* les rosiers centfeuilles, les rosiers galliques et la plupart des rosiers moussus font partie de ce groupe.

Éliminez régulièrement les branches mortes, brisées ou malades de ces rosiers. À l'occasion, supprimez aussi quelques vieilles branches peu productives en les coupant à environ 5 cm du sol ou à leur point d'attache sur une autre tige. Comme la plupart des

L'élimination des fleurs fanées

Si vous ne prenez pas la peine d'enlever les fleurs mortes des rosiers à floraison remontante ou continue, cela peut retarder la formation de nouvelles tiges florifères. Une fois leurs fleurs fanées, de nombreux rosiers forment des fruits qui monopolisent une certaine quantité d'énergie au détriment de la production de nouvelles fleurs. À moins que vous ne désiriez conserver leurs fruits décoratifs, il est préférable d'éliminer régulièrement les fleurs fanées des rosiers. Chez les cultivars qui ne nécessitent pas de protection hivernale, cessez d'enlever les fleurs mortes à partir de la fin d'août, pour éviter la pousse de jeunes tiges qui n'auraient pas le temps de bien s'endurcir avant l'hiver.

Lorsque vous enlevez une fleur fanée d'un hybride de Thé, il est très important de tailler la tige qui la soutient en biseau à un angle d'environ 40 degrés, juste au-dessus de la troisième ou de la quatrième feuille, qui doit idéalement être orientée vers l'extérieur du plant. Assurez-vous qu'il y ait à l'aisselle de cette feuille un bourgeon bien développé, car c'est lui qui produira la tige portant de nouvelles fleurs. Dans le cas des rosiers *floribunda* et *polyantha,* attendez que toutes les fleurs d'un même groupe soient fanées avant de les éliminer. En procédant de la même manière que pour les hybrides de Thé, coupez alors la tige principale qui supporte toute la masse de fleurs.

Coupe d'une fleur fanée d'un rosier hybride de Thé.

rosiers de ce groupe produisent des fruits décoratifs, il est préférable de ne pas couper les tiges qui portent les fleurs fanées. Mais si vous désirez augmenter la floraison des rosiers cultivés pour leurs fleurs parfumées, raccourcissez légèrement les rameaux qui ont porté des fleurs en les taillant du tiers, en biseau et juste au-dessus d'une feuille ou d'une petite tige orientées vers l'extérieur du plant.

Rosier 'Alchymist' (*Rosa* 'Alchymist').

1 Éliminez toutes les tiges mortes, cassées ou malades.

3 Raccourcissez la plupart des jeunes pousses latérales à 10 ou 15 cm de longueur.

2 À l'occasion, supprimez une vieille branche principale peu productive en la coupant à 5 cm du sol.

4 Dirigez certaines tiges vers les endroits exempts de feuillage et attachez-les au support.

Taille d'un rosier grimpant à floraison remontante

La taille des rosiers grimpants et rampants

Les tiges des rosiers grimpants ont tendance à pousser en hauteur, en quête de lumière, plutôt que vers les côtés. Lors de leur plantation, pour qu'ils couvrent éventuellement un maximum de surface, vous devez leur donner une structure ouverte et équilibrée en orientant chacune de leurs tiges. Celles-ci doivent être disposées en éventail et attachées au support pour qu'elles maintiennent leur position. Personnellement, j'utilise des bandes de bas nylon ou du fil de fer recouvert de styromousse que j'enlace autour des rameaux en formant un 8. Ce petit truc évite de trop serrer les tiges. Après cette opération, taillez le tiers supérieur des branches afin de favoriser la croissance de tiges latérales. Chaque coupe doit être faite en biseau à quelques millimètres au-dessus d'un bourgeon ou d'une feuille orientés vers les côtés plutôt que vers le centre du plant.

Une fois bien implantés, la plupart des rosiers grimpants nécessitent peu de taille pour fleurir abondamment. Chaque printemps, qu'ils aient passé la saison hivernale accrochés à leur support ou couchés sous une protection, vous devez d'abord éliminer toutes leurs tiges mortes, cassées ou malades. À l'occasion, supprimez aussi une vieille branche principale peu productive en la coupant à environ 5 cm du sol. Ensuite,

Très *glamour*, les rosiers !

pour augmenter la production de fleurs des cultivars à floraison remontante ou continue – qui constituent la très grande majorité des rosiers grimpants vendus sur le marché horticole canadien – raccourcissez la plupart de leurs jeunes pousses latérales à 10 ou 15 cm de longueur. Conservez trois ou quatre bourgeons sur chacune des tiges taillées et n'oubliez pas d'effectuer la coupe en biseau juste au-dessus d'un appel-sève. Enfin, dirigez certaines tiges vers les endroits exempts de feuillage et attachez-les au support.

Cette technique de taille ne convient toutefois pas aux cultivars de rosiers grimpants dont la floraison n'est pas remontante ou continue, comme 'Félicité et Perpétue', 'Seagull' et 'White Mountain', qui fleurissent pendant peu de temps à la fin du printemps ou au début de l'été. Au printemps, dirigez et attachez leurs tiges au support et ne coupez que les branches mortes, brisées ou malades. Lorsque la floraison est terminée, ne coupez pas les tiges qui portent les fleurs fanées, car elles produisent habituellement des fruits fort décoratifs.

Une fois qu'ils sont bien établis, les rosiers rampants peuvent être taillés de la même façon que les rosiers grimpants, en tenant compte de leur période de floraison.

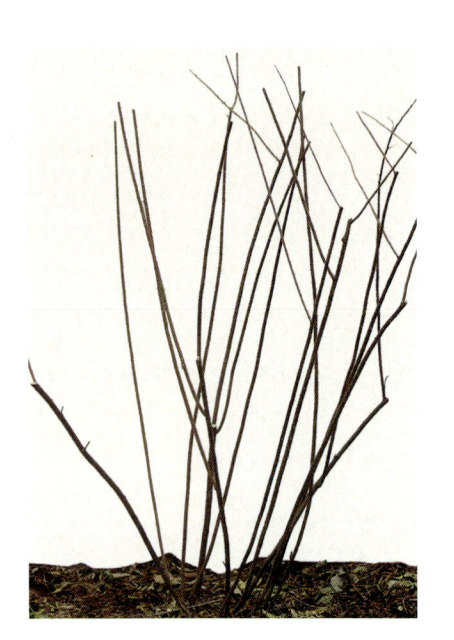

Un rosier arbustif après sa rénovation.

1 Enlevez toutes les branches mortes, cassées ou malades.

2 Taillez les vieilles tiges peu productives en les coupant à 5 cm du sol.

3 Raccourcissez les tiges conservées du tiers en les taillant en biseau au-dessus d'un appel-sève orienté vers l'extérieur de l'arbuste.

RÉNOVATION D'UN VIEUX ROSIER ARBUSTIF NÉGLIGÉ

La rénovation

Avec l'âge, beaucoup de rosiers arbustifs négligés se dégarnissent et fleurissent moins abondamment. Ils ne produisent des feuilles qu'au sommet de leurs tiges et leur base dégarnie est habituellement encombrée de plusieurs branches mortes. Plutôt que de remplacer ces vieux arbustes frêles et dégarnis, vous pouvez rénover la plupart d'entre eux, incluant les rosiers grimpants, en pratiquant une taille sévère. Bien que plusieurs cultivars supportent que toutes leurs branches soient coupées au ras du sol, puisqu'ils sont capables de produire de nouvelles tiges directement à partir de leur souche, je propose plutôt de rénover la plupart des rosiers en effectuant une taille moins sévère, et parfois même pratiquée en plusieurs étapes. La meilleure période pour effectuer la rénovation des rosiers va du début de mars à la fin d'avril, avant l'éclosion de leurs bourgeons. À cette période, les plaies ne risquent pas d'être exposées aux grands froids et l'absence de feuilles offre une meilleure visibilité de la structure des plants.

Pour rénover un vieux rosier arbustif négligé, éliminez d'abord toutes ses branches mortes, cassées ou malades. Ensuite, enlevez les vieilles tiges peu productives en les coupant à environ 5 cm du sol ou, quand c'est possible, à l'aisselle d'une branche saine qui y est fixée. Ne conservez que les tiges principales les plus jeunes et les plus vigoureuses, puis raccourcissez-les du tiers en les taillant en biseau au-dessus d'un bourgeon ou d'une petite tige orientés vers l'extérieur de l'arbuste. Si le rosier que vous rénovez ne possède aucune jeune tige émergeant de la souche, n'enlevez pas plus de la moitié de toutes les vieilles branches. L'année suivante, vous pourrez couper l'autre moitié des vieilles tiges près du sol. Par la même occasion, vous raccourcirez légèrement certains nouveaux rameaux très vigoureux formés au cours de l'été précédent.

La propagation

Le bouturage, la division, le greffage, le marcottage et le semis sont autant de techniques qui permettent de propager les rosiers. Le bouturage est une méthode de propagation à la portée de la majorité des jardiniers amateurs, mais elle n'est pas recommandée pour la multiplication des rosiers buissons comme les hybrides de Thé. Il en va de même pour la division et le marcottage. C'est plutôt la greffe, une technique particulièrement difficile à maîtriser, qui est habituellement utilisée pour effectuer la propagation commerciale de ces rosiers. Le semis est pour sa part une méthode relativement simple mais très lente. Comme la majorité des cultivars de rosiers ne peuvent être multipliés à partir de graines, le semis est donc réservé à la propagation des espèces ou aux travaux d'hybridation.

Le bouturage

Plusieurs rosiers grimpants et arbustifs peuvent être propagés par bouturage de leurs pousses de l'année en cours. En vous munissant de gants épais, prélevez de jeunes pousses situées à l'extrémité des tiges, de la fin de juin jusqu'en août. Sélectionnez des bouts de tiges souples et flexibles dont l'extrémité n'est pas complètement lignifiée. Pour vous assurer de la qualité de vos boutures, pliez-en quelques-unes ; une cassure nette signifie qu'elles ont été prélevées au bon moment. Les boutures, qui doivent avoir une longueur de 10 à 15 cm,

Rosier 'Dortmund' (*Rosa* 'Dortmund').

sont coupées directement sous un nœud. Enlevez ensuite les feuilles en n'en conservant que deux situées dans la partie supérieure, puis coupez les folioles des feuilles restantes de moitié de manière à limiter l'évaporation. Plongez finalement la base des boutures dans une poudre d'enracinement contenant 0,4 % d'acide indole-3-butyrique.

Piquez la moitié inférieure de chaque bouture dans un substrat composé d'une moitié de tourbe de sphaigne et d'une moitié de perlite grossière. Compactez très légèrement le terreau et arrosez-le abondamment. Plutôt que d'installer chaque bouture dans un pot, disposez-les dans un même contenant composé de plusieurs petits compartiments. Placez un dôme de plastique transparent sur chaque contenant afin d'assurer une humidité constante aux plants, en vous assurant qu'il ne se forme pas de condensation sur les parois. Vérifiez tous les jours que le substrat ne s'assèche pas et ajoutez un peu d'eau au besoin. Les boutures peuvent être laissées à l'extérieur en les protégeant bien des rayons intenses du soleil de l'après-midi. Il est recommandé de ne repiquer les boutures de rosiers qu'au printemps suivant. Avant la venue des premiers gels, vous devrez donc enfouir dans le sol les contenants dans lesquels vos boutures sont installées, enlever les dômes de plastique et, dans les régions où la couverture de neige est faible et instable, les recouvrir d'une épaisse couche de feuilles mortes déchiquetées. Ce n'est qu'au milieu ou à la fin du printemps suivant que vous pourrez les rempoter ou les mettre en terre.

La division
La division est habituellement utilisée pour la multiplication de rosiers très vigoureux qui ne sont pas greffés et qui produisent beaucoup de drageons. Cette opération peut être effectuée au printemps ou à l'automne, avant la mi-octobre. Sélectionnez d'abord un drageon – une jeune branche issue directement des racines – si possible située un peu à l'écart du groupe de tiges centrales. À l'aide d'une pelle-bêche, sortez le drageon de terre avec un bout de la racine d'où il émerge sans endommager le reste de l'arbuste. Assurez-vous qu'il y ait bien des radicelles à la base du drageon. À l'aide d'un sécateur, coupez la racine d'où est issu le drageon le plus près possible de ce dernier et replantez-le en terre en l'arrosant abondamment.

Le marcottage

Le marcottage est une technique de propagation idéale pour multiplier les rosiers grimpants et rampants. Vous pouvez effectuer le marcottage d'un rosier à n'importe quel moment de la saison de végétation, la meilleure période étant le printemps. Sélectionnez d'abord une jeune tige vigoureuse de moins de deux ans située près du sol. Enlevez les feuilles fixées à l'endroit où elle sera enfouie dans la terre et pratiquez-y une petite incision à l'aide d'une couteau bien aiguisé. Mettez sur cette coupe un peu de poudre d'enracinement contenant 0,8 % d'acide indole-3-butyrique ou badigeonnez-la d'algues liquides pures. Placez ensuite le bout de branche incisé sous la surface du sol et faites-le tenir en place à l'aide d'un crochet de métal. Après 12 mois, sortez la branche du sol et, si elle est bien enracinée, coupez-la et mettez-la en pot ou replantez-la ailleurs.

Rosier 'Morden Blush' (*Rosa* 'Morden Blush') et népéta 'Six Hills Giant' (*Nepeta* x *faassenii* 'Six Hills Giant').

LES ROSIERS

Le porte-greffe

Le porte-greffe est un rosier duquel on a éliminé les tiges pour y greffer les bourgeons d'un rosier hybride moins rustique mais à floraison plus abondante. La greffe donne plus de vigueur au rosier hybride et lui permet de mieux résister aux grands froids. À partir de son système racinaire, le porte-greffe produit parfois des rejets (appelés drageons) beaucoup plus robustes et habituellement plus épineux que les tiges des hybrides. Si un rejet n'est pas taillé rapidement et exactement à l'endroit où il est fixé sur une racine, il croîtra très rapidement et supplantera l'hybride greffé.

La greffe

La greffe est une opération qui permet de joindre un bourgeon d'un rosier, le greffon, aux racines d'un autre, le porte-greffe. Le greffon est habituellement sélectionné pour la qualité et l'abondance de sa floraison, tandis que le porte-greffe est choisi pour sa vigueur et sa résistance au froid. L'écussonnage, aussi appelé greffe en T, est sans contredit la méthode la plus employée pour propager les rosiers buissons comme les hybrides de Thé.

Dans l'est du Canada, *R. multiflora* est probablement l'espèce la plus utilisée comme porte-greffe. Ce rosier vigoureux et rustique s'adapte bien à divers types de sols et produit peu de drageons. Vous pouvez cultiver vos propres rosiers porte-greffes à partir de boutures ou vous les procurer chez un pépiniériste spécialisé. Les porte-greffes achetés dans une pépinière doivent être mis en terre à l'automne, soit un an avant d'effectuer la greffe.

L'écussonnage doit être effectué en été, habituellement vers la fin d'août, préférablement par temps frais. Vous devez d'abord préparer les greffons. Pour ce faire, taillez des tiges d'une longueur d'environ 30 cm qui portent des fleurs et qui comprennent chacune trois ou quatre bourgeons bien formés. Avant d'utiliser une tige, dépouillez-la de ses fleurs et coupez ses feuilles en laissant approximativement 5 mm de chaque pétiole. Tenez fermement la tige par la base pour que les bourgeons pointent vers le haut. Insérez votre couteau à greffer obliquement à environ 5 mm au-dessus d'un bourgeon. Glissez ensuite la lame sous le bourgeon afin d'enlever une mince couche de bois et faites-la ressortir à 2 cm sous celui-ci. Vous obtiendrez ainsi un greffon d'une longueur d'environ 2,5 cm. Tenez-le par sa partie la plus longue et, avec vos ongles, séparez le bois de l'écorce. Si vous laissez le bois en place, il empêchera le greffon de s'unir au porte-greffe. Coupez l'extrémité du greffon la plus longue sans endommager le bourgeon, de façon qu'il ne fasse plus que 1,5 cm de longueur.

Une fois le greffon prêt, vous devez faire une incision en forme de T sur le porte-greffe. Placez la lame de votre couteau à greffer à l'horizontale sur la tige principale du porte-greffe, à environ 2,5 cm sous l'endroit où sont fixées les premières branches. Faites une petite entaille de 5 mm de longueur en ne coupant que l'écorce, sans entamer le bois. Faites ensuite une coupe verticale d'environ 2,5 cm de longueur qui joint la première, formant ainsi un T. Glissez ensuite le revers de la lame de votre couteau à greffer dans l'incision et soulevez délicatement l'écorce de part et

1 Pour prélever le greffon, insérez votre couteau à greffer obliquement sur la tige, à environ 5 mm au-dessus d'un bourgeon. Glissez ensuite la lame sous le bourgeon afin d'enlever une mince couche de bois et faites-la ressortir à 2 cm sous celui-ci.

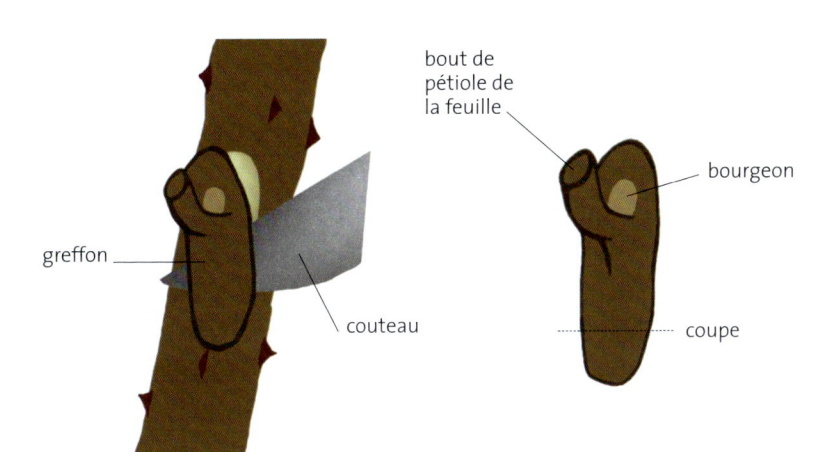

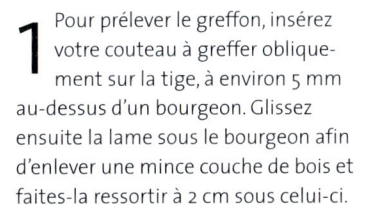

2 Tenez le greffon par sa partie la plus longue et séparez le bois de l'écorce. Conservez cette dernière partie et coupez le bout le plus long de façon à obtenir un greffon de 1,5 cm de longueur.

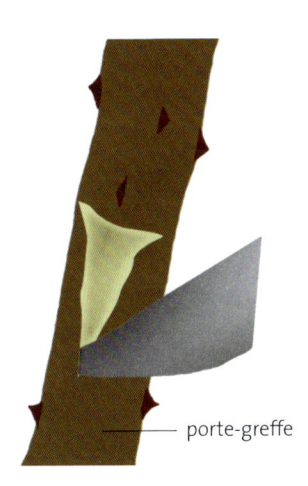

3 Faites une incision en forme de T sur le porte-greffe. Glissez ensuite le revers de la lame de votre couteau à greffer dans l'incision et soulevez délicatement l'écorce de part et d'autre de l'entaille verticale.

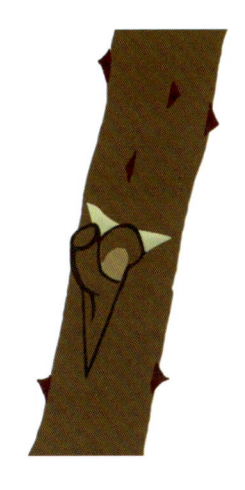

4 Tenez le greffon par le bout du pétiole, introduisez-le dans l'incision, entre l'écorce et le bois, en vous assurant que sa partie supérieure ne dépasse pas l'entaille horizontale.

ÉCUSSONAGE OU GREFFE EN T D'UN ROSIER

d'autre de l'entaille verticale. En tenant le greffon par le bout du pétiole, introduisez-le dans l'incision, entre l'écorce et le bois, en vous assurant que sa partie supérieure ne dépasse pas l'entaille horizontale. Une fois cette opération terminée, pour assurer un bon contact entre le greffon et le porte-greffe, mettez du ruban de paraffine sur la greffe en laissant le bourgeon à l'air libre. Certains horticulteurs préfèrent couvrir le greffon avec une bandelette de caoutchouc blanc biodégradable spécialement conçue à cette fin.

Tôt au printemps suivant, taillez la branche réceptrice du porte-greffe en faisant une coupe en biseau à quelques millimètres au-dessus du greffon à l'aide d'un sécateur. Contrairement aux boutures, les rosiers greffés s'établissent rapidement, puisqu'ils bénéficient d'un système racinaire déjà bien développé.

La protection hivernale

Parmi tous les rosiers offerts dans les jardineries et les pépinières canadiennes, seuls les rosiers *floribunda* et *grandiflora*, les hybrides de Thé, la plupart des rosiers *polyantha* et des rosiers miniatures ainsi que certains rosiers grimpants ne sont pas rustiques en zone 5 et doivent absolument être protégés pour affronter l'hiver. Tous les rosiers des séries Explorateur et Parkland, les cultivars de *R. rugosa* ainsi que plusieurs espèces de rosiers botaniques peuvent résister aux conditions hivernales qui sévissent en zone 3, parfois même en zone 2, sans protection hivernale. Le tableau XXIX donne la liste des cultivars les plus rustiques. De nombreux rosiers anciens ainsi que les rosiers anglais hybridés par David Austin sont pour leur part rustiques dans les zones 4 et 5, à condition que leur base soit couverte d'environ 30 cm de terre ou de tourbe de sphaigne avant chaque hiver. Une fois bien établis, après deux ou trois années de culture, plusieurs de ces rosiers peuvent même passer l'hiver sans protection hivernale.

Quand protéger

Afin de s'endurcir et d'être en mesure de bien résister aux méfaits de l'hiver, les rosiers ont besoin d'être exposés à des températures oscillant entre 0 et -10 °C pendant quelques jours. Il est donc important d'installer les protections hivernales une fois que le sol a commencé à geler et que la température est descendue sous le point de congélation. Pour plusieurs régions de l'est du Canada, cette période correspond habituellement au début de novembre. Dans certains endroits situés plus au sud, il est préférable d'attendre la mi-novembre ou même parfois la toute fin du mois pour effectuer cette opération.

Toutes les protections doivent être retirées dès le dégel du sol, vers la fin de mars ou au début d'avril. Enlevez-les durant une journée nuageuse ou même pluvieuse pour que les plantes ne soient pas soumises à des écarts de température et de luminosité trop importants. Pour les rosiers très peu rustiques comme les hybrides de Thé, retirez les protections progressivement en les remettant les nuits les plus froides, lorsque la température descend de plusieurs degrés sous zéro. Enlevez-les complètement lorsque la température nocturne ne se rend plus sous le point de congélation.

La protection des rosiers buissons

La technique la plus populaire pour protéger les rosiers buissons comme les rosiers *floribunda*, *grandiflora*, hybrides de Thé et *polyantha* est de les couvrir de cônes de polystyrène. Ces cônes sont toutefois peu esthétiques et pas toujours efficaces. Il existe une autre technique pour protéger les rosiers buissons. Cette méthode simple et efficace permet de protéger rapidement une plantation composée de plusieurs rosiers. Après avoir taillé les plants et enlevé les feuilles encore attachées à leurs tiges, épandez de 5 à 10 cm de terre à leur base. Pour une protection accrue, couvrez la terre et les tiges d'une épaisse couche de feuilles mortes déchiquetées et bien sèches. Pour maintenir les feuilles en place, installez une toile géotextile de protection hivernale plastifiée ou un filet de plastique retenus au sol par des piquets. Pour éviter que les rosiers ne soient endommagés par certains petits rongeurs durant l'hiver, l'utilisation d'appâts contenant un raticide peut s'avérer indispensable dans certains cas.

Si vous désirez tout de même protéger vos rosiers avec des cônes, en plus d'épandre à la base des plants une épaisseur de 5 à 10 cm de terre ou de compost, il est indispensable d'introduire une matière isolante à l'intérieur de ceux-ci. Des matériaux secs comme des feuilles mortes déchiquetées ou de la tourbe de sphaigne font habituellement l'affaire. Vous pouvez aussi employer de la laine isolante qui remplace avantageusement ces divers matériaux, puisqu'elle reste en place lors de l'installation du cône. Et elle ne risque pas de se décomposer et de faire augmenter la température à l'intérieur du cône lors des périodes de redoux. Assurez-vous de bien assujettir le cône au sol en entassant de la terre ou du paillis à sa base et en plaçant une pierre sur le dessus pour qu'il ne soit pas emporté par le vent. S'il n'y a pas de trous dans la partie supérieure du cône, faites-en quelques-uns afin d'assurer une bonne aération et l'élimination d'une partie de l'humidité.

La protection des rosiers grimpants
Certains rosiers grimpants ne sont pas suffisamment rustiques sous notre climat et doivent être protégés avant chaque hiver. C'est le cas des cultivars 'Coral Dawn', 'Don Juan', 'Dortmund', 'Golden Showers' et 'New Dawn'. Avant de couvrir un rosier grimpant d'une protection hivernale, détachez-le de son support et liez toutes ses tiges ensemble. Je suggère de les attacher avec des morceaux des sacs de plastique dans lesquels sont vendus les composts et les terreaux d'empotage ; vous pourrez ainsi vous y agripper sans vous blesser lorsque viendra le temps de coucher le rosier au sol. N'oubliez pas d'enlever et de jeter aux ordures toutes les feuilles encore fixées à ses tiges ou qui jonchent le sol à sa base. Couchez ensuite les branches du rosier au sol avec précaution. Il est préférable d'abaisser les tiges graduellement, en deux ou trois jours, afin d'éviter de les casser. Une

Les cônes de polystyrène sont peu esthétiques et pas toujours efficaces.

fois qu'elles sont complètement couchées, fixez-les au sol à l'aide de piquets attachés aux sacs de plastique. Recouvrez les tiges d'une épaisse couche de feuilles mortes déchiquetées et bien sèches. Pour maintenir les feuilles en place, installez une toile géotextile de protection hivernale plastifiée ou un filet de plastique retenus au sol par des piquets. Pour éviter que votre rosier grimpant ne soit endommagé par certains petits rongeurs durant l'hiver, utilisez des appâts contenant un raticide.

Rosier 'Constance Spry' (*Rosa* 'Constance Spry').

Tableau XXIX

Les rosiers arbustifs les plus rustiques

Nom latin	Nom français	Hauteur	Largeur	Exposition	Rusticité	Caractéristiques
Rosa 'Adelaide Hoodless'	Rosier 'Adelaide Hoodless'	1 m	1 m	Soleil	2	Floraison rouge remontante, cultivar arbustif de la série Parkland.
Rosa 'Agnes'	Rosier 'Agnes'	2 m	1,50 m	Soleil	3	Floraison jaune en juin, cultivar arbustif issu de R. rugosa.
Rosa 'Alexander MacKensie'	Rosier 'Alexander MacKensie'	2 m	1,50 m	Soleil	2	Floraison rose continue, cultivar arbustif de la série Explorateur.
Rosa 'Blanche Double de Coubert'	Rosier 'Blanche Double de Coubert'	1,20 m	1,20 m	Soleil, mi-ombre	2	Floraison blanche remontante, cultivar arbustif issu de R. rugosa.
Rosa 'Captain Samuel Holland'	Rosier 'Captain Samuel Holland'	2 m	1,50 m	Soleil	3	Floraison rose continue, cultivar grimpant de la série Explorateur.
Rosa 'Champlain'	Rosier 'Champlain'	1,20 m	1 m	Soleil	2	Floraison rouge continue, cultivar arbustif de la série Explorateur.
Rosa 'Charles Albanel'	Rosier 'Charles Albanel'	50 cm	1 m	Soleil	2	Floraison rose remontante, cultivar arbustif de la série Explorateur.
Rosa 'Cuthbert Grant'	Rosier 'Cuthbert Grant'	1 m	1 m	Soleil	3	Floraison rouge remontante, cultivar arbustif de la série Parkland.
Rosa 'David Thompson'	Rosier 'David Thompson'	1,20 m	1,50 m	Soleil	2	Floraison rose remontante, cultivar arbustif de la série Explorateur.
Rosa 'Defender'	Rosier 'Defender'	1,50 m	1,20 m	Soleil	2	Floraison rose en juin, fruits rouges, cultivar arbustif issu de R. nitida.
Rosa 'AC De Montarville'	Rosier 'AC De Montarville'	1 m	1 m	Soleil	3	Floraison rose continue, cultivar arbustif de la série Explorateur.
Rosa 'F.J. Grootendorst'	Rosier 'F.J. Grootendorst'	1,50 m	1,20 m	Soleil, mi-ombre	2	Floraison rose remontante, cultivar arbustif issu de R. rugosa.
Rosa 'Frontenac'	Rosier 'Frontenac'	1 m	1 m	Soleil	3	Floraison rose remontante, cultivar arbustif de la série Explorateur.
Rosa 'Fru Dagmar Hastrup'	Rosier 'Fru Dagmar Hastrup'	1 m	1 m	Soleil, mi-ombre	2	Floraison rose pâle remontante, fruits orange, cultivar arbustif issu de R. rugosa.
Rosa glauca	Rosier à feuilles pourpres	2,20 m	1,80 m	Soleil, mi-ombre	2	Floraison rose en juin, feuillage pourpre, fruits rouges, rosier botanique.
Rosa 'Hansa'	Rosier 'Hansa'	2,20 m	1,80 m	Soleil, mi-ombre	2	Floraison rose remontante, cultivar arbustif issu de R. rugosa.
Rosa 'Hansaland'	Rosier 'Hansaland'	1,80 m	1,80 m	Soleil, mi-ombre	2	Floraison rouge remontante, cultivar arbustif issu de R. rugosa.
Rosa 'Henry Hudson'	Rosier 'Henry Hudson'	80 cm	1 m	Soleil	2	Floraison blanche continue, cultivar arbustif de la série Explorateur.

LES ROSIERS

Les rosiers arbustifs les plus rustiques (Tableau XXIX suite)

Nom latin	Nom français	Hauteur	Largeur	Exposition	Rusticité	Caractéristiques
Rosa 'Henry Kelsey'	Rosier 'Henry Kelsey'	2,50 m	2 m	Soleil	2	Floraison rose remontante, cultivar grimpant de la série Explorateur.
Rosa 'Hope for Humanity'	Rosier 'Hope for Humanity'	50 cm	60 cm	Soleil	3	Floraison rouge continue, cultivar arbustif de la série Parkland.
Rosa 'J.P. Connell'	Rosier 'J.P. Connell'	1,50 m	1,20 m	Soleil	2b	Floraison blanche remontante, cultivar arbustif de la série Explorateur.
Rosa 'Jens Munk'	Rosier 'Jens Munk'	2 m	1,50 m	Soleil	2	Floraison rose remontante, cultivar arbustif de la série Explorateur.
Rosa 'John Cabot'	Rosier 'John Cabot'	3 m	2 m	Soleil	2	Floraison rose remontante, cultivar grimpant de la série Explorateur.
Rosa 'John Davis'	Rosier 'John Davis'	2,50 m	2 m	Soleil	2b	Floraison rose remontante, cultivar grimpant de la série Explorateur.
Rosa 'John Franklin'	Rosier 'John Franklin'	1,20 m	1,20 m	Soleil	3	Floraison rouge continue, cultivar arbustif de la série Explorateur.
Rosa 'AC Marie-Victorin'	Rosier 'AC Marie-Victorin'	1,50 m	1,50 m	Soleil	3	Floraison rose pâle continue, cultivar arbustif de la série Explorateur.
Rosa 'Martin Frobisher'	Rosier 'Martin Frobisher'	2 m	1,50 m	Soleil	2	Floraison rose pâle continue, cultivar arbustif de la série Explorateur.
Rosa 'Métis'	Rosier 'Métis'	1,50 m	1,50 m	Soleil	2	Floraison rose en juin, cultivar arbustif issu de *R. nitida*.
Rosa 'Monte Rosa'	Rosier 'Monte Rosa'	1,20 m	1 m	Soleil, mi-ombre	3	Floraison rose remontante, cultivar arbustif issu de *R. rugosa*.
Rosa 'Morden Amorette'	Rosier 'Morden Amorette'	50 cm	60 cm	Soleil	3	Floraison rouge continue, cultivar arbustif de la série Parkland.
Rosa 'Morden Blush'	Rosier 'Morden Blush'	1 m	1 m	Soleil	2b	Floraison blanche teintée de rose continue, cultivar arbustif de la série Parkland.
Rosa 'Morden Cardinette'	Rosier 'Morden Cardinette'	50 cm	60 cm	Soleil	3	Floraison rouge continue, cultivar arbustif de la série Parkland.
Rosa 'Morden Centennial'	Rosier 'Morden Centennial'	1 m	1 m	Soleil	2	Floraison rose remontante, cultivar arbustif de la série Parkland.
Rosa 'Morden Fireglow'	Rosier 'Morden Fireglow'	70 cm	70 cm	Soleil	2b	Floraison écarlate remontante, cultivar arbustif de la série Parkland.
Rosa 'Morden Ruby'	Rosier 'Morden Ruby'	1 m	1 m	Soleil	2	Floraison rouge continue, cultivar arbustif de la série Parkland.
Rosa 'Morden Snowbeauty'	Rosier 'Morden Sowbeauty'	1 m	1,20 m	Soleil	3	Floraison blanche continue, cultivar arbustif de la série Parkland.
Rosa 'Morden Sunrise'	Rosier 'Morden Sunrise'	80 cm	80 cm	Soleil	3	Floraison jaune orangé remontante, cultivar arbustif de la série Parkland.

Les rosiers arbustifs les plus rustiques (Tableau XXIX suite)

Nom latin	Nom français	Hauteur	Largeur	Exposition	Rusticité	Caractéristiques
Rosa pimpinellifolia 'Grandiflora'	Rosier d'Altaï	2 m	1,80 m	Soleil	2	Floraison blanche en juin, rosier botanique.
Rosa 'Pink Grootendorst'	Rosier 'Pink Grootendorst'	1,50 m	1,20 m	Soleil, mi-ombre	2	Floraison rose pâle remontante, cultivar arbustif issu de *R. rugosa*.
Rosa 'Prairie Joy'	Rosier 'Prairie Joy'	1,50 m	1,50 m	Soleil	2	Floraison rose en juin, cultivar arbustif de la série Parkland.
Rosa 'Quadra'	Rosier 'Quadra'	3 m	2 m	Soleil	3	Floraison rouge remontante, cultivar grimpant de la série Explorateur.
Rosa 'Royal Edward'	Rosier 'Royal Edward'	40 cm	60 cm	Soleil	3	Floraison rose remontante, cultivar arbustif de la série Explorateur.
Rosa 'Robusta'	Rosier 'Robusta'	1,50 m	1,20 m	Soleil, mi-ombre	3	Floraison rouge remontante, cultivar arbustif issu de *R. rugosa*.
Rosa 'Roseraie de l'Haÿ'	Rosier 'Roseraie de l'Haÿ'	1,80 m	1,80 m	Soleil, mi-ombre	2	Floraison rose pourpré remontante, cultivar arbustif issu de *R. rugosa*.
Rosa rugosa 'Alba'	Rosier rugueux 'Alba'	1,50 m	1,50 m	Soleil, mi-ombre	2	Floraison blanche en juin, fruits orange, rosier botanique.
Rosa rugosa 'Rubra'	Rosier rugueux 'Rubra'	1,50 m	1,50 m	Soleil, mi-ombre	2	Floraison rose foncé en juin, fruits orange, rosier botanique.
Rosa 'Simon Fraser'	Rosier 'Simon Fraser'	60 cm	60 cm	Soleil	3	Floraison rose continue, cultivar arbustif de la série Explorateur.
Rosa 'Thérèse Bugnet'	Rosier 'Thérèse Bugnet'	1,50 m	1,50 m	Soleil	2	Floraison rose en juin, cultivar arbustif issu de *R. rugosa*.
Rosa 'White Grootendorst'	Rosier 'White Grootendorst'	1,50 m	1,20 m	Soleil, mi-ombre	2	Floraison blanche remontante, cultivar arbustif issu de *R. rugosa*.
Rosa 'William Baffin'	Rosier 'William Baffin'	3 m	2 m	Soleil	2	Floraison rose remontante, cultivar grimpant de la série Explorateur.
Rosa 'AC William Booth'	Rosier 'AC William Booth'	1,50 m	2 m	Soleil	3	Floraison rose remontante, cultivar arbustif de la série Explorateur.
Rosa 'Winnipeg Parks'	Rosier 'Winnipeg Parks'	70 cm	70 cm	Soleil	2b	Floraison rose remontante, cultivar arbustif de la série Parkland.

Note : Rosiers arbustifs rustiques en zones 2 et 3 qui ne nécessitent aucune protection hivernale.

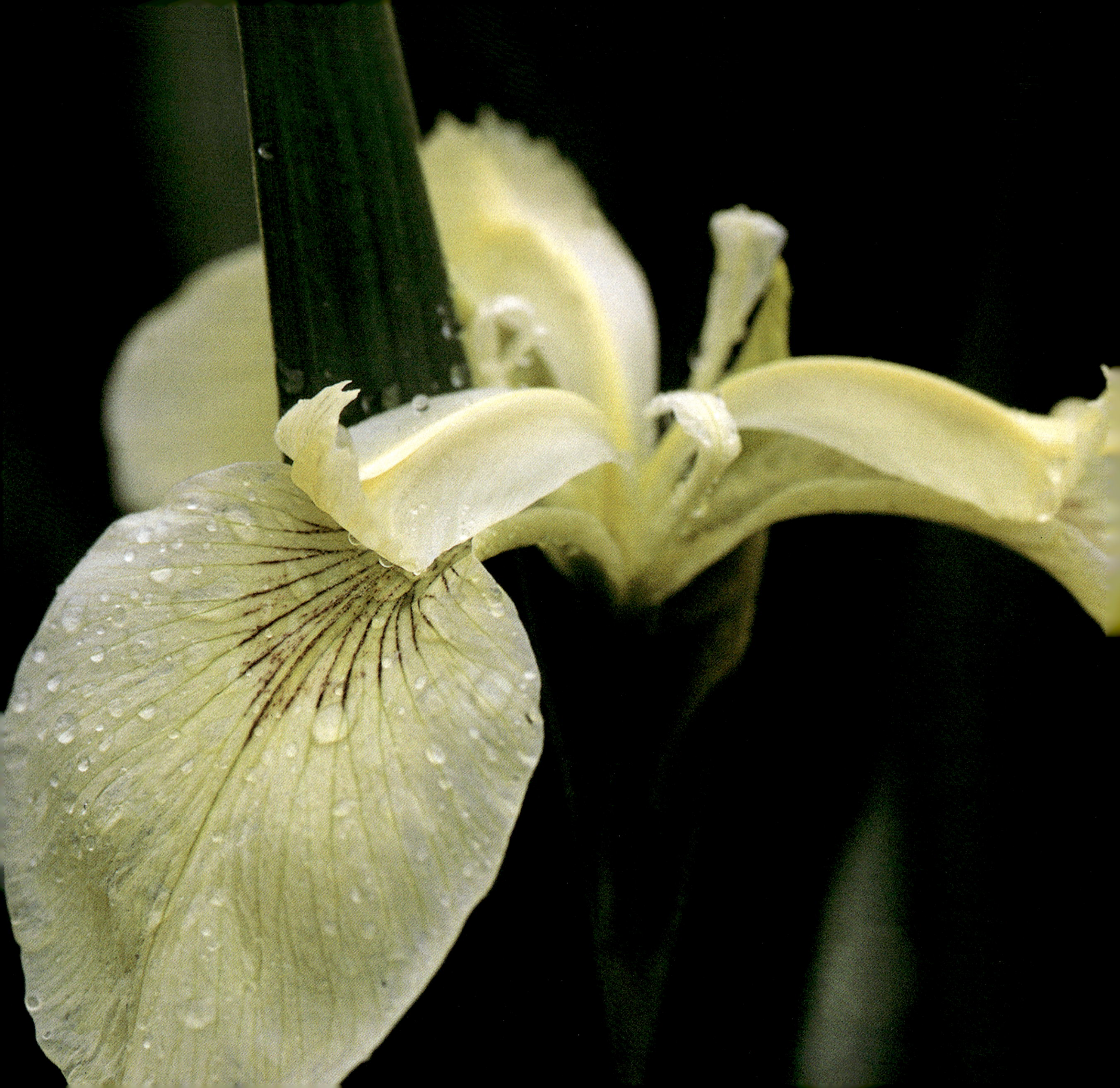

Les vivaces

Avec leurs fleurs aux innombrables coloris et les multiples formes et textures de leurs feuilles, les vivaces offrent d'immenses possibilités pour la création d'aménagements paysagers. Et la culture de ces végétaux polyvalents et diversifiés est un plaisir à la portée de tout jardinier.

La fertilisation

Une fois implantées, la plupart des vivaces doivent recevoir du compost chaque année. Épandez cet amendement à leur pied vers la fin d'avril ou en mai, lors du nettoyage des plates-bandes. Vous pouvez aussi leur fournir en octobre, lorsque les feuilles des végétaux sont tombées. Bien que cela ne soit pas absolument nécessaire, il est bon de faire pénétrer le compost légèrement dans le sol. Cette opération s'effectue à l'aide d'un sarcloir en faisant bien attention de ne pas endommager les racines des plants.

Un ajout trop massif de compost peut avoir un impact négatif sur le sol et les végétaux, c'est pourquoi il est important de respecter les exigences de chaque vivace. De façon générale, les plantes poussant à l'ombre comme les astilbes (*Astilbe*), les épimèdes (*Epimedium*) ainsi que la plupart des primevères (*Primula*), par exemple, sont exigeantes et nécessitent un sol riche. Certains végétaux poussant au plein soleil comme les pieds-d'alouette (*Delphinium*) et les pivoines (*Paeonia*) ont des besoins semblables. Toutes ces vivaces nécessitent un apport annuel de compost d'une épaisseur d'environ 2,5 cm sur un diamètre équivalant à celui de leur couronne de feuilles. D'autres plantes comme les ancolies (*Aquilegia*), les iris des jardins (*Iris*) et les sauges (*Salvia*) préfèrent pousser dans une terre à jardin brune – un loam – sans ajout important de compost. Fournissez-leur 1 cm d'épaisseur de compost chaque année. Enfin, les végétaux adaptés aux sols sableux et pauvres tels que les panicauts (*Eryngium*) et les népétas (*Nepeta*) ne doivent pas recevoir plus de 0,5 cm d'épaisseur de compost chaque année, sans quoi ils auront tendance à former de longues tiges molles qui tomberont et se casseront facilement. Consultez les tableaux VIII, IX et X, aux pages 50, 51 et 52, pour savoir quelles quantités de compost fournir aux principales plantes vivaces.

Qu'est-ce qu'une vivace ?

Le mot vivace provient de l'adjectif latin *vivax*, qui signifie plein de vie ou qui vit longtemps. En horticulture, ce terme est employé pour qualifier les végétaux qui vivent plus de deux ans et qui fleurissent habituellement chaque année. Bien que certaines vivaces ont un feuillage persistant, les feuilles et les tiges de la majorité d'entre elles meurent à l'arrivée de l'hiver, mais leurs racines ne sont pas affectées par le froid, ce qui permet l'apparition de nouvelles pousses lorsque l'ensoleillement augmente et que la température se réchauffe. À de rares exceptions près, l'adjectif vivace désigne les plantes herbacées dont les tiges n'ont pas la consistance du bois.

Certaines plantes dites bisannuelles telles que les divers cultivars de roses trémières (*Alcea rosea*) et certaines espèces de digitales (*Digitalis*) sont souvent associées aux vivaces. Ces végétaux herbacés produisent des feuilles et parfois des tiges durant le premier été, mais ne fleurissent habituellement que l'année suivante, puis meurent. Bien que ces plantes accomplissent leur cycle vital en deux ans, la majorité d'entre elles se comportent comme des vivaces, puisqu'elles se ressèment spontanément chaque année.

Digitale ferrugineuse (Digitalis ferruginea).

Bien que le compost subvienne habituellement aux besoins en azote de la majorité des vivaces, il m'arrive parfois de fournir un engrais azoté aux végétaux cultivés pour leur feuillage comme les hostas (*Hosta*) et les rodgersies (*Rodgersia*), et qui sont plantés au pied d'arbres. Au printemps, au moment où j'épands du compost à la base de ces vivaces, je donne à chacune environ 30 ml (une poignée) de farine de plume ou de farine de sang. La quantité peut augmenter à 60 ml (deux poignées) dans le cas de plantes de grandes dimensions.

L'apport d'engrais n'est pas essentiel à l'obtention de plantes vivaces florifères. Vous pouvez cependant fertiliser celles d'entre elles qui sont particulièrement exigeantes ou qui sont soumises à des conditions environnementales stressantes comme la proximité d'arbres matures, par exemple. Pour ce faire, je recommande d'utiliser un engrais naturel riche en potassium dont la formulation se rapproche de 4-4-8. Cet engrais doit être épandu tôt au printemps lors de l'ajout de compost, à raison de 1 kg par 10 m², soit de 30 à 60 ml (une ou deux poignées) par plant, selon leurs dimensions. Pour décupler le nombre de fleurs que produisent certaines vivaces à floraison prolongée, vous pouvez également les fertiliser avec des algues liquides. Ce produit exceptionnel riche en potassium et en une foule d'oligoéléments assure à ces plantes une floraison extrêmement abondante et prolongée. Les algues liquides doivent être mélangées à de l'eau à raison de 5 ml (1 c. à thé) par litre et pulvérisées directement sur le feuillage des vivaces, tôt le matin ou par temps couvert. Vaporisez ce produit tous les 10 ou 15 jours durant les mois de mai, juin et juillet.

L'ARROSAGE

Pendant les chauds mois de juillet et d'août, la plupart des vivaces disposées dans les plates-bandes exposées au plein soleil nécessitent de 2,5 à 3,5 cm d'eau par semaine. Au printemps et à l'automne diminuez les arrosages en tenant compte des pluies plus abondantes. Par ailleurs, la majorité des plantes bien adaptées aux sols secs et sableux, comme les orpins (*Sedum*), les armoises (*Artemisia*) et la lavande (*Lavandula angustifolia*) – consultez le tableau XIV en page 86 pour une liste plus complète –, doivent être arrosées moins souvent et tolèrent même une sécheresse passagère. En revanche, si vous avez des vivaces plantées à l'ombre d'arbres matures, fournissez-leur un minimum de 3,5 cm d'eau par semaine, souvent davantage. Vous devez donner de grandes quantités d'eau aux plantes d'ombre, car le feuillage épais des arbres sous lesquels elles vivent provoque la sécheresse en empêchant la pluie de se rendre au sol. De plus, les racines des plantes d'ombre doivent faire concurrence à l'imposant et vorace système racinaire des arbres pour s'approprier l'eau du sol.

Pour que vos vivaces forment des racines profondes et ramifiées, il est préférable de les arroser une seule fois par semaine, ou deux, tout au plus, en période de canicule. En les arrosant un peu tous les jours, elles produiront des racines superficielles et seront ainsi moins résistantes à la sécheresse et aux autres situations stressantes. Afin de donner la dose d'eau adéquate à vos végétaux, vous n'avez qu'à placer sous le jet de votre asperseur un contenant vide préalablement gradué à l'aide d'une règle et d'un marqueur à encre indélébile. Lorsque l'eau atteint la marque de 2,5 ou 3,5 cm, cessez d'arroser. Si les plantes de votre jardin sont très touffues et que leurs couronnes de feuilles se touchent, l'eau d'arrosage atteint moins facilement le sol. Pour que la terre soit imbibée d'une dose de 3,5 cm d'eau, arrosez plus longtemps, soit pendant près de deux heures.

Une taille pour décupler la floraison

Quelques vivaces, dont certains asters (*Aster*) ainsi que les divers cultivars d'hélénies (*Helenium*) et de phlox paniculés (*Phlox paniculata*), peuvent être taillées en juin pour augmenter le nombre de fleurs qu'elles porteront. La façon la plus simple de tailler une jeune tige consiste à la saisir entre le pouce et l'index et à la couper avec les ongles juste au-dessus d'une feuille. En raccourcissant l'extrémité des plants d'environ 5 cm, vous favorisez l'apparition d'un plus grand nombre de tiges, décuplant ainsi la quantité de fleurs produites. Cette pratique a également pour effet de diminuer la hauteur des plantes. Ainsi taillées, les vivaces forment des tiges plus stables ne nécessitant pas de tuteurage.

Le meilleur moment pour arroser est le matin, au lever du soleil. En arrosant le soir, l'eau recueillie sur le feuillage de certaines vivaces sensibles favorise la prolifération de maladies fongiques durant la nuit. En arrosant au début de la journée, l'eau est alors disponible au moment où les plantes en ont le plus besoin, lorsqu'elles font beaucoup de photosynthèse au milieu de la journée. Assurez-vous cependant de toujours respecter la réglementation de votre municipalité concernant les périodes d'arrosage permises.

Le paillage

Vous devez idéalement recouvrir la surface de la terre d'une plate-bande de vivaces fraîchement plantées avec un paillis. La plupart des paillis organiques tels que les écales de cacao ou les écorces de cèdre ont d'abord pour effet de ralentir ou d'arrêter complètement la pousse des herbes indésirables qui peuvent supplanter rapidement les vivaces. Ces paillis permettent aussi de conserver l'humidité du sol et protègent les racines des plantes durant l'hiver, dans les régions où le couvert de neige est mince ou changeant.

Pour qu'il soit bénéfique, vous devez disposer une couche de paillis d'une épaisseur de 5 à 7,5 cm. Il est préférable de le repousser de quelques centimètres autour du collet des plants, de façon à ne pas nuire à leur croissance. Comme ils sont déposés directement sur le sol, les paillis organiques mettent approximativement trois ou quatre ans à se décomposer entièrement. Après cette période, il n'est pas toujours nécessaire de les remplacer dans certaines plantations, puisque les vivaces se touchent, ce qui diminue l'ensoleillement au sol et limite grandement la pousse d'herbes indésirables.

Le tuteurage

Plusieurs des vivaces de grandes dimensions cassent facilement et s'écrasent au sol sous l'effet du vent et de la pluie. Afin d'éviter ce problème, vous devez absolument les tuteurer. L'une des qualités d'un bon tuteur est de se confondre avec le feuillage. Le tuteurage peut se faire selon plusieurs méthodes. En voici deux parmi les plus simples et efficaces.

La première technique convient aux très grandes vivaces comme les pieds-d'alouette (*Delphinium*), les digitales (*Digitalis*) et certains grands rudbéckias (*Rudbeckia*). Tuteurez ces plantes quelques semaines avant le début de leur floraison. Pour chacune des tiges florales, placez un tuteur et, à environ 15 cm sous la hauteur présumée de la fleur, fixez-y une attache (photo 1). Utilisez une mince bande de bas nylon enlacée autour de la tige et du tuteur en formant un 8. Ce petit truc évite de trop serrer la tige. Vous pouvez trouver dans certaines jardineries des bandes de bas nylon teintes en vert. Utilisez des tuteurs minces, verts ou noirs, mais faits de matériaux solides.

Bien qu'elle convienne parfaitement à certaines des grandes vivaces mentionnées précédemment, la deuxième technique concerne surtout les plantes plus basses et touffues comme les achillées (*Achillea*), les asters de la Nouvelle-Angleterre (*Aster novae-angliae*), certaines grandes campanules (*Campanula*), la centaurée des montagnes (*Centaurea montana*) ainsi que les divers cultivars de pivoines (*Paeonia*) à fleurs doubles. Au printemps, disposez quatre piquets autour de ces plantes et assurez-vous de les ancrer assez profondément dans le sol – à au moins 30 cm de profondeur. Reliez ensuite ces piquets avec des cordes de nylon résistantes, une première à 30 ou 40 cm du sol et une seconde à environ 15 cm sous la hauteur présumée des fleurs. Pour plus d'efficacité, n'hésitez pas à croiser les cordes (photo 2). Durant les semaines suivantes, orientez toutes les tiges rebelles à l'intérieur de ces cordes.

Certaines plantes qui ont tendance à s'affaisser peuvent être placées en présence de vivaces solides ou d'arbustes qui les soutiendront. Cela vous évitera d'avoir à les tuteurer. Enfin, il est très important de ne pas fertiliser vos vivaces avec des engrais de synthèse solubles et de vous assurer qu'elles soient parfaitement adaptées au milieu où vous les plantez pour éviter qu'elles aient des tiges trop longues et molles.

La propagation

Il existe de nombreuses façons de propager les vivaces, mais la division reste sans

Tableau XXX
Les vivaces pouvant être propagées par division

Achillea	Echinacea	Persicaria
Aconitum	Echinops	Phlox paniculata
Actaea	Epimedium	Physostegia virginiana
Adenophora	Eupatorium	Platycodon
Ajuga	Euphorbia	Polemonium
Alchemilla	Filipendula	Polygonatum
Anemone	Geranium	Primula
Anthemis tinctoria	Helenium	Pulmonaria
Armeria	Helianthus	Rheum
Artemisia	Heliopsis	Rodgersia
Aruncus	Helleborus	Rudbeckia
Asarum	Hemerocallis	Salvia nemorosa
Aster	Heuchera	Salvia x superba
Astilbe	x Heucherella	Sanguisorba
Astrantia	Hosta	Saponaria
Bergenia	Iris	Scabiosa caucasica
Brunnera macrophylla	Lamiastrum galeobdolon	Sedum
Campanula	Lamium maculatum	Sidalcea
Centaurea	Leucanthemum	Smilacina racemosa
Centranthus ruber	Liatris	Stachys byzantina
Cerastium	Ligularia	Stokesia laevis
Chelone	Lobelia	Thalictrum
Cimicifuga, syn. Actaea	Lychnis	Tiarella
Convallaria majalis	Lysimachia	Tradescantia x andersoniana
Coreopsis verticillata	Lythrum	Tricyrtis
Delphinium	Monarda	Trollius
Dianthus	Nepeta	Veronica
Dicentra	Pachysandra	Veronicastrum virginicum
Doronicum	Paeonia	

contredit la méthode la plus efficace pour multiplier la grande majorité des espèces et des cultivars. Le semis est une autre méthode de propagation relativement simple, mais il faut habituellement plus de temps pour obtenir des résultats. Elle est idéale lorsqu'on désire produire un grand nombre de plants. Toutefois, contrairement à la plupart des espèces, peu d'hybrides et de cultivars de vivaces peuvent être multipliés à partir de semences. Certaines vivaces peuvent aussi être propagées par bouturage de jeunes pousses ou de fragments de racines.

La division

Si vous désirez plus de vivaces, la façon la plus simple et la plus rapide d'y parvenir est de diviser leur souche pour obtenir plusieurs nouveaux rejetons. Une impressionnante quantité de vivaces peuvent être propagées par division. Le tableau XXX en donne la liste. Effectuez cette opération une fois le sol dégelé, au printemps, lorsque les plantes commencent à peine leur croissance, et cela pour vous permettre de bien reconnaître les parties les plus saines et les plus vigoureuses. La division peut aussi être faite durant les premières semaines de l'automne, avant la mi-octobre.

Avant d'entreprendre la division d'une vivace, vous devez d'abord la cerner à l'aide d'une bêche (photo 3). En faisant une profonde tranchée autour du plant, à environ une quinzaine de centimètres de ses tiges, vous pourrez couper la partie inférieure de la motte de racines et l'extraire aisément du sol (photo 4). Si vous faites les travaux à l'automne, n'hésitez pas à attacher le feuillage avec une corde ou même à le couper s'il vous empêche de bien voir ce que vous faites. Une fois la motte de racines sortie de terre, vous n'avez qu'à la couper en plusieurs pièces (photo 5). Chaque morceau doit posséder au moins deux tiges ou deux faisceaux de feuilles. N'hésitez pas à éliminer le centre du plant s'il est vieux et dégarni. Le meilleur outil pour effectuer la division est une pelle-bêche parfaitement aiguisée. Comme les astilbes (*Astilbe*), les cierges d'argent (*Cimicifuga*, syn. *Actaea*), les divers cultivars de géraniums des prés (*Geranium pratense*) et les trolles (*Trollius*) forment des racines particulièrement dures et souvent carrément lignifiées, vous serez contraint d'utiliser une petite scie à élaguer ou une égoïne pour les diviser (photos 6 et 7). Replantez les rejetons sans tarder en leur fournissant compost et os moulus, et en les arrosant abondamment.

À l'instar des bergénias (*Bergenia*) et des sceaux-de-Salomon (*Polygonatum*), plusieurs iris tels que les multiples cultivars d'iris des jardins (*Iris*) possèdent des tiges souterraines appelées rhizomes qui produisent des racines et des rameaux aériens. Pour diviser les plantes dégarnies et peu florifères, vous n'avez qu'à extraire leurs rhizomes du sol et à séparer les jeunes pousses latérales de la

LES VIVACES

partie centrale qui doit être éliminée. À l'aide d'un sécateur ou d'un couteau stérilisés avec de l'alcool, coupez les jeunes rhizomes qui atteignent plus de 5 cm de longueur et qui portent au moins deux faisceaux de feuilles (photo 8). Mettez un fongicide à base de soufre sur les plaies et taillez les feuilles conservées à une longueur d'environ 10 cm (photo 9). N'oubliez pas que les rhizomes des iris des jardins doivent être replantés de façon que leur partie supérieure soit située légèrement au-dessus de la surface du sol (photo 10).

Le bouturage

Le bouturage est un bon moyen de propager les plantes alpines ainsi que plusieurs vivaces de rocaille telles que les arabettes (*Arabis*), les aubriètes (*Aubrieta*), certains œillets (*Dianthus*), les gypsophiles (*Gypsophila*), plusieurs espèces et variétés cultivées de penstémons (*Penstemon*) et les divers cultivars de phlox subulés (*Phlox subulata*). Ces vivaces, pour la plupart basses et tapissantes, peuvent être multipliées par bouturage de leurs pousses de l'année en cours. Vers la fin de l'été, en août ou en septembre, prélevez les jeunes pousses situées à l'extrémité des tiges et qui ne portent pas de fleurs à l'aide d'un scalpel ou d'une lame de rasoir. Seules les boutures de gypsophiles et de phlox subulés doivent être sélectionnées en juin, avant qu'elles n'aient commencé à se lignifier. Les boutures, qui doivent avoir au plus 5 cm de longueur, sont taillées directement sous un nœud, c'est-à-dire sous l'endroit de la tige où s'insère une feuille ou un bourgeon. Par la suite, coupez délicatement toutes les feuilles fixées sur la moitié inférieure des tiges. Plongez enfin la base des boutures – toute la partie exempte de feuilles – dans une poudre d'enracinement contenant 0,4 % d'acide indole-3-butyrique. Pour les boutures de gypsophiles et de phlox subulés, utilisez une poudre d'enracinement composée de 0,1 % d'acide indole-3-butyrique.

Vous devez piquer la moitié inférieure de chaque bouture dans un substrat composé

Une pivoine qui ne fleurit pas

Pour fleurir généreusement, les pivoines (*Paeonia*) nécessitent absolument le plein soleil ainsi qu'une terre très riche, meuble et parfaitement bien drainée. Ces vivaces ne tolèrent pas les sols trop humides. Une pivoine doit être plantée dans une grande fosse dont la largeur équivaut à trois fois le diamètre de sa motte de racines. Quant à la profondeur du trou, il doit équivaloir à une fois et demie la hauteur de la motte de la pivoine à planter. Utilisez un terreau composé d'une moitié de terre loameuse ou de sol existant, s'il est de bonne qualité, et d'une moitié de compost. Assurez-vous que le dessus des racines de la pivoine affleure le sol. Il est absolument essentiel de ne pas la planter trop profondément, sans quoi elle ne fleurira pas. La partie supérieure de la souche ne doit jamais être recouverte de plus de 2,5 cm de terre légèrement compactée. Les racines des pivoines vendues en contenants sont habituellement déjà disposées à la bonne profondeur dans leur pot. Lors de la plantation, vous n'avez qu'à placer le dessus de la motte de terre au même niveau que le sol environnant. Servez-vous du manche de votre pelle pour vous assurer que la motte est située à la bonne profondeur dans la fosse de plantation. Si vous avez un doute sur la disposition des racines dans le contenant, je vous suggère de vérifier à quelle profondeur elles se trouvent en enlevant la terre de surface.

Pivoine 'Leto' (*Paeonia* 'Leto').

Toutes les années qui suivent celle de la plantation, épandez du compost au pied des pivoines. Attention ! Ne disposez jamais cet amendement directement sur leur souche. Il est essentiel de mettre le compost au pourtour des plants, à une distance d'environ 15 cm des tiges. Faites un apport annuel de 2,5 cm d'épaisseur. Les pivoines prennent quatre ou cinq années pour atteindre leur maturité et peuvent ensuite rester au même endroit pendant plusieurs décennies sans être divisées. En fait, moins vous dérangez les pivoines, mieux elles se portent.

La taille des fleurs fanées

À moins que vous ne désiriez obtenir des fruits décoratifs, il est bon d'éliminer les fleurs fanées de certaines vivaces. D'abord effectuée dans un but esthétique, cette opération permet parfois d'éviter l'apparition de semis de qualité inférieure l'année suivante. Cette technique est cependant davantage utilisée pour favoriser la production de nouvelles fleurs. En effet, plusieurs achillées (*Achillea*), campanules (*Campanula*), pieds-d'alouette (*Delphinium*), lupins (*Lupinus*) et népétas (*Nepeta*), par exemple, produisent habituellement une seconde floraison si leurs fleurs sont enlevées dès qu'elles sont fanées. Bien que cela ne soit pas absolument nécessaire, l'élimination régulière, tout au long de l'été, des fleurs fanées de certaines vivaces à floraison prolongée permet de décupler la quantité de fleurs qu'elles produiront.

Chez la plupart des vivaces, l'élimination des fleurs mortes se fait à l'aide d'un sécateur. Coupez les inflorescences fanées en biseau à un angle d'environ 40 degrés, à quelques millimètres au-dessus de la troisième ou de la quatrième feuille (ci-contre). Assurez-vous qu'il y ait à l'aisselle de cette feuille un bourgeon bien développé, car c'est lui qui produira la tige portant de nouvelles fleurs. Pour ce qui est des campanules basses comme *Campanula carpatica* et *C. poscharskyana,* du géranium sanguin (*Geranium sanguineum*) ainsi que des cultivars de *Nepeta* x *faassenii,* il est préférable d'enlever toutes leurs fleurs mortes à l'aide de cisailles.

262 LES VIVACES

d'une moitié de tourbe de sphaigne et d'une moitié de sable grossier ou de perlite fine. Compactez très légèrement le terreau et arrosez-le abondamment. Disposez toutes vos boutures dans un contenant composé de plusieurs compartiments. Placez un dôme de plastique transparent sur ce contenant afin d'assurer une humidité constante aux plants, tout en évitant que de la condensation se forme sur les parois. Vérifiez régulièrement que le substrat ne se dessèche jamais et ajoutez un peu d'eau au besoin. Les boutures peuvent être laissées à l'extérieur, dans un endroit frais bien protégé des rayons du soleil et où la température ne s'élève pas au-dessus de 15 °C. Les boutures prélevées en fin d'été ne seront probablement pas suffisamment enracinées avant les premiers gels. Vous devrez alors enfouir les contenants dans le sol, enlever les dômes de plastique et, dans les régions où la couverture de neige est faible et instable, les recouvrir de quelques branches de sapin. Ce n'est qu'à la fin du printemps suivant que vous pourrez les mettre en terre.

Hémérocalle 'Lime Frost' (*Hemerocallis* 'Lime Frost') et échinacée pourpre 'Alba' (*Echinacea purpurea* 'Alba').

LES VIVACES 263

Des heuchères au feuillage sain et touffu

Avec les années, les heuchères (*Heuchera*) ont tendance à former des tiges dures et lignifiées qui ne forment des feuilles qu'à leur extrémité. Les plants produisent alors un feuillage épars et leur centre se dégarnit rapidement (photo a). Pour éviter ce problème, je recommande fortement de diviser les heuchères tous les trois ou quatre ans, au printemps ou à l'automne.

Avant d'entreprendre la division d'une heuchère, cernez-la avec une pelle-bêche afin d'extraire aisément sa motte de racines du sol. Ensuite, à l'aide d'une scie ou d'un couteau bien aiguisé, coupez la motte en morceaux ne comportant que deux ou trois tiges (photo b). Replantez ces rejetons sans tarder en prenant soin d'enfouir sous terre les parties lignifiées des tiges jusqu'à l'endroit où sont fixées les premières feuilles.

Dans le cas de vieilles heuchères très négligées, lorsque les tiges sont lignifiées sur plus de 15 cm de longueur, taillez les extrémités et piquez-les dans le sol pour obtenir de nouveaux plants. Vous n'avez qu'à couper les tiges à 2 ou 3 cm sous les dernières feuilles (photo c). Plongez la partie exempte de feuilles dans une poudre d'enracinement contenant 0,4 % d'acide indole-3-butyrique ou badigeonnez-la d'algues liquides pures. Enfin, plantez ces bouts de tiges de façon que la base des pétioles des feuilles soient au même niveau que la surface du sol (photo d).

d

La fameuse heuchère 'Palace Purple' (*Heuchera* 'Palace Purple') associée à l'astilbe 'Glut' (*Astilbe* x *arendsii* 'Glut', syn. 'Glow'), à la corydale jaune (*Corydalis lutea*) et au hosta 'Halcyon' (*Hosta* 'Halcyon').

La majorité des cultivars d'heuchères possèdent des feuillages panachés qui apportent du détail et de la complexité aux aménagements.

LES VIVACES 267

Astilbe 'Fanal' (*Astilbe* x *arendsii* 'Fanal') et fougère peinte (*Athyrium nipponicum* 'Pictum').

Les pavots bleus

Les pavots bleus (*Meconopsis*) figurent parmi les plus spectaculaires représentants de la famille des papavéracées, mais ils sont également les plus difficiles à cultiver. *M. betonicifolia*, l'espèce la plus connue des jardiniers, forme vers la fin de juin de splendides fleurs aux pétales d'un bleu ciel très lumineux. *M. grandis* a pour sa part des tiges qui atteignent 1 m de hauteur portant aussi de grandes fleurs bleues. Vous pouvez faire l'essai de *M.* x *sheldonii,* un hybride issu de *M. betonicifolia* et de *M. grandis.* Comme ces plantes sont originaires du massif montagneux de l'Himalaya, elles éprouvent beaucoup de difficulté à croître en zones 5 et 6, où les étés peuvent être particulièrement chauds et où le couvert de neige est trop mince durant l'hiver. En fait, les pavots bleus poussent mieux en zones 3 et 4. Ils préfèrent les terrains ombragés sous les arbres au feuillage léger où le sol est acide, riche en humus et suffisamment drainé. En période de croissance, ces plantes nécessitent une atmosphère humide et des arrosages réguliers. Au printemps et en été, donnez-leur environ 2,5 cm d'eau par semaine en un seul apport et disposez à leur base un paillis organique de feuilles mortes déchiquetées d'une épaisseur d'environ 5 cm. À partir de la fin d'août, diminuez ou cessez complètement les arrosages pour que le sol soit plus sec en prévision de l'hiver.

Les pavots bleus sont habituellement peu longévifs, la plupart d'entre eux mourant après leur première floraison. Puisque la transplantation des rejetons est difficile à réussir, ils sont principalement propagés par semis. À une température de 15 °C, la germination prend environ trois semaines. L'idéal est d'utiliser les semences de vos propres plantes et de les mettre en pleine terre dès le début de l'automne ou au printemps suivant, après les avoir conservées au sec durant l'hiver à une température de 4 °C. Vous pouvez même faire deux semis pour augmenter vos chances de succès. À défaut de pouvoir utiliser les semences produites par vos pavots bleus, vous pouvez en trouver chez certains grainetiers nord-américains. Le terreau qui leur convient le mieux est composé d'un tiers de terre loameuse, d'un tiers de compost et d'un tiers de tourbe de sphaigne. Même si cela n'est pas essentiel, les deux premières années suivant le semis, coupez les hampes florales des plants dès qu'elles émergent afin de favoriser un meilleur enracinement. Par la suite, taillez les fleurs dès qu'elles sont fanées ; les plantes pourront ainsi vivre plus longtemps.

Le fameux pavot bleu (*Meconopsis betonicifolia*).

La culture de la lavande

La lavande (*Lavandula angustifolia*) confère un charme vieillot aux jardins. En voyant son feuillage vert grisâtre et ses petites fleurs bleu violacé, on se rappelle aussitôt de son origine provençale. Dans la région méditerranéenne, où elle pousse spontanément, elle forme un arbuste d'environ 1 m de hauteur. Sous le climat de l'est du Canada cependant, la lavande atteint rarement plus de 60 cm et seule la base de ses tiges prend la consistance du bois. Sa floraison très odorante dure de nombreuses semaines au début et au cœur de l'été. Plusieurs documents mentionnent que cette plante aux feuilles persistantes n'est rustique qu'en zone 5. Il est pourtant possible de la cultiver en zone 4, et parfois même en zone 3, en la recouvrant de quelques branches de sapin vers la mi-novembre pour favoriser l'accumulation de neige sur son feuillage. Plusieurs cultivars sont offerts dans les jardineries et les pépinières ; 'Hidcote', aux fleurs d'un bleu teinté de mauve disposées sur des tiges de 40 cm de hauteur, et 'Munstead', dont les fleurs ont une couleur très semblable à celle de la floraison de l'espèce, sont les plus populaires.

La lavande et ses cultivars exigent un sol légèrement sableux et caillouteux, parfaitement bien drainé et exposé au plein soleil. Une fois établies, ces plantes sont extrêmement résistantes à la sécheresse. Elles s'accommodent aussi relativement bien d'un sol un peu plus argileux, à condition que celui-ci ne soit pas humide, surtout durant l'hiver. Lors de la plantation, afin d'améliorer le drainage de la terre dans laquelle vous les plantez, ajoutez un peu de compost et du gravier fin. Les années suivantes, n'épandez pas plus de 0,5 cm d'épaisseur de compost par année à leur pied. Pour éviter de favoriser le développement du feuillage au détriment de la floraison, il est même préférable de ne leur fournir cet amendement qu'aux deux ans. Au printemps, coupez les hampes qui portent les fleurs mortes et n'hésitez pas à tailler les tiges endommagées par le froid hivernal. Coupez vos plants du tiers – jamais plus, car la lavande produit difficilement de nouveaux bourgeons sur de vieilles tiges – à l'aide de cisailles pour favoriser l'apparition de nouvelles pousses vigoureuses qui porteront d'innombrables fleurs. Effectuez cette opération tous les deux ou trois ans. Les divers cultivars de lavande peuvent être propagés par bouturage de leurs jeunes pousses de l'année en cours prélevées en juillet ou en août. Vous trouverez tous les détails sur cette méthode de multiplication à la page 260.

Lavande 'Rosea' (*Lavandula angustifolia* 'Rosea') et coquelourde 'Atrosanguinea' (*Lychnis coronaria* 'Atrosanguinea').

Les semis

Certaines vivaces ne peuvent que difficilement être divisées. C'est le cas de la plupart des ancolies (*Aquilegia*), des digitales (*Digitalis*), des lupins (*Lupinus*) et des mauves (*Malva*). Heureusement, la majorité des hybrides et des cultivars de ces vivaces peuvent être multipliés par semis. Le semis est également la seule façon de propager les espèces monocarpiques comme les fameux pavots bleus (*Meconopsis*) qui meurent après leur première floraison. Pour connaître les techniques de semis, consultez la page 297.

La protection hivernale

La majorité des vivaces sont parfaitement rustiques sous le climat du Sud-Est du Canada et ne nécessitent aucune protection hivernale. Toutefois, plusieurs jardiniers se demandent s'il est préférable de tailler et d'éliminer le feuillage des plantes vivaces avant l'hiver. Je suis d'avis qu'il est préférable de laisser les tiges et les feuilles de ces végétaux en place, comme dans la nature.

Une fois fanées, les tiges et les feuilles retombent sur la base des plantes et leur procurent une certaine protection contre le froid avant les premières bordées de neige. Ces tiges et ce feuillage morts retiennent en effet une plus grande quantité de neige, ce qui est fort appréciable dans certains endroits particulièrement venteux. Je suggère même de placer une couche de feuilles d'arbres mortes déchiquetées d'une trentaine de centimètres d'épaisseur sur certaines vivaces plus fragiles telles que la lobélie du cardinal (*Lobelia cardinalis*) et les rodgersies (*Rodgersia*), de façon à leur donner une protection supplémentaire (photo 11). Attendez cependant que le sol ait commencé à geler avant de le faire. Pour éviter que les feuilles soient dispersées par le vent, recouvrez-les d'un filet de plastique ou d'une toile géotextile de protection hivernale plastifiée solidement ancrés au sol par des piquets (photo 12). Mais, attention ! Le feuillage des plantes atteintes de maladies doit être éliminé et jeté aux ordures. Afin d'éviter la propagation de certaines maladies fongiques comme l'oïdium, prenez soin chaque automne de couper à ras de terre toutes les tiges des plantes atteintes et d'enlever les feuilles qui jonchent le sol.

En avril, dès le dégel du sol, coupez complètement le feuillage des vivaces laissé en place à l'automne. Il est important d'effectuer ce travail avant que les nouvelles pousses ne soient trop développées pour éviter de les endommager. Par la même occasion, enlevez les feuilles mortes et les débris qui jonchent le sol de vos plates-bandes pour faciliter la sortie des plantes hâtives. Il est essentiel d'utiliser un râteau à feuilles dont les dents sont en plastique plutôt qu'en métal, pour éviter de blesser les jeunes pousses qui pointent hors du sol. Vous pouvez aussi employer un balai de paille (photo 13).

Grâce aux vivaces, il est possible de créer une atmosphère singulière au jardin.

Les graminées

Quel univers fascinant que celui des graminées ornementales. Avec leurs fleurs singulières, ces végétaux apportent beaucoup d'intérêt au jardin en automne et durant une grande partie de l'hiver, période où peu de plantes sont attrayantes. C'est au lever ou au coucher du soleil, lorsque le vent est léger, que ces plantes originales dévoilent tout leur charme. Les graminées ornementales n'ont pratiquement pas de défauts ; elles ne demandent que très peu de soins et elles sont rarement attaquées par les insectes et les maladies.

Avec ses 9 000 espèces, la famille des graminées est l'une des plus importantes et des plus évoluées du règne végétal. Outre leur importance majeure en agriculture, les plantes de cette famille sont fréquemment utilisées en horticulture ornementale pour la création de pelouses et de plates-bandes. Dans la majorité des ouvrages traitant de jardinage, certaines plantes sont associées à la famille des graminées même si elles n'en font pas partie. Les laîches (*Carex*) et les scirpes (*Scirpus*), par exemple, appartiennent aux cyperacées, tandis que les luzules (*Luzula*) sont des joncacées.

L'exposition

La plupart des graminées demandent le plein soleil pour croître et se développer adéquatement. Quelques-unes peuvent cependant supporter l'ombre, parfois même assez dense. *Calamagrostis brachytricha,* les divers cultivars de laîches du Japon (*Carex morrowii*) et d'hakonéchloas (*Hakonechloa macra*), ainsi que les sesléries (*Sesleria*) poussent bien à l'ombre moyenne. Pour leur part, la laîche à feuilles de plantain (*Carex plantaginea*), les diverses variétés cultivées de luzules argentées (*Luzula nivea*) et de luzules des bois (*Luzula sylvatica*) ainsi que le phalaris roseau (*Phalaris arundinacea*) et ses cultivars, réussissent à s'établir sous des arbres matures produisant une ombre dense.

La plantation

Bien que certaines espèces poussent en sol sableux pauvre et sec, de nombreuses graminées, principalement celles qui ont d'imposantes dimensions comme les miscanthus (*Miscanthus*) et les molinies (*Molinia*), nécessitent un sol riche et frais mais bien drainé. Le terreau qui convient à la plupart des graminées ornementales doit être composé de deux parties de terre existante – si elle est de mauvaise qualité, remplacez-la par de la terre de type loam sableux – mélangée à une partie de compost. N'oubliez pas d'y ajouter des os moulus pour favoriser un bon enracinement. Les graminées qui poussent dans les endroits ombragés affectionnent aussi les sols riches amendés de grandes quantités de compost.

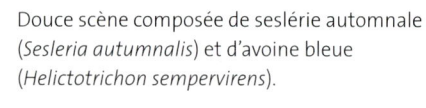

Douce scène composée de seslérie automnale (*Sesleria autumnalis*) et d'avoine bleue (*Helictotrichon sempervirens*).

La très grande majorité des graminées sont cespiteuses, c'est-à-dire qu'elles forment une touffe bien compacte et qu'elles n'ont pas tendance à tout envahir. Évitez cependant de planter les diverses espèces d'élymes (*Leymus*), le phalaris roseau et ses cultivars (*Phalaris arundinacea*) ainsi que la spartine pectinée (*Spartina pectinata*), car elles sont particulièrement envahissantes. Ces graminées peuvent toutefois former rapidement d'excellents couvre-sols dans de grands espaces dénudés. Si vous avez fait l'erreur de planter une graminée envahissante dans une plate-bande et que vous voulez vous en débarrasser, la méthode la plus efficace consiste à la recouvrir durant une année complète d'un épais plastique noir. Prenez soin de recouvrir le sol jusqu'à 2 m autour des plants.

La fertilisation

Une fois qu'elles sont implantées, il est préférable de ne pas donner d'engrais (surtout azotés) aux graminées. Il est néanmoins bénéfique de leur fournir du compost régulièrement. Plusieurs graminées peuvent recevoir une épaisseur d'environ 1 cm de compost chaque printemps sur un diamètre qui équivaut à celui de leur couronne de feuilles. La dose peut augmenter à 2,5 cm dans le cas des graminées de grandes dimensions et à 3,5 cm pour celles qui sont plantées sous des arbres matures. Certaines graminées qui préfèrent les sols sableux pauvres comme les fétuques (*Festuca*), l'avoine bleue (*Helictotrichon sempervirens*), la ▶

Les graminées (suite)

koelérie glauque (*koeleria glauca*) et les élymes (*Leymus*) ne doivent cependant pas recevoir plus de 0,5 cm d'épaisseur de compost chaque année.

La taille

Comme la majorité des graminées arborent des fruits décoratifs durant une grande partie de l'hiver, mieux vaut ne pas couper leurs tiges à l'automne. Elles apporteront ainsi un attrait supplémentaire au jardin et assureront une meilleure accumulation de neige dans les plates-bandes. Attendez au printemps pour tailler vos graminées. Exécutez cette opération très tôt en avril, dès le dégel du sol, avant la sortie des nouvelles pousses. Avec des cisailles ou un sécateur, coupez toutes leurs tiges à environ 5 cm du sol (photos a et b). Attention ! *Pennisetum alopecuroides* et les divers cultivars de *Miscanthus sinensis* ne commencent leur croissance que très tard au printemps. Soyez patient !

La propagation

La meilleure méthode pour propager les graminées est la division. Divisez ces plantes tôt au printemps après avoir taillé leurs tiges. Une fois la motte de racines cernée et sortie de terre, vous n'avez qu'à la couper en trois ou quatre morceaux. N'hésitez pas à éliminer le centre du plant s'il est vieux et dégarni. Replantez immédiatement chacun des rejetons en les arrosant abondamment. L'outil idéal pour faire la division des graminées est une pelle-bêche bien aiguisée.

Étonnant mariage entre la calamagrostide 'Overdam' (*Calamagrostis* x *acutiflora* 'Overdam'), les choux décoratifs 'Redbor' et 'Nero di Toscana' (*Brassica oleracea* var. *acephala* 'Redbor' et *B. oleracea* var. *acephala* 'Nero di Toscana') et la lobélie 'La Fresco' (*Lobelia* 'La Fresco').

Les divers cultivars de miscanthus (*Miscanthus sinensis*) figurent parmi les graminées les plus impressionnantes.

LES VIVACES

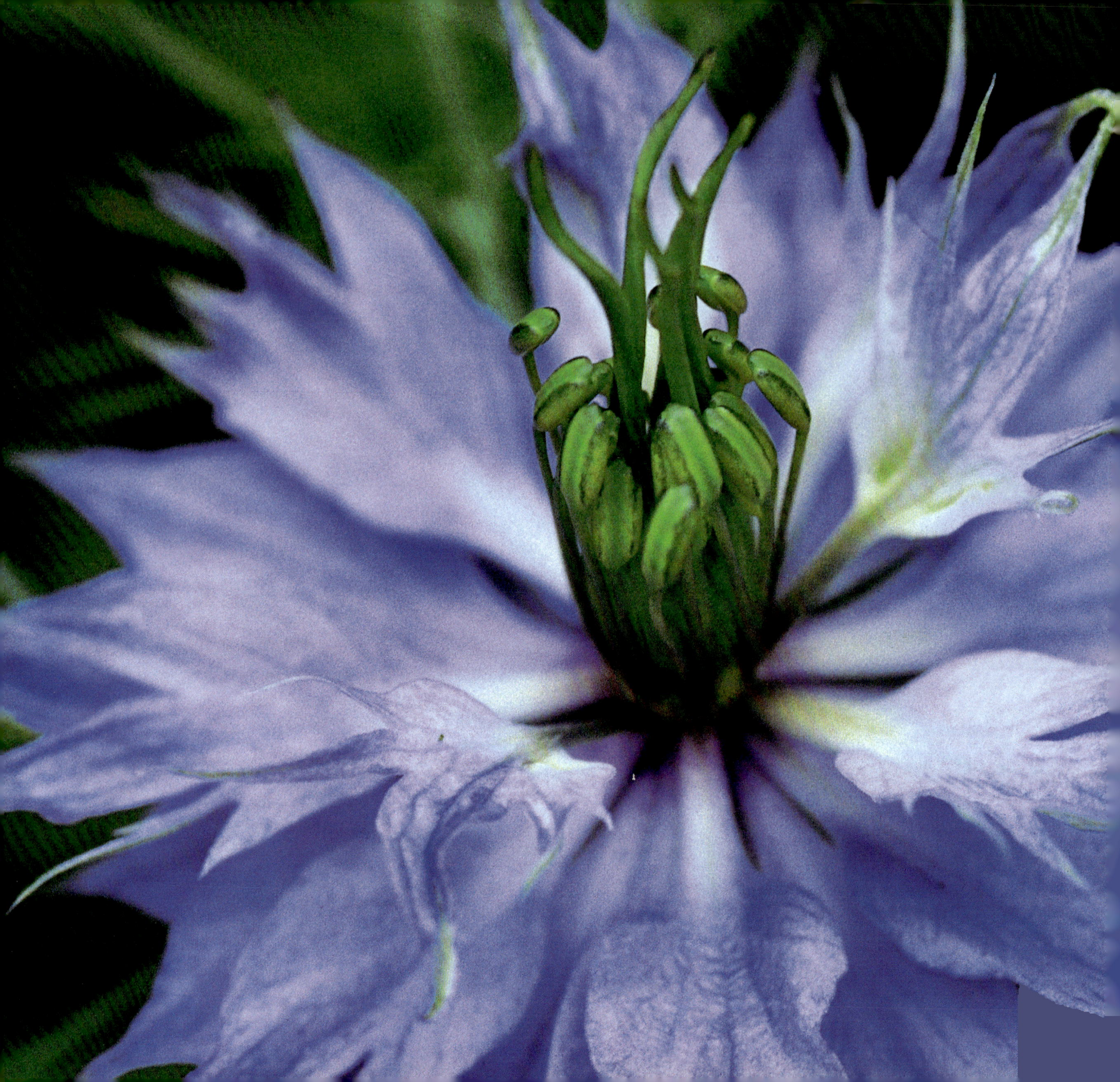

Les annuelles

Les annuelles sont des plantes fascinantes qui confèrent exotisme et luxuriance aux aménagements paysagers. Grâce à leur grande diversité, vous pouvez changer l'allure de votre jardin chaque année.

Comme la plupart des annuelles fleurissent sur une longue période, elles offrent un attrait plus constant que les vivaces, dont la floraison est assez courte. Les annuelles ont cependant le désavantage d'avoir le même aspect durant toute la saison. En trop grandes masses, elles apportent une certaine monotonie. Afin de créer des aménagements dynamiques qui évoluent au fil de la saison, il est préférable d'utiliser de petites quantités d'annuelles bien associées aux vivaces et aux autres végétaux qui composent votre jardin.

La plantation en pleine terre

La plantation des annuelles dans les plates-bandes diffère énormément de celle faite en contenants. Leurs racines n'étant pas limitées par les parois d'un pot, ces plantes peuvent facilement explorer le sol, ce qui rend leur culture beaucoup moins exigeante. Mais puisque leur entretien se limite bien souvent à quelques interventions au cours l'été, la plantation des annuelles en pleine terre doit être exécutée avec minutie pour leur assurer une croissance vigoureuse et une floraison abondante.

Le terreau

Le terreau qui convient à la plantation de la plupart des annuelles doit être constitué de deux parties de terre existante – si elle est de mauvaise qualité remplacez-la par de la terre brune de type loameux – mélangée à une partie de compost. Pour les plantes particulièrement voraces comme les daturas (*Datura*) et les pétunias (*Petunia*), par exemple, composez plutôt votre mélange d'une moitié de terre existante et d'une moitié de compost. Afin de favoriser un bon enracinement des végétaux, ce terreau doit être fertilisé avec des os moulus à raison de 2 kg par m³. Donnez environ 30 ml (une poignée) d'os moulus à chaque plant. La dose peut augmenter à 60 ml (deux poignées) pour les

Qu'est-ce qu'une annuelle ?

Au sens strict du terme, les annuelles sont des végétaux qui germent, poussent, fleurissent, produisent leurs semences et meurent au cours d'une même saison de végétation. Certaines vivaces tendres qui fleurissent dès leur première année de croissance, dont les pélargoniums (*Pelargonium*), communément appelés géraniums, sont cependant traitées comme des annuelles. Ces vivaces frileuses ne résistent pas à nos hivers et doivent être rentrées à l'intérieur pour pouvoir vivre de nombreuses années.

plantes dont la motte a un diamètre supérieur à 15 cm. Si vous plantez des annuelles dont vous attendez une floraison abondante rapidement, remplacez les os moulus par un engrais d'origine naturelle à dégagement lent riche en potassium dont la formulation se rapproche de 4-4-8. Ajoutez jusqu'à 1 kg de ce fertilisant par m³ de terreau. Alors que certains plants dont la motte a un diamètre supérieur à 15 cm peuvent en recevoir 30 ml (une poignée), la plupart des annuelles ne nécessitent environ que 15 ml (1 c. à soupe) de cet engrais lors de leur mise en terre. Il est plus pratique de mélanger les ingrédients qui composent votre terreau de plantation dans une brouette.

La mise en terre

Si vous intégrez des annuelles à une plate-bande existante, vous n'avez d'autre choix que de préparer chaque fosse de plantation individuellement. Chacune de ces fosses doit avoir une largeur faisant deux fois le diamètre de la motte de racines de l'annuelle à planter et une profondeur d'une fois et demie la hauteur de sa motte. Placez chaque plant dans sa fosse de façon que son collet – la partie où les racines s'unissent aux tiges – soit au même niveau que la surface du sol existant. Ensuite, ajoutez le terreau autour de la motte de racines en prenant soin de le compacter légèrement avec vos doigts. Dès que la plantation est terminée, n'oubliez pas d'arroser abondamment.

Si vous réalisez une plantation aux dimensions imposantes uniquement composée d'annuelles, ne mélangez pas les ingrédients qui composent le terreau de plantation dans chacune des fosses. À mon avis, la solution la plus efficace et la plus économique est de préparer le sol de l'ensemble de la plate-bande en une seule et même étape. Vous pouvez donc épandre le compost ainsi que les fertilisants et les incorporer à la terre existante avec une pelle-bêche ou à l'aide d'un rotoculteur, et cela à une profondeur de 20 à 25 cm. Il sera ensuite beaucoup plus facile de mettre vos végétaux en terre, puisque le sol sera bien ameubli. Épandez une épaisseur de 2 cm de compost sur toute la surface du sol, ce qui correspond approximativement à une douzaine de sacs de compost de 38 litres par 10 m² de plate-bande. Ajoutez aussi un engrais d'origine naturelle à dégagement lent riche en potassium dont la formulation est proche de 4-4-8. Vous pouvez mettre jusqu'à 1 kg de cet engrais par 10 m². Le niveau final du lit de la plate-bande, égalisé et nivelé à l'aide d'un râteau, doit idéalement excéder la hauteur des sentiers et des pelouses de 5 à 10 cm.

Le transplantoir est l'outil idéal pour effectuer la plantation d'annuelles dans une terre meuble.

Un choix judicieux

Assurez-vous de n'acheter vos fleurs que quelques jours avant le moment de la plantation pour éviter qu'elles ne dépérissent. Bien qu'il soit normal d'être attiré par les végétaux les plus fleuris, il est préférable de choisir des annuelles dénuées de fleurs mais qui portent une grande quantité de bourgeons. Évitez également les plantes étiolées. Achetez plutôt celles qui sont courtes et trapues, car leur reprise sera meilleure.

Plants trapus arborant peu de fleurs

BON CHOIX

Plants étiolés

MAUVAIS CHOIX

LA PLANTATION EN CONTENANTS

La réussite de la culture de plantes annuelles en pots dépend avant tout de la rigueur avec laquelle vous effectuez la plantation. Plantez par temps nuageux ou installez-vous à l'ombre. Parce que l'espace est plutôt restreint dans la plupart des contenants et que bien souvent le substrat s'épuise et sèche rapidement, utilisez un terreau très riche, léger, bien aéré et qui retient adéquatement l'eau et les éléments nutritifs.

Le terreau

Il est inutile de fabriquer un terreau différent pour chaque situation. L'utilisation d'une recette unique pour tous les contenants donne habituellement des résultats satisfaisants et évite bien des tracas. Pour vous faciliter la tâche, employez un substrat spécialement conçu pour cultiver des végétaux en pots. Les terreaux commerciaux vendus sur le marché, très légers, sont principalement constitués de tourbe de sphaigne et de perlite. Outre quelques exceptions, la plupart de ces substrats ne

LES ANNUELLES 281

Compost

Tourbe de sphaigne

Substrat conçu pour la culture en contenants

Perlite

Vermiculite

Avant de planter

Il est primordial de bien arroser les racines de toutes les annuelles que vous vous apprêtez à planter. Si leur motte est particulièrement sèche, faites-les tremper quelques minutes dans un bac contenant un peu d'eau.

sont pas suffisamment bien structurés et pas assez riches pour la culture de la majorité des plantes annuelles. Il est donc souvent nécessaire de leur ajouter du compost. Pour mes boîtes à fleurs et mes pots, je fabrique chaque année un terreau constitué de deux tiers de substrat à base de tourbe de sphaigne et d'un tiers de compost. Pour les contenants plantés de végétaux exigeants comme les daturas (*Datura*) et les pétunias (*Petunia*), le mélange doit plutôt être composé d'une moitié de substrat conçu pour la culture en pots et d'une moitié de compost. Ajoutez aussi à votre terreau un fertilisant d'origine naturelle à dégagement lent riche en potassium dont la formulation se rapproche de 4-4-8. Fournissez de 15 à 30 ml (de 1 c. à soupe à une poignée) d'engrais par plant, soit 1 kg par m^3 de terreau. Pour plus d'efficacité, mélangez tous les ingrédients de votre terreau dans une brouette ou dans un grand récipient. Assurez-vous de bien l'humidifier avant de l'utiliser.

Si vous êtes de ceux qui préfèrent préparer eux-mêmes leur terreau, voici une recette populaire qui peut sûrement vous inspirer. Le mélange doit être composé de deux parties de terre brune loameuse, d'une partie de compost, de deux parties de tourbe de sphaigne et, enfin, d'une partie de perlite. Malheureusement, la terre brune, aussi appelée loam, est rarement vendue en sacs dans les jardineries. Vous devrez probablement l'acheter en vrac après avoir fait quelques recherches. Ajoutez à cette recette votre propre compost ou utilisez un compost commercial. Attention ! Ne mélangez jamais de fumier frais au terreau ; en se décomposant, celui-ci inhibe la croissance des radicelles. Évitez aussi d'utiliser la terre de votre propre jardin pour fabriquer votre terreau. Il est fort probable que votre sol soit trop lourd pour la culture en pots et qu'il contienne des semences d'herbes indésirables.

Le choix d'un contenant

Le marché horticole propose actuellement une impressionnante variété de pots, de boîtes à fleurs et de paniers suspendus. Les formes, les grandeurs, les matériaux, les couleurs, les styles et les prix varient presque à l'infini. Bien sûr, ce sont votre budget et vos goûts qui doivent guider vos choix, mais les matériaux et les couleurs des contenants choisis doivent également s'harmoniser avec le style de votre aménagement.

Afin de prévenir une surchauffe et un dessèchement trop rapide du terreau, choisissez des contenants aux couleurs claires. Le contenant idéal doit également être le plus large possible, ce qui lui confère beaucoup de stabilité et offre un maximum d'espace aux racines des végétaux qui y sont plantés. Malheureusement, la plupart des jardinières ou des boîtes à fleurs vendues dans les commerces sont très petites. En général, elles ont une largeur et une profondeur qui varient de 15 à 20 cm seulement, ce qui réserve très peu de place aux racines des végétaux. Vous devrez probablement fouiller longtemps pour dénicher des jardinières plus grandes. Vu la rareté de tels contenants, il est plus simple de les fabriquer ou de les faire construire sur mesure.

Chaque matériau a ses qualités et ses inconvénients. Renseignez-vous sur la résistance au gel du contenant que vous achetez. Les pots faits de matière plastique, de bois, de ciment ou de pierre reconstituée ne sont habituellement pas affectés par le gel et peuvent passer l'hiver à l'extérieur, à condition qu'ils soient vidés du terreau qu'ils contiennent, qu'ils soient placés à l'envers et recouverts d'une toile imperméable. En revanche, la majorité des contenants de terre cuite non vernissée doivent impérativement passer l'hiver à l'intérieur ou dans tout bâtiment où la température ne descend pas sous le point de congélation.

La terre cuite – une terre riche en argile durcie par la chaleur – est depuis fort longtemps un matériau de prédilection pour la fabrication de pots. Poreuse, elle permet un bon apport d'oxygène aux racines et maintient une température plus constante. Les contenants de terre cuite s'harmonisent à la plupart des styles d'aménagements. Ils vieillissent assez bien, quoique certains jardiniers jugent inesthétiques les traces blanches qui se forment parfois sur leurs parois. Ce phénomène est causé par le surplus de sels minéraux contenus dans les engrais et qui n'a pas été absorbé par les plantes. Il suffit habituellement de frotter les pots avec un peu de vinaigre pour qu'ils reprennent leur teinte naturelle.

Les bacs en bois, malheureusement trop peu souvent utilisés, s'intègrent bien aux aménagements d'allure classique.

La mise en terre

Ne disposez pas de cailloux au fond de vos contenants, car ils occuperaient l'espace du terreau dont les plantes ont tant besoin. Si vos pots n'ont pas de trous de drainage, percez-en quelques-uns pour que le surplus d'eau s'écoule facilement. Il faut au moins un trou de 1,5 cm de diamètre tous les 30 cm. Lorsque vous percez un pot de terre cuite, assurez-vous de prendre certaines précautions pour ne pas le casser. Le fond doit reposer sur une surface molle comme une épaisse couche de papier journal ou une plaque de polystyrène. Le perçage s'effectue à l'aide d'une perceuse électrique et d'une mèche spécialement conçue pour le béton (photo 1). Versez un peu d'eau à l'endroit où vous percez pour éviter qu'il y ait surchauffe. Pour favoriser un meilleur écoulement de l'eau et éviter que le terreau ne bloque le trou de drainage, recouvrez-le d'un tesson de pot ou d'une petite pierre plate (photo 2).

Après avoir couvert le trou de drainage, remplissez chaque contenant aux deux tiers avec du terreau bien humide en le tassant légèrement sur les côtés (photo 3). En dépotant les annuelles, si vous vous apercevez que leurs racines sont trop abondantes et qu'elles tournent autour de la motte, taillez-les à quelques endroits à l'aide d'un couteau bien aiguisé ou d'un sécateur (photo 4). Cette opération favorise la formation de nouvelles racines saines et bien étalées.

Chaque plante doit être disposée de façon que son collet – l'endroit où la tige se joint aux racines – soit situé au même niveau que la surface du terreau. En d'autres termes, le dessus de la motte de racines des végétaux doit être à la même hauteur que le niveau final du substrat contenu dans le pot. Ajoutez ensuite du terreau autour des plants et, avec le bout de vos doigts, tassez-le sans trop le compacter (photo 5). La surface du terreau doit se situer à 2 ou 3 cm sous le rebord du contenant pour que l'eau d'arrosage ne déborde pas. Une fois toutes les plantes installées, arrosez lentement le terreau jusqu'à ce que l'eau commence à s'écouler par les trous de drainage. Parfois, lors d'un premier arrosage, des creux se forment dans le substrat. Pour égaliser sa surface, il suffit alors de rajouter un peu de terreau.

LES ANNUELLES 285

La taille de formation

Au moment de les mettre en terre, taillez toutes les plantes étiolées de moitié, même si elles portent des fleurs. Cette pratique favorise la formation de nombreuses nouvelles pousses, décuplant ainsi la floraison à venir. Coupez chaque tige en biseau à quelques millimètres au-dessus d'une feuille (photo 6). Pour certaines autres annuelles plus trapues, le pincement, aussi exécuté au moment de la plantation, aura le même effet bénéfique sur la croissance et la floraison. Cette technique consiste à éliminer l'extrémité de toutes les nouvelles pousses d'une plante. On l'effectue sans sécateur, en saisissant la partie terminale des tiges entre le pouce et l'index, et en la coupant avec les ongles juste au-dessus d'une feuille.

L'espacement dans les contenants

Pour que les annuelles plantées en contenants puissent bien croître et fleurir abondamment, il faut laisser suffisamment d'espace entre elles. Les végétaux densément plantés se dégarnissent, s'étiolent et prennent rapidement un aspect inesthétique. Les distances à respecter sont indiquées sur la majorité des étiquettes des annuelles que vous achetez. Cependant, comme les végétaux en contenants restent habituellement plus petits que ceux cultivés en pleine terre, plantez-les un peu plus densément que ce qui est prescrit. De façon générale, il est souhaitable de disposer les annuelles à la moitié de la distance suggérée sur l'étiquette. Ne soyez pas inquiet si vos calculs manquent de précision, car la plupart des annuelles cultivées en pots s'accommodent relativement bien d'une distance de plantation oscillant entre 10 et 20 cm. Seuls les végétaux très voraces et qui prennent beaucoup d'ampleur doivent être plantés à la distance suggérée, qui est habituellement égale ou supérieure à 30 cm.

Une sortie en douce

Voici un truc pour extirper facilement des plantes annuelles de leur caissette. Placez les pouces sur les trous de drainage et pressez fermement (photo a). La motte de racines sort habituellement d'un seul bloc, sans qu'il soit nécessaire de découper la caissette (photo b). Cette technique fonctionne à merveille à condition que les plantes soient bien enracinées et que leur motte soit bien humide. Pour endommager le moins possible les racines et assurer une meilleure reprise, coupez la motte avec un couteau bien affûté pour séparer les plants les uns des autres (photo c). Si vous désirez éviter que vos caissettes soient emportées par le vent, il suffit de les attacher avec une corde (photo d).

Le moment idéal pour planter

La période idéale pour procéder à la plantation de la plupart des annuelles correspond au moment où tout risque de gel est pratiquement nul dans votre région. Dans la grande région de Montréal et dans plusieurs municipalités de la zone 5, ce moment survient vers le milieu du mois de mai, aux alentours du 20. À Québec et dans certaines autres régions situées en zone 4, on doit habituellement attendre la toute fin de mai ou le début de juin pour mettre les annuelles en terre. Dans les régions plus nordiques, il est préférable de n'entreprendre la plantation des annuelles que vers la mi-juin.

Si, comme moi, vous êtes très impatient au printemps et que vous plantez vos premières annuelles plusieurs jours avant la période idéale, ne paniquez pas si on annonce un gel tardif. Quelques solutions s'offrent à vous pour éviter que vos plantations ne soient gâchées. Rentrez d'abord vos plantes en contenants dans un bâtiment chauffé. Couvrez ensuite vos annuelles en pleine terre d'une toile géotextile de protection hivernale ou aspergez-les d'une fine bruine durant une bonne partie de la nuit. L'eau déposée sur les plantes agit comme un isolant et absorbe le froid, laissant les tissus des fleurs et des feuilles intacts.

La fertilisation

La quantité de terreau étant très réduite dans un pot ou dans une boîte à fleurs, les éléments nutritifs qui s'y trouvent sont rapidement puisés par les plantes, s'ils n'ont pas déjà été lessivés par les arrosages fréquents. Pour qu'elles aient une bonne croissance et qu'elles fleurissent abondamment, les annuelles cultivées en contenants ont donc besoin d'un apport d'éléments nutritifs soutenu.

Vous pouvez choisir de fertiliser vos plantes en pots avec des engrais de synthèse solubles mélangés à l'eau d'arrosage. Ces engrais très polluants doivent cependant être strictement réservés à la fertilisation des plantes en contenants ; ne les utilisez jamais dans les plates-bandes. Plusieurs études prouvent maintenant que les fertilisants de formulation 15-15-30 et 6-24-36, donc riches en potassium, sont plus efficaces pour faire fleurir les plantes en pots que le fameux 15-30-15 habituellement recommandé, dont le contenu est plus élevé en phosphore. Lorsque les plantes absorbent de grandes quantités de phosphore, il semble que leurs tiges s'allongent exagérément, ce qui peut avoir une incidence négative sur leur floraison. N'oubliez pas d'alterner les types de fertilisants ; faites un arrosage avec un engrais équilibré dont la formule est 20-20-20, et les deux suivants avec un fertilisant à haute teneur en potassium, comme le 15-15-30 ou le 6-24-36. Plutôt que de fournir de l'engrais tous les 10 ou 15 jours, comme ce qui est généralement suggéré, fertilisez vos végétaux en contenants lors de chaque arrosage. Plutôt que la pleine dose, ne donnez que le tiers de la quantité de fertilisant recommandée par le fabricant, ce qui correspond généralement à 1 ml par litre d'eau. Lors de périodes de canicule, pour éviter d'endommager les racines lorsque le terreau s'assèche trop rapidement, ne fertilisez vos plantes qu'aux deux arrosages, en prenant soin de diminuer la dose d'engrais à environ 0,5 ml par litre d'eau.

Les algues liquides peuvent être vaporisées directement sur le feuillage des plantes.

Comme les engrais de synthèse sont particulièrement polluants et néfastes pour la santé humaine, fertilisez plutôt vos annuelles cultivées en pots en utilisant des engrais entièrement naturels. Ajoutez à leur terreau un fertilisant d'origine naturelle à dégagement lent riche en potassium dont la formulation se rapproche de 4-4-8. Dès la plantation terminée, commencez à vaporiser des algues liquides mélangées à de l'eau sur le feuillage de vos plantes en contenants, à raison de 5 ml (1 c. à thé) par litre d'eau. Aspergez vos végétaux une fois tous les 10 ou 15 jours – chaque semaine dans le cas de plantes très exigeantes comme les brugmansias (*Brugmansia*) et les pétunias (*Petunia*) – tôt le matin ou par temps couvert. Si vous ne pouvez vaporiser le feuillage de vos plantes, il est aussi possible de mélanger les algues liquides à l'eau d'arrosage. Vous pouvez également fertiliser avec des algues liquides vos annuelles plantées en pleine terre.

Les algues liquides sont fabriquées à partir d'algues appartenant habituellement à l'espèce *Ascophyllum nodosum*. Ce fertilisant entièrement naturel est riche en potassium – les algues de marque Acadie, par exemple, en contiennent près de 7 % – ainsi qu'en une quantité impressionnante d'oligoéléments facilement assimilables par les

En mariant des végétaux dont les feuillages ont des couleurs et des formes singulières, il est possible de créer des arrangements très dynamiques et rythmés. Cette plantation en contenant d'allure particulièrement exotique est composée de *Melianthus major*, de *Pennisetum setaceum* 'Rubrum', de *Plectranthus argentatus*, de *Rumex sanguineus* et de *Solenostemon scutellarioides* 'Haines'.

LES ANNUELLES 289

Une plantation en suspension

A. Installez le panier sur un pot pour le stabiliser et être ainsi plus à l'aise pour faire la plantation.

B. Détachez les chaînes du panier et tapissez l'intérieur avec de la mousse de sphaigne bien humide ou un tapis de fibres de coco. Commencez par disposer la mousse sur les rebords, tapissez ensuite le fond et terminez par les côtés.

C. Afin d'assurer un bon soutien du terreau, placez ensuite au fond du panier un morceau de plastique percé de quelques petits trous.

D. Préparez les annuelles retombantes que vous désirez mettre à la base du panier. Pour être en mesure de les introduire facilement à travers les mailles du panier, enveloppez leur feuillage dans une pellicule plastique.

E. Si nécessaire, coupez le morceau de plastique qui recouvre le fond du panier à l'aide de ciseaux pour pouvoir y insérez les plantes. Passez la partie enveloppée de chaque plante à travers les mailles du panier à partir de l'intérieur vers l'extérieur.

F. Ajoutez du terreau humide jusqu'aux deux tiers du panier et plantez les végétaux qui restent en plaçant ceux qui sont érigés au centre et ceux au port retombant sur les côtés. Mettez du terreau autour des plants et, du bout des doigts, tassez-le sans trop le compacter. La surface du terreau doit se situer à 2 ou 3 cm sous le rebord du panier.

LES ANNUELLES 291

Le meilleur moment pour arroser

Le matin, au lever du soleil, est le moment le plus opportun pour effectuer l'arrosage des annuelles. En arrosant le soir, l'eau recueillie sur le feuillage de certaines plantes favorise la prolifération de maladies pendant la nuit. Si vous arrosez plutôt au début de la journée, l'eau est alors disponible au moment où les végétaux en ont le plus besoin, c'est-à-dire lorsqu'ils font beaucoup de photosynthèse, au milieu de la journée. Il est cependant important de respecter la réglementation de votre municipalité concernant les périodes d'arrosage permises.

végétaux. Les algues liquides contiennent aussi des acides aminés, des enzymes, des antibiotiques et même des hormones de croissance appelées cytokinines. Régulièrement aspergées sur le feuillage des plantes, les algues liquides stimulent leur croissance, augmentent la durée et la qualité de leur floraison. Elles améliorent leur résistance au froid, à la sécheresse ainsi qu'aux attaques de certains insectes et de plusieurs maladies fongiques. Les algues liquides peuvent également être bénéfiques aux annuelles cultivées pour leur feuillage.

L'ARROSAGE

La plupart des annuelles implantées dans les plates-bandes exposées au plein soleil nécessitent de 2,5 à 3,5 cm d'eau par semaine. D'autre part, certaines plantes bien adaptées aux sols secs et sableux, comme le pavot de Californie (*Eschscholzia californica*) et les pourpiers (*Portulaca*) – consultez le tableau XIV à la page 86 pour une liste plus complète –, doivent être arrosées moins souvent et tolèrent même une sécheresse passagère. Si vous avez planté des végétaux annuels à l'ombre d'arbres matures, vous devez leur fournir un minimum de 3,5 cm d'eau par semaine, souvent davantage.

Pour que vos plantes annuelles forment des racines profondes et ramifiées, il est préférable de ne les arroser qu'une seule fois par semaine, ou deux, tout au plus, en période de canicule. En les arrosant un peu tous les jours, elles produiront des racines superficielles et seront ainsi moins résistantes aux situations adverses. Pour donner la dose d'eau adéquate à tous vos végétaux, vous n'avez qu'à placer sous le jet de votre asperseur un contenant vide que vous aurez préalablement gradué à l'aide d'une règle et d'un marqueur à encre indélébile. Lorsque l'eau atteint la marque de 2,5 ou 3,5 cm, cessez d'arroser. Vers la fin

L'utilisation d'un arrosoir permet de fournir l'eau avec précision aux végétaux en pots.

La taille des fleurs fanées

Il est souhaitable d'éliminer régulièrement les fleurs fanées de la plupart des plantes annuelles. Cette opération est essentielle à l'obtention d'une floraison continuelle et abondante. Si vous ne prenez pas la peine d'enlever les fleurs mortes, la formation de nouvelles tiges florifères peut être retardée. Une fois leurs fleurs fanées, de nombreuses plantes forment des fruits, monopolisant ainsi une certaine quantité d'énergie au détriment de la production de nouvelles fleurs. La façon la plus simple d'éliminer une fleur fanée consiste à la saisir entre le pouce et l'index, et à la couper avec les ongles (photo a). Prenez soin de prélever également l'ovaire, la partie renflée située à la base du pistil qui contient les graines. Chez les pétunias (*Petunia*) et les nicotines (*Nicotiana*), entre autres, l'ovaire est placé sous la fleur.

Pour certaines plantes annuelles aux tiges plus coriaces comme les marguerites arbustives (*Argyranthemum frutescens*), par exemple, l'élimination des fleurs mortes doit se faire à l'aide d'un sécateur. Coupez les inflorescences fanées en biseau à un angle d'environ 40 degrés, à quelques millimètres au-dessus de la première ou de la deuxième feuille (photo b). Assurez-vous qu'il y ait à l'aisselle de cette feuille un bourgeon bien développé, car c'est lui qui produira la tige portant de nouvelles fleurs.

Les fleurs fanées des pélargoniums (*Pelargonium*), communément appelés géraniums, doivent être cassées directement à leur point d'attache sur la tige principale.

LES ANNUELLES 293

Superbe boîte à fleurs plantée d'*Asparagus densiflorus* 'Sprengeri', de *Centradenia* 'Cascade', d'*Helichrysum petiolare* 'Limelight', de *Lamium maculatum* 'White Nancy', de *Pelargonium* 'Silverleaf Flower of Spring', de *Plectranthus madagascariensis* 'Variegated Mintleaf' et de *Solenostemon scutellarioides* 'Wizard Velvet'.

en contenants à l'intérieur. Vous devez d'abord ameublir et amender le sol à l'endroit où vous ferez le semis. Une fois que vous avez préparé le lit de la plate-bande, tel qu'expliqué en page 103, vous devez en égaliser et en niveler la surface à l'aide d'un râteau. Utilisez le dos de l'outil afin d'effectuer une finition parfaite, car sur un sol bosselé, certaines semences risquent d'être déplacées lors des arrosages. À la main ou directement du paquet, épandez ensuite les semences de façon uniforme. Employez davantage de graines que si vous faisiez un semis à l'intérieur. Si vous devez recouvrir légèrement les semences, ratissez la surface du sol à l'aide d'un râteau à feuilles. Une fois les semences épandues, veillez à leur fournir de l'eau aux deux jours pendant une période de deux à trois semaines. Les aires ensemencées doivent être arrosées en pluie fine afin d'éviter que l'eau ne ruisselle et n'emporte les graines. Après cette période, effectuez un seul arrosage par semaine, ou deux en période chaude et sèche. Donnez environ 2,5 cm d'eau lors de chaque arrosage. Une fois que les feuilles des jeunes plantes se touchent, procédez à un éclaircissage. Cette pratique essentielle consiste à éliminer les plants les plus faibles ou mal situés en les coupant à leur base avec des ciseaux ou en les arrachant un à un, dans le but de ne conserver que des spécimens vigoureux et bien espacés. Profitez-en pour en transplanter quelques-uns dans d'autres parties de votre jardin.

Scène luxuriante composée de la sauge écarlate (*Salvia coccinea*), du strobilanthes (*Strobilanthes dyerianus*), de l'eucalyptus (*Eucalyptus gunnii*) et du spectaculaire taro 'Black Magic' (*Colocasia esculenta* 'Black Magic').

Nom latin	Nom français	Période	Profondeur terreau	Température	Temps de germination	Exigences particulières
Lobularia maritima et cultivars	Alysse et cultivars	Mars	0 mm	20 °C	8 à 12 jrs	Exige de la lumière pour germer ; baisser la température à 15 °C après la germination.
Melampodium et cultivars	Mélampodium et cultivars	Avril	3 mm	18 °C	8 à 12 jrs	Peut être semé à l'extérieur en mai.
Nicotiana, espèces et cultivars	Nicotine, espèces et cultivars	Avril	0 mm	21 °C	10 à 14 jrs	Exige de la lumière pour germer ; peut être semé à l'extérieur en mai.
Nigella damascena et cultivars	Nigelle de Damas et cultivars	Avril	0 mm	18 °C	7 à 14 jrs	Exige de la lumière pour germer ; semer en godets ; peut être semé à l'extérieur en mai ou à l'automne.
Papaver rhoeas et cultivars	Coquelicot et cultivars	Avril	3 mm	18 °C	10 à 14 jrs	Peut être semé à l'extérieur en mai.
Papaver somniferum et cultivars	Pavot somnifère et cultivars	Avril	3 mm	18 °C	10 à 14 jrs	Peut être semé à l'extérieur en mai.
Petunia et cultivars	Pétunia et cultivars	Mars	0 mm	22 °C	7 à 10 jrs	Exige de la lumière pour germer ; plusieurs cultivars ne peuvent être propagés par semis.
Portulaca et cultivars	Pourpier et cultivars	Mars	3 mm	22 °C	10 à 14 jrs	
Ricinus communis et cultivars	Ricin et cultivars	Avril	2 cm	20 °C	14 à 21 jrs	Nécessite d'être trempé dans de l'eau tiède pendant 24 heures ; semer en godets.
Rudbeckia hirta et cultivars	Rudbeckia hérissé et cultivars	Avril	0 mm	18 °C	10 à 14 jrs	Exige de la lumière pour germer.
Salvia farinacea et cultivars	Sauge farineuse et cultivars	Février	0 mm	18 °C	10 à 14 jrs	Exige de la lumière pour germer.
Salvia splendens et cultivars	Sauge écarlate et cultivars	Avril	0 mm	18 °C	10 à 14 jrs	Exige de la lumière pour germer.
Senecio cineraria et cultivars	Cinéraire maritime et cultivars	Février	3 mm	20 °C	10 à 18 jrs	
Tagetes et cultivars	Tagète et cultivars	Avril	3 mm	22 °C	7 à 10 jrs	Peut être semé à l'extérieur en mai.
Tithonia rotundifolia et cultivars	Tournesol du Mexique et cultivars	Avril	3 mm	20 °C	10 à 18 jrs	Peut être semé à l'extérieur vers la fin de mai.
Tropaeolum majus et cultivars	Capucine et cultivars	Avril	1 cm	16 °C	10 à 14 jrs	Exige de la noirceur pour germer ; semer en godets ; peut être semé à l'extérieur vers la fin de mai.
Verbena, espèces et cultivars	Verveine, espèces et cultivars	Mars	6 mm	22 °C	10 à 14 jrs	Exige de la noirceur pour germer.
Viola et cultivars	Pensée et violette et cultivars	Mars	6 mm	18 °C	10 à 18 jrs	Exige la noirceur pour germer ; nécessite un traitement au froid pendant 4 jours ; peut être semé au début de mai ou à l'automne.
Zinnia et cultivars	Zinnia et cultivars	Avril	6 mm	22 °C	5 à 7 jrs	Exige de la noirceur pour germer ; peut être semé à l'extérieur en mai.

Note : La période indique le moment où il faut effectuer le semis à l'intérieur afin d'obtenir des plants en fleurs vers la fin de mai. Si vous désirez obtenir des plantes fleuries en juin, retardez les semis de quelques semaines.

Les coléus

Sous le règne de la reine Victoria, vers la fin du XIXe siècle, les coléus (*Solenostemon scutellarioides*) étaient très prisés en Angleterre et en Europe. Leur popularité s'est soudainement évanouie au début du XXe siècle. Depuis quelques années, avec l'introduction d'une foule de nouveaux cultivars aux caractéristiques exceptionnelles, c'est la folie ; les coléus sont plus populaires que jamais. Ce succès tient évidemment à leur beauté, mais également au fait qu'ils sont parmi les rares annuelles à offrir un attrait dès leur plantation – pas besoin d'attendre qu'ils forment des fleurs –, et cela jusqu'à la première gelée automnale.

L'EXPOSITION

Les coléus peuvent pousser sous différentes conditions d'ensoleillement. Plusieurs cultivars, surtout ceux qui ont un feuillage foncé, s'accommodent bien du soleil, à condition qu'ils soient protégés des rayons brûlants du début de l'après-midi qui décoloreraient leur feuillage. La majorité des coléus préfèrent cependant être disposés à la mi-ombre ou encore à l'ombre légère. Certains d'entre eux tolèrent également l'ombre moyenne, pourvu qu'ils ne soient pas plantés trop près des racines d'arbres matures.

LA PLANTATION

Les coléus s'adaptent relativement bien à divers types de sols, mais ils préfèrent habituellement les terres riches, fraîches et bien drainées. À la plantation, fournissez-leur un terreau composé d'une partie de terre existante – si elle est de mauvaise qualité, remplacez-la par de la terre loameuse – mélangée à une partie de compost. Attention ! Les coléus ne tolèrent absolument pas le froid. Attendez donc que tout risque de gel soit écarté depuis un bon moment dans votre région avant de les planter. Puisqu'ils peuvent atteindre des dimensions assez imposantes, plantez-les à une distance de 30 à 40 cm les uns des autres. À l'ombre, ou si ce sont des cultivars de petit format, rapprochez-les légèrement.

LA FERTILISATION

Bien que le compost subvienne habituellement aux besoins en azote des divers cultivars de coléus, vous pouvez tout de même fournir un engrais azoté à ceux qui sont plantés au pied d'arbres voraces. Au printemps, quelques semaines après leur plantation, épandez à la base de chacun environ 30 ml (une poignée) de farine de plume ou de farine de sang. La quantité peut augmenter à 60 ml (deux poignées) dans le cas de cultivars de grandes dimensions. Durant l'été, n'hésitez pas à pincer l'extrémité des tiges des coléus à quelques reprises, cela ▶

Exubérante plantation constituée de l'hakonéchloa 'Albovariegata' (*Hakonechloa macra* 'Albovariegata'), de la ligulaire à feuilles palmatilobées (*Ligularia* x *palmatiloba*), de la lobélie 'Fan Scarlet' (*Lobelia* x *speciosa* 'Fan Scarlet') et du coléus 'Glennis' (*Solenostemon scutellarioides* 'Glennis').

Patate douce 'Margarita' (*Ipomoea batatas* 'Margarita'), nicotine de Langsdorff (*Nicotiana langsdorffii*) et coléus 'Marissa' (*Solenostemon scutellarioides* 'Marissa').

LES ANNUELLES 305

Les coléus (suite)

Les coléus (*Solenostemon scutellarioides*) s'harmonisent merveilleusement bien à leurs proches parents les plectranthes (*Plectranthus*).

vous permettra d'éliminer les fleurs qui ne se marient pas toujours bien au feuillage et d'obtenir des plants touffus et trapus.

La propagation

La multiplication des coléus par bouturage de leurs pousses terminales est fort simple. En août et en septembre, avant les premières gelées, prélevez les jeunes pousses situées à l'extrémité des tiges. Les boutures, qui doivent avoir une longueur de 10 à 15 cm, sont coupées directement sous un nœud, là où est fixée une paire de feuilles. Enlevez ensuite les feuilles du bas en n'en conservant que deux paires dans la partie supérieure. Les boutures de coléus produisent des racines rapidement dans l'eau. Vous n'avez qu'à placer un morceau de treillis métallique sur l'ouverture d'un contenant en verre. Insérez-y les boutures de façon que la moitié inférieure de leur tige soit immergée. Dans un endroit ensoleillé, les boutures forment des racines après quelques jours seulement. Rempotez-les dans des pots d'un diamètre d'environ 10 cm contenant un terreau constitué à parts égales de tourbe de sphaigne et de compost.

Les feuillages panachés ■ Avec leurs surprenants feuillages bigarrés, les cultivars de coléus récemment introduits sur le marché horticole nous ouvrent de nouvelles avenues pour l'aménagement de nos jardins. Des couleurs riches et des panachures étonnantes confèrent à ces plantes une allure très moderne qui apporte beaucoup de charme aux aménagements paysagers contemporains. Toutefois, comme plusieurs d'entre elles possèdent des feuilles très colorées, il est essentiel de les utiliser judicieusement pour éviter de créer trop de points d'intérêt et de semer la confusion dans les plates-bandes. Il est relativement facile d'introduire quelques spécimens dans des plantations de vivaces et d'annuelles dont les couleurs sont plutôt unies. Lorsque vous plantez plusieurs cultivars de coléus côte à côte, assurez-vous que leurs panachures s'harmonisent bien les unes avec les autres.

'Inky Fingers' figure parmi les cultivars de coléus les plus originaux. Il est ici associé à la variété cultivée 'Wizard Jade'.

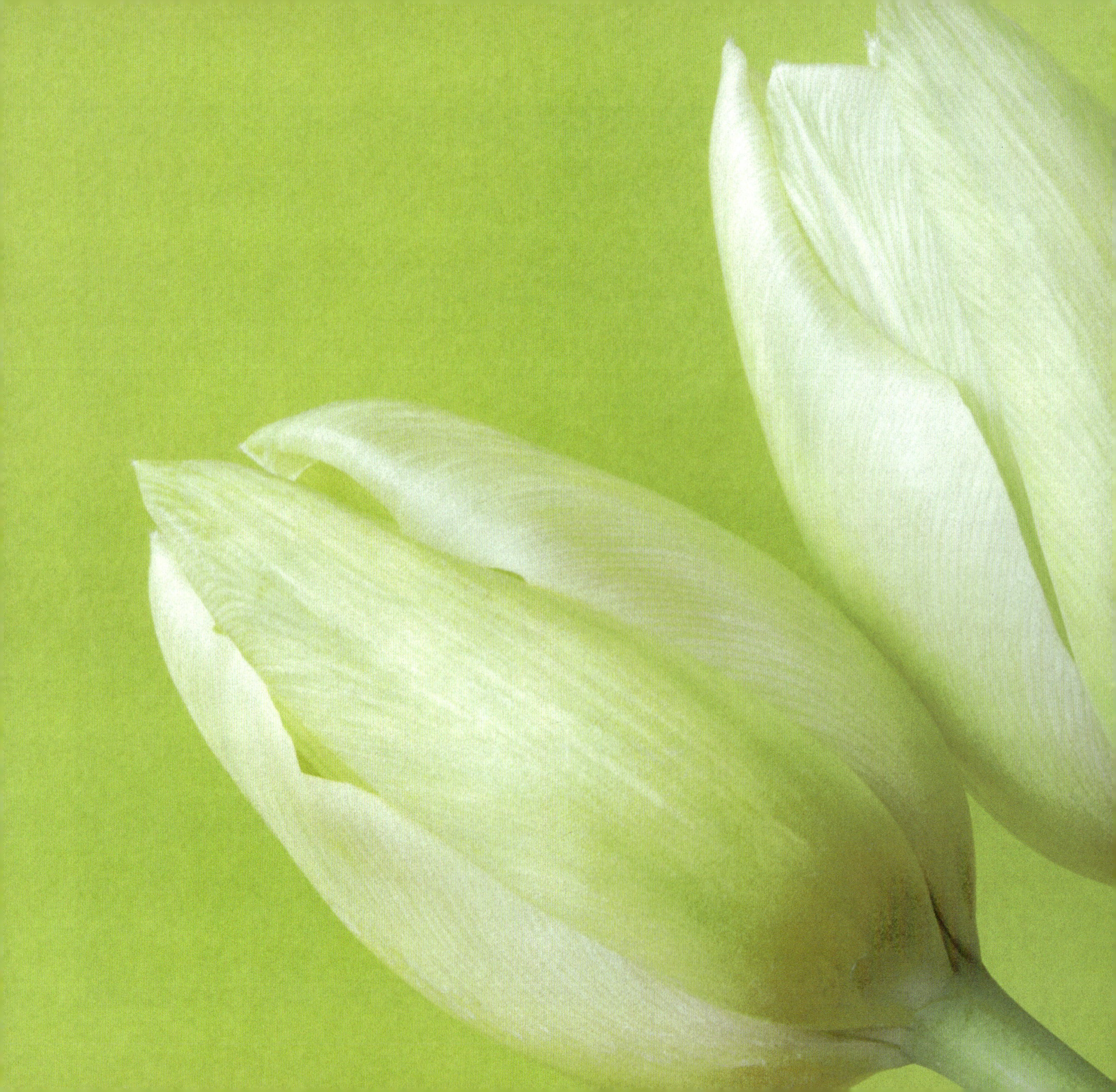

Les plantes bulbeuses

C'EST TOUJOURS AVEC JOIE QUE NOUS REGARDONS LES POUSSES DES PREMIERS BULBES APRÈS UN LONG HIVER. BIEN QUE LES TULIPES, NARCISSES ET CROCUS SOIENT TRÈS POPULAIRES PARCE QU'ILS SONT BIEN ADAPTÉS À NOTRE CLIMAT ET QU'ILS PRODUISENT UNE FLORAISON ÉCLATANTE, L'UNIVERS DES PLANTES BULBEUSES EST FORT DIVERSIFIÉ ET REGROUPE PLUSIEURS AUTRES VÉGÉTAUX INUSITÉS, DONT CERTAINS FLEURISSENT EN ÉTÉ ET EN AUTOMNE.

Des gracieuses tulipes aux luxuriants et exotiques cannas en passant par les lis à l'allure royale, une impressionnante variété de plantes bulbeuses sont en effet disponibles et offrent d'innombrables possibilités pour la création d'aménagements paysagers.

LA PLANTATION DES BULBES À FLORAISON PRINTANIÈRE

Outre quelques exceptions, les plantes bulbeuses à floraison printanière comme les ails décoratifs (*Allium*), les crocus (*Crocus*), les narcisses (*Narcissus*) et les tulipes (*Tulipa*) sont toutes rustiques en zone 4, parfois même jusqu'en zone 3. Sans une période de dormance au froid, la majorité de ces végétaux ne fleurissent tout simplement pas. Vendus dans les jardineries une fois l'été terminé, les bulbes et les cormus des plantes bulbeuses doivent être mis en terre à l'automne à partir du début d'octobre jusqu'au moment où le sol gèle, vers la mi-novembre. Dans certaines régions où la terre tarde à geler, il est possible d'effectuer leur plantation avec succès jusqu'en décembre.

Pour donner une allure naturelle à vos plates-bandes, disposez vos plantes bulbeuses à floraison printanière en petits groupes entre les vivaces et les arbustes. Pour chaque massif, vous devez creuser une large fosse de plantation dont la profondeur équivaut à trois ou quatre fois la hauteur des bulbes ou des cormus à mettre en terre. Par exemple, un bulbe de tulipe qui fait 5 cm de hauteur doit être placé à une profondeur de 15 à 20 cm. De plus, plantez les bulbes ou les cormus à une distance qui équivaut à trois ou quatre fois leur largeur. Une fois la fosse creusée, ameublissez la

Plantez les bulbes à une profondeur qui équivaut à trois ou quatre fois leur hauteur.

terre qui se trouve au fond en y mélangeant un peu de compost ainsi qu'une ou deux poignées d'os moulus. Si le sol existant est argileux et très lourd, vous devez l'additionner d'un tiers de compost et d'un tiers de gravier de 5 à 10 mm de diamètre ou le remplacer par un loam légèrement sableux amendé d'un peu de compost, dans le but d'éviter tout excès d'humidité. Déposez les bulbes dans le fond de la fosse de façon aléatoire en vous assurant de placer leur partie pointue – l'extrémité du bourgeon – vers le haut. Recouvrez ensuite les bulbes avec le terreau et compactez-le légèrement avec vos mains, puis arrosez. Lorsque vous avez peu de bulbes à mettre en terre, plantez-les séparément. Creusez alors chaque trou avec un transplantoir à la profondeur appropriée.

La plantation des plantes bulbeuses à floraison estivale

Les plantes bulbeuses à floraison estivale ne sont habituellement pas rustiques sous notre climat et doivent être replantées au jardin chaque printemps. Seuls certains cultivars de crocosmias (*Crocosmia*) et les lis (*Lilium*) n'ont pas besoin d'être rentrés à l'intérieur chaque automne, puisqu'ils sont rustiques en zones 4 et 5. La plupart du temps, ces plantes sont traitées comme des vivaces et sont vendues en pots.

Les plantes bulbeuses à floraison estivale doivent être mises en terre au printemps, au même moment que les annuelles. Toutefois, pour que vos cannas (*Canna*), dahlias (*Dahlia*) et glaïeuls (*Gladiolus*) produisent leur floraison plus vite, forcez-les avant de les mettre en terre. C'est en avril, soit six à huit semaines avant leur transplantation à l'extérieur, que vous devez effectuer le forçage. Placez chaque cormus, rhizome ou tubercule dans un contenant suffisamment grand rempli d'un terreau composé d'une moitié de substrat conçu pour la culture en pots et d'une moitié de compost. Recouvrez les tubercules des dahlias et les rhizomes des cannas de 5 à 10 cm de terreau, tandis que les cormus des glaïeuls peuvent être placés à une profondeur allant jusqu'à 15 cm. Disposez tous vos pots dans un endroit chaud – à une température d'au moins 16 °C – et très ensoleillé de votre maison et assurez-vous que le terreau soit toujours frais.

La période idéale pour procéder à la mise en terre de la plupart des plantes bulbeuses à floraison estivale forcées correspond au moment où tout risque de gel est pratiquement nul. En zone 5 ce moment survient vers le milieu du mois de mai, aux alentours du 20. Dans les régions situées en zone 4, on doit habituellement attendre la toute fin de mai ou le début de juin pour mettre ces plantes en terre. Dans les régions plus nordiques, en zones 2 et 3, il est préférable d'entreprendre leur plantation vers la mi-juin. Attention ! Il est possible que les racines de vos plantes bulbeuses ne soient pas suffisamment développées pour former une motte assez solide. Aussi, pour ne pas la briser lors de la plantation, coupez d'abord le fond du contenant à l'aide d'un couteau. Placez ensuite la motte dans la fosse de plantation. Découpez les côtés du pot, puis retirez-les après avoir recouvert la motte de la plante jusqu'à la moitié avec le terreau.

Le terreau de plantation qui convient aux végétaux bulbeux à floraison estivale, qui sont pour la plupart très exigeants, doit idéalement être composé d'une partie de terre existante mélangée à une partie de compost. Pour améliorer leur floraison, fournissez-leur à la plantation un fertilisant naturel riche en potassium dont la formulation se rapproche de 4-4-8. Cet engrais doit être mélangé au terreau de plantation à raison de 30 à 90 ml (une à trois poignées) par plant, selon leurs dimensions.

Qu'est-ce qu'une plante bulbeuse ?

Dans ce livre, l'expression plantes bulbeuses réfère à un ensemble de végétaux qui possèdent tous un organe souterrain où s'accumulent des réserves nutritives grâce auxquelles ils reconstituent chaque année leurs parties aériennes. Bien qu'ils soient distincts sur le plan botanique, les bulbes, les cormus, les rhizomes et les tubercules sont tous désignés par l'appellation plantes bulbeuses.

Les ails décoratifs (*Allium*), les fritillaires (*Fritillaria*), les lis (*Lilium*), les narcisses (*Narcissus*) et les tulipes (*Tulipa*) ont tous de vrais bulbes. Le bulbe est un organe renflé constitué d'un bourgeon entouré de couches successives d'écailles charnues servant à l'emmagasinage de réserves. Généralement, des racines se forment à la base de chaque bulbe. La plupart d'entre eux sont recouverts d'une tunique habituellement brune et qui a l'aspect du papier. Seuls les bulbes des fritillaires et des lis ne sont pas enveloppés de cette tunique protectrice.

Les crocosmias (*Crocosmia*), les crocus (*Crocus*) et les glaïeuls (*Gladiolus*) sont des plantes munies de cormus, ou cormes. Celui-ci est un organe de réserve souterrain très semblable au bulbe, mais il n'est pas constitué d'écailles. Les cormus sont formés par un renflement de la base des tiges des plants.

Plusieurs plantes bulbeuses telles que les divers cultivars de bégonias tubéreux (*Begonia* Tuberhybrida Hybrides), les dahlias (*Dahlia*) et les érémures (*Eremurus*) possèdent plutôt des tubercules. Des parties de leurs tiges ou de leurs racines sont simplement gonflées et remplies de réserves nutritives.

Enfin, la plupart des végétaux munis de rhizomes comme les multiples cultivars d'iris des jardins (*Iris*) et les sceaux-de-Salomon (*Polygonatum*) sont classés parmi les vivaces. Les cannas (*Canna*) font cependant exception et sont plutôt considérés comme des plantes bulbeuses. Un rhizome est une tige souterraine qui produit des bourgeons sur sa partie supérieure et émet des racines sur sa partie inférieure.

Lorsque vous achetez des bulbes, assurez-vous qu'ils soient fermes au toucher et exempts de pourriture. Évitez ceux dont la tunique est absente.

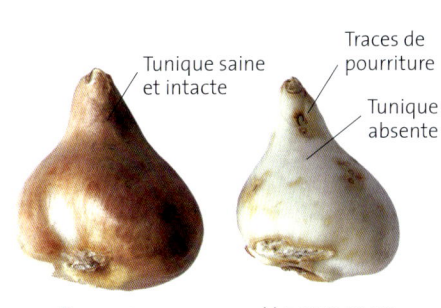

Tunique saine et intacte

Traces de pourriture

Tunique absente

BON CHOIX   MAUVAIS CHOIX

LES PLANTES BULBEUSES

Une pelouse fleurie

Pour fleurir une pelouse, plantez certains petits végétaux bulbeux à floraison printanière tels que les crocus (*Crocus*), les perce-neige (*Galanthus*) et les scilles (*Scilla*). Voici une technique simple et efficace pour les planter. En utilisant un coupe-bordure, effectuez une coupe en forme de H dans votre pelouse, de façon à former deux plaques de gazon que vous pourrez rabattre sur les côtés. Une fois le sol mis à nu, ameublissez-le et ajoutez-y du compost ainsi que des os moulus. Disposez vos bulbes en les enfouissant légèrement dans la terre. Replacez le gazon en le tassant un peu, particulièrement aux joints, et arrosez. Attendez environ cinq à six semaines après que leur floraison est terminée – lorsque leur feuillage commence à jaunir – pour effectuer une première tonte du gazon.

La fertilisation

Une fois implantées, la plupart des plantes bulbeuses à floraison printanière nécessitent peu de soins. Vous pouvez tout de même fournir du compost et un engrais riche en potassium à celles qui sont soumises à des conditions environnementales stressantes, qui sont plantées près d'arbres ou de gros arbustes matures, par exemple. Vous pouvez épandre environ 1 cm d'épaisseur de compost à leur pied tôt au printemps, lors du nettoyage des plates-bandes, ou dès que leur floraison est terminée.

Les plantes bulbeuses à floraison estivale comme les cannas (*Canna*) et les dahlias (*Dahlia*) sont particulièrement exigeantes. En plus de leur fournir compost et engrais à la plantation, fertilisez-les avec des algues liquides afin d'augmenter le nombre de fleurs qu'elles produiront. Ce produit riche en potassium et en une foule d'oligoéléments doit être mélangé à de l'eau à raison de 5 ml (1 c. à thé) par litre. Pulvérisez cette solution directement sur le feuillage des plantes, tôt le matin ou par temps couvert. Vous pouvez vaporiser des algues liquides aux 10 ou 15 jours, et cela dès la plantation et jusqu'à la toute fin de l'été.

L'arrosage

Bien qu'ils préfèrent une terre parfaitement drainée, les narcisses (*Narcissus*), les tulipes (*Tulipa*) ainsi que de nombreux végétaux bulbeux à floraison printanière doivent être arrosés régulièrement avant et pendant leur floraison. Évidemment, lorsque le printemps est pluvieux, les arrosages ne sont pas nécessaires. Une fois leur floraison terminée cependant, il est essentiel de cesser de les arroser afin d'éviter que leurs bulbes ou leurs cormus ne pourrissent. Aussi, associez la plupart des plantes bulbeuses à floraison printanière à des arbustes, des vivaces et des annuelles qui affectionnent les sols bien drainés et qui ne nécessitent que peu d'eau.

À l'instar de plusieurs autres plantes bulbeuses à floraison estivale, les cannas (*Canna*), les dahlias (*Dahlia*) et les glaïeuls (*Gladiolus*) exigent de 2,5 à 3,5 cm d'eau par semaine. Comme dans le cas des annuelles et des vivaces, il est préférable d'arroser ces végétaux une seule fois par semaine, ou deux en période de canicule. Pour donner la dose d'eau adéquate à ces plantes bulbeuses, placez sous le jet de votre asperseur un contenant vide préalablement gradué à l'aide d'une règle et d'un marqueur à encre indélébile. Lorsque l'eau atteint la marque de 2,5 ou 3,5 cm, cessez d'arroser.

Une scène d'une rare intensité composée du crocosmia 'Lucifer' (*Crocosmia* 'Lucifer'), de l'hémérocalle 'Thornbird' (*Hemerocallis* 'Thornbird'), de l'hémérocalle 'Ebony and Ivory' (*Hemerocallis* 'Ebony and Ivory'), de la monarde 'Cambridge Scarlet' (*Monarda didyma* 'Cambridge Scarlet') et de l'élyme (*Leymus secalinus*).

LE TUTEURAGE

Certaines plantes bulbeuses de grandes dimensions comme les dahlias (*Dahlia*), les érémures (*Eremurus*), les glaïeuls (*Gladiolus*) et quelques grands cultivars de lis (*Lilium*) peuvent se casser et s'écraser au sol sous l'effet du vent et de la pluie. Pour éviter ce problème, vous devez les tuteurer quelques semaines avant le début de leur floraison. Pour chacune des tiges florales, placez un tuteur et, à 15 cm sous la hauteur présumée de la fleur, fixez-y une attache. Utilisez une bande de bas nylon que vous enlacerez autour de la tige et du tuteur en formant un 8. Vous pouvez trouver dans certaines jardineries des bandes de bas nylon teintes en vert. La première qualité d'un bon tuteur étant de se confondre avec le feuillage, utilisez des tuteurs minces verts ou noirs faits de matériaux solides.

Quand couper le feuillage des plantes bulbeuses à floraison printanière ?

Une fois leurs fleurs fanées, les plantes bulbeuses doivent rapidement emmagasiner des sucres afin d'assurer leur floraison de l'année suivante. Ne coupez leur feuillage que lorsqu'il est complètement jauni, sans quoi les plantes ne pourront capter suffisamment de soleil pour fabriquer leurs réserves énergétiques. Le cas échéant, plantez des annuelles à cet endroit dénudé. Je crois cependant que la solution idéale est de disposer les plantes bulbeuses hautes comme les tulipes (*Tulipa*) et les narcisses (*Narcissus*) au centre et surtout à l'arrière des plantations. De cette façon, une fois leur floraison terminée, leur feuillage inesthétique est bien caché par les vivaces. Vous pouvez également planter vos bulbes dans des paniers de plastique – généralement vendus pour la culture de végétaux aquatiques – enfouis dans le sol. Quand leurs fleurs sont fanées, vous pouvez alors les sortir de terre et les déplacer loin des regards. Les plantes bulbeuses de petite taille telles que les crocus (*Crocus*) et les scilles (*Scilla*) doivent cependant être disposées à l'avant des plantations. Pour que leur feuillage soit vite camouflé après la floraison, plantez-les en compagnie de végétaux couvre-sol.

Des plantes bulbeuses à l'ombre

Qu'elles fleurissent au printemps ou en été, la majorité des plantes bulbeuses doivent être placées au plein soleil. Certaines espèces peuvent cependant très bien s'accommoder d'une ombre légère et même parfois moyenne. Au printemps, en l'absence de feuilles dans les arbres, plusieurs de ces plantes très performantes captent un maximum de soleil et emmagasinent rapidement toutes les réserves énergétiques nécessaires à leur prochaine floraison.

Érythrone 'Pagoda' (*Erythronium* 'Pagoda').

Tableau XXXIII

Les plantes bulbeuses qui supportent l'ombre

Nom latin	Nom français	Type d'ombre	Sol	Rusticité	Caractéristiques
Anemone blanda et cultivars	Anémone de Grèce et cultivars	Moyenne	Riche, humide et bien drainé	5	Fleurs blanches, roses ou mauves en mai, selon les cultivars.
Anemone ranunculoides	Anémone fausse-renoncule	Moyenne	Frais et bien drainé	4	Fleurs jaunes en mai.
Begonia Tuberhybrida Hybrides (syn. *B.* x *tuberhybrida* et cultivars)	Bégonia tubéreux et cultivars	Moyenne	Riche, humide et bien drainé	À rentrer en automne	Fleurs simples ou doubles qui éclosent durant tout l'été ; fleurs blanches, jaunes, orange, roses ou rouges, selon les cultivars.
Caladium bicolor et cultivars	Caladium et cultivars	Légère	Riche et humide	À rentrer en automne	Grandes feuilles vertes marquées de blanc, de rose ou de rouge, selon les cultivars.
Corydalis bulbosa	Corydale bulbeuse	Moyenne	Riche, humide et bien drainé	4	Fleurs mauves en mai.
Eranthis hyemalis	Helléborine	Moyenne	Riche, humide et bien drainé	4	Fleurs jaunes en avril.
Erythronium, espèces et cultivars	Érythrone, espèces et cultivars	Moyenne	Riche, humide et bien drainé	3 et 4	Fleurs blanches, jaunes ou roses en mai, selon les espèces et les cultivars.
Fritillaria meleagris et cultivars	Fritillaire œuf-de-pintade et cultivars	Légère	Riche et humide	3	Fleurs blanches, pourpres ou violettes en mai, selon les cultivars
Galanthus nivalis et cultivars	Perce-neige et cultivars	Moyenne	Frais et bien drainé	3	Fleurs blanches et vertes en avril.
Hyacinthoides hispanica et cultivars	Jacinthe d'Espagne et cultivars	Moyenne	Frais et bien drainé	4	Fleurs blanches, roses, bleues ou violettes en mai, selon les cultivars.
Hyacinthoides non-scripta et cultivars	Jacinthe des bois et cultivars	Moyenne	Frais et bien drainé	4	Fleurs bleues en mai.

Nom latin	Nom français	Type d'ombre	Sol	Rusticité	Caractéristiques
Leucojum vernum	Nivéole	Moyenne	Riche et humide	4	Fleurs blanches et vertes en mai.
Lilium canadense	Lis du Canada	Légère	Humide et bien drainé	3	Fleurs jaunes en juillet.
Lilium henryi	Lis d'Henry	Légère	Frais et bien drainé	4	Fleurs orange en août.
Lilium martagon et variétés	Lis martagon et variétés	Moyenne	Riche, frais et bien drainé	4	Fleurs blanches, roses ou pourpres en juin et en juillet, selon les variétés.
Lilium speciosum et cultivars	Lis du Japon et cultivars	Légère	Riche, frais et bien drainé	4 et 5	Fleurs blanches, roses ou pourpres en août et au début de septembre, selon les cultivars.
Narcissus, espèces et cultivars	Narcisse, espèces et cultivars	Légère	Frais et bien drainé	3 et 4	Fleurs blanches, jaunes, orange ou roses en avril et en mai, selon les espèces et les cultivars.
Scilla siberica et cultivars	Scille de Sibérie et cultivars	Moyenne	Frais et bien drainé	2	Fleurs blanches ou bleues, selon les cultivars.
Zantedeschia, espèces et cultivars	Calla, espèces et cultivars	Légère	Riche et humide	À rentrer en automne	Fleurs minuscules regroupées autour d'un axe charnu entouré d'une spathe blanche, jaune, orange, rose, rouge, pourpre ou verte, selon les espèces et les cultivars. Les inflorescences qui apparaissent durant quelques semaines en été.

La majorité des cultivars de bégonias tubéreux (*Begonia* Tuberhybrida Hybrides) conviennent bien aux plantations ombragées.

Les plantes bulbeuses

Des bulbes à l'abri des écureuils

Les écureuils sont particulièrement friands des bulbes de tulipes. Pour éviter qu'ils les mangent, il suffit de tremper vos bulbes dans du Ro-pel avant de les planter. Ce produit n'est pas toxique pour les plantes ni pour les animaux, mais il a un goût qui dissuadera à coup sûr les écureuils de grignoter les bulbes. Aspergez aussi ce répulsif sur les plantes et sur le sol où ces animaux ont l'habitude de faire des dégâts. Vous pouvez également enfouir vos tulipes à une profondeur avoisinant 30 cm. Leur floraison sera légèrement retardée, mais les bulbes seront ainsi à l'abri de ces petits rongeurs. Si vous êtes aux prises avec une grande population d'écureuils, plantez des bulbes qu'ils n'aiment pas, dont la fritillaire impériale (*Fritillaria imperialis*) et les narcisses (*Narcissus*).

La fritillaire impériale (*Fritillaria imperialis*) dégage une odeur désagréable qui fait fuir même les écureuils les plus aventureux. Chaque bulbe de fritillaire doit être planté à l'oblique pour que l'eau ne s'accumule pas en son centre souvent évidé.

L'eucomide (*Eucomis bicolor*) est une plante bulbeuse à floraison estivale peu connue et particulièrement originale.

La propagation

Bien qu'il existe plusieurs façons de propager les plantes bulbeuses, la division reste sans contredit la méthode la plus efficace pour multiplier la plupart des espèces et des cultivars. Le semis est une technique de propagation qui donne des résultats beaucoup trop lents pour être envisageable. Par exemple, une tulipe issue d'une semence peut mettre jusqu'à sept ans à produire sa première fleur.

La division des bulbes et des cormus

La plupart des plantes à bulbes, comme les narcisses (*Narcissus*) et les tulipes (*Tulipa*), ou à cormus, comme les glaïeuls (*Gladiolus*), peuvent facilement être divisées. Ces végétaux forment chaque année des rejetons, de petits bulbes ou de petits cormus attachés à la base des plus vieux et qui se détachent aisément. Cette opération doit idéalement être effectuée à l'automne, vers la fin de septembre ou en octobre. Dans le cas des bulbes, comme leurs feuilles risquent d'être disparues à ce moment-là, identifiez les plants à diviser au moment de leur floraison.

La division est une technique de propagation fort simple. Sortez d'abord les bulbes ou les cormus de terre à l'aide d'une pelle-bêche. Sélectionnez ceux qui sont sains et rejetez tous ceux qui sont affectés par des insectes ou des maladies. Avec vos doigts, séparez délicatement tous les petits bulbes ou cormus attachés aux parents en prenant garde de ne pas endommager leurs racines. Saupoudrez un peu de soufre sur tous les bulbes, puis replantez-les en pleine terre à une profondeur qui équivaut à trois ou quatre fois leur hauteur. Pour ce qui est des jeunes cormus de glaïeuls, après les avoir saupoudré de soufre, entreposez-les avec les plus vieux tel que spécifié en page 318.

La division des rhizomes
Les cannas (*Canna*) possèdent des tiges souterraines appelées rhizomes qui produisent des racines et des rameaux aériens. Pour augmenter le nombre de plants que vous possédez, vous n'avez qu'à diviser leurs rhizomes. Cette opération doit être exécutée au printemps, juste avant de mettre les plants en pots pour les forcer. À l'aide d'un sécateur ou d'un couteau stérilisés avec de l'alcool, coupez les rhizomes en sections comprenant au moins deux bourgeons chacune. Mettez du soufre en poudre sur les plaies et empotez chaque morceau de rhizome individuellement. Recouvrez les bouts de rhizome de 5 à 10 cm de terreau.

La division des tubercules
Les tubercules des dahlias (*Dahlia*) peuvent aussi être divisés assez aisément. Ne coupez cependant qu'une petite partie du système racinaire de chaque plant afin de ne pas trop nuire à leur croissance et à leur développement. À l'aide d'un sécateur ou d'un couteau stérilisés avec de l'alcool, coupez une seule racine tubéreuse par plant, comprenant un ou deux bourgeons. Cette opération doit être exécutée au printemps, juste avant de mettre les plants en pots pour les forcer. Mettez du soufre en poudre sur les plaies et empotez chaque tubercule individuellement. Recouvrez-les de 5 à 10 cm de terreau.

L'entreposage hivernal
Les plantes bulbeuses à floraison printanière sont pour la plupart parfaitement rustiques sous notre climat. Elles peuvent passer tout l'hiver dans le sol, sous une couche de neige. On l'a vu, sans une période de dormance au froid, la plupart de ces végétaux ne fleurissent tout simplement pas. En revanche, les plantes bulbeuses à floraison estivale résistent

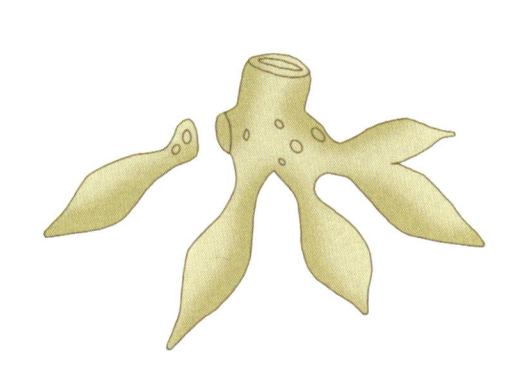

Une foule de cultivars de dahlias (*Dahlia*) conviennent bien à la culture en contenants.

Division des tubercules d'un dahlia

1

2

difficilement à nos hivers et doivent être replantées au jardin chaque printemps. Seuls certains cultivars de crocosmias (*Crocosmia*) et les lis (*Lilium*) n'ont pas besoin d'être rentrés à l'intérieur chaque automne, car ils sont rustiques en zones 4 et 5.

Les cannas (*Canna*) et les dahlias (*Dahlia*) doivent être rentrés en octobre, après avoir subi la première gelée. Sortez leurs rhizomes et leurs tubercules du sol, enlevez la terre qui les recouvre, identifiez-les et laissez-les sécher quelques jours à l'abri du soleil (photo 1). Après les avoir saupoudré d'un fongicide à base de soufre, placez-les dans une caisse de bois remplie de tourbe de sphaigne fraîche de façon que leur partie supérieure émerge à peine (photo 2). Durant l'hiver, gardez vos rhizomes et vos tubercules dans un endroit sec et hors d'atteinte du gel où la température avoisine 7 °C. Vérifiez leur état à intervalles réguliers et humidifiez-les s'ils semblent secs. Les cannas apprécient un peu plus d'humidité que les dahlias. Dès qu'un rhizome ou un tubercule commence à pourrir, coupez la partie atteinte et traitez la plaie avec du soufre.

Les glaïeuls (*Gladiolus*) doivent pour leur part être sortis de terre en octobre, soit cinq à six semaines après la coupe de leur hampe florale. Vous devez les laisser sécher au soleil durant 10 à 15 jours afin d'éviter qu'ils ne pourrissent lors de l'entreposage. Une fois secs, les cormus doivent être séparés des tiges par une coupe nette faite avec un sécateur bien aiguisé. Entreposez-les dans une caisse de bois ou un sac de papier brun ouvert, sans aucun substrat par-dessus, dans une pièce bien aérée et sèche, et à une température de 5 à 10 °C. Assurez-vous de bien enduire les cormus de soufre en poudre. Durant l'hiver, inspectez régulièrement vos glaïeuls et éliminez immédiatement ceux qui présentent des signes de pourriture.

Une association complètement hallucinante et psychédélique entre le spectaculaire *Canna* 'Tropicanna', le *Pennisetum setaceum* 'Rubrum', le *Solenostemon scutellarioides* 'Purple Emperor' et la *Verbena bonariensis*.

Les ails décoratifs

Plusieurs espèces et cultivars d'ails (*Allium*) sont cultivés pour l'ornement. Avec leur allure singulière, ces plantes bulbeuses ne peuvent passer inaperçues dans un jardin. Leurs fleurs sont généralement des inflorescences parfaitement sphériques portées par de robustes tiges qui ne nécessitent que très rarement d'être tuteurées. Les ails, pour la plupart rustiques en zones 4 et 5, demandent peu de soins. Ils préfèrent habituellement être plantés en sol loameux pas trop riche, bien drainé et situé dans un endroit chaud et très ensoleillé.

D'apparence très moderne, ces plantes donnent beaucoup d'originalité aux plates-bandes. Faites l'essai de l'ail 'Purple Sensation' (*A. aflatunense* 'Purple Sensation'). Vers la fin de mai et au début de juin, ce cultivar produit des boules de fleurs d'un violet pâle teinté de pourpre qui s'élèvent à environ 90 cm du sol. *Allium christophii* ressemble au précédent, mais il produit des inflorescences roses plus imposantes qui font jusqu'à 15 cm de diamètre sur des tiges d'environ 60 cm de hauteur. L'ail géant (*A. giganteum*) arbore pour sa part de grandes inflorescences roses sur des hampes qui atteignent parfois près de 1,50 m de hauteur. Mais de toutes les espèces, c'est sans contredit l'*A. schubertii* qui offre les plus grandes inflorescences. Ses boules de fleurs rose foncé peuvent parfois atteindre près de 30 cm de diamètre ! J'apprécie également l'ail du Caucase (*A. sphaerocephalum*), qui produit des fleurs pourpres regroupées en masses plutôt ovoïdes. Sa floraison survient habituellement très tardivement en juillet, et même parfois au début d'août. Cette plante s'harmonise bien à la plupart des vivaces qui fleurissent au cœur de l'été. Une fois leur floraison terminée, vous pouvez laisser les hampes florales des ails en place, puisque leurs fleurs sèches sont très décoratives.

Ail du Caucase (*Allium sphaerocephalum*).

La ciboulette, une plante aux fleurs fort décoratives, fait partie du genre *Allium*. La ciboulette 'Forescate' (*Allium schoenoprasum* 'Forescate') accompagne ici un de ses proches parents, *A. aflatunense*.

Spectaculaire *Allium christophii*.

320   Les plantes bulbeuses

LES PLANTES BULBEUSES

Les lis

Symboles de noblesse et de pureté, les lis sont de superbes plantes qui confèrent une grâce sans égale aux jardins. Leur beauté réside surtout dans la grande diversité de teintes et de formes de leurs fleurs. Il y a tellement de cultivars sur le marché qu'il est possible, par une sélection judicieuse, d'obtenir une floraison presque continuelle du début de juin jusqu'au début de septembre.

En plus des nombreuses variétés cultivées offertes, le genre *Lilium* comprend environ une centaine d'espèces, presque toutes originaires des zones tempérées de l'hémisphère nord. Certaines d'entre elles, dont le lis du Canada (*L. canadense*) et le lis de Philadelphie (*L. philadelphicum*), poussent à l'état indigène en Amérique du Nord. Le fameux lis tigré (*L. lancifolium*), qui croît parfois à l'état sauvage dans certaines régions de l'Est des États-Unis et du Canada, a été introduit du Japon en Angleterre en 1804, puis exporté en Amérique vers la fin du XIXe siècle. Cette plante est rustique jusqu'en zone 3, peut-être même en zone 2.

Natif d'Europe et d'Asie, le lis martagon (*L. martagon*) est un des lis les plus tolérants à l'ombre ; il peut sans trop de peine s'accommoder d'un ombrage modéré. Dès la fin de juin, ses tiges se garnissent d'innombrables fleurs roses aux tépales retroussés. Le *L. martagon* var. *album* produit une floraison blanche, alors que chez la variété *albiflorum*, l'intérieur des tépales, également blanc, est couvert de taches rose foncé. Une variété aux surprenantes fleurs pourpres nommée *cattaniae* existe également. L'espèce et ses variétés sont toutes rustiques en zone 4, possiblement en zone 3. Le lis d'Henry (*L. henryi*), originaire de la Chine et rustique en zone 4, est une autre espèce adaptée à l'ombre. Ses longues tiges qui peuvent atteindre jusqu'à 2 m de hauteur portent en août des fleurs d'un orange assez vif qui prennent une teinte abricot beaucoup plus pâle avec le temps. Enfin, le fameux lis royal (*L. regale*), qui provient de la Chine, a été introduit en Europe en 1903. Ce lis tout à fait spectaculaire produit de longues fleurs blanches et roses en forme de trompettes. Cette impressionnante floraison, qui survient en juillet et en août, est supportée par de solides tiges qui font approximativement 1,20 m de hauteur. Cette plante relativement facile à cultiver est rustique en zone 4.

L'EXPOSITION

Certains lis comme *L. canadense*, *L. martagon*, *L. henryi* et *L. speciosum* s'adaptent très bien à l'ombre légère et même, dans certains cas, à un ombrage moyen. Toutefois, la majorité des espèces et des cultivars exigent le plein soleil ou la mi-ombre. Comme les clématites, les lis

En juillet, les tiges du lis du Canada (*L. canadense*), qui peuvent atteindre jusqu'à 1,80 m de hauteur, portent une multitude de fleurs retombantes aux tépales jaunes dont la base est teintée de orange.

préfèrent généralement que leur feuillage soit bien exposé au soleil et que leur base soit légèrement ombragée. Plantez donc un couvre-sol végétal ou installez un paillis organique à leur base afin de maintenir leurs racines au frais.

LA PLANTATION

Bien qu'ils soient en fait des plantes bulbeuses, les lis sont rarement vendus sous forme de bulbes dans les jardineries et les pépinières. Ils sont plutôt présentés en contenants comme la majorité des vivaces. Les lis en pots peuvent être mis en terre durant toute la saison, de la fin d'avril à la mi-octobre, tandis que les bulbes sont plantés au printemps ou à l'automne. La majorité des lis exigent un sol frais mais particulièrement bien drainé. Un terreau composé d'un tiers de terre existante, d'un tiers de compost et d'un tiers de gravier fin leur convient habituellement. De façon générale, ces plantes poussent bien dans les sols neutres, légèrement acides ou légèrement alcalins dont le pH varie de 6 à 8. Cependant, les cultivars d'Extrême-Orient, principalement issus de L. auratum et de L. speciosum, préfèrent un sol riche en humus et modérément acide, dont le pH se situe entre 5 et 6. Le terreau idéal pour ces lis est constitué d'un quart de compost, d'un quart de loam sableux, d'un quart de tourbe de sphaigne et d'un quart de gravier fin.

Les sols constamment humides ne conviennent absolument pas à la culture des lis. En sol très argileux, afin d'éviter toute accumulation

Lilium martagon et *L. martagon* var. *album*.

d'eau, on suggère souvent dans les ouvrages de référence de disposer les bulbes sur des monticules de sable grossier façonnés au fond des fosses de plantation. Je ne crois pas que cette technique soit adéquate parce qu'un lit de sable agit plutôt comme un puisard qui capte et retient l'eau. À mon avis, la meilleure méthode pour améliorer le drainage d'une terre est encore d'y ajouter du compost et du gravier. Bêchez le sol situé au fond du trou de plantation sur une profondeur d'au moins 20 cm sous le niveau où seront déposés les bulbes. Une fois la terre bien ameublie, additionnez-la de compost et de gravier de 5 à 10 mm de diamètre. Si le sol extrait de la fosse de plantation est de mauvaise qualité, il est préférable de le remplacer par un loam légèrement sableux, préféré par la plupart des lis. N'oubliez pas de fournir aussi une poignée d'os moulus à chaque plant.

Nous commettons tous l'erreur de planter les bulbes de lis trop en surface. À cause de cela, ils n'ont pas un ancrage suffisant et risquent d'être endommagés ou même détruits par les gels intenses en l'absence de neige. Aussi, placez vos bulbes à une

Les lis (suite)

profondeur de 15 à 20 cm. De cette façon, les parties des tiges enfouies dans le sol peuvent émettre des racines qui améliorent l'ancrage et augmentent l'approvisionnement en éléments nutritifs. N'oubliez pas que les bulbes des lis présentés en pots sont généralement disposés près de la surface du terreau ; il est donc essentiel de placer le dessus de leurs mottes à 15 ou 20 cm sous la surface du sol de la plate-bande.

La fertilisation

Les années suivant leur plantation, fournissez aux lis environ 1 cm d'épaisseur de compost chaque printemps ou chaque automne. Vous pouvez également fertiliser les plants soumis à des conditions environnementales stressantes ou dont vous espérez une floraison plus abondante avec un engrais riche en potassium. Utilisez un fertilisant d'origine naturelle à dégagement lent dont la formulation se rapproche de 4-4-8. Cet engrais doit être épandu tôt au printemps lors de l'ajout de compost, à raison de 1 kg par 10 m², soit de 30 à 60 ml (une à deux poignées), selon la dimension du plant.

La taille

Une fois que la floraison des lis est terminée, taillez leurs fleurs fanées afin d'empêcher la formation de fruits et de permettre aux bulbes de refaire rapidement leurs réserves. Pour cela, coupez la tige principale à quelques centimètres sous la première fleur (photo a).

La taille doit toujours être faite en biseau, juste au-dessus d'une feuille. Quelques semaines plus tard, vous pourrez tailler au ras du sol la hampe florale de chaque lis, qui sera alors complètement jaunie (photo b).

La propagation

La meilleure méthode pour propager les lis est la division. Plusieurs espèces et cultivars produisent chaque année des rejetons – des petits bulbes attachés à la partie souterraine des vieilles hampes florales – qui se détachent facilement. Exécutez la division des lis à l'automne, après avoir taillé leurs tiges. Sortez d'abord les bulbes de terre à l'aide d'une pelle-bêche. Avec vos doigts, séparez délicatement tous les petits bulbes attachés à la base des vieilles hampes florales en prenant garde de ne pas endommager leurs racines. Replantez-les immédiatement en pleine terre à une profondeur équivalant à trois ou quatre fois leur hauteur.

L. bulbiferum, *L. lancifolium* ainsi que certaines autres espèces de lis forment des bulbilles noires à l'aisselle de leurs feuilles. En septembre, lorsqu'elles sont mûres, récoltez les bulbilles. Plantez-les en pleine terre ou dans un contenant en les recouvrant d'une épaisseur d'environ 1 cm de terreau. Sachez cependant que les plants produits à partir de bulbilles fleurissent généralement après trois ans.

Parmi tous les cultivars de lis offerts sur le marché, 'Red Night' (*Lilium* 'Red Night') est l'un des plus recherchés à cause de sa floraison d'un rouge très sombre et profond qui impose énormément de puissance.

LES PLANTES BULBEUSES

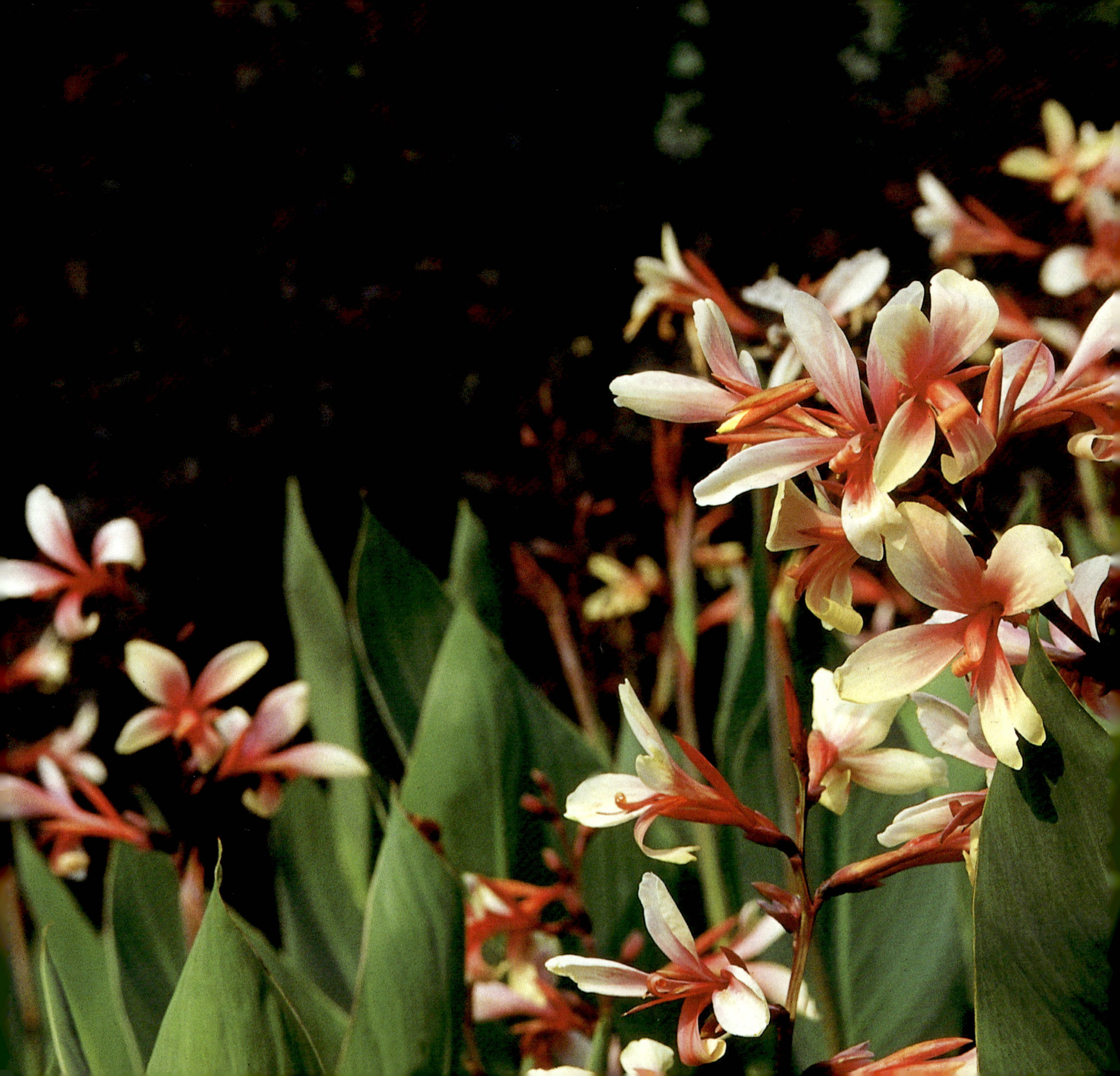

Bibliographie

Austin McRae, Edward. *Lilies, A Guide for Growers and Collectors*, Portland, Timber Press, 1998.

Bagust, Harold. *The Gardener's Dictionary of Horticultural Terms*, Londres, Cassell Publishers, 1992.

Ball, Jeff et Liz Ball. *Rodale's Landscape Problem Solver*, Emmaus, Rodale Press, 1989.

Barone, Sandra et Friedrich Oehmichen. *Les graminées au jardin et dans la maison*, Montréal, Éditions de l'Homme, 2001.

Bärtels, Andreas. *Guide des plantes tropicales*, Paris, Eugen Ulmer, 1994.

Bath, Trevor et Joy Jones. *The Gardener's Guide to Growing Hardy Geraniums*, Portland, Timber Press, 1994.

Beaudoin, Marie-Fleurette. « La rusticité en question », *Québec Vert*, vol. 16, n° 11, novembre 1994, pp. 6-29.

Beaudoin, Marie-Fleurette. « Les rosiers Explorateur et Parkland », *Québec Vert*, vol. 15, n° 12, décembre 1993, pp. 7-22.

Beaudoin, Marie-Fleurette et Francesco Tortorici. « Les haies », *Québec Vert*, vol. 18, n° 7, juillet et août 1996, pp. 5-16.

Bloom, Adrian. « Aspiring elegance », *The Garden*, vol. 123, n° 7, juillet 1998, pp. 496-501.

Brickell, Christopher. *The Royal Horticultural Society Encyclopedia of Pruning and Training*, Londres, Dorling Kindersley, 1996.

Brickell, Christopher et autres. *The Royal Horticultural Society Encyclopedia of Gardening, revised edition*, Londres, Dorling Kindersley, 2002.

Brickell, Ferrell. *Landscape plants*, Albany, Delmar Publishers, 1994.

Carr, Anna et autres. *Rodale's Chemical-free Yard and Garden*, Emmaus, Rodale Press, 1991.

Cole, Trevor et autres. *Nouveau guide illustré du jardinage au Canada*, Montréal, Sélection du Reader's Digest, 2000.

Combes, Allen. *Dictionary of Plant Names*, Portland, Timber Press, 1985.

Compton, James et Alastair Culham. « The name is the game », *The Garden*, vol. 125, n° 1, janvier 2000, pp. 48-52.

Cooke, Ian. « Psychedelic wonders », *The Garden*, vol. 124, n° 5, mai 1999, pp. 364-369.

Corbeil, Michel. *Plantes vivaces*, Saint-Eustache, Maison des fleurs vivaces, 1999.

Druse, Ken. *The Natural Shade Garden*, New York, Clarkson Potter Publishers, 1992.

Dunlop, Gary. « Bright sparks », *The Garden*, vol. 124, n° 8, août 1999, pp. 599-605.

Canna 'Panache' (*Canna* 'Panache').

Fessler, Alfred. *Le jardin de plantes vivaces,* Paris, Eugen Ulmer, 1995.

Fortin, Daniel. « Les azalées et les rhododendrons », *Québec Vert,* vol. 16, nº 5, mai 1994, pp. 6-36.

Fortin, Daniel. « Les vivaces tapissantes et couvre-sol », *Québec Vert,* vol. 16, nº 2, février 1994, pp. 7-31.

Fortin, Daniel. *Roses et rosiers pour le Québec et l'est du Canada,* Saint-Laurent, Éditions du Trécarré, 1991.

Gagnon, Yves. *Le jardinage écologique,* deuxième édition, Saint-Didace, Éditions Colloïdales, 2002.

Giguère, Rock et autres. *Botanique et horticulture dans les jardins du Québec, guide 2002,* Québec, Multimonde, 2002.

Gingras, Pierre. *Des bulbes en toutes saisons,* Montréal, Éditions de l'Homme, 2000.

Goulding, Edwin. *Fuchsias, The Complete Guide,* Portland, Timber Press, 1995.

Greenwood, Pippa. *The New Gardener,* Londres, Dorling Kindersley, 1995.

Greenwood, Pippa et Andrew Halstead. *The Royal Horticultural Society Pests and Diseases,* Londres, Dorling Kindersley, 1997.

Griffiths, Mark. *Index of Garden Plants,* Portland, Timber Press, 1994.

Grosvenor, Graeme. *Iris, Flower of the Rainbow,* Australie, Kangaroo Press, 1997.

Halstead, Andrew. « On the slime trail », *The Garden,* vol. 124, nº 4, avril 1999, pp. 270-273.

Hansen, Richard et Friedrich Stahl. *Les plantes vivaces et leurs milieux,* Stuttgart, Eugen Ulmer GmbH & Co, 1992.

Hewitt, Jennifer. « Well spotted », *The Garden,* vol. 124, nº 2, février 1999, pp. 98-105.

Jefferson Brown, Michael. *Lilies, Their Care and Cultivation,* Londres, Cassell, 1990.

Jefferson Brown, Michael et Harris Howland. *The Gardener's Guide to Growing Lilies,* Portland, Timber Press, 1995.

Jesiolowski, Jill. « How and when to water », *Organic Gardening,* vol. 39, nº 4, avril 1992, pp. 38-40.

Johnstone, Vic et Claire Wilson. « Dreaming spires », *The Garden,* vol. 125, nº 8, août 2000, pp. 608-609.

King, Michael et Piet Oudolf. *Gardening With Grasses,* Portland, Timber Press, 1998.

Laberge, Claire. « Les rosiers de David Austin », *Québec Vert,* vol. 17, nº 1, janvier 1995, pp. 6-21.

Laberge, Claire. « Les rosiers grimpants », *Québec Vert,* vol. 18, nº 9, septembre et octobre 1996, pp. 6-18.

Lacoursière, Estelle et Julie Therrien. *Fleurs sauvages du Québec,* Montréal, Éditions de l'Homme, 1998.

Laliberté, Guy et autres. *Cahier des normes en aménagement paysager,* Sainte-Foy, Association des paysagistes professionnels du Québec, 1994.

Lamoureux, Gisèle. *Flore printanière,* Saint-Henri-de-Lévis, Fleurbec éditeur, 2002.

Lamoureux, Gisèle et autres. *Plantes sauvages des lacs, rivières et tourbières,* Saint-Augustin, Fleurbec éditeur, 1987.

Lamoureux, Gisèle et autres. *Plantes sauvages des villes, des champs et en bordure des chemins,* vol. 2, Saint-Augustin, Fleurbec éditeur, 1983.

Lamoureux, Gisèle et autres. *Plantes sauvages des villes et des champs,* vol. 1, Saint-Henri-de-Lévis, Fleurbec éditeur, 1978.

Lamoureux, Gisèle et autres. *Plantes sauvages du bord de la mer,* Saint-Augustin, Fleurbec éditeur, 1985.

Lawson-Hall, Toni et Brian Rothera. *Hydrangeas,* Portland, Timber Press, 1995.

McKendrick, Margaret. « Japanese anemones », *The Garden,* vol. 123, nº 9, septembre 1998, pp. 628-633.

Marie-Victorin, frère. *Flore laurentienne,* troisième édition, Montréal, Les Presses de l'Université de Montréal, 1995.

Mason Hogue, Marjorie. *Amazing annuals,* Willowdale, Firefly Books, 1999.

Mattern, Vicki. « The OG guide to organic fertilizers », *Organic Gardening,* vol. 43, nº 5, mai et juin 1996, pp. 55-59.

McVicar, Jekka. *Seeds,* Vancouver, Whitecap Books, 2001.

Mioulane, Patrick et autres. *Encyclopédie Truffaut des balcons, fenêtres et terrasses,* Paris, Bordas, 1998.

Mondor, Albert. *Jardins d'ombre et de lumière,* Montréal, Éditions de l'Homme, 1999.

Mondor, Albert. *Le grand livre des vivaces*, Montréal, Éditions de l'Homme, 2001.

Mondor, Albert. *Les annuelles en pots et au jardin*, Montréal, Éditions de l'Homme, 2000.

Mungall, Constance et autres. *La terre en péril*, Ottawa, Les Presses de l'Université d'Ottawa, 1990.

Otis, Michel André. « Des plantes pour l'ombre », *Québec Vert*, vol. 17, n° 3, mars 1995, pp. 6-28.

Otis, Michel André. « Les astilbes de A à Z », *Québec Vert*, vol. 19, n° 1, janvier et février 1997, pp. 6-21.

Otis, Michel André. « Les plantes de sous-bois », *Cahier des conférences du colloque Les vivaces, l'entretien et l'utilisation*, Saint-Hyacinthe, IQDHO, 1994.

Peat, John et Ted Petit. *The Color Encyclopedia of Daylilies*, Portland, Timber Press, 2000.

Pedneault, André. « Farine de sang, farine de plume et produits apparentés », *Québec Vert*, vol. 16, n° 9, septembre 1994, pp. 44-45.

Pedneault, André. « L'utilisation du compost en horticulture ornementale », *Québec Vert*, vol. 16, n° 10, octobre 1994, pp. 6-20.

Pedneault, André. « L'utilité des extraits d'algues », *Québec Vert*, vol. 16, n° 4, avril 1994, pp. 48-50.

Pedneault, André. « Les paillis organiques et la fertilisation », *Québec Vert*, vol. 15, n° 11, novembre 1993, pp. 48-50.

Pedneault, André. « Os fossiles ou os moulus ? », *Québec Vert*, vol. 16, n° 6, juin 1994, pp. 47-48.

Phillips, Ellen et C. Colston Burrell. *Rodale's Illustrated Encyclopedia of Perennials*, Emmaus, Rodale Press, 1993.

Phillips, Roger et Martyn Rix. *The Random House Book of Perennials*, vol. 1, *Early Perennials*, New York, Random House, 1991.

Phillips, Roger et Martyn Rix. *The Random House Book of Perennials*, vol. 2, *Late Perennials*, New York, Random House, 1991.

Phillips, Roger et Martyn Rix. *The Random House Book of Shrubs*, New York, Random House, 1989.

Poliquin, André. *Les clématites pour le Québec et l'est du Canada*, Saint-Laurent, Éditions du Trécarré, 1995.

Renaud, Michel. « L'utilisation du compost en horticulture ornementale », *Québec Vert*, vol. 16, n° 10, octobre 1994, pp. 28-36.

Rice, Graham. *Discovering Annuals*, Portland, Timber Press, 1999.

Rice, Graham. « Petunias : a garden paradigm », *The Garden*, vol. 122, n° 6, juin 1997, pp. 390-393.

Rice, Graham. « Pride or prejudice ? », *The Garden*, vol. 124, n° 3, mars 1999, pp. 164-167.

Richer, Claude et autres. *Rosiers rustiques*, Ottawa, Agriculture et agroalimentaire Canada, 2000.

Richer, Claude et autres. *Rusticité et croissance de plantes ligneuses ornementales au Québec*, tome 1, Québec, Conseil des productions végétales du Québec, 1995.

Richer, Claude et autres. *Rusticité et croissance de plantes ligneuses ornementales au Québec*, tome 2, Québec, Conseil des productions végétales du Québec, 1997.

Richer, Claude et autres. *Rusticité et croissance de plantes ligneuses ornementales au Québec*, tome 3, Québec, Conseil des productions végétales du Québec, 1999.

Rivière, Michel. *Le monde fabuleux des pivoines*, Paris, Eugen Ulmer, 1992.

Rogers, Allan. *Peonies*, Portland, Timber Press, 1995.

Roseraie du Témiscouata, personnel de la. *La culture des rosiers*, Montréal, Guérin, 2000.

Schmid, W. George. *The Genus Hosta*, Portland, Timber Press, 1991.

Soltner, Dominic. *Les bases de la production végétale*, dix-huitième édition, Sainte-Gemme-sur-Loire, Sciences et techniques agricoles, 1990.

Stebbings, Geoff. « Hovering in the wings », *The Garden*, vol. 123, n° 6, juin 1998, pp. 408-412.

Sutton, John. *The Gardener's Guide to Growing Salvias*, Portland, Timber Press, 1999.

Thurman, Peter. « Room to grow », *The Garden*, vol. 122, n° 3, mars 1997, pp. 172-175.

Toogood, Alan et autres. *The Royal Horticultural Society Propagating Plants*, Londres, Dorling Kindersley, 1999.

Upson, Tim. « Deep purple », *The Garden*, vol. 124, n° 7, juillet 1999, pp. 524-529.

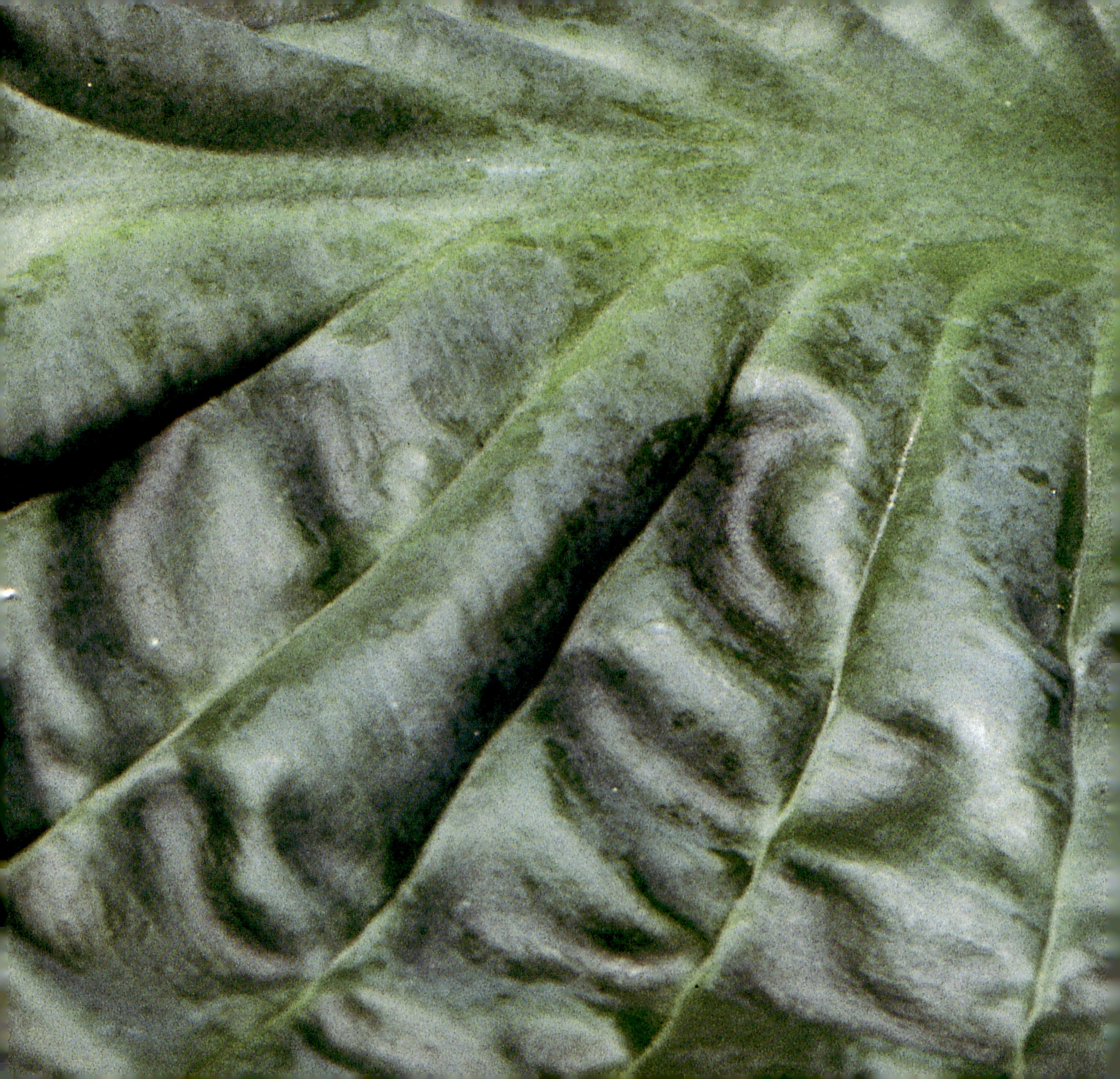

Glossaire

A

Acide *Sol acide*. Dont le pH est inférieur à 7, car l'hydrogène y domine.

Acide indole-3-butyrique Hormone de croissance, habituellement vendue sous forme de poudre, qui favorise la formation de racines sur les boutures. L'abréviation AIB est souvent utilisée.

Acidophile Se dit d'une plante qui pousse bien sur un sol acide.

Aérien, ienne *Racines aériennes*. Se dit de racines produites au-dessus du niveau du sol.

Agrégat Petite motte de terre de quelques millimètres de diamètre formée par les particules minérales et organiques fortement liées entre elles. Un sol bien structuré s'identifie habituellement par la présence de nombreux agrégats.

Aiguille Feuille des conifères.

Aisselle Partie située à l'angle d'une feuille et de la tige où elle est fixée.

Alcalin, ine *Sol alcalin*. Dont le pH est supérieur à 7, car l'hydroxyde y domine.

Alterne *Feuilles alternes*. Disposées de chaque côté de la tige, à des niveaux différents.

Amendement Substance incorporée au sol visant à améliorer ses propriétés.

Annuel, elle *Plante annuelle*. Qui accomplit son cycle vital au cours d'une même saison de végétation.

Anthère Partie terminale de l'étamine. Elle renferme le pollen.

Apical, ale Qui forme le sommet, le plus souvent, d'une tige.

Arboriculture Culture des arbres.

Arbre Plante ligneuse dont la tige principale, appelé tronc, ne se ramifie qu'à partir d'une certaine hauteur. Certains arbres peuvent posséder plusieurs troncs.

Arbuste Plante ligneuse dont les tiges se ramifient au niveau du sol.

Argile Fine particule au diamètre inférieur à 0,002 mm et issue de la désagrégation de certaines roches. Elle est un des constituants majeurs des sols.

Argileux, euse *Terre argileuse*. Terre lourde de couleur gris foncé constituée d'un fort pourcentage d'argile. Syn. terre glaise.

B

Bisannuel, elle *Plante bisannuelle*. Qui accomplit son cycle vital en deux années.

Bourgeon Excroissance qui apparaît sur la tige ou la branche d'une plante et qui contient une ébauche de divers organes, dont les fleurs ou les feuilles.

Bouture Fragment prélevé sur une plante qui, mis en terre, produit des racines et forme un nouveau plant.

Bractée Feuille qui accompagne la fleur ou l'inflorescence et qui diffère des autres feuilles par sa forme ou, plus souvent, par sa couleur.

Branche Ramification du tronc d'un arbre ou d'un arbuste. Une branche est habituellement plus grosse qu'un rameau ou une tige.

Bulbe Organe végétal souterrain formé d'un bourgeon entouré de couches successives d'écailles charnues servant à l'emmagasinage des réserves grâce auxquelles la plante reconstitue chaque année ses parties aériennes.

Bulbeux, euse *Plantes bulbeuses*. Ensemble de végétaux qui possèdent un organe souterrain où s'accumulent des réserves nutritives grâce auxquelles ces derniers reconstituent chaque année leurs parties aériennes. Bien qu'ils soient distincts sur le plan botanique, les bulbes, les cormus, les rhizomes et les tubercules sont tous désignés par l'appellation « plantes bulbeuses ».

Bulbille Petit bulbe se développant sur les organes aériens de certaines plantes comme les ails (*Allium*) et quelques espèces de lis (*Lilium*), par exemple, et qui s'en détache, s'enracine et donne naissance à un nouveau plant.

C

Caduc, que *Feuilles caduques*. Qui tombent chaque automne. Syn. décidu.

Calcaire *Roche, sol calcaire*. Qui contient du carbonate de calcium.

Calice Ensemble des sépales d'une fleur.

Capitule Inflorescence formée de plusieurs petites fleurs serrées les unes contre les autres sur l'extrémité élargie du pédoncule, semblant former une seule fleur au sens courant du mot. Ex. : marguerite.

Cespiteux, euse Qui forme une touffe compacte.

Chaux Pierre calcaire broyée utilisée pour augmenter le pH des sols.

Chlorophylle Substance complexe qui donne aux végétaux leur couleur verte et qui joue un rôle essentiel dans la photosynthèse.

Collet Partie d'une plante où les racines s'unissent au tronc ou à la tige principale.

Composé, ée *Feuille composée*. Feuille formée de plusieurs folioles reliées à un pétiole commun.

Compost Amendement friable et homogène qui possède l'aspect d'un terreau noir ou brun. Le compost est principalement constitué d'humus provenant de la décomposition de diverses matières organiques par les micro-organismes.

Conifère Plante appartenant à un groupe de végétaux ligneux dont les fruits sont des cônes et dont le feuillage est composé d'aiguilles habituellement persistantes.

Continu, ue *Floraison continue*. Dont les fleurs éclosent sans arrêt à partir de la fin du printemps jusqu'au début de l'automne.

Cordiforme *Feuille cordiforme*. Qui a la forme d'un cœur.

Cormus Organe végétal souterrain semblable au bulbe, mais qui n'est pas constitué d'écailles. Il sert à l'emmagasinage des réserves grâce auxquelles la plante reconstitue chaque année ses parties aériennes. Le cormus est formé à partir d'un renflement de la base de la tige de la plante.

Corolle Ensemble des pétales d'une fleur.

Corymbe Inflorescence dont les pédoncules sont fixés à divers endroits sur l'axe central, mais dont les fleurs sont sur un même plan. Ex. : achillée.

Cotylédon Chacun des organes fixés sur la tige d'une plante nouvellement germée qui ont l'apparence de feuilles et qui contiennent une certaine quantité de réserves.

Couvre-sol Plante large et basse qui s'étale facilement et qui couvre densément le sol. Plusieurs végétaux, dont certains arbustes, conifères, rosiers, plantes grimpantes et plantes vivaces, font partie du groupe des couvre-sols.

Cultivar Variété végétale aux caractéristiques distinctes de l'espèce qui est généralement issue de la culture. Syn. variété cultivée.

D

Décidu, ue *Feuilles décidues*. Qui tombent chaque automne. Syn. caduc.

Denté, ée *Feuille dentée*. Bordée de dents.

Dentelé, ée *Feuille dentelée*. Bordée de fines dents.

Dormance État des végétaux dont la croissance et le développement sont temporairement arrêtés par les conditions climatiques ou physiologiques.

Double *Fleur double*. Qui possède un nombre de pétales plus important que chez l'espèce.

Drageon Jeune tige qui prend naissance sur les racines et qui émerge à la base du tronc d'un arbre.

E

Écologie Science biologique qui étudie les relations des êtres vivants entre eux et avec leur milieu.

Écologique Respectueux des équilibres naturels. Qui vise la protection de l'environnement contre les ravages de la société industrielle.

Élagage Action de couper certaines branches ou tiges d'une plante pour améliorer sa vigueur ou augmenter sa floraison. Syn. taille.

Élément nutritif Substance issue de l'air ou des particules minérales et organiques du sol assimilée par les plantes et essentielle à leur croissance et à leur développement. L'azote, le phosphore et le potassium sont des éléments nutritifs majeurs.

Engrais Produit organique ou minéral incorporé au sol pour en maintenir ou en augmenter la fertilité. Syn. fertilisant.

Entre-nœud Espace compris entre deux nœuds d'une tige.

Épi Inflorescence constituée de fleurs sans pédoncule et insérées le long d'un axe principal. Ex.: salicaire.

Épine Production dure et pointue provenant de l'avortement d'une branche ou d'une feuille.

Espèce Ensemble d'individus végétaux semblables par leur aspect, vivant dans un même milieu et féconds entre eux.

Étamine Organe mâle de la fleur formé d'une partie mince, le filet, et d'une partie renflée contenant le pollen, l'anthère.

F

Famille L'une des grandes divisions employées pour classifier les végétaux et qui les regroupe par genres ayant plusieurs caractères communs.

Fastigié, ée Qui se dresse verticalement plutôt que de s'étaler.

Fertilisant Produit organique ou minéral incorporé au sol pour en maintenir ou en augmenter la fertilité. Syn. engrais.

Feuille Partie des végétaux qui naît d'une tige ou parfois d'une racine, et dont l'aspect est le plus souvent une mince lame de couleur verte. La feuille est le site principal de la photosyntèse.

Fleur Partie souvent colorée et parfumée des plantes supérieures portant les organes reproducteurs (voir illustration ci-dessous).

Floculation Rassemblement des particules d'argile et d'humus en présence d'éléments minéraux dont les charges sont positives, comme par exemple le calcium.

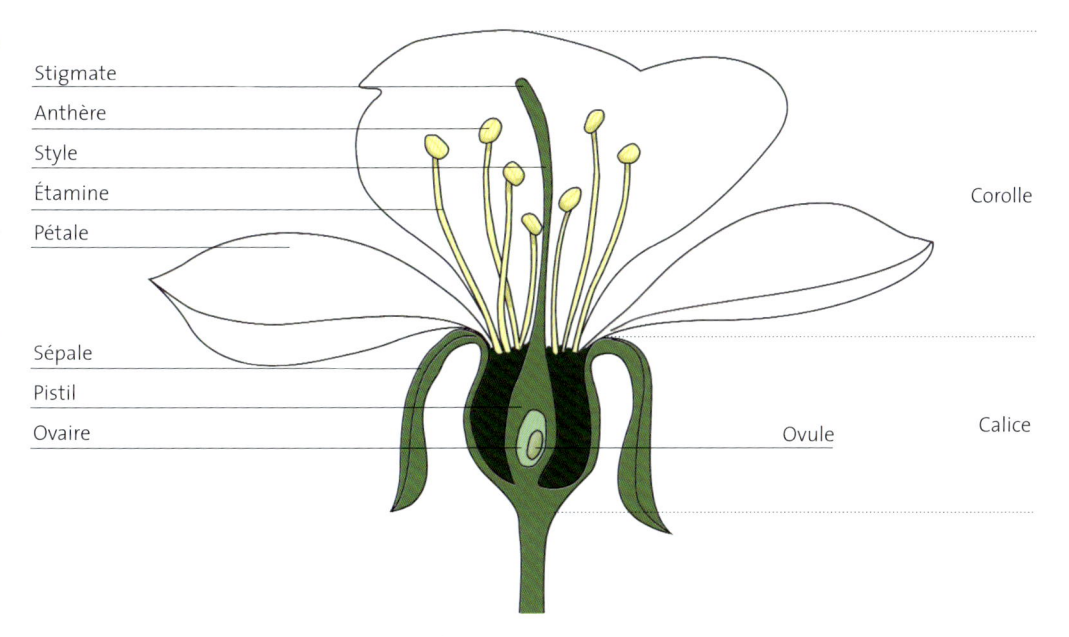

PARTIES DE LA FLEUR

Foliole Chacune des divisions d'une feuille composée.

Forçage Technique qui consiste à faire fleurir une plante avant sa période habituelle.

Fruit Organe contenant les graines et provenant de l'ovaire de la fleur.

Frutescent, ente Se dit d'une plante à tige ligneuse et de petite taille.

Fumier Mélange des litières (bran de scie, foin, paille) et des déjections des animaux de ferme qui peut être épandu sur le sol afin d'en améliorer les propriétés et la fertilité.

G

Genre Groupe taxonomique composé de plusieurs espèces voisines.

Germination Ensemble des phénomènes par lesquels une graine donne naissance à une nouvelle plante.

Glabre Dépourvu de poils.

Gourmand Branche ou tige verticale à croissance très rapide qui nuit au développement des rameaux voisins.

Graine Partie des plantes à fleurs qui assure leur reproduction. Elle est généralement enfermée dans un fruit. Syn. semence.

Graminée *Graminées*. Famille de plantes généralement herbacées à tige cylindrique creuse, aux inflorescences munies d'épillets et aux fruits farineux réduits à des graines. Certaines plantes sont associées à la famille des graminées même si elles n'en font pas partie. Les laîches (*Carex*) et les scirpes (*Scirpus*), par exemple, appartiennent aux cyperacées, tandis que les luzules (*Luzula*) sont des joncacées.

Grappe Inflorescence constituée de fleurs portées par des pédoncules et insérées le long d'un axe principal. Ex. : cerisier de Virginie.

Greffe Opération qui permet de joindre un bourgeon ou une partie d'une jeune tige d'une plante, les greffons, à la charpente d'une autre, le porte-greffe, et qui sont habituellement de même genre.

Greffon Bourgeon ou jeune tige d'une plante destinés à être greffés à la charpente d'une autre.

Grimpant, ante *Plante grimpante*. Dont la tige s'élève en s'agrippant ou en s'enroulant à un support.

H

Hampe *Hampe florale*. Long pédoncule qui émerge de la base d'une plante et qui porte une ou plusieurs fleurs.

Herbacé, ée *Plante herbacée*. Qui possède l'aspect et la consistance molle de l'herbe.

Horticulture Branche de l'agriculture qui comprend la culture des plantes maraîchères, fruitières et ornementales.

Humus Substance très complexe de couleur noirâtre et résultant de la décomposition, par les micro-organismes du sol, de diverses matières organiques. Avec l'argile, l'humus est l'une des composantes principales des sols.

Hybride Plante issue du croisement entre deux variétés ou cultivars appartenant à la même espèce, ou entre deux espèces différentes.

I

Incisé, ée *Feuille incisée*. Dont les bords sont profondément découpés.

Indigène Se dit d'une plante qui vit et croît spontanément dans une région sans intervention humaine.

Inflorescence Mode de groupement des fleurs d'une plante. Voir capitule, corymbe, épi, grappe, ombelle, panicule et spadice.

Introduit, te Se dit d'une plante qui n'appartient pas à la flore indigène d'une région, mais qui y pousse parce qu'elle y a été apportée par l'humain.

J

Jardinerie Magasin à grande surface où l'on vend tout le nécessaire pour le jardin.

Jardinière Bac ou caisse contenant un récipient où l'on fait pousser des végétaux.

Jute Fibre textile extraite des tiges d'une plante herbacée de la famille des tiliacées qui sert à la fabrication de corde, de ficelle et de toile.

L

Lancéolé, ée *Feuille lancéolée*. Qui a la forme d'une lance et dont les extrémités se terminent en pointe.

Ligneux, euse *Plante ligneuse*. Qui possède l'aspect et la consistance dure du bois.

Lignification Processus par lequel les tissus de certaines plantes s'imprègnent de lignine et prennent l'aspect et la consistance du bois.

Lignine Substance organique qui compose le bois et qui le rend rigide, inextensible et imperméable.

Limbe Partie principale, large et aplatie, de la feuille.

Limon Fine particule au diamètre variant entre 0,002 mm et 0,05 mm et issue de la désagrégation de certaines roches. Il est un des constituants majeurs des sols.

Loam Terre brunâtre constituée d'un mélange homogène de sable, de limon et d'argile. Comme elles conviennent à une très vaste gamme de végétaux, les terres loameuses sont fréquemment utilisées en horticulture. Syn. terre brune.

Lobe Partie généralement arrondie entre deux larges échancrures d'une feuille.

Lobé, ée *Feuille lobée.* Feuille divisée en lobes.

M

Marcescent, ente *Feuillage marcescent.* Qui se flétrit sur la plante sans s'en détacher.

Marcottage Mode de propagation des végétaux par lequel une tige aérienne est mise en contact avec le sol et s'y enracine avant d'être isolée de la plante mère.

Meuble *Terre meuble.* Qui se travaille et se fragmente aisément.

Microclimat Ensemble des conditions de température, d'humidité et de vent particulières à une zone très restreinte.

Micro-organisme Tout organisme vivant qui n'est visible qu'au microscope.

Minéral, le, aux *Matière ou particule minérale.* Substance qui provient de la désagrégation de la roche. Les cailloux, les graviers, le sable, le limon et l'argile sont les diverses particules minérales qui composent le sol.

Miniature *Conifère miniature.* Extrêmement petit, qui fait entre 60 et 90 cm de hauteur sur une largeur semblable après 15 ans.

Monocarpique Se dit d'une plante qui meurt une fois que sa première floraison est terminée. Ce terme n'est pas utilisé pour les plantes annuelles mais pour les végétaux qui vivent plusieurs années avant de fleurir, de produire leurs fruits et de mourir.

Mousse de tourbe Voir tourbe de sphaigne.

Multiplication Augmentation du nombre d'individus d'une espèce végétale par reproduction sexuée ou par fragmentation d'un seul sujet. Syn. propagation.

Mutation Apparition brusque, dans une lignée végétale, de nouveaux caractères héréditaires par suite d'un changement dans la structure des chromosomes. Une mutation peut survenir de façon naturelle ou peut être induite par divers procédés artificiels.

N

Nain, naine *Conifère nain.* De petite taille, qui atteint une hauteur qui varie entre 90 cm et 1,80 m après une quinzaine d'années.

Naturalisé, ée Se dit d'une plante d'origine étrangère qui s'est acclimatée au point de faire partie intégrante de la flore d'une région.

Nervure Filet saillant à la surface du limbe d'une feuille et qui sert au transport de la sève.

Neutre *Sol neutre.* Dont le pH est à 7, car l'hydrogène et l'hydroxyde y sont présents en quantités égales.

Nœud Endroit de la tige d'une plante où s'insère une ou des feuilles.

Nomenclature Ensemble des termes techniques d'une science présentés selon un classement méthodique.

O

Oligoélément Substance issue de l'air ou des particules minérales et organiques qui composent le sol. Assimilée par les plantes en très petites quantités, elle est essentielle à leur croissance et à leur développement. Le bore, le cuivre et le manganèse sont divers oligoéléments.

Ombelle Inflorescence dont les pédoncules sont fixés à un même point sur l'axe central et dont les fleurs sont sur un même plan. Ex. : ail décoratif.

Opposé, ée *Feuilles opposées.* Disposées par paires face à face sur une tige.

Organique *Matière ou particule organique.* Substance qui provient de la décomposition de débris végétaux et animaux par les micro-organismes qui vivent dans le sol. Un des principaux produits de cette décomposition est l'humus.

Ovaire Partie renflée située à la base du pistil d'une fleur. Il renferme les ovules et forme le fruit après la fécondation.

Ové, ée *Feuille ovée.* Qui a la forme d'un œuf.

Ovule Petit organe contenu dans l'ovaire et qui forme la graine après la fécondation par le pollen.

P

Paillis Matériau inerte disposé sur la surface du sol dans le but de limiter ou d'éliminer la croissance des herbes indésirables et de maintenir une humidité constante. Les écorces de cèdre et de pruche, les écales de cacao ainsi que les feuilles mortes figurent parmi les paillis les plus utilisés.

Palmé, ée *Feuille palmée.* Dont les nervures partent d'un même point. Qui ressemble à une main ouverte.

Panaché, ée *Feuillage panaché.* Qui présente diverses couleurs.

Panicule Inflorescence de forme conique dans laquelle les fleurs sont disposées en une grappe d'épillets. Ex. : astilbe.

Parasite Organisme végétal ou animal qui vit aux dépens d'un autre – l'hôte –, et lui portant préjudice sans pour autant le détruire.

Pathogène Qui peut provoquer une maladie.

Pédicelle Ramification du pédoncule supportant une fleur.

Pédoncule Tige qui supporte une ou plusieurs fleurs ou tige qui supporte un ou plusieurs fruits.

Pépinière Lieu où l'on cultive les végétaux destinés à la vente.

Perlite Sable expansé blanc utilisé pour alléger les terreaux et éviter qu'ils ne se compactent.

Persistant, ante *Feuillage persistant.* Qui reste en place en toutes saisons.

Pétale Chacun des organes colorés qui composent la corolle d'une fleur.

Pétiole Partie rétrécie reliant le limbe d'une feuille à la tige qui la supporte.

pH Abréviation de potentiel hydrogène. Mesure du taux d'acidité d'un sol. Le pH indique la concentration d'hydrogène et d'hydroxyde dans un sol selon une échelle graduée de 1 à 14. Si le pH est inférieur à 7, le sol est acide. Si le pH est supérieur à 7, le sol est alcalin. Une terre est neutre lorsque son pH est à 7.

Photosynthèse Processus par lequel les plantes produisent des glucides à partir du gaz carbonique atmosphérique qu'elles fixent grâce à la chlorophylle en employant la lumière solaire comme énergie.

Pincement Technique qui consiste à couper l'extrémité d'une jeune tige de façon à augmenter la production de nouvelles pousses.

Pistil Organe femelle d'une fleur comprenant l'ovaire, le style et le stigmate.

Plantation 1. Action de mettre une plante en terre. 2. Ensemble des végétaux plantés à un endroit.

Plantule Jeune plante, du début de la germination jusqu'au moment où elle peut vivre par ses propres moyens.

Plate-bande Dans un jardin, bande de terre plantée de végétaux.

Pollen Poudre constituée des grains microscopiques produits par les étamines d'une fleur et servant à féconder les ovules pour former des graines.

Porte-greffe Sujet sur lequel on fixe un greffon.

Propagation Augmentation du nombre d'individus d'une espèce végétale par reproduction sexuée ou par fragmentation d'un seul sujet. Syn. multiplication.

R

Racine Organe généralement souterrain par lequel une plante se fixe au sol et absorbe l'eau et les éléments nutritifs dont elle se nourrit.

Radicelle Petite racine secondaire.

Rameau Petite branche.

Rampant, ante *Plante rampante.* Qui s'étale au sol.

Remontant, ante *Floraison remontante.* Se dit de la floraison d'une plante qui survient à deux reprises entre les mois de juin et d'octobre, et parfois même plus ; périodes pendant lesquelles les fleurs éclosent en masse.

Rempotage Action de mettre une plante dans un contenant plus grand.

Repiquage Action de mettre une jeune plante en terre.

Rhizome Tige souterraine qui émet des racines et des rameaux aériens.

Rhizosphère Mince zone entourant les racines des plantes où l'activité des micro-organismes est particulièrement intense.

Rusticité Capacité d'une plante à résister aux intempéries d'une région donnée.

S

Sable Fine particule au diamètre variant entre 0,05 mm et 2 mm issue de la désagrégation de certaines roches. Il est un des constituants majeurs des sols.

Sableux, euse *Terre sableuse.* Terre légère de couleur jaune et constituée d'un fort pourcentage de sable.

Sarmenteux, euse *Plante sarmenteuse.* Dont la longue tige ligneuse flexible nécessite un support.

Semence Organe végétal capable de produire une nouvelle plante. Syn. graine.

Semis 1. Action de semer. 2. Jeune plant provenant de la germination d'une graine.

Sépale Chacun des organes qui composent le calice d'une fleur. Les sépales sont habituellement verts et disposés sous les pétales.

Sessile Se dit d'une fleur ou d'une feuille insérées directement sur un axe sans pédoncule ou pétiole.

Sol Partie de la couche superficielle de l'écorce terrestre qui, par à sa structure meuble et sa composition physico-chimique, assure la croissance et le développement des végétaux. Syn. terre.

Spadice Inflorescence composée d'un axe charnu garni de fleurs sessiles. Ex. : lis de la paix.

Spathe Grande bractée entourant certaines inflorescences, principalement les spadices.

Stérile Se dit d'une plante qui ne peut produire de graines viables.

Stigmate Partie qui termine le pistil et qui reçoit le pollen.

Style Partie allongée du pistil. Il surmonte l'ovaire et soutien le stigmate.

Substrat Substance – incluant le sol, les terreaux et certains autres matériaux inertes – qui sert de support à une plante.

Symbiose Association durable et réciproquement profitable entre deux ou plusieurs organismes vivants distincts.

T

Taille Action de couper certaines branches ou tiges d'une plante pour améliorer sa vigueur ou augmenter sa floraison. Syn. élagage.

Taxonomie Science botanique qui étudie la classification des végétaux.

Tépale Organe qui ne peut être clairement identifié comme étant un sépale ou un pétale. Chez les lis (*Lilium*), comme les sépales et les pétales sont de forme et de couleur identiques, on les appelle des tépales.

Terre Partie de la couche superficielle de l'écorce terrestre qui, grâce à sa structure meuble et sa composition physicochimique, assure la croissance et le développement des végétaux. Syn. sol.

Terreau Mélange terreux utilisé en horticulture et composé de divers produits comme le compost, la tourbe de sphaigne, la perlite et la vermiculite.

Tétraploïde Se dit de certains hybrides dont le nombre de chromosomes a été doublé à l'aide de la colchicine, une substance mutagène naturelle prélevée du colchique, une plante apparentée au crocus.

Tige Axe habituellement herbacé ou peu lignifié d'une pante. Elle porte des feuilles et se termine par un bourgeon. Une tige est plus petite qu'une branche.

Tourbe de sphaigne Amendement léger de couleur brun moyen constitué de débris de mousse de sphaigne décomposés en l'absence d'oxygène.

Transplantation Action de sortir une plante de terre pour la replanter ailleurs.

Tubercule Partie d'une tige ou d'une racine gonflée et remplie de réserves nutritives.

Tubéreux, euse Qui présente des tubercules.

Tubérisé, ée Transformé en tubercule.

Tunique Enveloppe brune qui a l'aspect du papier et qui recouvre la majorité des bulbes.

V

Variété Plante aux caractéristiques distinctes de celles de l'espèce qui apparaît de façon spontanée en nature. Ce terme ne doit pas être employé comme synonyme de cultivar ou de variété cultivée.

Végétatif, ive *Multiplication végétative*. Qui est sans rapport avec la reproduction sexuée.

Ventouse Disque adhésif produit par une plante lui permettant de s'agripper à un support.

Vermiculite Substance très légère constituée de minéraux lamellaires comme le mica et utilisée pour alléger les terreaux et éviter qu'ils ne se compactent.

Verticille Ensemble de plus de deux organes – feuilles, fleurs ou fruits – disposés au même niveau autour d'un axe.

Vivace *Plante vivace*. Qui vit plus de deux ans et qui fleurit habituellement chaque année. Bien que certaines d'entre elles possèdent un feuillage persistant, les feuilles et les tiges de la majorité des plantes vivaces meurent à l'arrivée de l'hiver. Leurs racines ne sont cependant pas affectées par le froid, ce qui permet l'apparition de nouvelles pousses lorsque l'ensoleillement augmente et que la température se réchauffe. À de rares exceptions près, l'adjectif vivace désigne les plantes herbacées dont les tiges n'ont pas la consistance du bois.

Volubile Se dit d'une tige qui s'élève en s'enroulant autour d'un support.

Vrille Petite pousse très flexible issue d'une tige qui s'enroule autour d'un support.

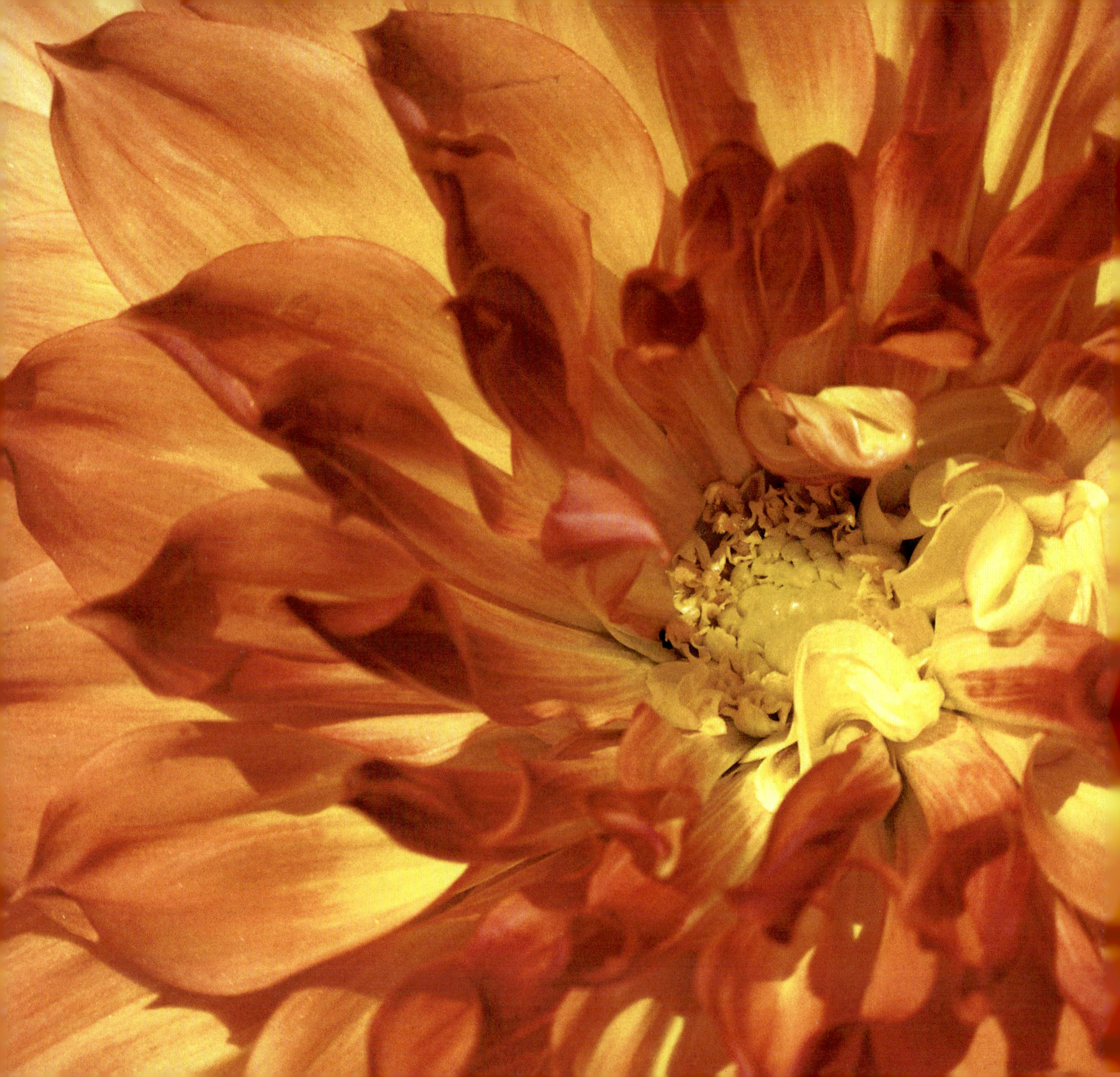

Index

A

Abies, 156
Abies balsamea 'Nana', 158
Acanthopanax sieboldianus 'Variegatus', 195
Acanthus, 264
Acer campestre, 144
Acer ginnala, 144
Acer platanoides 'Drummondii', 145
Acer platanoides 'Globosum', 145
Acer rubrum, 84
Acer saccharinum, 84
Acer saccharum 'Monumentale', 145
Achillea, 51, 257-258
Achillée, 257-258
Acidité du sol, voir aussi pH
    analyse de l', 38
    causes de l', 38
    disponibilité des éléments nutritifs en
        fonction de l', 39
    effets de l', 39
    modification de l', 40-41
Aconitum, 50, 258
Acorus calamus, 84
Actaea, 50, 258-259
Actinidia kolomikta, 211
Actinidia, 211
Adenophora, 258
Adiantum pedatum, 85
Agérate, 302
Ageratum houstonianum, 302
Aglaonema, 17

Agropyron repens, 55, 108-109
Ail décoratif, 320
Ail du Caucase, 320
Ail géant, 320
Ail 'Purple Sensation', 320
Ails décoratifs
    culture des, 320
Airelle vigne d'Ida, 207
Ajuga, 258
Akebia, 211
Akébia à cinq folioles, 211
Alcea rosea, 254
Alchemilla erythropoda, 86
Alchemilla, 258
Algues liquides, 62
Alisier, 144
Allamanda cathartica, 213, 215
Allamande, 213, 215
Allium, 320
Allium aflatunense, 320
Allium aflatunense 'Purple Sensation', 320
Allium christophii, 320-321
Allium giganteum, 320
Allium schubertii, 320
Allium sphaerocephalum, 320
Allium schoenoprasum 'Forescate', 320
Allium
    culture des, 320
Alnus glutinosa 'Imperialis', 145
Aloès, 17
Aloe vera, 17
Alysse, 303

Ambrosia artemisiifolia, 108
Amelanchier, 52
Amelanchier canadensis, 144, 148
Amelanchier laevis, 145
Amélanchier du Canada, 144, 148
Amélanchier glabre, 145
Amendements, 45-53
Amorpha, 51, 187
Ampelopsis brevipedunculata, 211
Ampelopsis, 211
Anchusa azurea, 264
Ancolie, 271
Andromeda poliifolia, 207
Andromeda glaucophylla, 207
Andromède, 207
Andromède à feuilles glauques, 207
Andromède du Japon, 202
Anemone, 52, 258
Anemone blanda, 314
Anemone hupehensis, 264
Anemone x hybrida, 264
Anemone ranunculoides, 314
Anémone de Grèce, 314
Anémone du Japon, 264
Anémone fausse-renoncule, 314
Animaux nuisibles
    prévention des attaques des, 125
    types d', 125
Annuelles
    arrosage des, cultivées en contenants, 295
    arrosage des, cultivées en pleine terre, 292
    bouturage des, 296-297
    choix des, 94, 281
    espacement des, dans les contenants, 286
    fertilisation des, cultivées en contenants, 288
    fertilisation des, cultivées en pleine terre, 289
    grimpantes, 213
    période de plantation des, 288
    plantation des, en contenants, 281-287

    plantation des, en pleine terre, 279-280
    propagation des, 296-300
    semis des, 297-300
    taille de formation des, 286
    taille des fleurs fanées des, 293
Anthemis, 51
Anthemis tinctoria, 258
Antirrhinum, 302
Aquilegia, 52, 271
Arabette, 51, 260
Arabis, 51, 260
Arbres
    à moyen développement, 145
    à petit développement, 144
    arrosage des, 139
    choix des, 91-92
    conservation des, lors de la construction d'une maison, 153
    fertilisation des, 139
    greffe des, 149-151
    insectes et maladies qui affectent les, 116-117, 119-120
    période de taille des, 140
    plantation des, 97-104
    propagation des, 149-151
    protection du tronc des, 151
    protection hivernale des, 153
    réparation des, abîmés, 148-149
    sur tige, 152
    taille de formation des, 139-142
    taille des, matures, 143-144
Arbustes
    arrosage des, 183-184
    bouturage des, 196-198
    choix des, 91-93
    convenant à la création de haies champêtres, 174-175
    convenant à la création de haies taillées, 173
    division des, 198-199

    fertilisation des, 183
    insectes et maladies qui affectent les, 115-117, 122-123
    marcottage, 199
    paillage des, 184
    période de taille des, 185-186
    plantation des, 97-104
    propagation des, 195-199
    protection hivernale des, 200-202
    quantités de compost nécessaires aux, 183
    rénovation des, 190-191
    taille des, à feuilles et à tiges décoratives, 195
    taille des, à fruits décoratifs, 189
    taille des, produisant leurs fleurs sur de nouvelles tiges, 186-187
    taille des, produisant leurs fleurs sur des tiges âgées, 188-189
    taille d'entretien des, 185
Arctostaphyle raisin d'ours, 207
Arctostaphylos, 51
Arctostaphylos uva-ursi, 207
Arion hortensis, 119
Arisaema, 50
Aristoloche, 210-211
Aristolochia durior, 210-211
Argile, 25
Argousier, 174
Argyranthemum frutescens, 293, 296
Aronia, 52, 198
Aronia melanocarpa, 188
Aronia, 198
Armeria, 51, 258
Armoise de Steller 'Silver Brocade', 137
Arrosage
    automatique, 72-73
    de la pelouse, 133, 135
    des annuelles cultivées en contenants, 69-70, 295
    des annuelles cultivées en pleine terre, 68, 292

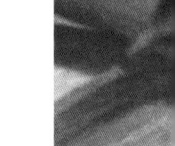

    des arbres, 69, 139
    des arbustes, 69, 183-184
    des conifères, 69, 155-156
    des haies, 177
    des plantes bulbeuses, 312
    des plantes grimpantes, 214-215
    des rosiers, 68, 231-232
    des vivaces, 68, 255-256
    période propice à l', 68
Arrosoir, 78
Artemisia, 51, 258
Artemisia stelleriana 'Silver Brocade', 137
Aruncus, 50, 258
Asarina, 213
Asarina, 213
Asarum, 50, 258
Asclepias incarnata, 84
Asclepias tuberosa, 51
Asparagus densiflorus 'Sprengeri', 300
Asperseur, 68, 79
Aster, 52, 256, 258
Aster novae-angliae, 257
Aster, 256-258
Aster de la Nouvelle-Angleterre, 257
Astilbe, 50, 258-259
Astilbe chinensis var. *taquetii* 'Purpurlanze', 231
Astilbe x *arendsii* 'Fanal', 268
Astilbe x *arendsii* 'Glow', voir *Astilbe* x *arendsii* 'Glut'
Astilbe x *arendsii* 'Glut', 267
Astilbe x *arendsii* 'Red Light', voir *Astilbe* x *arendsii* 'Rotlicht'
Astilbe x *arendsii* 'Rotlicht', 50
Astilbe, 258-259
Astilbe de Chine 'Purpurlanze', 231
Astilbe 'Fanal', 268
Astilbe 'Glow', voir Astilbe 'Glut'
Astilbe 'Glut', 267
Astilbe 'Red Light', voir Astilbe 'Rotlicht'

Astilbe 'Rotlicht', 50
Astrantia, 52, 258
Athyrium filix-femina, 85
Athyrium nipponicum 'Pictum', 268
Athyrium thelypteroides, 85
Aubépine ergot-de-coq, 145
Aubépine 'Snowbird', 144
Aubépine 'Toba', 144
Aubrieta, 51, 260
Aubriète, 260
Aulne glutineux 'Imperialis', 145
Avoine bleue, 275-276
Azalea, voir *Rhododendron*
Azalée, voir Rhododendron
Azote
    fertilisants riches en, 60-61
    rôle de l', 32-33

B

Bêche, voir Pelle-bêche
Begonia semperflorens, 302
Begonia x *tuberhybrida*, voir *Begonia* Tuberhybrida Hybrides
Begonia Tuberhybrida Hybrides, 314-315
Bégonia des jardins, 302
Bégonia tubéreux, 314-315
Berberis thunbergii, 193
Berberis thunbergii 'Atropurpurea Nana', 172
Berberis thunbergii 'Aurea Nana', 183, 193
Berberis thunbergii 'Cherry Bomb', 193
Berberis thunbergii 'Rose Glow', 193
Berberis thunbergii, 193
    culture des, 193
    plantation des, 193
Berbéris, 193
Berbéris 'Atropurpurea Nana', 172
Berbéris 'Aurea Nana', 183, 193

Berbéris 'Cherry Bomb', 193
Berbéris 'Rose Glow', 193
Berbéris
    culture des, 193
    plantation des, 193
Bergenia, 52, 258-259
Bergénia, 259
Bergénia à feuilles cordiformes, 36
Betula, 140
Betula nigra, 84
Bidens ferulifolia, 296
Bident, 296
Bignone, 211
Binette, 77
Blanc, voir Oïdium
Blechnum spicant, 85
Bois raméal fragmenté, 111
Boîtes à fleurs, voir Contenants
Bore, 33, 35
Bougainvillea spectabilis, 213, 215
Bougainvillée, 213, 215
Bougainvillier, voir Bougainvillée
Bourreau des arbres, voir Célastre grimpant
Bouturage
    des annuelles, 296-297
    des arbres, 149
    des arbustes, 196-198
    des conifères, 159-161
    des plantes grimpantes, 221
    des rosiers, 241, 242
    des vivaces, 260, 263
Brachyscome iberidifolia, 302
Brachyscome, 302
Bracteantha bracteata, 302
Brassica oleracea var. *acephala* 'Nero di Toscana', 276
Brassica oleracea var. *acephala* 'Redbor', 276
Brouette, 80
Brugmansia, 289

Brugmansia, 289
Brûlure bactérienne, 116
Brunnera, 52
Brunnera macrophylla, 258
Bruyère d'automne, 199
Bruyère de printemps, 199
Buddleia davidii, voir *Buddleja davidii*
Buddleja davidii, 194
Buddleja davidii
    culture du, 194
        protection hivernale du, 200-202
        taille du, 194
Buddléia, 194
Buddléia
    culture du, 194
        protection hivernale du, 200-202
        taille du, 194
Buis, 173, 185, 196
Buis de Corée, 172
Bulbes, voir Plantes bulbeuses
Buxus, 50, 173, 185, 196
Buxus microphylla, 173, 185, 196
Buxus microphylla var. *koreana*, 172

C

Cacao, voir Écales de cacao
Caladium bicolor, 314
Caladium, 314
Calamagrostide 'Overdam', 276
Calamagrostis x *acutiflora* 'Overdam', 276
Calamagrostis brachytricha, 274
Calcaire, 34-35
Calcium
    amendements riches en, 40-41
    rôle du, 34-35
Calendula officinalis, 302
Calla, 315

Calluna vulgaris, 199
Caltha palustris, 84
Calycanthus floridus, 188, 191
Camarine noire, 207
Campanula, 257-258
Campanula carpatica, 51, 262
Campanula cochleariifolia, 51
Campanula portenschlagiana, 51
Campanula poscharskyana, 51, 262
Campanula lactiflora, 52
Campanula latifolia, 52
Campanula persicifolia, 52
Campanula punctata, 52
Campanule, 257
Campsis radicans, 211
Canna, 310-312
Canna 'Panache', 326
Canna 'Striata', 30
Canna 'Tropicanna', 319
Canna, 310-312
Canna 'Panache', 326
Canna 'Striata', 30
Capucine, 303
Capucine des canaris, 213
Caragana, 51, 188
Caragana arborescens, 174
Caragana arborescens 'Lorbergii', 144
Caragana arborescens 'Pendula', 162
Caragana arborescent, 174
Caragana arborescent 'Lorbergii', 144
Caragana arborescent 'Pendula', 162
Carex morrowii, 274
Carex plantaginea, 85, 274
Carpinus caroliniana, 145
Cèdre, voir Thuya
Celastrus scandens, 211
Célastre grimpant, 211
Celosia argentea, 302
Célosie, 302

Centaurea, 51, 258
Centaurea cyanus, 302
Centaurea montana, 257
Centaurée bleuet, 302
Centaurée des montagnes, 257
Centradenia 'Cascade', 300
Centranthus ruber, 51, 258
Cerastium, 258
Cerastium tomentosum, 51
Cerf de Virginie, 125
Cerinthe major, 302
Cérinthe, voir Grande cérinthe
Cerisier de l'Amour, 145
Cerisier à grappes 'Colorata', 145
Cerisier de Virginie 'Schubert', 145
Chaenomeles, 188, 191, 199
Chamaecyparis, 52, 158-159
Chamaecyparis lawsoniana, 164
Chamaecyparis obtusa, 164
Chamaecyparis obtusa 'Gracilis', 166
Chamaecyparis pisifera 'Aurea Nana', 172
Chamaecyparis pisifera 'Tsukumo', 158
Champignons dans une pelouse, 134
Charme de Caroline, 145
Chat, 125
Chaux
    quantités de, pour augmenter le pH, 41
    types de, 40
Chelone, 50, 258
Chenopodium album, 108
Chèvrefeuille grimpant, 211
Chèvrefeuille grimpant 'Dropmore Scarlet', 223
Chèvrefeuille nain, 173
Chevreuil, voir Cerf de Virginie
Chiendent, 108-109
Chlore, 33, 35
Chou décoratif 'Nero di Toscana', 276
Chou décoratif 'Redbor', 276
Chou gras, 108

Chrysanthemum x *morifolium*, 52
Ciboulette 'Forescate', 320
Cierge d'argent, 259
Cimicifuga, voir *Actaea*
Cinéraire maritime, 303
Cisailles, 78
Clematis, 224-227
Clematis alpina, 224
Clematis 'Comtesse de Bouchaud', 224
Clematis 'Duchess of Edinburgh', 224
Clematis 'Elsa Späth', 224
Clematis 'Gipsy Queen', 224
Clematis 'Hagley Hybrid', 224
Clematis 'Jackmanii', 225-227
Clematis macropetala, 224
Clematis montana, 224
Clematis 'Ville de Lyon', 224
Clematis viticella 'Étoile Violette', 215
Clematis viticella 'Polish Spirit', 226
Clematis 'Vyvyan Pennell', 224
Clématite, 224-227
Clématite 'Comtesse de Bouchaud', 224
Clématite de Jackman, 227
Clématite 'Duchess of Edinburgh', 224
Clématite 'Elsa Späth', 224
Clématite 'Étoile Violette', 215
Clématite 'Gipsy Queen', 224
Clématite 'Hagley Hybrid', 224
Clématite 'Polish Spirit', 226
Clématite 'Ville de Lyon', 224
Clématite 'Vyvyan Pennell', 224
Clématites
    culture des, 224-227
    fertilisation des, 224
    maladie qui affecte les, 227
    plantation des, 224
    propagation des, 225-227
    quantités de compost nécessaires aux, 224
    taille des, 225

Cleome hassleriana, 302
Cléome, 302
Clethra alnifolia, 187, 191
Cobaea scandens, 213
Cobée, 213
Cochenille, 118
Cognassier, 188, 199
Coléus, 304-307
Coléus 'Inky Fingers', 307
Coléus 'Glennis', 304
Coléus 'Marissa', 304
Coléus 'Wizard Jade', 307
Coléus
    culture des, 304, 306
    fertilisation des, 304, 306
    plantation des, 304
    propagation des, 306
Colocasia esculenta 'Black Magic', 301
Complexe argilo-humique, 25-27
Compost
    contenants à, 56
    fabrication domestique du, 55-57
    fabriqué à partir d'algues, 49
    fabriqué à partir de carapaces de crevettes, 49
    fabriqué à partir de résidus végétaux ligneux, 49
    matériaux utilisés pour la fabrication du, 56
    périodes d'utilisation du, 46-47
    propriétés du, 45-46
    quantités de, nécessaires aux végétaux, 50-52
    types de, 49
Conifères
    arrosage des, 155-156
    bouturage, 159-161
    choix des, 91-93
    fertilisation des, 155
    marcottage, 161
    miniatures, 158
    nains, 158
    période de taille des, 156-158

    propagation des, 159-161
    protection hivernale des, 164-165
    quantités de compost nécessaires aux, 155
    taille des, à aiguilles, 156-157
    taille des, à écailles, 158-159
Contenants
    choix des, 283
    culture des annuelles en, 288-289, 292-293
    plantation des annuelles en, 281-287
    types de, 283
Convallaria majalis, 85, 258
Coquelicot, 303
Coquelourde, 222
Coquelourde 'Atrosanguinea', 270
Coreopsis, 51
Coreopsis verticillata, 258
Coreopsis verticillata 'Moonbeam', 49
Coréopsis verticillé 'Moonbeam', 49
Cornouiller à feuilles alternes, 145
Cornouiller blanc, 174
Cornouiller stolonifère, 174
Cornus, 52
Cornus alba, 174
Cornus alba 'Aurea', 195
Cornus alba 'Elegantissima', 195
Cornus alba 'Gouchaultii', 195
Cornus alba 'Ivory Halo', 195
Cornus alba 'Kesselringii', 195
Cornus alba 'Sibirica', 195
Cornus alba 'Sibirica Variegata', 195
Cornus alba 'Spaethii', 195
Cornus alternifolia, 145
Cornus canadensis, 85
Cornus sanguinea 'Winter Beauty', 195
Cornus stolonifera, 174
Cornus stolonifera 'Flaviramea', 195
Cornus stolonifera 'Kelseyi', 195
Cornus stolonifera 'White Gold', 195
Corydale bulbeuse, 184, 314

Corydale jaune, 267
Corydalis bulbosa, 184, 314
Corydalis lutea, 267
Corylus avellana 'Aurea', 195
Corylus avellana 'Rote Zeller', 195
Corylus colurna, 145
Corylus maxima 'Purpurea', 195
Cosmos, 302
Cosmos sulphureus, 86
Cosmos, 302
Cotinus, 51
Cotinus coggygria 'Nordine', 195
Cotinus 'Grace', 195
Cotinus coggygria 'Royal Purple', 195
Cotoneaster acutifolius, 52, 173
Cotoneaster dammeri, 51
Cotonéaster de Pékin, 173
Coupe-bordure, 79
Couvre-sol, 136-137
Crataegus crus-galli, 145
Crataegus x *mordenensis* 'Snowbird', 144
Crataegus x *mordenensis* 'Toba', 144
Criocère du lis, 118-119
Crocosmia, 310, 318
Crocosmia 'Lucifer', 313
Crocosmia, 310, 318
Crocosmia 'Lucifer', 313
Crocus, 309
Crocus, 309
Cuivre, 33, 35
Culture écologique, 11
Cytisus, 188

D

Dahlia, 310-313, 317-318
Dahlia, 310-313, 317-318
Daphne, 50, 188
Daphne cneorum, 207

Daphné odorant, 207
Darmera, 50
Datura, 302
Datura, 302
Delphinium, 50, 256, 258
Deutzia, 188
Dianthus, 258, 260
Dianthus deltoides, 51
Dianthus gratianopolitanus, 51
Diascia, 296
Diascie, 296
Dicentra, 50, 258
Diervilla, 52, 187
Digitale, 256, 271
Digitale ferrugineuse, 254
Digitalis, 50, 256, 271
Digitalis ferruginea, 254
Division
    des arbustes, 198-199
    des plantes bulbeuses, 316-317
    des rosiers, 242
    des vivaces, 258-260
Diplocarpon rosae, 116
Dolichos lablab, 213
Dolique, 213
Doronicum, 258
Dryopteris filix-mas, 85
Dryopteris marginalis, 85
Dryopteris spinulosa, 85

E

Eau, voir Arrosage
Écales de cacao, 111
Eccremocarpus scaber, 213
Eccremocarpus, 213
Echinacea, 52, 258
Echinacea purpurea 'Alba', 263

Echinacea purpurea 'White Swan', 113
Échinacée pourpre 'Alba', 263
Échinacée pourpre 'White Swan', 113
Echinops, 52, 258
Echium vulgare, 15
Écureuil, 125
Elaeagnus angustifolia, 145
Éléments nutritifs
    disponibilité des, en fonction du pH du sol, 39
    majeurs primaires, 31, 33
    majeurs secondaires, 31, 33
    mineurs, voir aussi Oligoéléments, 33, 35
    rôles des, 32-35
Élyme, 275
Empetrum nigrum, 206-207
Engrais, voir Fertilisants
Enkianthus campanulatus, 188
Épimède, 136
Épimède rouge, 137
Epimedium, 50, 136, 258
Epimedium x *rubrum*, 137
Épinette, 156-157
Épinette blanche 'Jean's Dilly', 158
Épinette de Norvège 'Little Gem', 158
Épine-vinette, voir Berbéris
Equisetum arvense, 108
Érable champêtre, 144
Érable de l'Amour, 144
Érable de Norvège 'Drummondii', 145
Érable de Norvège 'Globosum', 145
Érable à sucre 'Monumentale', 145
Eranthis hyemalis, 314
Erica carnea, 199
Eremurus, 311, 313
Érémure, 311, 313
Eryngium, 51, 264
Erythronium, 314
Erythronium 'Pagoda', 314
Érythrone, 314

344 INDEX

Érythrone 'Pagoda', 314
Erwinia amylovora, 116
Eschscholzia californica, 302
Eucalyptus gunnii, 301
Eucalyptus, 301
Eucomide, 316
Eucomis bicolor, 316
Euonymus, 52
Euonymus alatus, 174, 189
Euonymus europaeus, 174, 189
Euonymus fortunei, 198
Eupatorium, 52, 258
Euphorbia, 258
Euphorbia amygdaloides, 52
Euphorbia cyparissias, 51
Euphorbia griffithii, 52
Euphorbia myrsinites, 51
Euphorbia polychroma, 51

F

Fagus grandifolia, 42
Fallopia aubertii, 211
Fallopia japonica, 108
Farine de crabe, 61
Farine de crevette, 61
Farine de plume, 60-61
Farine de sang, 61
Faux-cyprès, 158-159
Faux-cyprès de Lawson, 164
Faux-cyprès de Sawara 'Aurea Nana', 172
Faux-cyprès de Sawara 'Tsukumo', 158
Faux-cyprès d'Hinoki, 164
Faux-cyprès d'Hinoki 'Gracilis', 166
Fer, 33, 35
Fertilisants
    différence entre les, chimiques et naturels, 63
    interprétation des formules des, 61

naturels à dégagement lent, 59-62
    riches en azote, 60-61
    riches en phosphore, 59-60
    riches en potassium, 61-63
    riches en oligoéléments, 62
Fertilisation
    de la pelouse, 132, 133
    des annuelles cultivées en contenants, 69-70, 295
    des annuelles cultivées en pleine terre, 68, 292
    des arbres, 139
    des arbustes, 183
    des conifères, 155
    des haies, 176
    des plantes bulbeuses, 312
    des plantes grimpantes, 214
    des rosiers, 61-63, 230
    des végétaux cultivés pour leur feuillage, 60-61
    des végétaux cultivés pour leurs fleurs, 61-63
    des vivaces, 253-255
    lors de la plantation des végétaux, 59-60
Festuca, 275
Fétuque, 275
Févier d'Amérique 'Spectrum', 145
Févier d'Amérique 'Sunburst', 145
Filipendula, 50, 258
Fleur de la Passion, voir Passiflore
Fleurs
    anatomie des, 333
    fertilisants qui favorisent la production de, 61-63
    taille des, fanées, 262, 293
Fonte des semis, 299
Forficula auricularia, 121
Forficule, 121
Forsythia, 52, 188
Fothergilla major, 188, 191

Fougère peinte, 268
Fourche à bêcher, 79
Fourche à fumier, 79
Fragaria virginiana, 109
Fraisier des champs, 109
Fritillaire, 311
Fritillaire impériale, 316
Fritillaire œuf-de-pintade, 314
Fritillaria, 311
Fritillaria imperialis, 316
Fritillaria meleagris, 314
Fraxinus pennsylvanica, 84
Fuchsia, 294, 296
Fuchsia 'Chekerboard', 294
Fuchsia 'Firecracker', 294
Fuchsia 'Gartenmeister Bonstedt', 294
Fuchsia magellanica 'Aurea', 294
Fuchsia 'Mary', 294
Fuchsia 'Papoose', 294
Fuchsia 'Traudchen Bonstedt', 294
Fuchsia
    culture des, 294
    hivernage des, 294
    plantation des, 294
    propagation des, 296
Fuchsia, 294, 296
Fuchsia 'Chekerboard', 294
Fuchsia de Magellan 'Aurea', 294
Fuchsia 'Firecracker', 294
Fuchsia 'Gartenmeister Bonstedt', 294
Fuchsia 'Mary', 294
Fuchsia 'Papoose', 294
Fuchsia 'Traudchen Bonstedt', 294
Fuchsias
    culture des, 294
    hivernage des, 294
    plantation des, 294
    propagation des, 296

Fumier
    périodes d'utilisation du, 51
    propriétés du, 51
Fusain ailé, 174, 189
Fusain d'Europe, 174, 189
Fusain de Fortune, 198
Fustet 'Royal Purple', 195

G

Gaillardia, 264
Gaillardia pulchella, 86
Galanthus, 312
Galanthus nivalis, 314
Gaultheria procumbens, 85, 207
Gazania, 86, 302
Gazania, 302
Gazon, voir Pelouse
Genévrier, 158-159
Genévrier des Rocheuses, 173
Genévrier horizontal, 137
Genista, 51, 188
Gentiana, 42
Géotextile, voir Membrane géotextile
Geranium, 52, 258
Geranium cinereum, 51
Geranium dalmaticum, 51
Geranium nodosum, 85
Geranium phaeum, 85
Geranium sanguineum, 262
Geranium traité comme annuelle, voir *Pelargonium*
Géranium des prés, 259
Géranium sanguin, 262
Géranium traité comme annuelle, voir Pélargonium
Gladiolus, 310-313, 316, 318
Glaïeul, 310-313, 316, 318
Glechoma hederacea, 134

Gleditsia triacanthos 'Spectrum', 145
Gleditsia triacanthos 'Sunburst', 145
Gloire du matin, 213
Gloire du matin 'Heavenly Blue', 226
Glycine du Japon, 218
Glycine du Japon 'Lawrence', 218
Glycines
    culture des, 218
    plantation des, 218
    protection hivernale des, 222
    taille des, 218
Gomphrena globosa, 302
Gomphréna, 302
Graminées
    cespiteuses, 274-275
    culture des, 274-276
    envahissantes, 275
    fertilisation, 275
    plantation des, 274-275
    propagation des, 276
    quantités de compost nécessaires aux, 275
    qui supportent l'ombre dense, 85
    taille des, 276
Grande cérinthe, 302
Grand plantain, 108
Greffe
    en T, 244-245
    des arbres, 150-151
    des rosiers, 244-245
    oblique, 150-151
Greffon, 150-151, 244-245
Gypsophila, 260
Gypsophile, 260

H

Hakonechloa macra, 274
Hakonechloa macra 'Albovariegata', 304

Hakonéchloa, 274
Hakonéchloa 'Albovariegata', 304
Hamamelis virginiana, 187
Hanneton, 124
Haies
    arrosage des, 177
    champêtres, 171, 174-175
    comme brise-vent, 170
    de cèdres, voir Haies de thuyas
    de thuyas, 178
    fertilisation des, 176
    plantation des, 171
    protection hivernale des, 180-181
    rajeunissement des, 180
    taille de formation des, 177-178
    taille d'entretien des, 179
    taillées, 169, 173
    types de, 169-170
Haricot d'Espagne, 210, 213
Hedera helix, 85, 136
Hedera helix 'Bulgaria', 137
Hélénie, 256
Helenium, 52, 256, 258
Helianthus, 258
Helianthus annuus, 302
Heliopsis, 52, 258
Helichrysum petiolare 'Limelight', 300
Helictotrichon sempervirens, 275-276
Héliotrope, 296
Heliotropium arborescens, 296
Helleborus, 258
Hemerocallis, 52, 258
Hemerocallis 'Ebony and Ivory', 313
Hemerocallis 'Lime Frost', 263
Hemerocallis 'Thornbird', 313
Hémérocalle 'Ebony and Ivory', 313
Hémérocalle 'Lime Frost', 263
Hémérocalle 'Thornbird', 313
Herbe à poux, voir Petite herbe à poux

Herbe à puce, 109
Herbes indésirables
    dans une pelouse, 134
    élimination des, 107-109
    envahissantes, 108
    types d', 108-109
Heuchera, 50, 266-267
Heuchera 'Palace Purple', 267
Heuchera
    culture des, 266-267
    propagation des, 266-267
x *Heucherella*, 50, 258
Heuchère, 266-267
Heuchère 'Palace Purple', 267
Heuchères
    culture des, 266-267
    propagation des, 266-267
Hibiscus syriacus, 187, 200
Hippophae, 51
Hippophae rhamnoides, 174, 189
Hortensia à feuilles de chêne, 96-97
Hortensia grimpant, 211, 219, 222
Hortensia paniculé, 192
Hortensia paniculé 'Burgundy Lace', 41
Hortensia paniculé 'Grandiflora', 152
Hortensia paniculé 'Kyushu', 172
Hortensias
    culture des, 192
    protection hivernale des, 192, 200-201
    taille des, 192
Hosta, 50
Hosta 'Halcyon', 267
Hosta 'Lakeside Looking Glass', 42
Hosta montana 'Aureomarginata', 50
Hosta, 50, 258-259
Hosta de montagne 'Aureomarginata', 50
Hosta 'Halcyon', 267
Hosta 'Lakeside Looking Glass', 42
Houblon, 211, 217

Houttuynia 'Chameleon', 166
Houttuynia cordata 'Chameleon', 166
Houx verticillé, 174, 189
Humulus lupulus, 211, 217
Humus, 27
Hyacinthoides hispanica, 314
Hyacinthoides non-scripta, 314
Hydrangea, 192
Hydrangea anomala subsp. *Petiolaris*, 211, 219, 222
Hydrangea macrophylla, 192
Hydrangea paniculata, 192
Hydrangea paniculata 'Burgundy Lace', 41
Hydrangea paniculata 'Grandiflora', 152
Hydrangea paniculata 'Kyushu', 172
Hydrangea quercifolia, 96-97
Hydrangea
    culture des, 192
    protection hivernale des, 192, 200-201
    taille des, 192
Hypericum, 187

I

If, 155-157, 173
If du Japon 'Capitata', 172
Ilex x *meserveae*, 50, 202
Ilex verticillata, 174, 189
Impatiens, 302
Impatiente, 302
Insectes nuisibles
    élimination des, 115-124
    prévention des attaques des, 115-124
    types d', 115-124
Ipomée, 213
Ipomée à feuilles lobées, 213
Ipomée à fleurs rouges, 213
Ipomoea batatas 'Margarita', 305
Ipomoea lobata, 213

Ipomoea quamoclit, 213
Ipomoea tricolor, 213
Ipomoea tricolor 'Heavenly Blue', 226
Iris, 52, 258-260
Iris ensata, 50
Iris pseudacorus, 84
Iris sibirica, 50
Iris versicolor, 50
Iris des jardins, 258-260

J

Jacinthe des bois, 314
Jacinthe d'Espagne, 314
Jardinières, voir Contenants
Juniperus, 158-159
Juniperus horizontalis, 51, 137
Juniperus scopulorum, 173
Juniperus virginiana, 86

K

Kalmia, 50
Kalmia angustifolia, 207
Kalmia latifolia, 202
Kalmia poliifolia, 207
Kalmia à feuilles étroites, 207
Kalmia à feuilles d'andromède, 207
Kalmia à larges feuilles, 202
Kerria japonica, 195, 198
Kerria japonica 'Picta', 195
Koeleria glauca, 275
Koelérie glauque, 275
Kolkwitzia amabilis, 188

L

Lablab purpureus, voir *Dolichos lablab*
Laîche, 274
Laîche à feuilles de plantain, 274
Laîche du Japon, 274
Lamiastrum, 52
Lamiastrum galeobdolon, 85-86, 258
Lamium, 52
Lamium maculatum, 258
Lamium maculatum 'White Nancy', 300
Lamier galéobdolon, 86
Lantana camara, 296
Lantana, 296
Larix, 162-163
Larix decidua 'Hortsmann's Recurva', 162
Larix decidua 'Pendula', 162
Larix decidua 'Pulii', 162
Larix x eurolepis 'Varied Directions', 162-163
Larix kaempferi 'Blue Rabbit', 162
Larix kaempferi 'Diana', 162
Larix laricina, 162
Larix laricina 'Blue Sparkler', 162
Larix
    culture des, 162
    taille des, 162
Lathyrus odoratus, 213
Lavande, 270
Lavande 'Hidcote', 270
Lavande 'Munstead', 270
Lavande 'Rosea', 270
Lavande
    culture de la, 270
    plantation de la, 270
    propagation de la, 270
    protection hivernale de la, 270
    taille de la, 270
Lavandula, 270
Lavandula angustifolia, 270

Lavandula angustifolia 'Hidcote', 270
Lavandula angustifolia 'Munstead', 270
Lavandula angustifolia 'Rosea', 270
Lavandula angustifolia
    culture de la, 270
    plantation de la, 270
    propagation de la, 270
    protection hivernale de la, 270
    taille de la, 270
Lavatera trimestris, 302
Lavatère, 302
Lédon du Groënland, 207
Ledum groenlandicum, 207
Leucanthemum, 52, 258
Leucojum vernum, 315
Leymus, 275
Leymus secalinus, 313
Liatris, 52, 258
Lierre commun, 136
Lierre commun 'Bulgaria', 137
Lierre de Boston, 211
Lierre terrestre, 134
Lièvre, 125
Ligulaire à feuilles palmatilobées, 304
Ligularia, 50, 258
Ligularia x palmatiloba, 304
Ligustrum amurense, 173
Ligustrum vulgare 'Cheyenne', 173
Lilas, 185
Lilas du Japon, 145
Lilas 'Palibin', 185
Lilas
    culture des, 185
    plantation des, 185
    taille des, 185
Lilioceris lilii, 118
Lilium, 322-325
Lilium auratum, 323
Lilium bulbiferum, 324

Lilium canadense, 322
Lilium henryi, 322
Lilium lancifolium, 322
Lilium martagon, 322-323
Lilium martagon var. *album*, 322-323
Lilium martagon var. *albiflorum*, 322
Lilium martagon var. *cattaniae*, 322
Lilium philadelphicum, 322
Lilium 'Red Night', 324-325
Lilium regale, 322
Lilium speciosum, 322-323
Lilium
    culture des, 322-324
    fertilisation des, 324
    insectes qui attaquent les, 118
    plantation des, 323
    propagation des, 324
    quantités de compost nécessaires aux, 324
    taille des fleurs fanées des, 324
Limace, 119
Lis, 322-325
Lis de Philadelphie, 322
Lis d'Henry, 322
Lis du Canada, 322
Lis martagon, 322-323
Lis 'Red Night', 324-325
Lis royal, 322
Lis tigré, 322
Lis
    culture des, 322-324
    fertilisation des, 324
    insectes qui attaquent les, 118
    plantation des, 323
    propagation des, 324
    quantités de compost nécessaires aux, 324
    taille des fleurs fanées des, 324
Lis de la paix, 17
Livrée d'Amérique, 119
Livrée des forêts, 119

Loam, 22-24
Lobelia, 50, 258
Lobelia cardinalis, 84, 271
Lobelia erinus, 302
Lobelia 'La Fresco', 276
Lobelia x *speciosa* 'Fan Scarlet', 304
Lobélie du cardinal, 271
Lobélie 'Fan Scarlet', 304
Lobélie 'La Fresco', 276
Lobélie retombante, 302
Lobularia maritima, 206, 303
Lonicera, 52, 188, 211
Lonicera x *brownii* 'Dropmore Scarlet', 222-223
Lonicera x *xylosteoides*, 173
Lupin, 262, 271
Lupinus, 262, 271
Luzula nivea, 85, 274
Luzula sylvatica, 85, 274
Luzule argentée, 85, 274
Luzule des bois, 85, 274
Lychnis, 52, 258
Lychnis coronaria, 222
Lychnis coronaria 'Atrosanguinea', 270
Lysimachia, 52, 258
Lysimachia ciliata, 84
Lysimachia clethroides, 84
Lysimachia nummularia, 84
Lythrum, 52, 258
Lythrum salicaria, 84

M

Maackia amurensis, 145
Maackia de l'Amour, 145
Macronoctua onusta, 121
Magnésium
    amendements riches en, 40-41
    rôle du, 35

Magnolia, 50, 144, 188
Magnolia kobus, 144
Magnolia x *soulangeana*, 144
Magnolia de Soulange, 144
Magnolia du Japon, 144
Mahonia aquifolium, 85
Maianthemum canadense, 85
Malacosoma americanum, 119
Malacosoma distria, 119
Maladies
    élimination des, 115-117
    prévention des attaques des, 115-117
    types de, 115-117
Malus, 144
Malus baccata 'Columnaris', 145
Malus 'Red Jade', 152
Malva, 52, 271
Mandevilla, 213
Mandevilla, 213
Manganèse, 33, 35
Marcottage
    des arbustes, 199
    des conifères, 161
    des plantes grimpantes, 222
    des rosiers, 243
Marguerite arbustive, 296
Marmotte, 125
Marssonina rosae, 116
Maurandya, voir *Asarina*
Maurandya, voir Asarina
Mauve, 271
Meconopsis, 50, 269
Meconopsis betonicifolia, 269
Meconopsis grandis, 269
Meconopsis x *sheldonii*, 269
Meconopsis
    culture des, 269
    propagation des, 269
Melampodium, 86, 303

Mélampodium, 86, 303
Mélèze, 162-163
Mélèze 'Blue Rabbit', 162
Mélèze 'Blue Sparkler', 162
Mélèze 'Diana', 162
Mélèze 'Hortsmann's Recurva', 162
Mélèze laricin, 162
Mélèze 'Pendula', 162
Mélèze 'Pulii', 162
Mélèze 'Varied Directions', 162
Mélèzes
    culture des, 162
    taille des, 162
Melianthus major, 289
Membrane géotextile, 112
Metasequoia glyptostroboides, 164
Métaséquoia, 164
Microbiota, 91
Microbiota decussata, 51, 85, 91
Miscanthus, 274
Miscanthus sinensis, 276-277
Miscanthus, 274, 276-277
Mildiou, voir Oïdium
Mimulus, 84
Mineuse de l'ancolie, 120
Mitchella repens, 85
Molinia, 274
Molinie, 274
Molybdène, 33, 35
Monarda, 52, 258
Monarda didyma 'Cambridge Scarlet', 313
Monarde 'Cambridge Scarlet', 313
Mousse de sphaigne, 52
Mousse de tourbe, voir Tourbe de sphaigne
Muflier, 302

N

Narcisse, 311, 315-316
Narcissus, 311, 315-316
Nepeta, 51, 258
Nepeta x *faassenii*, 262
Nepeta x *faassenii* 'Six Hills Giant', 243
Népéta 'Six Hills Giant', 243
Nicotiana, 303
Nicotiana langsdorffii, 304-305
Nicotine, 303
Nicotine de Langsdorff, 304-305
Nigella damascena, 303
Nigelle de Damas, 303
Noisetier de Byzance, 145

O

Œillet à delta, 137
Œillet d'Inde, voir Tagète
Oïdium, 115-116
Oligoéléments
    fertilisants riches en, 62
    rôles des, 35
Olivier de Bohême, 145
Ombre
    pelouse à l', 136
    plantation à l', 104
    plantes qui supportent l', dense, 85
    types d', 84-85
Opuntia humifusa, 51
Orpin de Rubrecht, 95
Ortie dioïque, 108
Os moulus, 59-60
Outils
    choix des, 81
    entretien des, 80
    types d', 75-81

Oxalide dressée, 108
Oxalis stricta, 108

P

Pachysandra, 50, 258
Pachysandra terminalis, 85
Pachysandra terminalis 'Variegata', 91
Pachysandre 'Variegata', 91
Paeonia, 261
Paeonia 'Leto', 261
Paeonia 'Silver Flare', 114-115
Paeonia
    culture des, 261
    plantation des, 261
    quantités de compost nécessaires aux, 261
Paillage
    des arbres, 110
    des arbustes, 110, 184
    des plantes grimpantes, 216
    des rosiers, 232
    des vivaces, 110, 256
Paillis
    de cèdre, 110-111
    de pruche, 110-111
    épaisseur de, à épandre au sol, 110
    membrane géotextile sous les, 112
    organiques, 110-112
    types de, 110-112
Papaver, 52
Papaver orientale, 264
Papaver rhoeas, 303
Papaver somniferum, 303
Parthenocissus quinquefolia, 211, 214, 220
Parthenocissus tricuspidata, 211
Passiflora, 213
Passiflora 'Incense', 212-213
Passiflore, 213

Passiflore 'Incense', 213
Patate douce 'Margarita', 304-305
Pavot bleu, 269
Pavots bleus
    culture des, 269
    propagation des, 269
Pavot de Californie, 302
Pavot somnifère, 303
Pelargonium, 293, 296
Pelargonium 'Silverleaf Flower of Spring', 300
Pélargonium, 293, 296
Pelle-bêche, 75-76
Pelle ronde, 75-76
Pelouse
    aération de la, 130, 132
    arrosage de la, 133, 135
    champignons qui poussent dans la, 134
    couvre-sol pour remplacer la, 136-137
    déchaumage de la, 132
    fertilisation de la, 130, 133
    herbes indésirables qui envahissent la, 134
    implantation d'une nouvelle, 130-131
    insectes qui attaquent la, 123-124
    pH du sol de la, 129-130
    rénovation d'une, en mauvais état, 129-133
    réparation des dégâts causés par les sels de déglaçage dans la, 134-135
    réparation des dégâts causés par l'urine de chien dans la, 134
    terreautage de la, 132-133
    tonte de la, 137
Pennisetum alopecuroides, 276
Pennisetum setaceum 'Rubrum', 289, 319
Pensée, 303
Penstemon, 52, 260
Penstemon digitalis, 52
Penstémon, 260
Perce-neige, 314
Perce-oreille, voir Forficule

Perceur de l'iris, 121
Perlite, 281-282
Perovskia atriplicifolia, 30-31
Pérovskie, 30-31
Persicaria, 52, 258
Pervenche, voir Petite pervenche
Petasites, 50, 84
Petite herbe à poux, 108
Petite pervenche, 136
Petunia, 296, 303
Pétunia, 296, 303
pH, voir aussi Acidité du sol
    analyse du, 38
    disponibilité des éléments nutritifs en fonction du, 39
    du sol de la pelouse, 129-130
    effets du, 39
    modification du, 40-41
Phalaris arundinacea, 85, 274-275
Phalaris roseau, 274-275
Phaseolus coccineus, 210, 213
Philadelphus, 52, 188, 196
Philadelphus coronarius 'Aureus', 195
Philodendron, 17
Philodendron, 17
Phlox divaricata, 50
Phlox paniculata, 50, 256, 258
Phlox subulata, 51, 260
Phlox paniculé, 256
Phlox subulé, 260
Phosphate de roche, 60
Phosphore
    fertilisants riches en, 59-60
    rôle du, 33-34
Photosynthèse, 15-16
Phyllophaga anxia, 124
Physocarpe à feuilles d'obier, 173-174, 196
Physocarpus, 52
Physocarpus opulifolius, 173-174, 196

Physocarpus opulifolius 'Dart's Gold', 195
Physocarpus opulifolius 'Diabolo', 195
Physocarpus opulifolius 'Golden Nugget', 195
Physocarpus opulifolius 'Luteus', 195
Physostegia virginiana, 52, 258
Phytomysa aquilegivora, 120
Pic, 79
Picea, 51, 156-157
Picea abies 'Little Gem', 158
Picea glauca 'Jean's Dilly', 158
Picea mariana, 42
Picea glauca, 42
Pied-d'alouette, 256
Pin, 156, 157
Pin de montagne 'Slowmound', 158
Pin gris 'Broom', 166
Pincement, voir Taille des plantes annuelles
Pinus, 51, 156-157
Pinus banksiana 'Broom', 166
Pinus mugo 'Slowmound', 158
Pioche, 79
Pissenlit, 108, 134-135
Pivoine, 261
Pivoine 'Leto', 261
Pivoine 'Silver Flare', 115
Pivoines
    culture des, 261
    plantation des, 261
    quantités de compost nécessaires aux, 261
Plantago major, 108, 134
Plantain, voir Grand plantain
Plantation
    à l'ombre, 104
    d'un panier suspendu étape par étape, 290-291
    en pot étape par étape, 281-285
    étapes de la, 97-104
    périodes propices à la, 91-94
    terreau de, 97-98

Plantes
    acidophiles, 42
    choix des, 91-95
    dépollution de l'atmosphère par les, 16-17
    préservation de la diversité par les, 17-18
    production d'oxygène par les, 15-16
    qui exigent ou qui tolèrent un sol acide, voir Plantes acidophiles
    qui poussent bien en sol argileux, 84
    qui poussent bien en sol sableux, 86
    qui supportent l'ombre dense, 85
    régulation du climat par les, 18
    rôles des, 15-18
    stabilisation du sol par les, 17
Plantes annuelles, voir Annuelles
Plantes bulbeuses
    animaux qui mangent les, 125, 316
    arrosage des, 312
    division des, 316-317
    entreposage hivernal des, 317-318
    fertilisation des, 312
    forçage des, à floraison estivale, 310
    qui supportent l'ombre, 314-315
    plantation des, à floraison estivale, 310-311
    plantation des, à floraison printanière, 309-310
    plantation des, dans la pelouse, 312
    propagation des, 316-317
    quantités de compost nécessaires aux, 312
    taille du feuillage des, à floraison printanière, 313
    tuteurage des, 313
Plantes grimpantes
    annuelles, 213
    arrosage des, 214-215
    bouturage des, 221
    choix des, 91-95
    fertilisation des, 214
    marcottage des, 222

paillage des, 216
plantation, 97-104
propagation des, 220-222
protection hivernale des, 222
quantités de compost nécessaires aux, 214
rénovation des, 219-220
supports pour, 209-210
taille de formation des, 216-217
taille d'entretien des, 216-217
types de, 209-210
vivaces, 211
Plantes vivaces, voir Vivaces
Plate-bande
    préparation du sol d'une, 103
Platycodon, 52, 258
Plectranthus, 296
Plectranthus argentatus, 289
Plectranthus madagascariensis 'Variegated Mintleaf', 300
Plectranthe, 296
Plumbago auriculata, 213
Plumbago, 213
Pois de senteur, 213
Polemonium, 258
Polemonium caeruleum, 52
Polygonatum, 50, 258-259
Polypodium virginianum, 85
Polystichum acrostichoides, 85
Polystichum braunii, 85
Pommetier, 144
Pommetier de Sibérie 'Columnaris', 145
Pommetier 'Red Jade', 152
Popillia japonica, 123
Porte-greffe, 244
Portulaca, 303
Potassium
    fertilisants riches en, 61-63
    rôle du, 34
Potentilla, 52, 187

Pots, voir Contenants
Pothos, 17
Pourpier, 303
Prêle des champs, 108
Primevère du Japon, 89
Primula, 50, 258
Primula denticulata, 264
Primula japonica, 89
Propagation
    des annuelles, 296-303
    des arbres, 149-151
    des arbustes, 195-199
    des conifères, 159-161
    des plantes bulbeuses, 316-317
    des plantes grimpantes, 220-222
    des rosiers, 241-245
    des vivaces, 257-271
Protection hivernale
    des arbres, 153
    des arbustes, 200-202
    des conifères, 164-165
    des haies, 180-181
    des plantes grimpantes, 222
    des rosiers, 246-248
    des vivaces, 271-272
Pruche, 156-157
Prunus, 52, 188
Prunus maackii, 145
Prunus padus 'Colorata', 145
Prunus virginiana 'Schubert', 145
Puceron, 122
Pulmonaria, 50, 258
Pulsatilla vulgaris, 264
Pulvérisateur, 80
Pyréthrine, 124

Q

Quamoclit lobata, voir *Ipomoea lobata*
Quamoclit pennata, voir *Ipomoea quamoclit*
Quercus, 42
Quercus palustris, 84

R

Raisin d'ours, voir Arctostaphyle raisin d'ours
Rajeunissement des haies, voir Taille de rajeunissement des haies
Raphidophora aurea, 17
Râteau, 76-77
Râteau à feuilles, 76-77
Renouée d'Aubert, 211
Renouée du Japon, 108
Rénovation, voir Taille de rénovation
Rheum, 50, 258
Rhodochiton atrosanguineum, 213
Rhodochiton, 213
Rhododendron, 204-207
Rhododendron canadense, 205-206
Rhododendron catawbiense, 202
Rhododendron 'Elviira', 206
Rhododendron 'Golden Lights', 206
Rhododendron 'Haaga', 206
Rhododendron 'Hellikki', 206
Rhododendron 'Helsinki University', 206
Rhododendron 'Lemon Lights', 206
Rhododendron 'Mandarin Lights', 206
Rhododendron 'Mikkeli', 206
Rhododendron 'Northern Hi-Lights', 206
Rhododendron 'Orchid Lights', 206
Rhododendron 'Pink Lights', 207
Rhododendron 'Peter Tigerstedt', 206
Rhododendron 'Pink and Sweet', 206
Rhododendron 'Pohjola's Daughter', 207

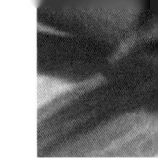

Rhododendron 'Ramapo', 205, 207
Rhododendron 'Rosy Lights', 37, 207
Rhododendron 'Spicy Lights', 207
Rhododendron 'White Lights', 207
Rhododendron
    culture des, 204-205
    les plus rustiques, 206-207
    plantation des, 204
    propagation des, 205
    taille des, 204-205
Rhododendron, 204-207
Rhododendron de Catawba, 202
Rhododendron du Canada, 205-206
Rhododendron 'Elviira', 206
Rhododendron 'Golden Lights', 206
Rhododendron 'Haaga', 206
Rhododendron 'Hellikki', 206
Rhododendron 'Helsinki University', 206
Rhododendron 'Lemon Lights', 206
Rhododendron 'Mandarin Lights', 206
Rhododendron 'Mikkeli', 206
Rhododendron 'Northern Hi-Lights', 206
Rhododendron 'Orchid Lights', 206
Rhododendron 'Peter Tigerstedt', 206
Rhododendron 'Pink and Sweet', 206
Rhododendron 'Pink Lights', 207
Rhododendron 'Pohjola's Daughter', 207
Rhododendron 'Ramapo', 206, 207
Rhododendron 'Rosy Lights', 37, 207
Rhododendron 'Spicy Lights', 207
Rhododendron 'White Lights', 207
Rhododendrons
    culture des, 204-205
    les plus rustiques, 206-207
    plantation des, 204
    propagation des, 205
    taille des, 204-205
Rhus aromatica 'Gro-Low', 137
Ribes, 52, 188

Ricin, 193, 303
Ricinus communis, 193, 303
Robinia x *slavinii* 'Hillieri', 144
Robinier 'Hillieri', 144
Rodgersia, 50, 258
Rosa, 229-251
Rosa acicularis, 233
Rosa 'Adelaide Hoodless', 249
Rosa 'Agnes', 249
Rosa 'Alchymist', 237
Rosa 'Alexander MacKensie', 249
Rosa 'Blanche Double de Coubert', 249
Rosa blanda, 233
Rosa 'Captain Samuel Holland', 249
Rosa 'Champlain', 249
Rosa 'Charles Albanel', 249
Rosa 'Constance Spry', 248
Rosa 'Coral Dawn', 247
Rosa 'Cuthbert Grant', 249
Rosa 'David Thompson', 249
Rosa 'Defender', 249
Rosa 'AC De Montarville', 249
Rosa 'Don Juan', 247
Rosa 'Dortmund', 241, 247
Rosa 'F.J. Grootendorst', 249
Rosa 'Frontenac', 249
Rosa 'Fru Dagmar Hastrup', 249
Rosa 'Golden Showers', 247
Rosa glauca, 249
Rosa 'Hansa', 249
Rosa 'Hansaland', 250
Rosa 'Henry Hudson', 250
Rosa 'Henry Kelsey', 250
Rosa 'Hope for Humanity', 250
Rosa 'J.P. Connell', 250
Rosa 'Jens Munk', 250
Rosa 'John Cabot', 250
Rosa 'John Davis', 250
Rosa 'John Franklin', 250

Rosa 'AC Marie-Victorin', 250
Rosa 'Martin Frobisher', 250
Rosa 'Métis', 250
Rosa 'Monte Cassino', 233
Rosa 'Monte Rosa', 250
Rosa 'Morden Amorette', 250
Rosa 'Morden Blush', 243, 250
Rosa 'Morden Cardinette', 250
Rosa 'Morden Centennial', 250
Rosa 'Morden Fireglow', 250
Rosa 'Morden Ruby', 251
Rosa 'Morden Snowbeauty', 251
Rosa 'Morden Sunrise', 251
Rosa multiflora, 244
Rosa 'New Dawn', 247
Rosa pimpinellifolia 'Grandiflora', 251
Rosa 'Pink Grootendorst', 251
Rosa 'Prairie Joy', 251
Rosa 'Quadra', 251
Rosa 'Royal Edward', 251
Rosa 'Robusta', 251
Rosa 'Roseraie de l'Haÿ', 251
Rosa rugosa, 233
Rosa rugosa 'Alba', 251
Rosa rugosa 'Rubra', 251
Rosa 'Simon Fraser', 251
Rosa 'The Fairy', 231
Rosa 'Thérèse Bugnet', 251
Rosa 'White Grootendorst', 251
Rosa 'William Baffin', 251
Rosa 'AC William Booth', 251
Rosa 'Winnipeg Parks', 251
Rosier, 229, 251
Rosier aciculaire, 233
Rosier 'Adelaide Hoodless', 249
Rosier à feuilles pourpres, 249
Rosier 'Agnes', 249
Rosier 'Alchymist', 237
Rosier 'Alexander MacKensie', 249

Rosier 'Blanche Double de Coubert', 249
Rosier 'Captain Samuel Holland', 249
Rosier 'Champlain', 249
Rosier 'Charles Albanel', 249
Rosier 'Coral Dawn', 247
Rosier 'Cuthbert Grant', 249
Rosier d'Altaï, 251
Rosier 'David Thompson', 249
Rosier 'Defender', 249
Rosier 'AC De Montarville', 249
Rosier 'Don Juan', 247
Rosier 'Dortmund', 241
Rosier 'Frontenac', 249
Rosier 'F.J. Grootendorst', 249
Rosier 'Fru Dagmar Hastrup', 249
Rosier 'Golden Showers', 247
Rosier 'Hansa', 249
Rosier 'Hansaland', 250
Rosier 'Henry Hudson', 250
Rosier 'Henry Kelsey', 250
Rosier 'Hope for Humanity', 250
Rosier inerme, 233
Rosier 'J.P. Connell', 250
Rosier 'Jens Munk', 250
Rosier 'John Cabot', 250
Rosier 'John Davis', 250
Rosier 'John Franklin', 250
Rosier 'AC Marie-Victorin', 250
Rosier 'Martin Frobisher', 250
Rosier 'Métis', 250
Rosier 'Monte Cassino', 233
Rosier 'Monte Rosa', 250
Rosier 'Morden Amorette', 250
Rosier 'Morden Blush', 243, 250
Rosier 'Morden Cardinette', 250
Rosier 'Morden Centennial', 250
Rosier 'Morden Fireglow', 250
Rosier 'Morden Ruby', 251
Rosier 'Morden Snowbeauty', 257

Rosier 'Morden Sunrise', 251
Rosier 'New Dawn', 247
Rosier 'Pink Grootendorst', 251
Rosier 'Prairie Joy', 251
Rosier 'Quadra', 251
Rosier 'Royal Edward', 251
Rosier 'Robusta', 251
Rosier 'Roseraie de l'Haÿ', 251
Rosier rugueux, 233
Rosier rugueux 'Alba', 251
Rosier rugueux 'Rubra', 251
Rosier 'Simon Fraser', 251
Rosier 'The Fairy', 231
Rosier 'Thérèse Bugnet', 251
Rosier 'White Grootendorst', 251
Rosier 'William Baffin', 251
Rosier 'AC William Booth', 251
Rosier 'Winnipeg Parks', 251
Rosiers
    à floraison continue, 232
    à floraison remontante, 232
    anglais hybridés par David Austin, 235, 246
    arbustifs les plus rustiques, 249-251
    arrosage des, 231-232
    Bourbon, 233
    bouturage des, 241-242
    centfeuilles, 233, 236
    choix des, 91-95
    classification des, 233
    de Damas, 233
    de Portland, 233
    division des, 242
    Explorateur, 235, 249-251
    fertilisation des, 230
    floribunda, 233-234, 246
    grandiflora, 233-234, 246
    galliques, 233, 236
    grimpants, 238-239, 247
    greffe des, 244-245
    hybrides de Thé, 233-234, 246
    insectes et maladies qui affectent les, 115-117, 122-123
    marcottage des, 243
    miniatures, 233-234, 246
    paillage des, 232
    Parkland, 235, 249-251
    plantation des, 229, 230
    polyantha, 233-234, 246
    propagation des, 241-245
    protection hivernale des, 246-248
    quantités de compost nécessaires aux, 230
    rénovation des, 240-241
    taille de formation des, 232
    taille des fleurs fanées des, 237
    taille des, arbustifs produisant leurs fleurs sur de nouvelles tiges, 235-236
    taille des, arbustifs produisant leurs fleurs sur des tiges âgées, 236-237
    taille des, buissons, 234
    taille des, grimpants et rampants, 238-239
    Thé, 233
Rose trémière, 254
Rubus, 188
Rubus cockburnianus, 195
Rubus thibetanus, 195
Rubus thibetanus 'Silver Fern', 195
Rudbeckia, 52, 258
Rudbeckia hirta, 303
Rudbéckia hérissé, 303
Rumex sanguineus, 289
Rusticité des végétaux, 86-89

S

Salix, 52
Salix cinerea 'Variegata', 195
Salix integra 'Flamingo', 195

Salix integra 'Hakuro Nishiki', 174, 195
Salix matsudana 'Golden Curls', 145
Salix matsudana 'Tortuosa', 145
Salix purpurea 'Gracilis', 174, 195
Salix repens, 195
Salix viminalis, 18
Salvia, 52, 296
Salvia coccinea, 300-301
Salvia farinacea, 303
Salvia nemorosa, 258
Salvia splendens, 303
Salvia x *superba*, 258
Sambucus, 52, 175, 187
Sambucus canadensis 'Aurea', 195
Sambucus racemosa 'Plumosa Aurea', 175, 195
Sambucus racemosa 'Sutherland', 195
Sanguinaria canadensis, 85
Sanguisorba, 52, 258
Sapin, 156-157
Sapin baumier 'Nana', 158
Saponaria, 258
Saponaria ocymoides, 51
Sarclage, 107
Sarcloir, 77-78
Sauge, 296
Sauge écarlate, 300-301, 303
Sauge farineuse, 303
Saule arctique 'Gracilis', 174
Saule de Pékin 'Golden Curls', 145
Saule de Pékin 'Tortuosa', 145
Saule 'Hakuro Nishiki', 174
Sauterelle, 122
Scabieuse 'Butterfly Blue', 233
Scabieuse du Caucase 'Miss Willmott', 87
Scabiosa, 51
Scabiosa caucasica, 258
Scabiosa caucasica 'Miss Willmott', 87
Scabiosa 'Butterfly Blue', 233
Scarabée japonais, 123

Sceau-de-Salomon, 259
Sciadopitys verticillata, 164
Sciadopitys verticillé, 164
Scie à élaguer, 78
Scilla siberica, 315
Scille de Sibérie, 315
Scirpe, 274
Scirpus, 274
Sécateur, 78
Sécateur à longs manches, 78
Sécheresse, voir Plantes adaptées aux sols sableux et secs
Sedum, 51, 258
Semis
    des annuelles, 297, 303
    des arbres, 149
    des arbustes, 195
    des conifères, 159
    des plantes bulbeuses, 316
    des plantes grimpantes, 220
    des rosiers, 241
    des vivaces, 271
    fonte des, 41, 299
Sempervivum, 51
Senecio cineraria, 303
Seringat, 188
Sesleria, 274
Sesleria autumnalis, 274
Seslérie, 274
Seslérie automnale, 274
Shepherdia, 51
Sidalcea, 258
Smilacina racemosa, 85, 258
Sols
    acides, 37-38
    alcalins, 37-38
    argileux, 22-24
    classes texturales des, 22-24
    constituants physiques des, 21

    loameux, 22-24
    neutres, 37-38
    micro-organismes des, 28
    sableux, 22-24
    stabilisation de la structure des, 28-29
    structure des, 24-28
    texture des, 22-24
Solenostemon scutellarioides, 304-307
Solenostemon scutellarioides 'Glennis', 304
Solenostemon scutellarioides 'Haines', 289
Solenostemon scutellarioides 'Inky Fingers', 307
Solenostemon scutellarioides 'Marissa', 304-305
Solenostemon scutellarioides 'Purple Emperor', 319
Solenostemon scutellarioides 'Wizard Jade', 307
Solenostemon scutellarioides 'Wizard Velvet', 300
Solenostemon scutellarioides
    culture des, 304, 306
    fertilisation des, 304, 306
    plantation des, 304
    propagation des, 306
Sorbaria, 52, 187
Sorbaria sorbifolia, 85, 175
Sorbaria à feuilles de sorbier, 175
Sorbier 'Fastigiata', 145
Sorbus x *thuringiaca* 'Fastigiata', 145
Souci, 302
Soufre
    pour acidifier le sol, 41
    rôle du, 35
Spartina pectinata, 275
Spartine pectinée, 275
Spathiphyllum, 17
Spiraea, 52, 175
Spiraea x *arguta*, 188
Spiraea x *billardii*, 187
Spiraea japonica, 187
Spiraea japonica 'Anthony Waterer', 172
Spiraea nipponica, 188
Spiraea thunbergii, 188

Spiraea x *vanhouttei*, 188
Spirée, 175
Spirée du Japon 'Anthony Waterer', 172
Stachys byzantina, 51, 258
Stephanandra, 188
Stokesia laevis, 258
Strobilanthes dyerianus, 300-301
Strobilanthes, 300-301
Stylophorum diphyllum, 85
Sul-Po-Mag, voir Sulfate de potassium et de magnésium
Sulfate de potassium et de magnésium, 62
Sumac aromatique 'Gro-Low', 137
Sureau, 175
Sureau 'Plumosa Aurea', 175
Symphoricarpos albus, 189
Symphorine, 189
Syringa, 52, 185
Syringa meyeri 'Palibin', 185
Syringa reticulata, 145
Syringa
    culture des, 185
    plantation des, 185
    taille des, 185, 188

T

Tache noire du rosier, 116
Tagète, 303
Tagetes, 303
Tamarix, 51
Tamarix ramosissima, 187, 203
Tamarix, 203
Taille
    de formation des annuelles, 286
    de formation des arbres, 139-140
    de formation des haies, 177-178
    de formation des plantes grimpantes, 216-217

    de formation des rosiers, 232
    d'entretien des arbustes, 185
    d'entretien des haies, 179
    d'entretien des plantes grimpantes, 216-217
    de rajeunissement des haies, 180
    de rénovation des arbustes, 190-191
    de rénovation des plantes grimpantes, 219-220
    de rénovation des rosiers, 240-241
    des arbres matures, 143-144
    des arbustes à feuilles et à tiges décoratives, 195
    des arbustes à fruits décoratifs, 189
    des arbustes produisant leurs fleurs sur de nouvelles tiges, 186-187
    des arbustes produisant leurs fleurs sur des tiges âgées, 188-189
    des fleurs fanées des annuelles, 293
    des fleurs fanées des rosiers, 237
    des fleurs fanées des vivaces, 262
    des conifères à aiguilles, 156-157
    des conifères à écailles, 158-159
    des rosiers arbustifs produisant leurs fleurs sur de nouvelles tiges, 235-236
    des rosiers arbustifs produisant leurs fleurs sur des tiges âgées, 236-237
    des rosiers buissons, 234
    des rosiers grimpants et rampants, 238-239
    du feuillage des plantes bulbeuses à floraison printanière, 313
    d'une branche avec appel-sève, 187
    d'une branche charpentière d'un arbre, 146-147
Taraxacum officinale, 108, 134-135
Taro 'Black Magic', 300-301
Tavelure du pommier et du pommetier, 117
Taxus, 52, 156-157, 173
Taxus cuspidata 'Capitata', 172
Terre, voir aussi Sols
    argileuse, 22-24

    brune, 22-24
    loameuse, 22-24
    noire, 53
    sableuse, 22-24
Terreau
    pour la culture en contenants, 281-282
    pour la culture en pleine terre, 97-98
Thalictrum, 50, 258
Thé des bois, 207
Thunbergia alata, 213
Thunbergie, 213
Thuya, 52, 158-159
Thuya occidentalis, 173
Thuya occidentalis 'Tiny Tim', 172
Thuya occidental, voir Thuya
Thuya, 158-159, 173
Thuya 'Tiny Tim', 172
Thym serpolet, 136-137
Thymus, 51
Thymus serpyllum, 136-137
Tiarella, 50, 258
Tiarella cordifolia, 85
Tilia cordata 'Green Globe', 144
Tilleul à petites feuilles 'Green Globe', 144
Tithonia rotundifolia, 303
Torenia, 84
Tourbe de sphaigne
    propriétés de la, 51-52
    quantités de, nécessaires aux végétaux, 52
Tournesol, 302
Tournesol du Mexique, 303
Toxicodendron radicans, 109
Tradescantia x *andersoniana*, 258
Transplantation, 102
Transplantoir, 76
Tricyrtis, 50, 258
Trollius, 50, 258-259
Tropaeolum majus, 303
Tropaeolum peregrinum, 213

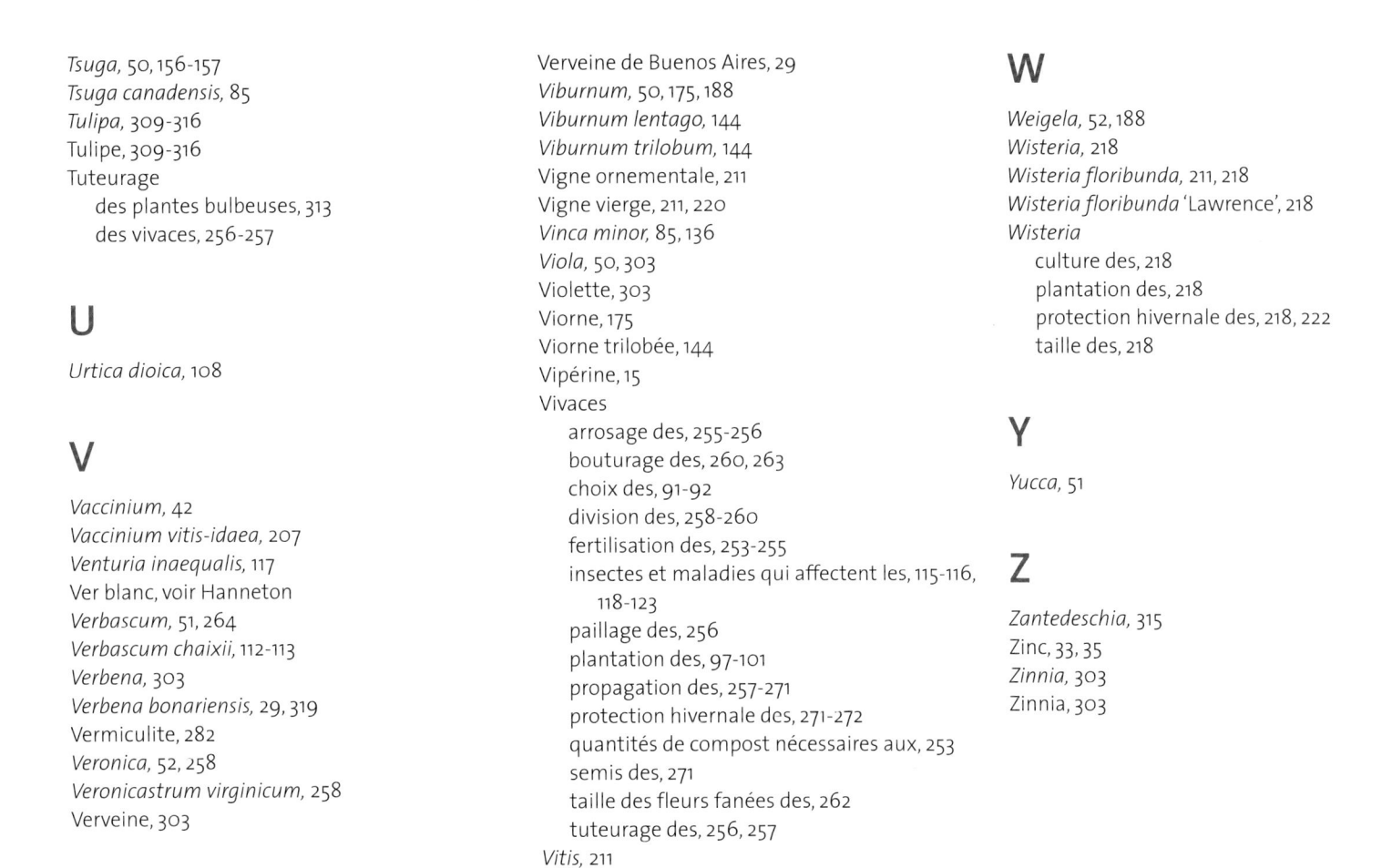

Tsuga, 50, 156-157
Tsuga canadensis, 85
Tulipa, 309-316
Tulipe, 309-316
Tuteurage
    des plantes bulbeuses, 313
    des vivaces, 256-257

U

Urtica dioica, 108

V

Vaccinium, 42
Vaccinium vitis-idaea, 207
Venturia inaequalis, 117
Ver blanc, voir Hanneton
Verbascum, 51, 264
Verbascum chaixii, 112-113
Verbena, 303
Verbena bonariensis, 29, 319
Vermiculite, 282
Veronica, 52, 258
Veronicastrum virginicum, 258
Verveine, 303

Verveine de Buenos Aires, 29
Viburnum, 50, 175, 188
Viburnum lentago, 144
Viburnum trilobum, 144
Vigne ornementale, 211
Vigne vierge, 211, 220
Vinca minor, 85, 136
Viola, 50, 303
Violette, 303
Viorne, 175
Viorne trilobée, 144
Vipérine, 15
Vivaces
    arrosage des, 255-256
    bouturage des, 260, 263
    choix des, 91-92
    division des, 258-260
    fertilisation des, 253-255
    insectes et maladies qui affectent les, 115-116, 118-123
    paillage des, 256
    plantation des, 97-101
    propagation des, 257-271
    protection hivernale des, 271-272
    quantités de compost nécessaires aux, 253
    semis des, 271
    taille des fleurs fanées des, 262
    tuteurage des, 256, 257
Vitis, 211

W

Weigela, 52, 188
Wisteria, 218
Wisteria floribunda, 211, 218
Wisteria floribunda 'Lawrence', 218
Wisteria
    culture des, 218
    plantation des, 218
    protection hivernale des, 218, 222
    taille des, 218

Y

Yucca, 51

Z

Zantedeschia, 315
Zinc, 33, 35
Zinnia, 303
Zinnia, 303

Table des matières

Principes

L'importance capitale des plantes	15
Le sol, fondement de tout jardin	21
La fertilité du sol	31
Le pH, mesure de l'acidité du sol	37
Le compost, nourriture du sol	45
La fabrication du compost domestique	55
La fertilisation, un supplément pour les végétaux	59
L'eau, un élément vital	67
Les outils pour jardiner efficacement	75
À chacun sa place	83
Un choix judicieux	91
Une plantation parfaite	97
La lutte aux herbes indésirables	107
Les envahisseurs	115

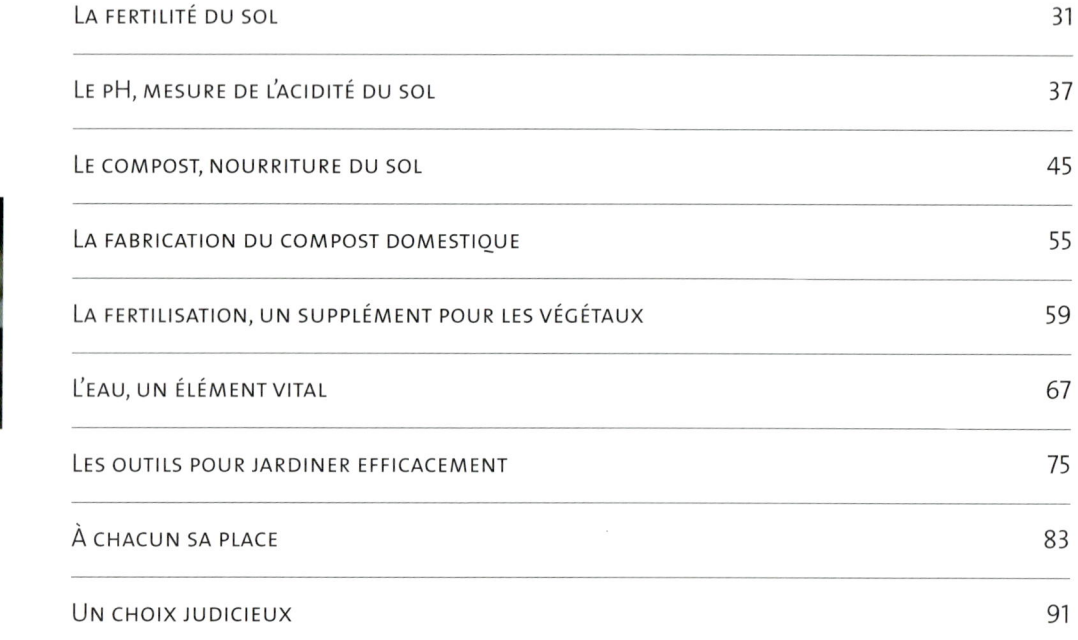

Techniques

LA PELOUSE	129
LES ARBRES	139
LES CONIFÈRES	155
LES HAIES	169
LES ARBUSTES	183
LES PLANTES GRIMPANTES	209
LES ROSIERS	229
LES VIVACES	253
LES ANNUELLES	279
LES PLANTES BULBEUSES	309
BIBLIOGRAPHIE	327
GLOSSAIRE	331
INDEX	339

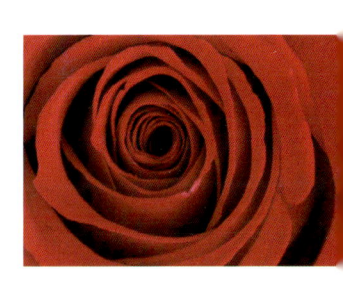

Achevé d'imprimer au Canada
sur les presses de l'imprimerie Interglobe.